国家社科基金
GUOJIA SHEKE JIJIN HOUQI ZIZHU XIANGMU
后期资助项目

多层面构建制造业高质量发展路径研究

Research on Multilayer Paths of High Quality
Development in Manufacturing Industry

江小国　著

中国人民大学出版社
·北京·

国家社科基金后期资助项目
出版说明

后期资助项目是国家社科基金设立的一类重要项目，旨在鼓励广大社科研究者潜心治学，支持基础研究多出优秀成果。它是经过严格评审，从接近完成的科研成果中遴选立项的。为扩大后期资助项目的影响，更好地推动学术发展，促进成果转化，全国哲学社会科学工作办公室按照"统一设计、统一标识、统一版式、形成系列"的总体要求，组织出版国家社科基金后期资助项目成果。

全国哲学社会科学工作办公室

前　言

习近平总书记在党的二十大报告中指出："从现在起，中国共产党的中心任务就是团结带领全国各族人民全面建成社会主义现代化强国、实现第二个百年奋斗目标，以中国式现代化全面推进中华民族伟大复兴。"实现高质量发展是中国式现代化本质要求的重要组成部分。对于我们这样的大国而言，没有强大的、高质量发展的制造业，就难以实现新型工业化和中国式现代化的奋斗目标。当前我国制造业大而不强的问题仍然突出，一些领域缺乏关键核心技术的局面未有根本改观，这不但造成我国大部分制造业在国际分工体系中处于全球价值链中低端，而且更为关键的是在产业国际化发展中缺乏话语权，在很多方面受制于人。

制造业是立国之本、强国之基，要想推动中国速度向中国质量转变、中国制造向中国创造转变、制造大国向制造强国转变，关键是要推动制造业高质量发展。2018 年底召开的中央经济工作会议明确提出，要推动制造业高质量发展，坚定不移建设制造强国。2019 年全国两会政府工作报告进一步指出，要围绕推动制造业高质量发展，强化工业基础和技术创新能力，促进先进制造业和现代服务业融合发展，加快建设制造强国。2020 年全国两会政府工作报告再次强调支持制造业高质量发展。这为我国制造业未来发展指明了方向，明确了任务。在此背景下，本书围绕"推动制造业高质量发展"这一重要理论问题和实践课题，立足理论、联系实际，广泛调研、深入研究，在厘清理论逻辑与分析发展水平及影响因素的基础上，从要素、企业、产业、政府等四个层面出发，提出制造业高质量发展的立体化推进路径，从而构建出了制造业高质量发展的系统性理论框架与实践"路线图"。

全书内容分为以下五个模块：

（1）理论逻辑及现状评价。在回顾和总结相关理论和文献的基础上，剖析高质量发展、制造业高质量发展的现实背景与理论逻辑，提出制造业高质量发展的系统思维框架；构建评价指标体系，对制造业高质量发展水平进行测度评价与影响因素分析，以认清现状和问题，从而为相关政策制定实施提供依据。（2）要素层面："三力"聚合强化基础支撑。推动制造业高质量发展，要素是基础和先决条件，没有质量优、数量足的要素支撑，制造业将成为无源之水、无本之木，更谈不上高质量发展。本书深入分析了技术、人才与金融等三大核心要素对制造业高质量发展的支撑作用和面临的主要问题，围绕如何有效聚集和优化配置生产要素，以及构建与夯实制造业高质量发展的要素支撑体系，提出对策。（3）企业层面："三化"转型打造新型制造。随着现代信息技术快速发展，以及市场需求不断变化和资源环境约束趋紧，制造业企业必须优化生产方式和制造模式，打造新型制造，实现高质量发展。本书厘清了服务型制造、绿色制造、智能制造三种新型制造方式促进制造业高质量发展的作用机理；立足我国实际、结合国际经验，基于全价值链、全生命周期视域设计制造业服务化、绿色化、智能化"三化"转型路径，提出保障措施。（4）产业层面："六措并举"形成战略合力。产业转型升级和迈向全球价值链中高端是制造业高质量发展的目标和重要标志。本书聚焦发展质量目标，围绕制造业集聚发展、融合发展、开放发展、高端化发展、品牌化发展与产业链现代化等六大战略，分析问题，厘清机理，提出对策；并将"培育世界级先进制造业集群""加快中国装备制造业沿'一带一路'走出去""'中国制造'品牌形象再塑造""全球疫情期间中国制造业产业链安全维护"等作为专项行动，提出战略举措。（5）政府层面："双重规制"构建倒逼机制。在推动制造业高质量发展进程中，市场机制是配置资源的有效手段，但同时也会产生无序竞争、负外部性等问题，导致整体低效率，为此需要加强政府规制，弥补市场机制在推进制造业高质量发展中的不足和缺陷。本书围绕环境规制、产品质量规制，基于政府、市场、企业与公众等多方协同的理念，提出规制措施，以构建制造业高质量发展的倒逼机制。

从理论价值来看，本书厘清了制造业高质量发展的理论逻辑，提出了推动制造业高质量发展的系统思维，设计了制造业高质量的发展评价指标体系，以政府和市场合作为根本遵循、以创新驱动为主线，研究提出了制造业高质量发展路径，从而形成了关于制造业高质量发展的系统性理论成果，由此在一定程度上夯实了制造业高质量发展的理论支撑，拓展了制造业可持续发展的战略思维，也丰富了产业经济学理论体系。

　　从现实意义来看，本书立足我国制造业发展实际，借鉴发达国家发展经验，从要素、企业、产业、政府等四个层面提出了制造业高质量发展的立体化推进路径，并探讨了助力制造业高质量发展的若干专项行动战略。由此在一定程度上能为推动我国制造业高质量发展和加快制造强国建设发挥指导作用，并对优化经济结构和缓解经济下行压力，以及从根本上改善资源环境问题，产生较为深远的现实意义。

　　在我国经济发展进入新常态的背景下，关于制造业高质量发展还有很多深层次的问题值得研究与探索，期待制造业高质量发展这一重要理论问题和实践课题能够得到社会各界的更广泛关注。我们也将跟踪有关制造业高质量发展的政策方针、理论进展与国内外实践动态，进一步深化研究，力争取得更多有价值的学术成果。

　　本书是作者主持的国家社科基金后期资助项目"多层面构建制造业高质量发展路径研究"（批准号：20FJYB015）的最终研究成果。在此，感谢课题组成员的共同努力，尤其是研究生张婷婷、何建波等参与的大量调研和数据整理工作，也感谢安徽大学韦伟教授、安徽省社会科学院孔令刚研究员、安徽工业大学洪功翔教授等多位专家的指导帮助，以及本项目的五位匿名评审专家提出的宝贵修改意见和建议。正是因为各位的协力付出，本研究才得以更高质量顺利完成。本书的完成参考了诸多专家学者的研究成果，在此一并表示衷心感谢。同时还要感谢我的家人对我的支持和鼓励，是他们给予了我更多时间和更大动力投入科研工作。最后非常感谢中国人民大学出版社给予的支持和帮助。鉴于作者学术视野和研究能力有限，本书不足之处还恳请学界专家学者与读者不吝批评指正。

江小国

2022 年 10 月

目　录

第一篇　理论逻辑及现状评价

第一章　绪论 ……………………………………………………… 3
　第一节　研究背景与研究思想 ……………………………… 3
　第二节　相关文献回顾 ……………………………………… 5
　第三节　研究内容与研究方法 …………………………… 14
　第四节　研究意义与主要创新 …………………………… 16
第二章　高质量发展背景与理论分析 ……………………… 18
　第一节　高质量发展背景分析 …………………………… 18
　第二节　高质量发展的理论阐释 ………………………… 28
　第三节　高质量发展的战略取向 ………………………… 35
第三章　制造业高质量发展背景与理论分析 …………… 40
　第一节　制造业高质量发展背景分析 ………………… 40
　第二节　制造业高质量发展的理论内涵 ……………… 43
　第三节　制造业高质量发展的系统思维 ……………… 45
第四章　制造业高质量发展评价与影响因素分析 …… 51
　第一节　制造业高质量发展水平评价 ………………… 51
　第二节　制造业高质量发展水平空间集聚特征分析 ……… 59
　第三节　制造业高质量发展影响因素分析 …………… 65

第二篇　要素层面
——"三力"聚合强化基础支撑

第五章　技术创新是制造业高质量发展的第一动力 ……… 81
　第一节　技术创新驱动制造业高质量发展的理论分析 ……… 81
　第二节　技术创新驱动制造业高质量发展的问题分析 ……… 89

　　第三节　加强技术创新驱动制造业高质量发展的对策 ········ 93

第六章　人才是制造业高质量发展的第一竞争力 ············· 99
　　第一节　人才支撑制造业高质量发展的理论分析 ········· 99
　　第二节　人才支撑制造业高质量发展的问题分析········· 102
　　第三节　加强人才支撑制造业高质量发展的对策············· 104

第七章　金融是制造业高质量发展的重要支持力················ 110
　　第一节　金融支持制造业发展的学理依据与形势分析········ 110
　　第二节　金融体系助力制造业高质量发展的机理分析········ 113
　　第三节　金融支持制造业发展的实证分析与深层问题
　　　　　　发现··········· 116
　　第四节　加强金融支持制造业高质量发展的路径选择········ 123
　　第五节　加强金融支持制造业高质量发展的保障措施········ 128

第三篇　企业层面
——"三化"转型打造新型制造

第八章　服务化转型助推制造业高质量发展················· 133
　　第一节　服务型制造的理论内涵与现实问题············· 133
　　第二节　服务型制造助推制造业高质量发展的机理
　　　　　　分析············ 139
　　第三节　服务型制造助推制造业高质量发展的路径
　　　　　　选择············ 144
　　第四节　服务型制造助推制造业高质量发展的保障
　　　　　　措施············ 147

第九章　绿色化转型助推制造业高质量发展················· 149
　　第一节　绿色制造的理论内涵与现实问题············· 149
　　第二节　绿色制造助推制造业高质量发展的机理分析········ 153
　　第三节　绿色制造助推制造业高质量发展的路径选择········ 158
　　第四节　绿色制造助推制造业高质量发展的保障措施········ 160

第十章　智能化转型助推制造业高质量发展················· 164
　　第一节　智能制造的理论内涵与现实问题············· 164
　　第二节　智能制造助推制造业高质量发展的机理分析········ 168
　　第三节　智能制造助推制造业高质量发展的路径选择········ 174
　　第四节　智能制造助推制造业高质量发展的保障措施········ 177

第四篇　产业层面
——"六措并举"形成战略合力

第十一章　推动制造业高质量集聚发展·················· 183
　　第一节　产业集聚理论及中国制造业集聚现状·········· 183
　　第二节　产业集聚对制造业高质量发展的促进效应········ 187
　　第三节　推动制造业高质量集聚发展的对策············ 191
　　第四节　专项行动：培育世界级先进制造业集群·········· 193
第十二章　推动制造业与生产性服务业高质量融合发展······· 200
　　第一节　制造业与生产性服务业融合机理及面临的
　　　　　　问题···························· 200
　　第二节　制造业与生产性服务业互动融合的实证分析····· 209
　　第三节　制造业与生产性服务业高质量融合发展的推进
　　　　　　路径···························· 213
　　第四节　制造业与生产性服务业高质量融合发展的保障
　　　　　　措施···························· 215
第十三章　推动制造业高质量开放发展················· 218
　　第一节　制造业开放发展的学理依据与形势分析········· 218
　　第二节　对外开放对制造业高质量发展的影响效应········ 220
　　第三节　推动制造业高质量开放发展的对策············ 225
　　第四节　专项行动：加快中国装备制造业沿
　　　　　　"一带一路"走出去 ·················· 228
第十四章　以高端化引领制造业高质量发展·············· 233
　　第一节　制造业高端化内涵与形势分析·············· 233
　　第二节　制造业高端化发展的动力机制·············· 239
　　第三节　制造业高端化发展的国际经验及借鉴·········· 242
　　第四节　推动制造业高端化发展的对策·············· 247
第十五章　以品牌化促进制造业高质量发展·············· 252
　　第一节　中国制造业品牌发展现状与问题分析·········· 252
　　第二节　品牌建设对制造业高质量发展的促进作用········ 255
　　第三节　加强品牌建设促进制造业高质量发展的
　　　　　　对策···························· 257
　　第四节　专项行动："中国制造"品牌形象再塑造 ······· 260

第十六章　以产业链现代化带动制造业高质量发展·················· 263

　　第一节　产业链现代化内涵及中国制造业产业链问题
　　　　　　分析··· 263

　　第二节　推动制造业产业基础高级化······························· 268

　　第三节　提升制造业产业链控制力································· 270

　　第四节　创新制造业产业链协同模式······························· 272

　　第五节　专项行动：全球疫情期间中国制造业产业链
　　　　　　安全维护··· 274

第五篇　政府层面
——"双重规制"构建倒逼机制

第十七章　加强环境规制倒逼制造业高质量发展·················· 281

　　第一节　环境规制倒逼制造业高质量发展的理论分析····· 281

　　第二节　中国工业污染与环境规制现状分析·················· 287

　　第三节　环境规制倒逼制造业高质量发展的实证分析····· 289

　　第四节　加强环境规制倒逼制造业高质量发展的对策····· 302

第十八章　加强产品质量规制倒逼制造业高质量发展·················· 306

　　第一节　产品质量规制理论概述及现实问题分析·········· 306

　　第二节　美国产品质量规制实践、经验及对中国的启示····· 311

　　第三节　加强产品质量规制倒逼制造业高质量发展的
　　　　　　对策··· 313

参考文献··· 316

第一篇

理论逻辑及现状评价

推动经济高质量发展，需要突破对廉价劳动力、自然资源、高投资、房地产高速发展等传统路径的依赖，聚焦质量效率目标，不断挖掘全面改革、科技创新、效率改善、结构优化、人力资本提升等发展新红利，以满足人民日益增长的美好生活需要。推动制造业高质量发展，需要坚持"夯实依托基础、增强发展动力、优化生产方式、创新产品模式、做强支撑行业、做优配套产业、聚焦质量目标"系统思维，打造新型制造体系，加快迈向全球价值链中高端。对制造业高质量发展水平进行测度评价、比较和空间特征分析，探索制造业高质量发展的影响因素，有利于认清现状和问题，从而为政策制定实施提供依据。

第一章 绪论

制造业是立国之本、强国之基，从根本上决定着一个国家的综合实力。打造具有国际竞争力的制造业体系，是我国提升综合国力、保障国家安全、建设世界强国的必由之路。2018 年底召开的中央经济工作会议明确提出，要推动制造业高质量发展，坚定不移建设制造强国；2019 年全国两会政府工作报告进一步指出，要围绕推动制造业高质量发展，强化工业基础和技术创新能力，促进先进制造业和现代服务业融合发展，加快建设制造强国；2020 年全国两会政府工作报告再次强调"支持制造业高质量发展"。这为当前和今后一个时期中国制造业发展指明了方向，明确了任务。我们必须把握变革趋势，大力发展好制造业，加快推进制造业产业基础高级化和产业链现代化，努力抢占新一轮全球产业竞争制高点，为实现经济高质量发展奠定坚实基础。

第一节　研究背景与研究思想

一、研究背景

我国社会主要矛盾已经转化为人民日益增长的美好生活需要和不平衡不充分的发展之间的矛盾。改革开放 40 多年来，我国制造业发展迅猛，总体规模大幅提升，综合实力不断增强，生产能力快速扩张，我国已成为全球第一制造业大国。虽然我国制造业已经解决了人民群众对基本生活物资的需要，但是制造业供给质量在整体上仍然滞后于消费升级的速度，不平衡不充分的发展问题在制造业同样存在。为满足人民日益增长的美好生活需要，既要使制造业保持合理的增速，更要推动制造业高质量发展，提供更多质量更好、品类更丰富的产品。制造业是国民经济的根基，一个国家经济的强大，必须以高质量发展的制造业为基础，推动制造业高质量发展是我国建设社会主义现代化强国的需要。当前我国制造业大而不强的问题仍然突出，一些领域缺乏关键核心技术的局面未有根本改观，很多高科技产品如高端装备、核心零部件、先进材料、尖端科研仪器等严重依赖进口。这不但造成我国制造业在国际分工体系中处于全球价值链的中低端，附加值和利润率低，而且更为关键的是使我国在产业国际化发展中缺乏话语权，导致在很多方面受制于人[①]。因此，我国必须抓住全球新一轮科技革命和产业变革的重要机遇，着力推动制造业高质量发展，加快建设制造强国，摆脱产业发展受制于人的被动局面。

二、研究思想

（一）政府与市场合作是制造业高质量发展的根本遵循

厘定政府和市场关系，加强两者之间的合作与实现优势互补，对优化资源配置和促进制造业高质量发展至关重要。一方面，推动制造业高质量发展，要发挥市场在资源配置中的决定性作用。要全面推进体制机制创新，提高资源配置效率效能，推动资源向优质企业和产品集中，推动创新要素自由流动和聚集。政府调控产业发展的重点要逐步从产业政策为主向竞争政策为主转型，即使在产业政策发挥作用的领域，也要更多地采用需求拉动的方式，而不是直接选择特定的企业予以支持，要让市场竞争选择出优胜者。另一方面，推动制造业高质量发展，要更好地发挥政府的作用。政府要从微观经济领域和资源的直接配置中主动退出，最大限度地减少微观层面的直接干预，最大限度地放权给市场和社会；要发挥集中力量办大事的体制制度优势，在关键技术和产品领域，加大资金和政策支持力度，促进技术进步和产业转化；要在建设完善的市场体系、公平的竞争环境、独立的市场主体、完善的社会保障等方面主动作为，用改革激发市场活力，用法治规范市场行为。

（二）创新驱动是制造业高质量发展的主线

创新驱动要从技术、产品、组织、管理、人才、体制机制等多个方面协同推进。一是围绕技术和产品展开创新。充分发挥企业的主体作用，加大科技创新投入，积极开展国际合作，实现关键技术创新突破，支撑高端

---

① 李晓华. 破立结合，推动制造业高质量发展 [EB/OL]. (2019-02-21) [2019-03-11]. http://theory.gmw.cn/2019-02/21/content_32540022.htm.

制造业和高端生产性服务业发展；促进企业在产品品种、品质、品牌等方面加强创新，加快中国制造业产品从低成本竞争优势向高质量、高适用性优势转变，努力打造更多享誉全球的"中国制造"品牌。二是围绕生产组织和管理模式展开创新。在新一轮全球化的科技变革和产业变革的背景下，要依托工业互联网、大数据等现代信息技术和平台，开展大众创业、万众创新，推动大中小企业融通发展；促进企业研发、生产、经营模式变革，提高创新活力和资源配置效率；发展个性化定制生产，提高对市场变化的敏感度和适应性，满足用户的多样化需要。三是围绕人才展开创新。充分发挥我国人力人才资源丰富的优势和潜力，大力弘扬崇尚创新意识的企业家精神和追求精益求精的工匠精神；加快培养各类专业技术人才和经营管理人才，改革和完善职业教育育人方式；建立有利于吸引人才、激励人才的分配方式，为各类人才施展才干创造良好环境，努力造就高素质的产业工人大军和不断追求卓越的企业家队伍。四是围绕体制机制展开创新。虽然我国营商环境有了明显改善，但在有些方面仍然存在束缚市场主体活力、阻碍市场和价值规律发挥作用的弊端，迫切需要深化改革和创新，如健全要素市场化配置、落实产权保护制度、提高市场准入的公平性、完善科技管理制度等。

第二节　相关文献回顾

制造业问题一直受到广泛关注，在"制造业高质量发展"提出之前，相关研究主要集中在制造业发展困境及应对、发展趋势与发展方式转变、制造业"新型化"等方面，研究成果较为丰富。近年来，国内相关研究相对集中于制造业高质量发展问题，所提出的观点和发展对策，具有一定的现实指导意义。

一、制造业发展困境及应对策略

我国制造业发展困境更多地表现为存在区域不平衡、产品偏低端、全要素生产率低等结构性问题。从总体上看，综合发展能力呈上升趋势，但中西部地区发展能力明显低于东部地区[①]，结构的合理化和高度化在全

---

① 李廉水，程中华，等. 中国制造业"新型化"及其评价研究［J］. 中国工业经济，2015
（2）：63-75.

国、区域层面均不对称①。从影响因素角度分析，交通条件是产业空间转移的重要推动力，东部和东北地区的制造业向中西部地区转移，其中向中部地区的转移最为明显；劳动密集型产业主要从东部向东北、中部地区转移②。我国过去制造业生产率增长的来源更多的是企业成长，其增长的空间在不断缩小，亟待依托资源配置效率改善的新增长模式③，即要通过创新驱动战略提高全要素生产率、激发内生增长潜力④，以及推进政策创新与金融创新，引导资本流向实体经济，促进制造业提质升级⑤。任何工业强国都具有不易模仿、不易扩散的核心技术能力，未来我国制造业核心能力提升，需要缩短或者突破产品生命周期演进的一般路径，提升复杂装备的架构创新和集成能力⑥。另外，顾雪芹研究认为，中国的生产性服务业开放对促进中低层次的制造业价值链升级具有显著效果，而对于高层次的制造业价值链升级则没有明显的促进作用⑦。

就国际环境而言，2008 年全球金融危机之后，实体经济的重要性被重新认知，美国、德国、日本、英国、法国等发达国家相继提出"再工业化"战略，印度等发展中国家也在加快谋划和布局，且有成本优势，这给我国制造业发展带来了很大挑战⑧。技术水平、制造业结构和全球价值链分工地位是制约我国制造业国际竞争力提升的主要因素⑨，在全球制造业

① 傅元海，叶祥松，等. 制造业结构优化的技术进步路径选择 [J]. 中国工业经济，2014 (9)：78-90；文东伟，冼国明. 中国制造业的空间集聚与出口：基于企业层面的研究 [J]. 管理世界，2014 (10)：57-74.

② 刘明，王霞. 中国制造业空间转移趋势及其影响因素：2007—2017 [J]. 数量经济技术经济研究，2020，37 (3)：26-46.

③ 杨汝岱. 中国制造业企业全要素生产率研究 [J]. 经济研究，2015 (2)：61-74.

④ Kitamura H，Miyaoka A，Sato M. Free entry，market diffusion，and social inefficiency with endogenously growing demand [J]. Journal of the Japanese & International Economies，2013，29 (4)：98-116；沈坤荣，李震. 供给侧结构性改革背景下制造业转型升级研究 [J]. 中国高校社会科学，2017 (1)：64-74；王家庭，李艳旭，等. 中国制造业劳动生产率增长动能转换：资本驱动还是技术驱动 [J]. 中国工业经济，2019 (5)：99-117.

⑤ Gereffi G，Lee J. Economic and social upgrading in global value chains and industrial clusters：why governance matters [J]. Journal of Business Ethics，2016，133 (1)：25-38.

⑥ 黄群慧，贺俊. 中国制造业的核心能力、功能定位与发展战略 [J]. 中国工业经济，2015 (6)：5-17.

⑦ 顾雪芹. 中国生产性服务业开放与制造业价值链升级 [J]. 世界经济研究，2020 (3)：121-134，137.

⑧ 陈汉林，朱行. 美国"再工业化"对中国制造业发展的挑战及对策 [J]. 经济学家，2016 (12)：37-44.

⑨ 唐红祥，张祥祯，等. 中国制造业发展质量与国际竞争力提升研究 [J]. 中国软科学，2019 (2)：128-142.

产业链布局中，我国知识和技术密集型制造业的比较劣势无明显改善[1]，要加快升级要素结构、培育技术优势，提升嵌入位置进而实现制造业向高增值环节攀升[2]，重构基于内需的全球价值链，推动中国制造振兴[3]。制造业企业进行股权融资有利于出口产品质量升级，长期机构投资者高比例持股带来的管理质量的提升、生产技术的创新与改进以及多样化中间投入品的使用对出口产品质量升级具有重要作用[4]。

二、制造业发展趋势与发展方式转变

（1）服务化是制造业发展的重要趋势。Vandermerwe 和 Rada 首次提出了制造业服务化（manufacturing servitization）的定义，即制造业企业由提供产品向提供产品服务包转变，且服务占主导地位。制造业服务化能显著提升制造业企业在价值链体系中的分工地位，有利于提高企业全要素生产率[5]、企业绩效和资本密集度[6]，并能够通过产品服务系统的个性化设计，实现客户价值提升与企业利润增加的双重目标[7]。从微观层面来看，制造业企业实施服务化战略，需要从产品导向发展到服务导向[8]，通过信息技术的引进、融合和扩散，创新服务商业模式，并主动吸纳顾客参与，根据顾客期望为其提供有效的解决方案[9]。从中观、宏观层面来看，观念转变、制度创新、产业融合、"两化"融合、网络协同制造会对制造

① 戴翔. 中国制造业国际竞争力：基于贸易附加值的测算 [J]. 中国工业经济，2015 (1)：78−88.

② 王岚，李宏艳. 中国制造业融入全球价值链路径研究 [J]. 中国工业经济，2015 (2)：76−88.

③ 刘志彪. 去产能、去杠杆、重构价值链与振兴实体经济 [J]. 东南学术，2017 (5)：110−117.

④ 祝树金，汤超. 企业上市对出口产品质量升级的影响：基于中国制造业企业的实证研究 [J]. 中国工业经济，2020 (2)：117−135.

⑤ 吕越，李小萌，吕云龙. 全球价值链中的制造业服务化与企业全要素生产率 [J]. 南开经济研究，2017 (3)：88−110.

⑥ 陈丽娴，沈鸿. 制造业服务化如何影响企业绩效和要素结构：基于上市公司数据的PSM-DID实证分析 [J]. 经济学动态，2017 (5)：64−77.

⑦ Bhatia M S，Kumar S. Critical success factors of industry 4.0 in automotive manufacturing industry [J]. IEEE Transactions on Engineering Management，2022，69 (5)：2439−2453.

⑧ Reim W，Parida V，Örtqvist D. Product-Service Systems (PSS) business models and tactics：a systematic literature review [J]. Journal of Cleaner Production，2015 (97)：61−75.

⑨ 纪玉俊，张彦彦. 互联网＋背景下的制造业升级：机理及测度 [J]. 中国科技论坛，2017 (3)：50−57.

业服务化产生重要作用①。产业政策将会促进生产要素向制造业与服务业协同集聚，有利于制造业服务化；产业政策还会加剧制造业市场竞争，在创新倒逼作用之下，产业政策具有制造业服务化效应②。郭然、原毅军研究认为，服务型制造能够通过促进技术创新、降低制造成本与交易成本，对制造业效率提升产生显著的促进作用；并认为加快发展服务型制造，带动传统制造业优化升级无疑是推动中国制造向全球价值链中高端攀升的必要选择③。

（2）绿色化是制造业可持续发展的必然要求。绿色制造是一种综合考虑环境影响和资源能源消耗的制造模式，实现经济效益和社会效益协调优化是其主要目标④。绿色制造需要有效发挥市场机制的作用⑤，但单纯靠市场机制难以推动绿色发展，政府规制十分重要，包括采用奖惩手段、利用公众监督、规范绿色认证体系等⑥。从短期来看，绿色化发展可能会对制造业带来一定的影响，环境规制对我国制造业竞争力的影响曲线呈"U"形，我国仍处在拐点的左侧，环境规制强度提高将降低制造业竞争力⑦，但环境规制对技能溢价的提升有促进作用⑧，通过推动绿色技术进步能促进中国制造在全球价值链中实现攀升⑨。游建民、张伟从经济、社会、开放、资源等四个方面分析了绿色制造绩效影响因素，结果表明，经

① 黄群慧，霍景东. 产业融合与制造业服务化 [J]. 财贸经济，2015（2）：136－147；Musbah A A，Bahjat A A，Ton V. The impact of soft TQM on financial performance：the mediating roles of non-financial balanced scorecard perspectives [J]. International Journal of Quality & Reliability Management，2018（35）：1360－1379.

② 聂飞. 制造业服务化抑或空心化：产业政策的去工业化效应研究 [J]. 经济学家，2020（5）：46－57.

③ 郭然，原毅军. 服务型制造对制造业效率的影响机制研究 [J]. 科学学研究，2020，38（3）：448－456.

④ Ahi P，Searcy C. A comparative literature analysis of definitions for green and sustainable supply chain management [J]. Journal of Cleaner Production，2013，52（4）：329－341.

⑤ 陶永，李秋实，等. 面向产品全生命周期的绿色制造策略 [J]. 中国科技论坛，2016（9）：58－64.

⑥ 曹柬，吴晓波，等. 制造企业绿色运营模式演化及政府作用分析 [J]. 科研管理，2013（1）：108－115.

⑦ 杜运苏，王丽丽. 中国出口贸易持续时间及其影响因素研究 [J]. 科研管理，2015，36（7）：130－136.

⑧ 余东华，孙婷. 环境规制、技能溢价与制造业国际竞争力 [J]. 中国工业经济，2017（5）：35－53.

⑨ 殷宝庆，肖文，刘洋. 绿色研发投入与"中国制造"在全球价值链的攀升 [J]. 科学学研究，2018，36（8）：1395－1403，1504.

济快速发展、资源禀赋对绿色制造绩效提升具有负向影响，产业结构调整、能源结构调整具有积极影响，城镇化水平和开放程度是绿色制造绩效提升的主要推动力量[①]。

（3）智能化是制造业未来发展的主攻方向。从技术演化和应用来看，智能制造源于人工智能，表现为从"Agent 技术"发展到"Agent 技术生产应用"，从"数控技术"发展到"数控技术标准确定"，从"云技术"发展到"云制造"[②]。"中国制造 2025"重点强调智能制造，发展智能制造是产业转型升级的突破口，也是重塑制造业竞争优势的新引擎[③]，智能化显著促进了全要素生产率的增长[④]。近几年，智能制造发展迅速，但总体还处于起步阶段，面临一系列技术挑战，以及法律与公共管理问题的挑战[⑤]，我国现行的标准体系、创新政策、金融财税政策、法律法规等已不能完全适应智能制造产业生态系统的发展要求，需要有针对性地加以调整[⑥]。推动智能制造发展要加强"两化"融合，推广基于工业互联网的众包设计、云制造等新型制造模式[⑦]，加强共性技术推广和提升技术服务力度，并以税收优惠、专项基金等政策手段加以扶持[⑧]。

三、制造业"新型化"发展

李廉水、杜占元较早探讨了新型制造业，认为新型制造业主要通过科

---

① 游建民，张伟. 国家生态文明试验区绿色制造绩效评价及影响因素研究：以贵州为例 [J]. 贵州社会科学，2018（12）：120-128.

② 赵程程，杨萌. 国际智能制造演化路径及热点领域研究 [J]. 现代情报，2015，35（11）：101-105，113.

③ 吕铁，韩娜. 智能制造：全球趋势与中国战略 [J]. 人民论坛·学术前沿，2015（11）：6-17.

④ 李廉水，鲍怡发，刘军. 智能化对中国制造业全要素生产率的影响研究 [J]. 科学学研究，2020，38（4）：609-618，722.

⑤ Seok H，Nof S Y. Intelligent information sharing among manufacturers in supply networks：supplier selection case [J]. Journal of Intelligent Manufacturing，2018，29（5）：1097-1113.

⑥ 杨志波. 我国智能制造发展趋势及政策支持体系研究 [J]. 中州学刊，2017（5）：31-36.

⑦ 苗圩. 把握趋势 抓住机遇 促进我国制造业由大变强 [J]. 中国工业评论，2015（7）：8-20.

⑧ 胡立升，刘勇，等. 智能制造税收问题研究 [J]. 税务研究，2018（2）：86-91；Ahmed W，Najami A，Zailani S，et al. Enhancing performance through total quality management in pharmaceutical manufacturing industry of Pakistan [J]. International Journal of Productivity and Quality Management，2020，1（1）：1.

技创新来降低能源消耗、提高生产效率、减少环境污染、增加产品附加值，最终增强国际竞争能力①。随着经济与科技的发展，新型制造业被赋予了更多的内涵特征，从绿色制造到服务型制造再到智能制造②，推动制造业"新型化"需要加强制造业与科技融合③，从追求数量增长向数量和质量协调发展转变，从制造向创造转变，从产品向品牌转变④。周彩红、樊丽君从经济、科技、能源三个角度评价了制造业新型化程度，并认为中国制造业新型化程度将进一步提升，逐渐缩小与美国的差距⑤。宋晓娜、张峰研究认为，中国制造业新型化转型绩效总体上呈稳步提升态势，并形成了较为明显的"三大梯度"形势与"东部引领、中部赶超、西部追赶"发展格局⑥。国外学者倾向于从制造模式转变的视角探讨制造业"新型化"，相关研究认为要构建多方参与的开放式产品设计模式⑦，建立可重构的制造系统，满足为适应新的市场条件而进行制造功能调整的需要⑧，根据不断变化的产品需求，制造业企业通过敏捷制造系统，及时为客户提供综合解决方案，挖掘潜在的市场需求⑨。

四、制造业高质量发展

中国经济要实现高质量发展，必须有高质量的制造业作为支撑。自从2018 年中央经济工作会议明确提出要推动制造业高质量发展之后，国内

① 李廉水，杜占元. "新型制造业"的概念、内涵和意义 [J]. 科学学研究，2005（4）：184-187.

② 揭筱纹，罗莹. 我国新型制造业的特征及其构建路径研究 [J]. 理论与改革，2016（4）：184-188.

③ 李金华. 中国现代制造业体系的构建 [J]. 财经问题研究，2010（4）：3-12.

④ 李廉水，程中华，等. 中国制造业"新型化"及其评价研究 [J]. 中国工业经济，2015（2）：63-75.

⑤ 周彩红，樊丽君. 基于熵权的制造业新型化程度国际比较与预测 [J]. 中国科技论坛，2016（11）：141-147，154.

⑥ 宋晓娜，张峰. 中国制造业"新型化"转型绩效解析 [J]. 科学与管理，2019，39（2）：69-77.

⑦ Koren Y，Hu S J，Gu P，et al. Open-architecture products [J]. CIRP Annals：Manufacturing Technology，2013，62（2）：719-729.

⑧ Andersen A L，Brunoe T D，Nielsen K，et al. Towards a generic design method for reconfigurable manufacturing systems：analysis and synthesis of current design methods and evaluation of supportive tools [J]. Journal of Manufacturing Systems，2017（42）：179-195.

⑨ Unglert J，Hoekstra S，Jauregui-Becker J，et al. Towards decision-support for reconfigurable manufacturing systems based on computational design synthesis [J]. Procedia Cirp，2016（41）：153-158.

学界对此问题逐渐开展了研究，也取得了较为丰富的成果，所提出的观点和对策具有一定的现实指导意义。

苗圩认为，加强核心技术攻关是制造业高质量发展的根本要求，并指出加快制造业高质量发展有六大任务：一是完善制造业的创新体系；二是加快发展先进制造业；三是促进制造业区域协调发展；四是加强制造业质量品牌建设；五是营造有利于制造业高质量发展的良好环境；六是进一步提升制造业开放水平①。辛国斌认为，制造业高质量发展要着眼于建设现代化经济体系，紧紧围绕制造强国建设目标，紧扣我国社会矛盾的主要变化，适应全球科技革命和产业变革趋势，践行新发展理念，坚持质量第一、效率优先，以供给侧结构性改革为主线，加快推动质量变革、效益变革、动力变革，着力构建创新引领、协同发展的现代化制造业体系，不断增强创新力和竞争力②。他认为：一是必须深化体制机制改革，着力营造良好的发展环境；二是必须强化创新驱动，着力提升制造业创新能力；三是必须加强供给侧结构性改革，加快转型升级；四是必须发挥信息化驱动引领作用，深化信息技术与制造业融合发展；五是必须着力建设高质量发展承载体，培育一批优质、高效的制造业企业。路甬祥认为，良好的发展环境是推动高质量发展和建设制造强国的重要前提和有力保障，要着力做好三方面工作：一是要进一步优化营商环境，深化"放管服"改革，推进商事制度改革，降低企业运行成本，强化知识产权保护，为各类企业营造公平、透明、可预期的营商环境；二是要建设更高水平开放合作共赢的投资贸易环境，进一步加快与国际通行规则接轨，大幅度放宽市场准入，全面实行准入前国民待遇加负面清单管理制度；三是要努力打造协同创新的发展支撑环境，改革创新体制机制，推动产业链、科技链、金融链"三链"融合，促进产学研深度融合、军民融合，增强科技创新、现代金融、人才教育、产业文化等对创业创新和制造业转型升级的协同支撑能力③。

许召元认为，制造业高质量发展包括四个方面的要求：第一，产品质量不断提高，能够满足人们对美好生活的需要；第二，生产过程清洁高效，满足人与自然和谐发展的要求；第三，企业效益保持在较好水平，人

---

① 苗圩. 加快制造业高质量发展的六大任务 [J]. 商用汽车新闻，2018 (13)：2.
② 辛国斌. 以制造业高质量发展引领建设制造强国 [J]. 中国科技产业，2018 (8)：12-13.
③ 路甬祥. 推动制造业高质量发展 加快建设制造强国 [J]. 中国科技产业，2018 (8)：10-11.

均增加值不断提升；第四，国际竞争力不断提高，为经济发展提供更大的市场空间①。尚会永等认为，面对以互联网为代表的新技术所引发的生产方式及消费模式深度变革的机遇，以及中美贸易摩擦的压力，进一步提升中国制造业的整体水平，培育具有全球竞争力的本土制造业企业、建设推动优秀制造业企业不断涌现的机制和商业环境是新时期所提出来的重要改革命题，并指出，加强技术研发是实现制造业领先和超越的关键，提高劳动者素质是实现领先和超越的重要保障，保持系统性优势是实现领先和超越的基础②。黄鑫认为推动制造业高质量发展，应重视市场机制的决定性作用，加大市场体系改革和建设力度，通过市场化和法治化方式，稳步推进企业优胜劣汰③。关键核心技术是国之重器，尽快实现突破创新是我国制造业高质量发展的关键。新材料、新能源汽车、5G等新兴产业是我国制造业做强增量的重点领域，需加大政策引导和支持力度，释放新动能。肖伟认为推动制造业高质量发展，需在四个关键环节下足功夫：一是打造奖优罚劣的市场机制，创造有利于高质量发展的外部环境；二是支持研发创新，掌握核心技术；三是鼓励数字化智能化改造，促进技术升级；四是降低实体经济成本，提升企业自身竞争力④。吕铁和刘丹认为：推动制造业高质量发展，一要完善制造业体系顶层设计，突出重点，协调推进；二要准确分析现实状况与研判未来发展趋势，及时跟进并有效应对；三要大力建设产业创新体系，注重创新成果产业化；四要在制造业领域全面谋划，注重推动三次产业融合发展；五要积极探索建立区域产业协作机制，注重实现区域间优势互补、错位发展⑤。马永伟认为在经济高质量发展背景下，转换制造业发展模式、提升自主创新能力、提高制造业生产品质，亟须培育和弘扬工匠精神，发挥工匠精神在制造业顺向演进中的驱动效应，实现制造业高质量发展⑥。

张志元认为新时代创新驱动制造业高质量发展，要推动制造业与现代

① 许召元. 制造业高质量发展的核心标准和关键环节［N］. 中国经济时报，2019-01-01（5）.

② 尚会永，白怡琚. 中国制造业高质量发展战略研究［J］. 中州学刊，2019（1）：23-27.

③ 黄鑫. 加快推动制造业高质量发展［N］. 经济日报，2019-01-15（9）.

④ 肖伟. 推动制造业高质量发展 要在四个关键环节下足功夫［N］. 经济日报，2019-03-21（12）.

⑤ 吕铁，刘丹. 制造业高质量发展：差距、问题与举措［J］. 学习与探索，2019（1）：111-117.

⑥ 马永伟. 工匠精神与中国制造业高质量发展［J］. 东南学术，2019（6）：147-154.

服务业深度融合，转换制造业人才培养和使用机制，完善质量为先、崇尚实业的市场环境，加快建设协同发展的产业创新体系①。张杰从构建现代金融体系的角度，探讨了制造业高质量发展路径，并认为必须将发展具有直接融资和间接融资双重功能的全能制银行体系作为今后中国深化金融体制改革的重点突破方向之一；积极发展具有直接融资功能的地方化、专业化的股份制中小商业银行体系，是中国深化金融体制改革的重要组成部分②。刘国新、王静、江露薇基于新时代高质量发展理念，提出了"经济、创新、高级、开放、生态"的制造业高质量发展理论框架，并通过测度表明，我国制造业高质量发展水平整体呈上升趋势，空间分布格局呈现"东高、中平、西低"态势，需要强化合理布局、优化结构、协同发展③。周晓红认为推动制造业高质量发展对经济持续稳定高质量发展至关重要，我国经济已由高速增长阶段转向高质量发展阶段，亟须加快新旧动能转换和转型升级，打造具有国际竞争力的制造业，助力我国经济中高速增长和高质量发展④。王志军认为推动制造业高质量发展要实施好"五大重点任务"：一是确保工业经济运行在合理区间；二是提升产业基础能力和产业链水平；三是大力发展基于数字经济的新业态新模式；四是增强微观主体活力；五是营造良好发展环境⑤。

综上所述，相关学者围绕中国制造业高质量发展，研究提出了不少有益的思路和实施路径，主要集中在创新驱动、人才支撑、环境营造、产业融合、制度保障等方面，但相对零散、视角也较为单一，未形成系统性研究框架。同时，相关研究主要是探讨有关发展对策，关于其中的机理的研究比较缺乏，有待深化。我们认为，制造业高质量发展是一项系统工程，不能仅仅局限于生产制造环节本身，而要拓展至全产业链和产品全生命周期的范围，以政府和市场合作为根本遵循、以创新驱动为主线，从要素、企业、产业与政府等多个层面协同推进，构建推动制造业高质量发展的立

①　张志元. 我国制造业高质量发展的基本逻辑与现实路径 [J]. 理论探索，2020 (2)：87-92.

②　张杰. 构建支撑制造业高质量发展的中国现代金融体系发展路径与突破方向 [J]. 安徽大学学报 (哲学社会科学版)，2020，44 (1)：136-147.

③　刘国新，王静，江露薇. 我国制造业高质量发展的理论机制及评价分析 [J]. 管理现代化，2020 (3)：20-24.

④　周晓红. 以转型升级助推中国制造业高质量发展 [J]. 江苏行政学院学报，2020 (2)：56-61.

⑤　王志军. 贯彻中央经济工作会议精神 推动制造业高质量发展 [J]. 宏观经济管理，2020 (2)：13-14，17.

体化路径。

第三节　研究内容与研究方法

一、研究内容

本书以"制造业高质量发展"为研究对象，分析现实背景，厘清理论逻辑，提出系统思维；设计评价指标体系及测度方法，通过测度评价与空间特征及影响因素分析，认清制造业高质量发展的真实水平和存在的主要问题；在此基础上，从要素、企业、产业与政府等四个层面出发，研究提出立体化推进路径，从而建立了制造业高质量发展的系统性理论框架与实践"路线图"。

全书分为五篇，主要内容如下：

（1）理论逻辑及现状评价。在回顾和总结相关理论和文献的基础上，剖析高质量发展、制造业高质量发展的现实背景与理论逻辑，提出制造业高质量发展的系统思维框架；设计评价指标体系及测度方法，对制造业高质量发展水平进行测度评价与空间特征及影响因素分析，从而认清发展现状和问题，进而为相关政策制定实施提供现实依据。

（2）要素层面："三力"聚合强化基础支撑。推动制造业高质量发展，要素是基础和先决条件。没有质量优、数量足的要素支撑，制造业将成为无源之水、无本之木，更谈不上高质量发展。本书深入分析了技术、人才与金融等三大核心要素对制造业高质量发展的支撑作用，梳理了现实中所面临的主要问题，围绕如何有效聚集和优化配置生产要素、构建与夯实制造业高质量发展的要素支撑体系提出了相应对策。

（3）企业层面："三化"转型打造新型制造。随着现代信息技术快速发展，以及市场需求不断变化和资源环境约束趋紧，制造业企业必须优化生产方式和制造模式，打造新型制造，实现高质量发展。本书厘清了服务型制造、绿色制造与智能制造促进制造业高质量发展的作用机理，立足我国实际、结合国际经验，基于全价值链、全生命周期视域设计了制造业服务化、绿色化、智能化"三化"转型路径，提出了保障措施。

（4）产业层面："六措并举"形成战略合力。产业转型升级和迈向全球价值链中高端是制造业高质量发展的目标和重要标志。本书聚焦制造业发展质量目标，围绕制造业集聚发展、融合发展、开放发展、高端化发展、品牌化发展与产业链现代化等六大战略举措，分析问题、厘清机理、提出对策，协同推进制造业结构升级与高质量发展，并将"培育世界级先进制造业集群""加快中国装备制造业沿'一带一路'走出去""'中国制造'品牌形象再塑造""全球疫情期间中国制造业产业链安全维护"等作为专项行动，研究提出发展对策。

（5）政府层面："双重规制"构建倒逼机制。在推动制造业高质量发展进程中，市场机制是配置资源的有效手段，但同时也会产生"无序竞争""负外部性"等问题，导致"整体低效率"的结果，为此需要加强政府规制，弥补市场机制在推进制造业高质量发展中的不足和缺陷。本书主要围绕环境规制、产品质量规制两个方面，基于政府、市场、企业与公众等多方协同的理念，提出规制措施，以构建制造业高质量发展的倒逼机制。

全书内容逻辑结构如图1-1所示。

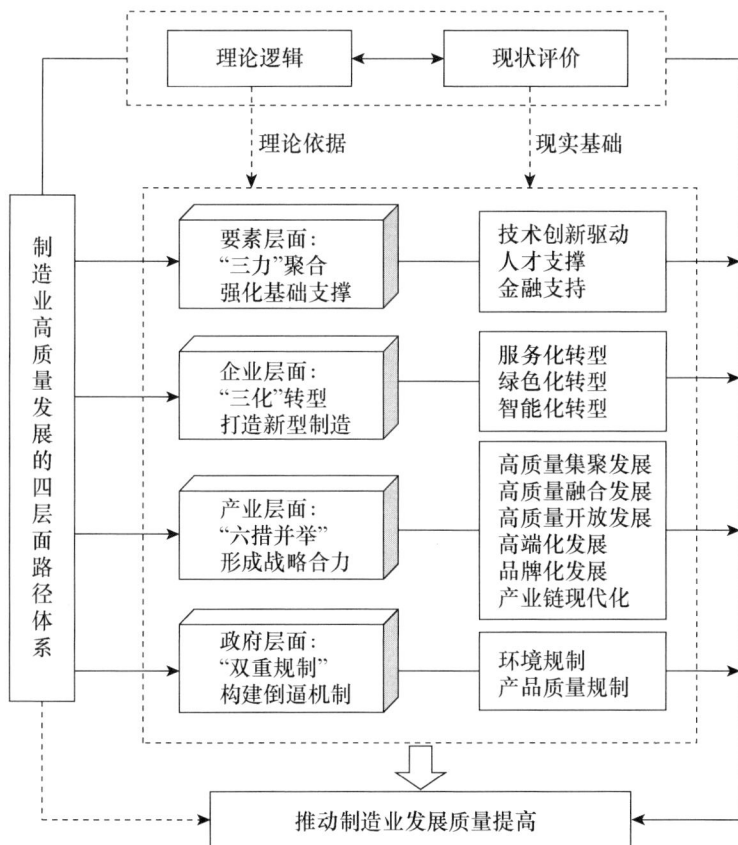

图1-1　研究内容逻辑结构

二、研究方法

（1）文献研究与实践调研相结合的方法。通过文献研究梳理制造业高质量发展的学理基础，通过实践调研明确我国制造业高质量发展的背景与存在的问题；进而通过对国际经验的分析总结，针对推动中国制造业高质量发展提出可供借鉴之处。

（2）定性分析和定量分析相结合的方法。以定性和规范分析为主，基于分层面的视域，研究提出推动制造业高质量发展的立体化路径；同时与定量分析相结合，通过测度评价、实证分析明确现状、找出问题与验证机理，为政策制定实施提供依据。

（3）多学科理论交叉研究。综合运用经济增长理论、产业经济学、发展经济学、制度经济学、协同论、系统论等多学科理论，深入研究制造业高质量发展的理论逻辑、评价体系与实现路径，从而形成系统性理论成果。

第四节　研究意义与主要创新

一、研究意义

（1）理论意义。在中国经济已由高速增长阶段转向高质量发展阶段的背景下，推动制造业高质量发展是当前和今后较长一段时间的重要任务，也是我国建设制造强国的必由之路。目前相关研究主要集中于探讨整个经济社会高质量发展，关于制造业高质量发展的专门系统性研究较少，亟待加强和深化。本书厘清了制造业高质量发展的理论逻辑，提出了推动制造业高质量发展的系统思维，设计了制造业高质量发展的评价指标体系，以政府和市场合作为根本遵循、以创新驱动为主线，研究构建了制造业高质量发展的路径体系，从而形成了关于制造业高质量发展的系统性理论成果，由此在一定程度上夯实了制造业高质量发展的理论支撑，拓展了制造业可持续发展的战略思维，也丰富了产业经济学理论体系。

（2）实践意义。推动制造业高质量发展是我国提升综合国力、保障国家安全、建设世界强国的必由之路。本书立足我国制造业发展实际，借鉴发达国家制造业发展经验，从要素、企业、产业与政府等四个层面出发，研究提出了制造业高质量发展的立体化推进路径，并探讨了助力制造业高质量发展的若干专项行动战略，由此能为推动我国制造业高质量发展和加快制造强国建设提供一定的方法指导，并对优化经济结构和缓解经济下行压力，以及从根本上妥善处理资源环境问题具有较为深远的现实意义。

二、主要创新

本书创新之处体现在以下方面：

（1）按照"理论研究—实践研究—路径研究"的架构，厘清制造业高质量发展的理论逻辑，构建评价指标体系、测度发展水平与探讨影响因素，提出制造业高质量发展的路径及对策，从而形成了制造业高质量发展的系统性理论框架。

（2）针对制造业高质量发展的要求，提出"夯实依托基础、增强发展动力、优化生产方式、创新产品模式、做强支撑行业、做优配套产业、聚焦质量目标"的系统思维。

（3）以政府与市场合作为根本遵循、以创新驱动为主线，研究构建制造业高质量发展的"要素层面'三力'聚合强化基础支撑、企业层面'三化'转型打造新型制造、产业层面'六措并举'形成战略合力、政府层面'双重规制'构建倒逼机制"之立体化推进路径。

第二章　高质量发展背景与理论分析

中国特色社会主义进入了新时代，我国经济发展也进入了新时代。当前我国经济发展中存在诸多质量问题，推动高质量发展既是保持经济持续健康发展的必然要求，也是适应我国社会主要矛盾变化、推动实现中国式现代化、全面建设社会主义现代化国家的必然要求，更是遵循经济规律发展的必然要求。高质量发展是高速增长发展到一定阶段的产物，无论是从发展历史视角看还是从逻辑演进视角看，高质量发展都是推动我国经济再上新台阶的必然选择。本章在分析高质量发展背景的基础上，从学理基础、理论阐释、战略取向等方面，分析厘清高质量发展的基本逻辑机理。

第一节　高质量发展背景分析

改革开放 40 多年以来，我国经济高速增长令世人瞩目，同时增长质量问题也较为严峻。如果质量问题不能得到妥善解决，则不仅会影响经济发展的可持续性，还会带来严重的社会后果。当然，要改善经济发展质量，需要认清经济发展存在的质量问题及其原因，才能使政策制定实施做到有的放矢。

一、供求两侧运行不畅

实现经济运行高效通畅，需要供给和需求的平衡。经济结构升级需要供给和需求的共同升级。目前我国经济下行的原因在一定程度上在于供给和需求两个方面运行不畅，推动高质量发展是解决供求两侧运行不畅的根本途径。

（一）供给侧运行问题

经过几十年的高速发展，我国经济发展的要素条件和市场环境发生了巨大变化，导致传统的高速增长模式难以持续。从要素条件来看，企业普遍面临招工困难、用地紧张、成本上升、资源约束等发展困境。土地资源是有限的。随着经济发展和工业化、城市化不断推进，对土地的需求将持续增加，这必然会导致用地成本不断提高。劳动力资源虽然一定程度上可以变动，但单位劳动成本一直呈上升趋势。随着人口老龄化进程加快，我国劳动力人口在不断减少。2012 年，劳动年龄人口绝对数首次出现下降，较上年减少 345 万人，劳动力供求关系已到达"刘易斯拐点"，我国劳动力供给过剩的时代已经结束。另外，近年来国家对农村发展的大力支持，以及农民工观念的转变、进城成本的增加，使得流动人口也在下降。国家统计局统计公报显示，2015 年全国人户分离人口达 2.94 亿人，比上年末减少 377 万人，其中流动人口为 2.47 亿人，比上年末减少 568 万人[①]。劳动力人口和流动人口"双减"必然会导致企业用工成本增加。同时，技术不断进步和设备不断改进导致劳动生产率不断提高，工资也随之不断上涨。

从市场环境来看，目前供给相对过剩、需求相对不足，经济增长速度和规模都因此受到制约。依据总供给和总需求的关系，经济发展可以划分为两个阶段，即短缺经济阶段和过剩经济阶段。从总体上看，我国经济发展已经走过短缺经济阶段，开始进入过剩经济阶段。因需求意愿和需求能力不足而形成的最终消费品过剩以及由此导致的中间品过剩，不仅影响微观企业运行绩效，而且影响宏观层面经济运行的"信心"[②]。竞争加剧与盈利减少，是过剩经济阶段的基本特征、常态化现象。当生产过剩、商品堆积达到一定程度时，企业将会因资金无法周转而倒闭。这一方面会使社会失业率上升和社会生产力发生倒退，另一方面会使银行产生大量坏账，从而导致人民存款损失、整个社会陷入萧条和恐慌，甚至发生经济危机。

（二）需求侧运行问题

国际经验表明，在人均 GDP 超过 3 000 美元后，消费开始由"小康型"向"享受型"转变；在人均 GDP 超过 6 000 美元后，消费则会由"享受型"向"休闲型"转变。随着我国经济社会的不断发展，人民收入不断提高，2012 年人均 GDP 已超过 6 000 美元，2019 年已突破 1 万美

---

① 杨良敏. 劳动力"双减"背后 [J]. 中国发展观察，2016 (3)：1.
② 钟茂初. "过剩经济"背景下的若干发展难题与因应路径 [J]. 学习与实践，2017 (1)：13—22.

元，由此导致消费结构发生重大变化，进入享受型、休闲型消费阶段。突出的迹象如下：一是食品消费已经饱和。近十年来，我国城镇居民家庭和发达地区农村居民家庭食品消费中的许多项目不再随着收入的增加而增加。二是洗衣机、冰箱、电视机、热水器、空调等耐用消费品已接近饱和，几乎一个家庭拥有一台。三是消费者对部分基本消费项目的种类、数量、质量、水平要求越来越高，已经超出了纯基本消费的范围，对供给提出了新要求。从 2018 年统计数据来看，消费变化呈现如下特征①：一是消费增长呈现回落趋势。2018 年，社会消费品零售总额为 38 万亿元，同比名义增长 9.0%，较上年下降 1.2 个百分点，扣除价格因素，实际增长 6.9%，为多年来新低。二是汽车等高档消费品增速下降幅度较大。2018 年出现明显消费降级现象，高档消费品普遍出现低增速情况。其中，汽车消费增速降幅达 8 个百分点。三是服务消费规模扩大。改革开放初期我国城乡居民恩格尔系数高达 60% 左右，2017 年恩格尔系数首次下降到 30% 以下，达到联合国划分的 20%～30% 的富足标准；而医疗保健服务消费支出占比已连续 5 年稳定上升，标志着我国居民消费结构持续升级。

以上消费需求的变化充分说明，我国消费需求已由"物质文化需要"转向"美好生活需要"。客观地讲，国内很多产品与国外产品的确存在不小的差距，国内高品质消费品有效供给不足，难以满足居民消费结构升级的内在要求，许多存在现实消费需求的产品和服务无法在国内获得，或者由于品质和安全等原因人们不敢消费，导致现实消费需求被严重抑制。面对人民日益增长的美好生活需要同不平衡不充分的发展之间的矛盾，需要更加注重质量，高质量发展成为解决矛盾和满足人民日益增长的美好生活需要的必然要求和根本途径。可见，高质量发展也是需求升级提出的发展要求。

综上所述，高质量发展有供给、需求两方面的原因，高质量发展是当前的发展主题。人民群众对发展的要求，不再是满足基本的生存需要，而是满足更高的美好生活需要，目前我国发展的规模和速度已不能满足这种全面升级的需求。发展是硬道理的内涵不再是规模和速度，而是质量和效益②。

---

① 余逸霖. 我国消费增长特征与趋势 [N]. 中国经济时报，2019-02-14（A03）.

② 田秋生. 高质量发展的理论内涵和实践要求 [J]. 山东大学学报（哲学社会科学版），2018（6）：1-8.

二、经济发展质量不高

（一）科技创新能力相对不足

近几十年来，虽然中国经济实现了高速增长，科技创新能力获得了显著提高，航天、高铁等领域取得了突破，天宫、蛟龙等一批具有影响力的科技成果引起了国际社会广泛关注，但我国仍缺乏足够的基础创新、自主创新和知名品牌。与发达国家相比，科技成果转化率与科技进步贡献率仍有较大差距。许多核心技术仍然被国外控制，一些重点行业和部门原始创新能力有待提高。我国的出口产品大多还是初级产品，要把"中国制造"变成"中国创造"，还有很长的路要走。特别是近年来，低成本资源和要素投入形成的动力明显减弱，传统比较优势日益削弱，经济发展动力亟待转换。依靠增加要素投入和出口的粗放型发展模式已经难以为继。发展动力必须转向创新驱动，实现创新引领发展，打造新产业优势，为经济持续健康发展提供新引擎、新支撑。

（二）产业产品大多处于中低端

改革开放 40 多年来，我国制造业虽然取得了长足发展，但与美国、德国、日本、英国、法国等发达国家相比还有较大差距。我国制造业仍然大而不强，关键核心技术与高端装备的自主研发、创新能力较弱；工业化与信息化"两化"融合范围不大、程度较低，技术效率不高；大多数产品层次处在中低端，附加值较低，世界知名品牌比较缺乏，制造业国际化程度不高，国际竞争力不强。与此同时，2008 年国际金融危机之后，西方发达国家为了解决失业问题和重塑制造业竞争新优势，纷纷踏上"再工业化"发展道路，从而推动新一轮全球化贸易及投资格局加速形成；发展中国家为了尽快融入全球价值链，从经济全球化进程中谋得利益，也纷纷加快战略谋划和布局，积极承接产业、资本转移，加快"引进来、走出去"战略的实施，拓展国际市场空间，努力在全球产业再分工中找到有利定位。可见，我国制造业面临着发达国家和发展中国家的双向竞争挤压，转型升级是必由之路。

（三）发展不平衡不充分问题较为严重

虽然中国经济建设和发展取得了巨大成就，但与人民的"美好生活需要"相比，目前的发展仍然处于不平衡不充分的状态。这主要体现在如下方面：一是城乡发展方面。改革开放以来，我国一直高度重视城市的带动作用，城市化率显著提高，但是城乡二元结构的矛盾依然突出，广大农村的基础设施和公共服务水平与城市差距甚大。二是区域发展方面。区域发展分化现象越来越明显。虽然西部大开发、东北振兴、中部崛起等发展战略得到大力实施，各项扶持和优惠政策得到落实，但地区差距尚未明显缩小，东部地区的发展仍然领先全国，中西部地区仍处于追赶之中，东北老工业基地的发展依然滞后。三是经济社会发展方面。社会建设滞后于经济建设，民生问题与社会矛盾依然较为突出。除此之外，还有农业现代化、工业化、城镇化、信息化发展的不平衡不充分问题。这些问题如果不能得到相应解决，就会成为未来发展的障碍。

（四）人与自然不和谐问题依然存在

虽然近几年美丽中国建设取得明显成效，我国生态环境保护发生了历史性、转折性、全局性变化，但是鉴于我国长期以来依靠粗放型经济增长方式支撑经济高速增长，资源环境约束趋紧问题依然存在。同时，由于我国生态环境保护体制机制尚不健全、法律法规尚不完善，且生态环境保护基础较为薄弱，因此生态环境保护仍然滞后于经济社会发展，以牺牲生态环境为代价换取眼前和局部利益的现象在一些地区依然严重，边治理边破坏的现象时常发生，生态环境保护已成为实现经济社会可持续发展的迫切要求。随着人们环保意识的增强和生活水平的提高，人们对新鲜空气、干净水源、安全食品和优美环境的需求越来越强烈，生态环境恶化及其对人民健康的影响已成为突出的民生问题。为解决我国严峻的生态环境问题，以及满足中华民族实现可持续发展的长远需要，我们必须以绿色发展理念引领发展方式的根本转变，从而增强发展的可持续性。

（五）贫富差距与公共服务不均等现象较为明显

我国在经济快速发展、人民生活水平不断提高的同时，贫富差距也在逐步扩大。根据国家统计局公布的数据，我国居民收入的基尼系数 2003年为 0.479，2008 年达到最高点 0.491，虽然此后总体呈下降态势，但一直超过国际警戒线 0.4，而且 2016 年是 0.465，2017 年是 0.467，2018年是 0.474，连续三年出现上升，贫富差距恶化。而在 20 世纪 80 年代初，全国居民收入的基尼系数仅在 0.3 左右。另外，收入差距在区域之间、城镇居民内部、城乡居民之间都比较大。同时居民财产差距也在扩大，而且这一问题正变得越来越严重，导致贫富差距有进一步扩大的势头。有关数据分析显示，中国的财产差距扩大速度比收入差距扩大速度要高得多。贫富差距过大会导致居民在资源和公共服务的获取机会和质量等方面出现不平等，最终会导致社会分化、阶层固化加剧，贫穷与富裕代际传递。这有悖于社会主义的本质，也不符合实现中国式现代化发展目标的要求。

三、可持续发展面临多重约束

我国经济可持续发展面临着多重制约因素，主要体现在动力、结构与效率等三个方面，这三个方面的因素并非独立地制约经济发展，而是相互影响的。目前我国经济发展动力、结构与效率尚不能满足高质量发展的要求，需要加快改进和提升。

（一）动力约束

创新驱动是我国经济增长的新的发展动力，它不同于传统的由要素和投资驱动的粗放型增长模式。创新驱动可以促进技术进步，实现劳动生产率提升。从创新条件、创新过程和创新成果来看，我国都存在诸多不足和限制因素。

（1）创新条件方面。一是财政支持力度不足。我国科技财政支出占比从 2011 年至 2015 年一直呈下降趋势，2016 年科技拨款占财政拨款的比重为 4.13%，比上年提高 0.15 个百分点，扭转了下降趋势，但仍然处于较低水平，与发达国家存在较大差距。二是知识产权保护制度和服务供给相对滞后。开展知识产权保护是激励技术创新的有力举措。虽然我国陆续制定出台并多次修订完善《商标法》《专利法》《著作权法》《反不正当竞争法》等法律法规，建立起了符合国际通行规则、门类较为齐全的知识产权法律体系，为加强知识产权保护提供了有力的法律保障[①]，但是随着知识产权保护市场需求的不断扩大，日新月异的科学技术与相对滞后的法律法规产生了一定冲突，间接制约了创新的发展进度。三是劳动力质量红利有待挖掘。过去我国一直依赖劳动力数量红利，缺乏挖掘质量红利的意识，导致高技能人才紧缺。据统计，我国高级技工比例仅为 5% 左右，与日本的（40%）、德国（50%）等发达国家差距较大，高技能人才不足极大地制约了创新发展。此外，国家统计局的调查报告显示，2017 年农民工总量达到 28 652 万人，而接受过农业或非农职业技能培训的农民工比例为 32.9%，农业和非农职业技能培训都参加过的农民工比例仅为7.1%[②]。

（2）创新过程方面。一是企业创新能力培育不足。企业作为创新主

---

①　申长雨.中国依法严格保护知识产权［EB/OL］.（2018-10-15）［2019-12-11］.http://www.qstheory.cn/dukan/qs/2018-10/15/c_1123554579.htm.

②　国家统计局.2017 年农民工监测调查报告［EB/OL］.（2018-04-27）［2020-05-07］.http://www.stats.gov.cn/tjsj/zxfb/201804/t20180427_1596389.html.

体,其创新能力决定了生产要素的边际价值和资源配置的有效性。目前,我国企业的研发投入总量偏小,研发强度不高,内部研发机构开展创新研发的比例仍然很低,大多是应用试验。关键和前瞻性高端技术研发能力不足,研发体系不完善①。二是企业家精神较为缺乏。企业家可以说是一个企业的统帅和灵魂,企业发展在很大程度上依赖创新实干的企业家精神。企业家精神是企业成长的原动力和最根本的竞争力,也是当今社会一种稀缺的资源②。我国大部分企业尤其是中小企业创新精神缺失,缺少对产品精益求精的坚持与积累,缺乏长远的创新规划,企业发展缺乏稳定性和持续性。三是国有企业创新动力不足。在我国所有制改革过程中,国有资本股权集中且长期固化的问题仍然存在,国有企业内部激励机制尚不完善,使得企业创新能力和创新进程受到抑制。虽然国有企业在创新驱动发展战略中发挥了重要作用,但创新发展不平衡不充分问题仍较突出。国家统计局2017年全国企业创新调查结果显示,国有企业创新存在活跃度和投入水平相对偏低、创新成效相对不足、创新层次较低等问题,应加快国有企业改革步伐,推动国有企业适应市场需求、转变发展方式、依靠创新提升核心竞争力,完善国有企业激励机制和考核办法,充分调动企业家和科研人员创新创造的积极性,增强企业创新内生动力③。

(3)创新成果方面。一是创新成果转化率偏低。持续活跃的技术创新是实现高质量经济发展的动力源泉。先进国家的科技成果转化率为60%至70%,而我国这一指标不足30%。2017年我国科技人力资源达到8 705万人,数量规模仍位居全球首位,R&D人员全时当量达到403.4万人年④,但科技成果转化率却不及先进国家的一半⑤,大部分科技成果未能有效转换成现实生产力,这严重影响了创新主体的积极性。二是多元协同创新体系未形成。技术创新需要政企校协同合作,各创新主体协同创新能在更大范围产生创新成果。我国尚未形成创新共同体,主要在于政企

---

① 任保平,钞小静,魏婕. 中国经济增长质量发展报告(2014)[M]. 北京:中国经济出版社,2014.

② 王丽娟. 新时代下企业家精神将是企业发展的动力[N]. 中国经济时报,2018-05-24(A02).

③ 李胤. 国有企业创新发展中存在的问题应予关注[N]. 中国信息报,2018-09-12(1).

④ 我国科技人力资源发展状况分析[EB/OL]. (2019-04-02)[2019-08-17]. http://www.chinahightech.com/html/chuangye/kjfw/2019/0402/519479.html.

⑤ 乔红康. 解"科技成果转化难"症结 科技部"三部曲"踢绊脚石[EB/OL]. (2016-05-19)[2019-11-15]. http://tech.china.com.cn//news/20160519/230174.shtml.

校的利益诉求和激励机制不同，同时在进行创新研发过程中内部分工不明晰，缺乏有效的协作，难以形成长期合作机制。

（二）结构约束

经济结构调整对于新阶段中国经济增长具有重要作用，结构理顺了，发展就协调了，增长空间就释放出来了。经济结构失衡已成为经济增长的限制性条件，阻碍了结构调整红利的释放，加剧了经济增长和资源环境之间的冲突，不仅影响经济增长数量，而且影响经济增长质量。当前我国经济发展面临的更多的是结构性问题，体现在供给结构、需求结构、产业结构、区域结构及市场结构等方面。这些结构性问题对中国经济高质量发展会产生制约作用。

（1）供给结构约束。从全球范围来看，我国产品层次和附加值相对较低，中国制造的世界知名品牌比较缺乏，制造业国际化程度不高，国际竞争力不强。总体来看，我国供给体系存在的问题主要是中低端产能过剩、高端供给不足，导致供给体系与居民消费需求明显错位。因此，国内居民的大量消费需求转向海外市场，并逐步形成对国外产品的依赖[1]。

（2）需求结构约束。消费、投资和出口是拉动市场需求的三驾马车。相比投资与出口需求，我国近年来消费需求对经济的拉动较弱，这是影响经济可持续发展的一个重要隐患。投资需求是不能完全替代消费需求的，因为高投资虽然能够在短期内大规模刺激需求，拉动经济增长，但从长期看，会使供给能力进一步扩张，当出现经济不景气从而没有足够的市场需求，政府又采取扩大投资的政策来增加总需求时，政策效应就会进一步衰减，导致结构性产能过剩问题不断加剧。另外，在外向型经济发展战略指引下，我国国际贸易份额不断提升，导致经济增长对出口的依赖程度不断提高。虽然中国进出口总额占当年 GDP 的比例即外贸依存度呈下降态势，经济发展对国外市场需求的依赖有一定程度的下降，但二者仍处于较高水平。持续的贸易顺差必然造成国际收支结构失衡，也将削弱我国转变经济发展方式和创新发展的动力。

（3）产业结构约束。根据克拉克定律和库兹涅茨的研究成果，随着经济的发展和人均国民收入的提高，劳动力首先从第一产业转移到第二产业；当人均国民收入提高到一定水平时，劳动力逐渐从第一、第二产业转

---

[1]　金碚. 总需求调控与供给侧改革的理论逻辑和有效实施［J］. 经济管理，2016，38（5）：1-9.

移到第三产业。也就是说，产业结构的重心将沿着第一、第二、第三产业的顺序演进。产业演进的趋势是传统产业逐渐被新兴产业所取代，产业发展趋势是向高技术密集型转变。我国产业结构变动与上述理论描述是吻合的，但进一步从产业内部结构来看，目前我国产业的结构性问题比较明显，第一产业中现代农业比重偏低，第二产业中先进制造业比重偏低，第三产业中现代服务业比重偏低。产业结构问题突出表现为低附加值产业和高消耗、高污染、高排放产业的比重偏高，而高附加值产业、绿色低碳产业、具有国际竞争力的产业的比重偏低。

（4）区域结构约束。区域经济的发展应该是一个从非均衡状态到高水平均衡状态的过程。但是，当前我国发展不平衡已成为满足人民群众美好生活需要的主要制约因素，有些地方发展严重滞后，地区经济发展水平差异明显，地区间产业同构现象较严重①。城乡之间在收入水平、教育、医疗、消费、社会保障等方面的差距日趋扩大；家庭间贫富差距问题日益严峻，社会流动性在逐渐下降，并开始出现代际固化的特点②。区域发展的结构性失衡问题成为我国经济持续高质量发展的重要制约因素。

（5）市场结构约束。完全竞争企业的经营处于其价格等于边际成本的位置，而垄断企业的经营处于其价格大于边际成本的位置，这使得完全竞争企业比垄断企业能更有效地配置资源。虽然中国在下游产品市场上实现了市场化竞争，但上游要素市场仍然存在一定的垄断力量。这种上游市场垄断的格局使得生产要素的价格不合理，导致最终产品价格虚高，这种高价格并不是市场真实供求关系的反映，而是由上游市场垄断导致的要素高价格引起的，结果影响了整个市场稳定，导致市场机制紊乱，如医药行业、油气资源行业等。可见，市场结构需要进一步优化，推动市场真正发挥有效配置资源的作用。

（三）效率约束

要素支撑经济增长，经济高质量发展有赖于要素效率的提高。技术效率、劳动效率和资本效率是决定经济高质量发展的三个重要效率因素。如果技术、劳动、资本效率低下，就必然会影响经济发展效率，制约经济高质量发展。

---

① 朱承亮. 中国地区经济差距的演变轨迹与来源分解 [J]. 数量经济技术经济研究，2014，31（6）：36-54.

② 郭豫媚，陈彦斌. 收入差距代际固化的破解：透视几种手段 [J]. 改革，2015（9）：41-52.

（1）技术效率约束。一方面，技术效率约束体现为技术配置效率低下。技术配置的有效性取决于市场的作用是否充分发挥，而我国要素市场存在竞争不充分问题，导致要素流动性弱、使用率低，难以从低收益领域流向高效益领域，从而使技术资源得不到有效配置，影响全要素生产率。另一方面，技术效率约束还体现为技术质量偏低。虽然我国技术水平较之前已有较大提升，但在质量方面，尤其是关键技术的质量上相比发达国家仍然偏低，企业对关键技术、原创技术的投入力度不够。基础研究具有外部性，企业很少投资基础研究，同时政府又受财力限制，结果导致基础研究相较于应用研究存在差距，技术质量整体偏低。

（2）劳动效率约束。一是有效劳动力短缺。目前，我国劳动力供给不再充裕和低廉。2011 年中国人口结构出现拐点，自 2012 年开始 15～64 岁劳动年龄人口的总数和占比都出现了下降。截至 2017 年底，我国 60 岁及以上老年人口有 2.41 亿人，占总人口的 17.3%。民政部发布的《2017 年社会服务发展统计公报》显示，预计到 2050 年前后，我国老年人口将达到峰值 4.87 亿人，占总人口的 34.9%。二是劳动力转移与产业转移"互逆"。适度的地区生产率差异会引导劳动力由低生产率地区向高生产率地区转移，促使社会整体劳动生产率进一步提高。现阶段大规模劳动力由欠发达地区流向发达地区，而产业由发达地区向欠发达地区逐步转移，二者形成鲜明的"互逆"态势。劳动力外流刚性阻碍了产业区际转移，缩小了产业转移规模，而且劳动力流动规模越大、外流刚性越强，对产业转移造成的内在障碍越明显[1]。这种劳动力未跟随产业同方向流动的问题，会使欠发达地区的实际劳动力供给与劳动力需求结构匹配度较低。这不仅会影响劳动生产率提高，而且不利于产业区际转移和地区经济发展。

（3）资本效率约束。一方面，资源效率约束体现为国有资本使用效率不高。我国国有企业的产权具有独特性，且在薪酬、管理等方面制度不完善，部门（子公司）经理往往出于部门利益最大化考虑进行防御型投资[2]，结果导致国有资本的使用效率与私营企业的资本使用效率存在较大差距。引入其他所有制经济形成有利于提高企业的资本配置效率与市场价

---

① 樊士德，沈坤荣，朱克朋. 中国制造业劳动力转移刚性与产业区际转移：基于核心—边缘模型拓展的数值模拟和经验研究 [J]. 中国工业经济，2015（11）：94-108.

② 季皓. 从代理问题角度探讨国有资本使用效率的提高路径 [J]. 财会月刊，2011（9）：7-10.

值，国有企业混合所有制改革需要进一步深化。另一方面，资本效率约束还体现为资本配置效率偏低。资本的配置是资源配置的核心，会直接影响劳动、技术等其他生产要素的效率①。一是由于财政资源受限，各地方政府纷纷将注意力转向对金融资源的控制，这必然会造成金融部门资金配置效率的下降。二是由于财权与事权不匹配，地方政府在配置产业资本时就会把财政收入作为重要目标，从而导致实体经济部门的税负较高；地方政府对土地财政的依赖会推高房地产价格，使房地产对实体经济产生挤出效应，从而造成整个资本配置效率低下和资源错配。三是地方政府片面追求经济增长速度和规模，结果导致重基础设施投资、轻人力资本及公共服务投资的短期行为，使得资本配置失当、缺乏有效性。

第二节　高质量发展的理论阐释

一、高质量发展的理论内涵

在党的十九大报告提出"我国经济已由高速增长阶段转向高质量发展阶段"这一基本判断之后，高质量发展成为学界研究的热点问题。关于高质量发展内涵的研究，现有文献大体可归为三类：第一类是基于社会主要矛盾和新发展理念的高质量发展内涵分析；第二类是基于经济发展的高质量发展内涵分析；第三类是基于马克思主义经济学的高质量发展内涵分析。

（一）基于社会主要矛盾的高质量发展内涵分析

金碚认为，经济发展质量高低最终是以能否满足人民日益增长的美好生活需要为判断准则，系统性地创造发展优势，走符合实际和具有特色的道路，以各种有效和可持续的方式满足人民不断增长的多方面需要，是高质量发展的本质特征②。何立峰、汪同三认为，高质量发展需要体现"五大发展理念"，能够很好地满足人民日益增长的美好生活需要③。赵昌文

————————

　　① 钞小静，薛志欣. 新时代中国经济高质量发展的理论逻辑与实践机制 [J]. 西北大学学报（哲学社会科学版），2018，48（6）：12-22.

　　② 金碚. 关于"高质量发展"的经济学研究 [J]. 中国工业经济，2018（4）：5-18.

　　③ 何立峰. 深入贯彻新发展理念 推动中国经济迈向高质量发展 [J]. 宏观经济管理，2018（4）：4-5，14；汪同三. 深入理解我国经济转向高质量发展 [N]. 人民日报，2018-06-07（7）.

和朱鸿鸣、程承坪认为要以是否有利于解决新时代我国社会主要矛盾、是否有利于解决发展不平衡不充分问题、是否有利于满足人民日益增长的美好生活需要为根本标准来判断高质量发展①。杨伟民、刘志彪认为，高质量发展就是能够很好地满足人民日益增长的美好生活需要、体现新发展理念的发展，是创新成为第一动力、协调成为内生特点、绿色成为普遍形态、开放成为必由之路、共享成为根本目的的发展②。

（二）基于经济发展的高质量发展内涵分析

任保平等认为，高质量发展是经济发展质量的高水平状态，包括经济发展、改革开放、城乡发展和生态环境的高质量③。吕薇认为，实现高质量发展，一要提高全要素生产率，二要持续提高、保障和改善民生水平，三要保持经济运行的稳定性、可持续性和低风险④。朱启贵认为，高质量发展一是贯彻新发展理念，二是坚持质量第一、效益优先，三是以供给侧结构性改革为主线，四是供给体系和产业结构迈向中高端，五是国民经济创新力和竞争力显著增强，六是能够很好地满足人民日益增长的美好生活需要⑤。李伟认为，高质量发展意味着高质量的供给、高质量的需求、高质量的配置、高质量的投入产出、高质量的收入分配和高质量的经济循环⑥。徐忠认为，中国经济已由高速增长阶段转向高质量发展阶段，货币政策调控方式应该从以货币数量调控为主转向以货币价格调控为主，以更好地促进新常态下经济金融的高质量发展⑦。沈坤荣等认为，由于金融市场发展不平衡不充分导致资金"脱实向虚"，出现"资金空转"等金融乱象，为此需要从平衡社会融资结构、营造良好金融生态、严密防控金融风险三个方面入手，加快金融市场建设步伐，推进经济高质量发展⑧。

① 赵昌文，朱鸿鸣. 如何建立一个创新导向型的经济结构？［J］. 财经问题研究，2017（3）：3-10；程承坪. 高质量发展的根本要求如何落实［J］. 国家治理，2018（5）：27-33.

② 杨伟民. 贯彻中央经济工作会议精神 推动高质量发展［J］. 宏观经济管理，2018（2）：13-17；刘志彪. 理解高质量发展：基本特征、支撑要素与当前重点问题［J］. 学术月刊，2018，50（7）：39-45，59.

③ 任保平，文丰安. 新时代中国高质量发展的判断标准、决定因素与实现途径［J］. 改革，2018（4）：5-16.

④ 吕薇. 探索体现高质量发展的评价指标体系［J］. 中国人大，2018（11）：23-24.

⑤ 朱启贵. 建立推动高质量发展的指标体系［N］. 文汇报，2018-02-06（12）.

⑥ 李伟. 推动中国经济稳步迈向高质量发展［J］. 智慧中国，2018（1）：14-17.

⑦ 徐忠. 经济高质量发展阶段的中国货币调控方式转型［J］. 金融研究，2018（4）：1-19.

⑧ 沈坤荣，赵亮. 重构高效率金融市场推动经济高质量发展［J］. 中国特色社会主义研究，2018（6）：35-41.

（三）基于马克思主义经济学的高质量发展内涵分析

钞小静和薛志欣基于马克思的技术创新理论、社会再生产理论、生产力理论，探讨了高质量发展的微观、中观、宏观层面的基本内涵，认为经济发展质量从微观层面可理解为产品质量，从中观层面可理解为结构质量，从宏观层面可理解为生产力质量①。金碚从马克思商品二重性理论出发，认为只有当产品质量满足真实需要和具有更高性价比时，才能战胜竞争对手完成交易过程，即具有质量优势或质量竞争力②。任保平认为，在微观方面马克思运用劳动价值理论分析了产品质量与使用价值、价值之间的关系问题，在宏观方面马克思研究了质量循环链、生产力质量和经济增长质量等问题，对质量问题的这些论述是新时代高质量发展的政治经济学理论逻辑③。吴金明认为"我国由高速增长阶段迈向高质量发展阶段"这一科学论断既源于马克思的劳动价值论，又丰富发展和完善了马克思的劳动价值论；同时，他从马克思劳动价值论"二元价值构成"出发，提出"二维五元"价值构成分析模型，并以此为基础，探讨了高质量发展的基本概念、主要特征与基本要求④。

综合以上几种视角的高质量发展内涵分析，我们认为，高质量发展是以马克思主义经济学基本理论为指导思想，以"创新、协调、绿色、开放、共享"为发展理念，以"高质量"为发展要求，以"创新"为根本动力，以"满足人民日益增长的美好生活需要"为最终目标的新发展模式。

二、高质量发展的功能定位

党的十九大报告提出，我国经济已由高速增长阶段转向高质量发展阶段。2017 年 12 月的中央经济工作会议又进·步明确，推动高质量发展是当前和今后一个时期确定发展思路、制定经济政策、实施宏观调控的根本要求。相对于高速增长而言，当前不平衡不充分发展问题的实质就是发展质量不高，需要用新的发展理念引领发展方向和指导发展实践，推动发展

---

① 钞小静，薛志欣. 新时代中国经济高质量发展的理论逻辑与实践机制 [J]. 西北大学学报（哲学社会科学版），2018，48（6）：12-22.

② 金碚. 关于"高质量发展"的经济学研究 [J]. 中国工业经济，2018（4）：5-18.

③ 任保平. 新时代高质量发展的政治经济学理论逻辑及其现实性 [J]. 人文杂志，2018（2）：26-34.

④ 吴金明. "二维五元"价值分析模型：关于支撑我国高质量发展的基本理论研究 [J]. 湖南社会科学，2018（3）：113-129.

质量和效率提高，加快破解我国社会主要矛盾。高质量发展就是能够更好地满足人民日益增长的美好生活需要的发展，就是要将人民对美好生活的期盼变成现实的发展。

（一）高质量发展是适应经济发展新常态的主动选择

在我国经济发展进入了新常态的这一大背景下，经济发展要在遵循经济规律的前提下，看清长期趋势，立足大局、抓住根本，主动适应、把握和引领经济发展新常态。各级政府要树立正确的政绩观，不能只看生产总值规模，更要看经济增长质量。要从长远发展考虑战略问题，坚定不移加强创新驱动，深入推进供给侧结构性改革，加快推动我国经济在实现高质量发展上取得突破。

（二）高质量发展是贯彻新发展理念的重要体现

创新、协调、绿色、开放与共享五大发展理念的本质就是强调发展的质量，而不是纯粹追求数量。高质量发展是指能够很好地满足人们日益增长的美好生活需要的发展，是体现新发展理念的发展。具体来说，创新发展就是要解决高质量发展的动力问题；协调发展就是要解决高质量发展中的不平衡问题；绿色发展就是要在高质量发展中解决人与自然的和谐问题；开放发展是要解决高质量发展中的内外部合作问题；共享发展是要解决高质量发展中的公平正义问题。

（三）高质量发展是建设现代化经济体系的根本途径

建设现代化经济体系是中央政府顺应中国特色社会主义进入新时代的新要求做出的重大决策部署。要实现这一目标，必须同时坚持质量与效率原则，推动经济发展的质量、效率提高和动力转换，促进全要素生产率提高，不断增强我国的经济创新能力和竞争力。推动高质量发展，是今后制定经济政策、实施宏观调控的重要导向，也是加快现代经济体系建设的根本途径。

（四）高质量发展是破解社会主要矛盾变化的必然要求

随着中国特色社会主义进入新时代，我国社会的主要矛盾已经转化为人民日益增长的美好生活需要和不平衡不充分的发展之间的矛盾。不平衡不充分的发展是发展质量不高的直接表现。为了更好地满足人民日益增长的美好生活需要，必须推动高质量发展，使企业生产的产品或提供的服务更优，能够更好地适应、满足消费者多样化、个性化的需求，使人们能够享受高品质生活，提高人民的获得感、幸福感与安全感。

三、高质量发展的内在要求

（一）高质量发展需要培育新动能

推动经济高质量发展，要求转换发展动能。为此，要通过加大科技投入、培育创新型企业和集聚创新要素，加快科技创新和成果转化，使创新成为驱动发展的主要动力，推动由外需拉动、投资推动的粗放型发展模式向创新驱动的集约型发展模式转变。要通过深化市场准入、投融资、知识产权等领域的制度改革，充分激发企业家精神，全面激活创新发展的微观基础和内生动力。要通过完善财税、金融、产业、区域、人才、分配、产学研协同等方面的政策配套，激活所有创新资源与创新要素，打破创新资源与创新要素配置的组织边界，推动技术创新、产品创新、组织创新相互融合，从而推动产业创新和转型升级，打造创新型产业集群和现代产业体系，提升产业竞争力与可持续发展能力。

（二）高质量发展需要注入新要素

推动经济高质量发展，要充分发挥数字技术这一新生产要素的革命性作用。要抓住由数字技术引领的战略新机遇，积极构建基于云、网、端的新信息基础设施体系，通过适时共享大数据和深化分工协作，推动数据要素与传统要素深度融合和协同集聚，形成要素边际收益递增效应。要借助新一代信息技术变革机遇，进一步推动组织柔性化、网络化、自组织化与协同化，推动形成新生产、新消费、新流通、新组织、新模式与新业态，促进发展质量和效率提高。要推动互联网与各行业领域的全面整合及深度融合，加强全新基础设施建设，补齐发展短板，全面释放数字、互联网和大数据红利，实现经济更高质量发展。

（三）高质量发展需要贯彻新理念

我国长期以来的经济高速增长导致了环境和生态的恶化，已逐渐影响了人与自然的和谐发展，绿色发展已成为必然要求。绿色发展是高质量发展的重要内涵之一，只有坚持绿色发展，经济发展才能得以持续，人民生活质量才能得到提高。为此，在经济发展实践中要坚持绿色理念，开发绿色导向的新技术，推广绿色技术应用，大力发展绿色经济和生态经济。要形成绿色技术研发与推广的体制机制，引导绿色设计、绿色采购、绿色制造、绿色流通和绿色消费。要强化产业政策的绿色引导作用，通过大力发展新能源汽车等绿色产业，带动相关绿色产业链和绿色产业集群发展。要借助财政、税收、金融、产业等政策手段，鼓励绿色技术开发、引进和利用，节约发展资源，改善发展环境，实现在绿色发展中获得更大的综合效益。

（四）高质量发展需拓展新空间

通过深化开放拓展发展空间是高质量发展的必要条件，因为高质量发展需要优质要素和资源的支撑，通过深化开放可以更好地利用国外市场和资源。一方面，要进一步扩大对外开放的领域和范围，特别是充分发挥自贸区和自贸港对外开放的作用，统筹内外开放，深化对外开放，通过提高开放质量提升外向型经济质量，以开放促改革促发展，进一步释放开放带来的发展动力和发展红利；另一方面，通过全面深化对外开放，拓展新市场和新空间，拓展资源配置空间领域，提高资源配置效率，激活国际市场需求，推动供求在更广范围内、更高层次上实现平衡。

（五）高质量发展需要坚持新导向

经济社会的发展最终要以提高人民生活水平和共享发展为导向。推动经济高质量发展，就是要让百姓从高质量发展中受惠更多，共享发展成果。坚持共享发展，必须坚持发展为了人民、发展依靠人民、发展成果由人民共享，必须做出更有效的制度安排，使全体人民在共建共享发展中有更多获得感，增强发展动力，增进人民团结，朝着共同富裕的方向稳步前进①。一要强化社会公平的价值导向，完善分配、再分配相关政策制度，健全和完善社会保障与社会福利制度，确保劳动群众、社会底层和弱势群体参与发展过程、享受发展成果；二要加大减贫力度，通过精准扶贫确保实现减贫目标，并通过增强贫困群众的自我"造血"功能，建立健全稳定脱贫长效机制；三要通过加大政府投入力度，推动公共服务均衡供给，在发展实践中体现社会主义公平原则②。

（六）高质量发展需要构建新保障

推动高质量发展是一项长期系统工程，需要构建新的全方位保障机制。一是要按照高质量发展的要求，优化顶层设计，加强研究，科学规划，系统设计，有序推进；二是要建立健全实施机制，建立促进高质量发展工作落实的有效机制，形成科学决策、任务分解、协调推进、科学评价、反馈改进的长效机制；三是要建立评价体系，加快高质量发展指标体

---

① 马占魁. 准确理解和把握共享发展理念的深刻内涵［N］. 光明日报，2016－06－19(6).

② 王廷惠. 以新发展理念全面推动高质量发展［N］. 中国社会科学报，2018－04－11(4).

系、政策体系、标准体系、统计体系和绩效评价体系的研究、设计与应用。

四、高质量发展的重要特征

（一）产业结构合理化与高级化水平不断提高

从三次产业的关系来看，我国第一产业比重一直在下降，第二产业比重先降后升，第三产业比重持续上升并超过第二产业，这种产业结构的演进方向是符合经济发展的一般规律的。我国经济发展中存在的产业结构问题和矛盾主要体现在三次产业内部。在第一产业中，现代农业占比偏低；在第二产业中，高耗能高污染重化工业产能明显过剩，制造业大而不强；在第三产业中，现代服务业发展不充分不平衡。产业结构合理化和高级化是经济发展和结构演变的一般规律，也是经济高质量发展的特征和重要标志。随着经济发展阶段的演进，产业结构演变的一般趋势是从单一结构转向多元结构，进而使产业结构合理化和高级化。改革开放以来，我国产业结构实现了多元化发展，但产业结构合理化和高级化未得到实现，甚至出现了产业结构低端锁定的倾向。

（二）创新成为经济发展第一动力

我国过去的高速增长是依靠扩大要素投入实现的，这种粗放型增长造成了严重的环境、资源、生态与社会问题，抑制了创新发展能力，制约了经济持续发展，也阻碍了经济结构的转型升级。虽然我国研发投入已经居世界第二位，但整体的科研创新能力不强，很多行业主要还是依靠价格战来抢占市场，缺乏核心竞争力，这与高质量发展的要求是背离的。创新是经济高质量发展的第一动力，在高质量发展阶段，科技教育体制改革将得到深化，同时科技成果向生产力转化的能力显著提升，科技人员流动的体制机制障碍也将被破除，最终实现全要素生产率大幅提升，经济发展将走上创新驱动的集约型发展道路。

（三）供给体系质量进一步提升

提高供给体系的质量是我国供给侧结构性改革的目标，也是今后深化全面改革的焦点。优质的供给是高质量发展的重要特征。一是经济高质量发展阶段上，供给体系能随需求的变化而不断地调整和升级，并能发挥引领需求的作用，二者不断配合适应，促进经济发展质量和效率的提高。二是产业上、中、下游之间协同性不断增强，土地、资本、劳动力和技术等要素流动更为顺畅，价值链不断攀升，经济发展动力不断增强。三是要素质量与要素配置效率不断提升。要素质量与要素配置效率的提升是高质量发展的重要支撑，只有要素质量与要素配置效率得到了提升，要素报酬率才会提高，高端要素的作用才能得到发挥，供给体系质量和经济发展质量才会得到提高。

（四）人民美好生活需要得到不断满足

在高质量发展阶段，人民的闲暇偏好增强，对生活品质的需求不断提高。在新时代下，人民群众期盼有更好的教育资源、更完善的基础设施、更健全的医疗卫生与养老保障及更优美的居住环境，这一切都需要我们重视经济发展的质量和效率，而非仅注重数量和速度。高质量发展更要求注重满足人民在多方面日益增长的高层次需要，更好地推动人的全面发展、社会的全面进步①。人民生活质量的提高应当是全社会生活水平的共同提高，在高质量发展阶段，改善民生任务艰巨，需要努力克服健康、教育、医疗、养老和基建等方面的地区发展不平衡问题，促进各地区全面协调发展。

第三节　高质量发展的战略取向

实现高质量发展的关键是创新驱动，要着力推进以科技创新为核心的全面创新。习近平总书记曾指出，我们之所以要把科技创新摆在这样突出的位置上，是因为这是加快转变经济发展方式、破解经济发展深层次矛盾和问题、增强经济发展内生动力和活力的根本措施。创新驱动实质上是一种经济发展方式，是一个经济增长动力由资源、劳动力、投资等初级要素向知识、创新、人力资本等高级要素转换的过程，也是一个不断提高发展质量的过程。面对发展不平衡不充分的问题，我们需要努力突破经济增长的传统路径依赖，聚焦质量效率目标，不断挖掘经济发展新红利，推动经济高质量发展，以满足人民日益增长的美好生活需要。

一、突破传统路径依赖

（一）突破对廉价劳动力的路径依赖

过去二十多年，大量劳动力从农村转移到城市，企业由此获得价格竞

---

① 任保平，李禹墨. 新时代我国高质量发展评判体系的构建及其转型路径 [J]. 陕西师范大学学报（哲学社会科学版），2018，47（3）：105-113.

争优势，并延缓了资本边际收益递减趋势，使得资本投入进一步扩张，加速了工业化进程。长期以来，我国经济增长形成了对廉价劳动力的路径依赖。随着人口老龄化进程加速，我国经济发展已经进入新的阶段，劳动力成本不断提升，人口数量红利逐渐消退，这迫切要求经济增长尽快突破对廉价劳动力的依赖，转而依靠人力资本和劳动力素质提升。

（二）突破对自然资源的路径依赖

多年来，由于自然资源低成本的原因，我国曾经出现了对资源的过度开发和资源利用效益低下的现象，虽然工业化进程得到加快，但是却形成了对资源环境的路径依赖。对自然资源的过度开发不仅加大了生态环境压力，破坏了人与自然的和谐，而且阻碍了地区潜在优势的发挥，成为当地经济发展的障碍，导致了"资源诅咒"现象。尤其是在资源接近枯竭时，过度依赖资源的地区的经济发展会受到严峻挑战，同时会产生大量劳动力失业及社会不稳定问题。以耗竭资源为代价的发展模式必定不可持续，必须转变发展方式，寻找新的发展动力和空间。

（三）突破对高投资的路径依赖

"高储蓄、高投资"曾为中国的经济高速增长提供了重要支撑，然而，高投资是一把"双刃剑"，虽然能够在短期内大规模刺激需求，拉动经济增长，但从长期看，一旦出现经济不景气而没有足够的市场需求，政策效应就会进一步衰减，且会加剧结构性产能过剩问题。经济增长效率会因此下降，经济发展的持续性将面临隐患。这种循环往复的投资刺激政策形成了经济增长对高投资的依赖，需要尽快突破，实现以资本驱动为主向以创新驱动为主的转变。

（四）突破对房地产高速发展的路径依赖

房地产是支撑地方政府财政与经济总量的重要产业，其发展速度大大超过工业化进程中的制造业和其他产业，地方经济增长对房地产的依赖程度有升无降。无论从国际经验看还是从理论看，当房地产发展到一定程度时，其增长速度会不断下降，在需求逐渐达到饱和的情况下价格上涨不可能持续。我国在未来的经济发展中，不能也不可能依赖某一类特定产品拉动需求，而是要依靠各个领域的常态增长来实现经济保持中高速增长。

二、聚焦质量效率目标

（一）强化创新驱动

创新是引领发展的第一动力，是构建现代经济体系、推动经济高质量发展的战略支撑。习近平总书记强调，创新是一个民族进步的灵魂，是一个国家兴旺发达的不竭动力。在激烈的国际竞争中，只有创新者才能前进，只有创新者才能强大，只有创新者才能取胜。实施科技创新引领战略，是应对发展环境变化、把握发展自主权、提升核心竞争力的必然选择。这也是加快转变经济发展方式，解决经济发展中深层次矛盾和问题的根本途径。中国经济要强化创新驱动发展、改革驱动创新。虽然需求刺激在我国经济快速增长中发挥着重要作用，但目前我国经济发展已进入新常态，提高质量和效益是首要目标。为此，要加强知识创新、技术创新、产品创新、产业创新和制度创新，不断推动产业转型升级和经济发展质量提高。

（二）注重内生增长

内生增长理论认为，经济能够不依赖外力实现持续增长，内生的技术进步是保证经济持续增长的决定因素。在中国经济进入新常态的背景下，长期以来的主要依靠资源、资本、劳动力等因素支撑经济增长和规模扩张的方式已难以为继。引领新常态，需要进一步增强发展的内生动力。高质量的经济发展需要解放和发展生产力，突破传统的路径依赖，激发知识、技术、人力资本、制度等方面的内生动力，提高各种内生增长因素的结构水平和生产效率，挖掘新的经济增长红利。党的十八届五中全会提出的"创新、协调、绿色、开放、共享"五大发展理念正是经济高质量发展的指导思想，强调经济内生性增长质量和效益，而非仅关注数量。

（三）加强质量变革

提升供给体系质量是推动高质量发展的主要方向，要紧跟国际先进质量标准，开展质量改进行动，显著提升我国经济质量优势，使我国制造业和服务业成为高质量的标志。要促进企业和产品优胜劣汰，逐步形成一批具有长期稳定国际竞争力的优质品牌企业和产品。要把绿色发展作为提高质量的重要内容，从消费、生产、流通、投资到生活方式，全面加快绿色转型，把绿色低碳作为优质产品和服务的重要特征[1]。要不断提高企业家高质量发展意识与创新能力，将其积极性引导至提升企业人力资本、推动技术改造、加强质量管理上来，提高企业的创新水平和管理效率，进而实

---

[1]　刘世锦. 推动经济发展质量变革、效率变革、动力变革 [J]. 中国发展观察，2017（21）：5-6，9.

现企业全要素生产率的提高和产品品质质量的提升①。

（四）加快模式转变

数量型经济增长模式单纯追求产出的快速增长，忽视增长过程中的社会福利、人的发展及生态环境等问题。质量型经济增长模式将社会和环境效益也纳入增长目标之内，注重经济、社会和环境协调发展。就我国经济增长来看，质量不高问题比较突出，主要体现为：更多地依靠物质资源的大量投入来推动增长，部分领域出现严重产能过剩；在很大程度上以牺牲环境为代价，严重危害了广大群众的切身利益；大部分产品技术含量、附加值低，面对低端锁定困境。经济高质量发展就是要减少资源、能源消耗和环境污染，实现由数量型经济增长模式向质量型经济增长模式转变，更好地满足人民日益增长的美好生活需要。

三、挖掘经济发展新红利

（一）挖掘全面改革红利

经济体制改革为我国经济增长带来了巨大的发展空间，这就是市场化改革的红利，而这种经济体制转轨的红利正在逐步消退。在新阶段，要全面深化体制改革与综合配套改革，突破各种体制性障碍，包括深入推进行政体制改革，深化开放型经济体制改革，加快国有企业混合所有制改革，推动教育、文化、医疗卫生等社会事业制度改革，打破城乡二元体制，使新的改革红利成为长期内经济增长和高质量发展的重要动力。

（二）挖掘科技创新红利

市场竞争会越来越激烈，但随着市场体系的不断完善，市场容量会越来越大，原始创新的价值也会越来越高，这必将推动更多的企业加大对原始基础创新领域的投入。企业家是充满创新精神的群体。只要尊重企业家的创新精神，就会极大地激发他们以有限的资源创造更高的经济和社会价值。当今的科技创新已进入大数据、云计算、物联网、移动互联网时代，信息技术已成为第一要素，经济发展的动力也进入了以颠覆性技术创新为主的新的历史阶段，技术创新红利更主要地体现在颠覆性技术创新上。因此，需要围绕创新发展引导要素优化配置，引导创新资源集聚到创新活动中，推动大众创业创新。通过培育新技术、新产业、新业态创造新供给，

---

① 陈川. 以质量变革激发高质量发展新动力 [EB/OL]. (2018-04-20) [2020-01-24]. http://finance. ce. cn/rolling/201804/20/t20180420_28897345. shtml.

释放新的市场需求，形成新的发展动力。

（三）挖掘效率改善红利

首先，智能化可以为企业价值链的各个环节都带来提质增效作用，通过强化人工智能技术应用，大力发展智能物联网，能够全面释放"效率红利"。其次，优化营商环境、完善市场机制能够促进效率红利释放。如进一步打破市场垄断、加强知识产权保护、让全社会形成摒弃山寨模式和倡导自主创新的文化氛围等，能很好地释放效率红利，助力高质量发展。最后，通过鼓励企业"走出去"，从国际市场获取效率红利。中国企业"走出去"成为跨国企业，使得技术和产品有更广阔的销售平台，提升品牌影响力和品牌溢价，是释放效率红利的重要方式①。

（四）挖掘结构优化红利

结构优化既是转变经济发展方式的重要手段，也是经济发展质量的重要体现。我国经济发展面临的更多的是结构性问题。虽然经济结构局部失衡会在一定阶段、一定程度上促进经济增长，但是随着经济发展阶段的变化，结构失衡会逐步成为经济增长的限制性条件，不仅影响经济增长数量，还会影响经济增长质量。结构理顺了，发展协调了，增长空间就释放出来了。要着力优化要素投入结构、产业结构、区域结构、就业结构、城乡结构和对外贸易结构，促进我国经济均衡、协调和可持续发展。

（五）挖掘人力资本红利

在人口数量红利逐渐消退的情况下，人力资本提升是经济增长的重要推动因素。我国经济增长中的人力资本错配问题比较突出，人力资本的应有效应未得到充分发挥，要加快推进人力资本提升和优化配置，使经济结构与人力资本结构相互适应和协调。首先，要优化教育结构，加大教育投入，使教育和经济结合起来，加快创新型人才培养；其次，要进行大规模的劳动力培训和素质提高工作；最后，要完善创新人才引进、选拔和使用制度，为释放人力资本红利创造制度条件。

---

① 杨元庆. "效率红利"将成为中国经济增长的新动能［EB/OL］.（2019-03-05）［2020-02-25］. http://m.ce.cn/bwzg/201903/05/t20190305_31612269.shtml.

第三章　制造业高质量发展背景与理论分析

制造业是国民经济的主体，要想推动中国速度向中国质量转变、中国制造向中国创造转变、制造大国向制造强国转变，关键是要推动我国制造业高质量发展。2018 年 12 月，中央经济工作会议明确提出要推动制造业高质量发展。2019 年全国两会政府工作报告进一步指出，要围绕推动制造业高质量发展，强化工业基础和技术创新能力，促进先进制造业和现代服务业融合发展，加快建设制造强国。2020 年全国两会政府工作报告再次强调"支持制造业高质量发展"。这为我国制造业未来发展指明了方向、明确了任务。本章在梳理制造业高质量发展现实背景的基础上，剖析制造业高质量发展的理论内涵，提出推动制造业高质量发展的系统思维框架。

第一节　制造业高质量发展背景分析

新中国成立以来，我国制造业发展可以大致划分为以下五个阶段：第一阶段，新中国成立后，在基本完成社会主义改造和实施了多个"五年计划"之后，初步建立起了较为完整的工业体系和较为坚实的制造业基础；第二阶段，改革开放以后，制造业获得突飞猛进的发展，逐步形成了门类齐全、独立完整的产业体系；第三阶段，2001 年加入 WTO 之后，持续扩大对外开放，我国制造业企业不断进入国际市场，参与国际产业分工，我国发展成为"世界工厂"；第四阶段，随着 2008 年国际金融危机的爆发，全球出现新一轮科技革命和产业变革，我国开始积极寻求制造业发展新途径，以缓解所面临的经济结构调整的压力；第五阶段，党的十八大以来，我国经济发展进入新常态，供给侧结构性改革成为发展主线，制造业也由快速扩张阶段转向高质量发展阶段。作为制造业大国，我国 2010 年制造业产值的全球份额就已超过美国，但是我国制造业仍然处于大而不强的发展阶段，与发达国家相比存在较大差距，从制造大国迈向制造强国依然任重而道远，实现制造业高质量发展任务艰巨，面临着不少问题。

一、传统竞争优势逐渐消失

随着人口老龄化进程加速，不仅年轻劳动力数量增长停滞，甚至是负增长，而且年轻劳动力的劳动意愿也有所改变，他们对闲暇的偏好明显增强，由此导致制造业劳动力要素成本不断上升，制造业低成本优势已成历史，依靠规模扩张的粗放型模式已难以为继。虽然到 2008 年国际金融危机之前，中国单位劳动力成本在全球仍然处于较低行列，但随着中国经济发展水平的提高、人口结构的变化和人口数量红利的消退，中国劳动力成本呈现不断走高的趋势，劳动力低成本的比较优势逐渐弱化。我国制造业人员年平均工资从 2000 年 8 750 元上升至 2017 年 64 452 元，工资水平上涨了 6.4 倍。2015 年，中国的制造业劳动力平均成本为 3.3 美元/小时，但印度仅为 1.8 美元/小时[①]。由此可见，中国劳动力成本虽然与发达国家相比仍然较低，但是已经明显超过了印度等新兴经济体。此外，伴随中国经济社会发展，土地、能源和物流等其他生产成本也不断上涨，大大增加了企业的生产负担。

二、资源环境约束趋紧问题依然存在

工业生产本质上是人类参与的物质资源形态转化过程，即将自然资源加工制造成可用于消费或再加工过程的产品，消耗自然资源是工业生产的必要条件。同时，工业生产过程还会产生废料，造成环境的改变也是工业生产活动的必然后果。过度消费资源和破坏环境，不仅使工业生产无法持续进行，而且会破坏人类生存的基本条件。我国制造业长期以来的粗放型发展方式对国内资源、环境与气候等产生了较为严重的影响，也对人与自然和谐造成了破坏。目前我国经济发展已进入新常态，不能过度追求增长速度，需要统筹考虑速度、效益与质量，在维持中高速经济增长态势的前提下，尽可能提高经济增长效率，降低资源耗费代价。在我国资源环境约束依然趋紧的形势下，主要依靠加大资源及要素投入与规模扩张的粗放型

---

① 吕铁，朱利. 制造业高质量发展的关键［EB/OL］. (2018-09-17)［2019-11-13］. http://gjs.cssn.cn/ztzl/ztzl_views/201809/t20180917_4561657.shtml.

发展模式已难以为继，高能耗、高排放的制造业需要转型或改造，亟须进一步优化制造业结构、提升制造业技术和服务水平，培育制造业发展新动能和新优势。

三、质量效益优势尚未形成

在全球制造业格局中，中国制造业尚未形成明显的质量效益优势。目前，我国制造业的质量和效益既没有有效缩小与制造强国的差距，而且相比制造业后发国家，特色优势也并不明显[①]。我国制造业的质量和效益虽然保持持续增长的态势，但仍处于低端水平。美国、日本和德国制造业一直稳居高端水平，而中国则远低于上述三国的平均水平。目前，处于中高端水平的韩国正逐步向高端发展，中国与韩国还有较大差距。尽管由于新一轮技术革命和产业改革带来的赶超机遇，中国制造业的技术创新能力不断提高，但仍不足以显著缩小与制造强国的差距。中国制造业只有加快技术创新和实现高质量发展，才能抵御制造强国的打压和后发国家的追赶。

四、外部竞争压力日益加大

中国制造业进一步发展面临发达国家和新兴国家双向挤压，原有的低成本竞争优势逐渐弱化，新的竞争优势尚待形成。印度、越南等新兴经济体充分利用本国劳动力、土地成本低等比较优势，制定优惠的外资政策吸引跨国公司的资金和技术流入，积极承接全球产业转移，从而使中国制造业在跨国公司全球产业链上既有的低成本优势正逐步丧失。2008 年国际金融危机之后，发达国家重新认识到制造业对就业和经济发展的重要性，纷纷制定以重振制造业为核心的再工业化战略，如美国政府提出了"制造业行动"计划，德国政府提出了"工业 4.0"计划，欧盟提出了"未来工厂"计划等。发达国家通过加大研发投入、加强投资以及提供更加优惠的税收政策，吸引本国制造企业回流，致使中国制造业向中高端转型升级的压力加大。此外，由发达国家发起并引领的新一轮技术革命和产业变革，加剧了各国在物联网、人工智能、新材料等战略性新兴产业领域的竞争，中国制造业向价值链中高端迈进将面临更激烈的竞争和更大的困难。

① 吕铁，刘丹. 制造业高质量发展：差距、问题与举措［J］. 学习与探索，2019（1）：111-117.

五、与发达国家差距依然明显

我国经济总量位居世界第二位，制造业规模位居世界第一位，我国是推动全球经济持续、健康发展不可或缺的重要经济体。制造业是我国经济社会发展的重要支撑，经过几十年的发展，我国制造业结构从以原材料粗加工为主向中高端制造发展，装备制造业比重不断提高，已建立起了门类齐全的工业、制造业体系。然而，我国制造业发展质量与美国、德国、日本、韩国等国家相比还有较大差距（见表3-1）。我国制造业仍然大而不强，关键核心技术与高端装备的自主研发和创新能力较弱，国家制造业创新体系尚不健全；产品层次不够高端，中国制造的世界知名品牌比较缺乏，产品附加值较低；制造业的污染物排放形势严峻，资源、能源利用效率不高；生产性服务业发展相对滞后，制约了制造业的高端化、高效化发展；工业化与信息化"两化"融合的覆盖领域较少，融合程度需要进一步提高；制造业国际化程度不高，大型跨国公司较少，全球化经营能力不强。

表3-1　中国与美国、德国等国家制造业发展主要指标比较（2017年）

制造业发展主要指标	中国	美国	德国	日本	韩国
制造业劳动生产率（美元/人）	24 711	141 676	90 796	78 895	83 847
制造业研发投入强度	1.98	2.58	3.05	3.36	3.67
单位制造业增加值的全球发明专利授权量（项/亿美元）	6.67	15.08	6.02	12.96	5.99
高技术产品贸易竞争优势指数	0.07	0.67	0.88	0.82	0.59
制造业单位能源利用效率（美元/千克石油当量）	5.99	8.83	12.56	11.97	7.89

资料来源：世界银行数据库、联合国工业发展组织数据库、WTO数据库。

第二节　制造业高质量发展的理论内涵

改革开放40多年来，我国制造业发展迅速，总体规模大幅度扩大，综合实力不断增强，生产能力迅速提高。然而，作为世界上最大的制造业国家，中国一直被贴着大而不强的标签，发展质量不高的问题仍然十分突出，主要体现为技术水平、产品质量、生产效率、经济效益等方面与发达国家的差距较大，能源资源消耗、污染物排放、全球价值链分工状况等与人们日益增长的美好生活需求不相适应，在国际分工体系中缺乏话语权，产业发展受制于人。2018 年中央经济工作会议提出，要重点推动制造业高质量发展，具体指出：要推动先进制造业和现代服务业深度融合，坚定不移建设制造强国；要稳步推进企业优胜劣汰，加快处置"僵尸企业"，制定退出实施办法，促进新技术、新组织形式、新产业集群形成和发展；要增强制造业技术创新能力，构建开放、协同、高效的共性技术研发平台，健全需求为导向、企业为主体的产学研一体化创新机制，抓紧布局国家实验室，重组国家重点实验室体系，加大对中小企业创新支持力度，加强知识产权保护和运用，形成有效的创新激励机制①。

中国经济已由高速增长阶段转向高质量发展阶段，制造业发展的重点已不是规模和速度，而是质量。推动制造业高质量发展，要在多个方面实现重大转变，这也是制造业高质量发展的内涵所在（见表 3 - 2）。第一，在增长动力方面，从劳动力、土地、资源、能源等要素驱动向数据、知识和技术驱动转变，从要素驱动的粗放式扩张向创新驱动的集约化发展转变。第二，在生产方式上，从机械化、自动化向数字化、网络化、智能化转变，并贯穿于制造业的整个产业链和产品生命周期。第三，在产业结构方面，从以资源密集型和劳动密集型低附加值传统产业为主的低端产业结构转向以高附加值的高新技术产业和战略性新兴产业为主的高端产业结构。第四，在竞争优势方面，从依靠低成本要素的价格优势转向由不断增强创新能力、完善产业支撑和提高快速商业化能力形成的综合竞争优势。第五，在国际分工方面，从加工组装型向产品设计型、品牌建设型和增值服务型转变，从来料加工组装向控制和掌握特殊材料、核心零部件、先进仪器和高端装备转变，使在全球价值链和国际分工中的地位明显提高。

表 3 - 2　制造业高质量发展内涵特征

主要方面	传统发展阶段	高质量发展阶段
增长动力	劳动力、土地、资源、能源等	数据、知识、技术等
生产方式	机械化、自动化	数字化、网络化、智能化
产业结构	低端产业结构	高端产业结构
竞争优势	价格优势	综合竞争优势
国际分工	以加工组装为主的低端位置	攀升全球价值链中高端

资料来源：作者整理。

---

① 中央经济工作会议在北京举行 [EB/OL]. (2018-12-22) [2019-02-13]. http://politics. people. com. cn/n1/2018/1222/c1024-30481785. html.

第三节　制造业高质量发展的系统思维

制造业是国民经济的支柱和基础。在中国经济已由快速增长阶段转向高质量发展阶段的时代背景下，制造业必须加快创新转型，实现高质量发展。制造业高质量发展不能仅仅依靠典型、示范领域和企业，而要上升到要素、产品、企业、产业、基地"并行推进"的系统工程层面，协同考虑依托基础、发展动力、生产方式、产品模式、支撑行业、配套产业与发展目标七个维度（见图3-1），形成系统性发展思维和推进路径。

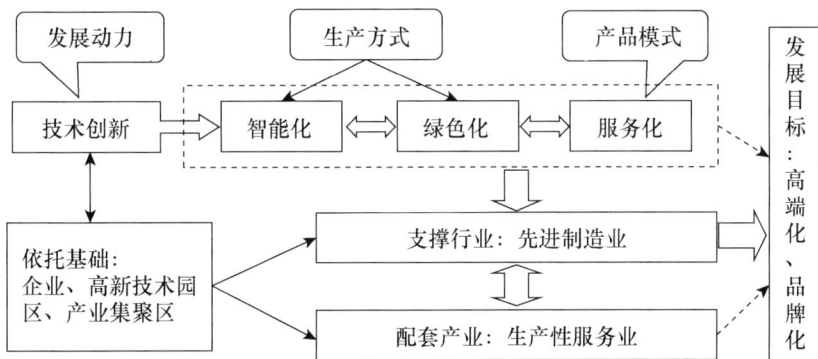

图3-1　制造业高质量发展的系统思维框架

资料来源：作者整理。

一、夯实依托基础

企业是制造业发展的主体，园区与产业集聚区是制造业发展的载体，它们是工业和区域经济发展水平的重要决定因素。具有国际化潜质的"旗舰"制造业企业，是支撑制造业高质量发展和打造现代制造业体系的核心元素，没有行业内的领军制造业企业，就不可能有国际顶尖级的制造业品牌，也就不可能引领国际制造业发展潮流。园区强，则工业强；工业强，则区域经济强[①]。各地要根据优势产业、龙头企业、创新能力、支持项目与园区发展水平等实际条件，选择一批先进制造业集聚发展基地，从设立专项引导资金、做大产业投资基金规模、强化要素保障、支持创新能力建

[①] 李金华. 中国现代制造业体系的构建［J］. 财经问题研究，2010（4）：3-12.

设、创新体制机制等方面大力支持基地建设，并由此建设一批各具特色的先进制造业集聚区，建立一批具有持续创新能力的产业联盟，培育一批具有国际影响力的领军企业，打造一批国际知名制造业品牌。

二、增强发展动力

当前，世界正进入空前的创新密集和产业变革时代，科学技术领域发生革命的先兆愈加明显，深刻改变着世界科技和经济社会发展形态。科学技术从来没有像现在这样如此深刻地影响着经济发展和社会进步，科技创新从来没有像现在这样显得重要而紧迫。适应制造业发展新趋势，打造中国制造业升级版，必须把增强创新能力摆在更加重要的位置，着力实施创新驱动发展战略，推动制造业发展转到更多地依靠创新驱动上来，充分发挥科技的支撑引领作用。从目前的发展状况看，中国普遍存在自主创新能力不足的问题。我国大中型工业企业研发经费占比不足 1％，而美国、日本、德国等发达国家普遍在 2％以上；我国技术对外依存度高达 50％以上；我国科研成果转化率仅为 10％左右，远低于发达国家 40％的平均水平①。为此，要加快实施创新驱动发展战略，推动制造业技术创新，需要做好四个环节的重要工作，即完善制造业创新体系，加强关键制造技术研发，完善科技成果转化机制，以及加强知识产权创造、保护和运用。当然，创新驱动制造业高质量发展，需要从全产业链出发，实施技术创新、技术集成、工艺创新、组织创新、商业模式创新等多维创新活动，而并非仅仅是技术创新。覆盖制造业全产业链的创新框架如图 3 - 2 所示。

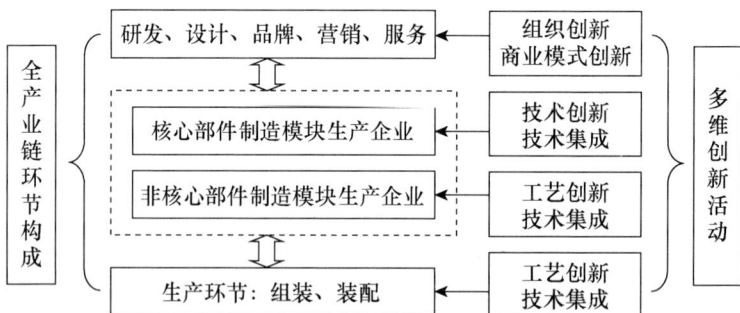

图 3 - 2　覆盖制造业全产业链的创新框架

资料来源：作者整理。

---

① 　IBM 深入解读中国制造 2025 ［EB/OL］.（2018 - 07 - 26）［2019 - 11 - 12］. https://tech. ifeng. com/c/7epdDQ85yV5.

三、优化生产方式

智能化和绿色化是制造业生产方式的重要发展方向。首先，要着眼于抢占国际竞争制高点，实施智能制造工程，着力发展智能装备和智能产品，推动生产方式向柔性、智能、精细转变，全面提升企业研发、生产、管理和服务的智能化水平。具体来看，要加大对高端数控机床、工业机器人、增材制造装备等智能装备、智能化生产线的研发与推广力度，培育一批智能制造样板企业；要在新型传感器、智能测量仪表、工业控制系统、伺服电机等智能核心装置方面实现突破，推进其工程化和产业化；要加快生产设备的智能化升级改造，提高精准制造能力和生产效率。其次，要着眼于绿色产品、绿色企业、绿色园区、绿色供应链四个层面，推动形成绿色制造体系，并积极开展绿色评价并明确责任制度。加快淘汰落后技术设备，加强节能环保技术、工艺、装备的推广应用，全面推行清洁生产，发展循环经济，提高资源利用效率，实现产品全生命周期绿色管理。另外，还要注重网络化生产方式，通过网络将产品价值链分解到不同国家的配套协作企业，由全球范围内多个企业高效、快捷合作完成生产过程。

四、创新产品模式

产品模式要向服务化方向转变。早在 1972 年，Levitt 就指出通过服务来竞争的局面已经不再仅仅局限于服务业，制造业企业也应该将服务融入产品中，将关注的焦点越来越集中在发展与顾客的关系上。Vander-merwe 和 Rada 首次提出了制造业服务化的定义，认为其是指制造业企业由提供产品向提供产品服务包转变，而且服务占主导地位。企业要适应制造业和生产性服务业融合发展的趋势，从以传统的产品制造为核心转向提供具有丰富内涵的产品和服务，延伸服务链条、增加服务环节，主动促进顾客参与并根据顾客期望为其提供有效解决方案。从制造业服务化的典型案例和发展趋势来看，当前我国发展服务型制造的重点是装备制造业、白色家电制造业、电子信息消费品制造业以及衣饰家具制造业等行业[①]。对于装备制造业，可重点发展的有为客户提供专业化的供应链金融、工程机械融资租赁等服务，为客户提供包括自产主体设备、设备成套、工程承包、

---

① 黄群慧. 中国制造业如何向服务化转型［EB/OL］.（2017-06-16）［2019-07-25］. http://theory. people. com. cn/n1/2017/0616/c40531-29343260. html.

专业化维修改造服务、专业化远程全面状态管理在内的整体解决方案，为每一位客户度身定制一步到位、全方位的整体供应链解决方案等；对于白色家电制造业，当前可重点发展设计、制造、维修、回收等全生命周期服务；对于衣饰家具行业，可重点发展客户参与的大规模定制服务等；电子信息消费品制造行业服务化的方向是"线下产品＋线上服务"相结合，提供智慧生活服务。

五、做强支撑行业

中国制造落实高质量发展要求，关键是加快发展先进制造业。先进制造业有两个基本特点：一是广泛融合先进制造技术、信息技术与其他先进制造技术，驾驭生产过程中的物质流、能量流和信息流，实现制造过程的系统化、集成化和信息化。二是采用先进制造模式，制造模式是制造业为提高产品质量、市场竞争力、生产规模和速度，完成特定生产任务而采取的一种有效的生产方式和生产组织形式。其目标是实现数字化设计、自动化制造、信息化管理、网络化经营。先进制造业是制造业中创新最活跃、成果最丰富的领域，也是价值链上高利润、高附加值的领域，既包括新技术催生的新产业、新业态、新模式，也包括利用先进适用技术、工艺、流程、材料、管理等改造提升后的传统产业①。当前，我国先进制造业大致由两部分构成：一部分是传统制造业吸纳、融入先进制造技术和其他高新技术尤其是信息技术后形成的先进制造业，例如数控机床、海洋工程装备、航天装备、航空装备等；另一部分是新兴技术成果产业化后形成的新产业，以及具有基础性和引领性的产业，例如增量制造、生物制造、微纳制造等。加快发展先进制造业是实现发展方式转变的重要抓手，是破解发展不平衡不充分问题的重要途径，也是建设现代化经济体系的重要支撑。在制造强国建设中，必须紧扣高质量发展要求，将加快发展先进制造业作为战略性任务来推进，努力实现中国制造向中国创造转变、中国速度向中国质量转变、制造大国向制造强国转变。

六、做优配套产业

生产性服务业是制造业发展的重要配套产业。大力发展服务业尤其是

---

① 罗文. 紧扣高质量发展要求 加快发展先进制造业［J］. 机械工业标准化与质量，2018 (6)：9-11，56.

现代服务业，既是稳增长、保就业的重要举措，也是调整优化结构、打造
中国经济升级版的战略选择。为此，要重点发展研发设计、第三方物流、
融资租赁、信息技术服务、节能环保服务、检验检测认证、电子商务、商
务咨询、服务外包、售后服务、人力资源服务和品牌建设等生产性服务
业。制造业产前、产中和产后三个阶段所对应的服务业态如表 3-3 所示。
发展生产性服务业，需要做好以下工作：一是要加强规划布局和政策支
持，推动现代服务业区域性集聚发展；二是要通过产业协同、制造与服务
融合、"互联网＋服务"等途径，拓展服务领域和加强服务创新，推动现
代服务业跨界融合与转型升级；三是要积极开展国际服务贸易，主动接受
国际服务业特别是高端中间服务业的转移，学习国外先进服务技术和经
验，提高服务档次；四是要加强完善激励机制、优化发展环境、提升质量
特色、塑造企业文化等，推动现代服务业品牌建设。

表 3-3　制造业产前、产中、产后三个阶段对应的服务业态

制造阶段	服务业态
产前	咨询服务、研发设计服务、工程总承包 EPC
产中	设备服务、工艺服务、生产管理服务
产后	交易服务（营销、品牌、广告、批发零售）、技术服务、回收与再利用服务

资料来源：作者整理。

七、聚焦质量目标

中国制造业规模已跃居世界第一位，未来中国制造必须以质量取胜，
实现由大变强。从发展目标和结果看，制造业"高质量"要体现为高端化
和品牌化。我国制造业领域的结构性矛盾主要表现为低端供给过剩和高端
供给不足。在一些行业产能严重过剩的同时，大量关键装备、核心技术、
高端产品还不能满足需求，产业整体处于价值链中低端。比如，近年来我
国消费者到海外购买电饭煲等产品，这些产品国内完全能够生产而且产量
还很大。关键是我们的产品在质量与品牌上与发达国家相比仍有较大差
距。发展高端制造业，能够强化创新的引领作用，优化要素配置，提升质
量品牌附加值，扩大有效和中高端供给，提高供给体系的质量和效率，破
解发展不平衡不充分问题，满足人民日益增长的美好生活需要。为此，要
将推动制造业高端化发展作为长期战略任务，以实施《中国制造 2025》
为抓手，强化创新驱动、改革推动、融合带动，推动质量变革、效率变

革、动力变革，加快制造业高质量发展。同时，要加强质量品牌建设，通过提高核心技术研发能力、产品质量与服务水平，推动企业由价格竞争向非价格竞争转变，提升企业形象；建立完善的高端装备及其技术、关键系统、零部件的研发和试验验证体系，以及知识产权保护体系，提升品牌自主性；促进国内品牌在海外注册商标、申请专利，开展跨国经营与国际化发展，提升品牌层次和影响力。

第四章 制造业高质量发展评价与影响因素分析

推动制造业高质量发展是实现经济高质量发展的关键和重点，也是中国建设现代化经济体系的重中之重。构建一套科学合理的评价指标体系，并据此客观地评价中国各地制造业高质量发展水平，能为制造业高质量发展战略和政策制定提供重要参考。本章在构建制造业高质量发展评价指标体系的基础上，测算和评价中国各地区制造业高质量发展综合指数，并通过评价比较、空间特征与影响因素分析认清中国制造业高质量发展水平和存在的主要问题。

第一节 制造业高质量发展水平评价

一、制造业高质量发展水平评价指标体系构建

目前关于高质量发展水平的研究主要是针对整个经济社会，而专门针对制造业高质量发展水平的研究成果还相对较少。梳理相关专家学者关于高质量发展评价体系的研究方法的论述，对构建制造业评价指标体系具有重要的参考价值。李金昌等构建了由经济活力、绿色发展、创新效率、社会和谐与人民生活 5 个一级指标和 27 个二级指标构成的高质量发展指标体系[1]。师博和任保平从增长的基本面和社会成果两个维度出发，构建了中国省际高质量发展指标体系，其中基本面分解为增长的强度、稳定性、合理化和外向化，社会成果分解为人力资本和生态资本[2]。孟祥兰和邢茂

---

[1] 李金昌，史龙梅，徐蔼婷. 高质量发展评价指标体系探讨 [J]. 统计研究，2019 (1)：4-14.

[2] 师博，任保平. 中国省际高质量发展的测度与分析 [J]. 经济问题，2018 (4)：1-6.

源基于供给侧结构性改革背景和高质量发展的深刻内涵，从经济发展高质量、创新发展高质量、绿色发展高质量、协调发展高质量和民生发展高质量五个维度构建了高质量发展评价体系[①]。洪功翔和洪阳认为，高质量发展包括产品生产高质量、产品品牌高质量、市场结构高质量、制度体系高质量和经济结构高质量五个重要方面[②]。

　　关于制造业高质量发展的评价问题，国内学者也开始逐步展开研究。张文会和乔宝华构建了涵盖创新驱动、结构优化、速度效益、要素效率、品质品牌、融合发展与绿色发展7个一级指标的制造业高质量发展评价指标体系[③]。许卫华认为科学合理的考核指标体系是推动制造业高质量发展的重要"指挥棒"，构建了涵盖转型发展、创新发展、融合发展、绿色发展和企业发展五大类指标的制造业高质量发展指标体系[④]。从研究现状来看，关于制造业高质量发展评价指标体系的研究较少，更缺乏对指标数据的统计和实践检验，难以有效地衡量我国及各地区的制造业高质量发展水平。本书在准确把握制造业高质量发展内涵的基础上，结合现有研究，构建了一套科学合理的制造业高质量发展评价指标体系，并对制造业高质量发展水平进行了测度评价、比较和空间集聚特征分析，以认清制造业高质量发展现状与存在的问题，为有关政策制定实施提供现实依据。

　　中国经济已由高速增长阶段转向高质量发展阶段，制造业发展的重点已不是规模和速度，而是质量。从内涵上看，实现制造业高质量发展，要以提高供给体系质量为主攻方向，以技术创新为核心动力，以高端制造、智能制造、优质制造与绿色制造为主要抓手，坚持新发展理念和质量效益原则，促进制造业实现质量变革、效率变革、动力变革。本书结合制造业高质量发展内涵和中国制造业发展实际，考虑指标选取的系统性、代表性和可量化等原则，以技术创新、高端发展、绿色发展、融合发展、效益效率和质量品牌为评价准则（一级指标），构建制造业高质量发展评价指标体系（见表4-1）。

---

　　① 孟祥兰，邢茂源. 供给侧改革背景下湖北高质量发展综合评价研究：基于加权因子分析法的实证研究［J］. 数理统计与管理，2019，38（4）：675-687.

　　② 洪功翔，洪阳. 新时代推动高质量发展的理论思考［J］. 上海经济研究，2018（11）：34-41.

　　③ 张文会，乔宝华. 构建我国制造业高质量发展指标体系的几点思考［J］. 工业经济论坛，2018（4）：27-32.

　　④ 许卫华. 国家粮食主产区制造业高质量发展指标体系的构建［J］. 中国物价，2019（2）：44-46.

表 4-1 中，制造业结构合理化水平采用泰尔指数来衡量，具体公式为：

$$TL = \sum_{i=1}^{n} \left(\frac{Y_i}{Y}\right) \ln\left(\frac{Y_i}{L_i} / \frac{Y}{L}\right) \qquad (4-1)$$

式（4-1）中，TL 为制造业泰尔指数，Y 表示制造业产值，L 表示制造业就业人数，i 表示制造业细分行业，n 表示制造业细分行业数。TL 值越接近 0，表明制造业结构发展越接近均衡状态，结构越合理，因此需要将泰尔指数作为逆向指标来处理。

表 4-1 制造业高质量发展评价指标体系

一级指标	二级指标	指标解释
技术创新	经费投入强度	制造业 R&D 经费支出/制造业主营业务收入
	人员投入力度	制造业 R&D 人员数/制造业从业人员数量
	科技成果转化水平	技术市场成交额/科技活动人员规模
高端发展	制造业结构高级化水平	高端技术制造业产值/中低端技术制造业产值
	中高端产品占比	中高端产品数/制造企业产品总数
	制造业结构合理化水平	制造业泰尔指数（逆向指标）
绿色发展	单位工业增加值能耗	能源消耗总量/工业增加值（逆向指标）
	工业固体废物综合利用水平	工业固体废物综合利用量/工业固体废物产生量
	节能环保力度	节能环保支出/地方一般公共预算支出
融合发展	"两化"融合基础条件	拥有网站的制造企业数/制造企业总数
	"两化"融合普及率	有电子商务交易活动的工业企业数/规模以上工业企业总数
	产融结合水平	本外币工业中长期贷款余额/本外币各项贷款余额
效益效率	劳动生产效率	工业增加值/工业平均用工人数
	企业利润率	规模以上工业企业利润总额/规模以上工业企业主营业务成本
	增长速度	本年工业增加值/上一年工业增加值-1
质量品牌	产品优等品率	制造业企业优等品产品数/制造业企业产品总数
	产品质量合格率	制造业企业产品合格数/制造业企业产品总数
	品牌化发展水平	全球制造业 500 强中国企业数/全国规模以上工业企业数

资料来源：作者整理。

二、制造业高质量发展水平测度方法

采用变异 TOPSIS 法测度制造业高质量发展水平。变异系数法是一种客观赋权法，它根据评价系统中某项指标数值变异程度的大小确定其权重。变异程度越大，即指标取值差异越大，该指标提供的信息越多，其所占权重也就越大。它能客观体现决策时某项指标在指标体系中的重要程度。TOPSIS 法是一种逼近理想值的排序方法，又称理想解法，由 C. L. Hwang 和 K. Yoon 于 1981 年首次提出，其原理是确定评价对象与最优方案、最劣方案的加权欧式距离，从而得到各评价对象与最优方案的相对贴近程度，由此进行方案的优劣排序。变异 TOPSIS 法将上述两者结合起来，利用变异系数法确定各评价指标权重，再通过 TOPSIS 法确定评价对象的排序。具体计算步骤如下：

（1）设有 m 个评价对象，n 个评价指标，构建判断矩阵：

$$X = (x_{ij})_{m \times n} \qquad (i = 1, 2, \ldots, m; j = 1, 2, \ldots, n) \qquad (4-2)$$

（2）对原始数据进行无量纲化处理。为了使评价结果在横向和纵向上都符合"保序"原则，将全序列法与极值法相结合对数据进行无量纲化处理。

越大越优型指标的处理方式为：

$$r_{ij} = \frac{x_{ij} - x_j^{\min}}{x_j^{\max} - x_j^{\min}} \qquad (4-3)$$

越小越优型指标（逆向指标）的处理方式为：

$$r_{ij} = \frac{x_j^{\max} - x_{ij}}{x_j^{\max} - x_j^{\min}} \qquad (4-4)$$

（3）计算各指标的变异系数。先对每个一级指标下的二级指标取平均数，求得相应的一级指标数值，然后采用客观的变异系数法计算各项一级指标的权重。

$$v_i = \frac{\sigma_i}{\bar{y}_i} \qquad (4-5)$$

式（4-5）中 v_i 是一级指标 Y_i 的变异系数，σ_i 是一级指标 Y_i 的标准差，$\bar{y}_i$ 是一级指标 Y_i 的平均值。在此基础上得到各项一级指标的权重 w_i，具体公式如下：

$$w_i = \frac{v_i}{\sum_{i=1}^{n} v_i} \qquad (4-6)$$

（4）构造加权规范矩阵：

$$V = \begin{bmatrix} w_1 r_{11} & w_2 r_{12} & \cdots & w_n r_{1n} \\ w_1 r_{21} & w_2 r_{22} & \cdots & w_n r_{2n} \\ \vdots & \vdots & \vdots & \vdots \\ w_1 r_{m1} & w_2 r_{m2} & \cdots & w_n r_{mn} \end{bmatrix}$$

$$= \begin{bmatrix} v_{11} & v_{12} & \cdots & v_{1n} \\ v_{21} & v_{22} & \cdots & v_{2n} \\ \vdots & \vdots & \vdots & \vdots \\ v_{m1} & v_{m2} & \cdots & v_{mn} \end{bmatrix} \qquad (4-7)$$

（5）确定各评价方案的正理想解与负理想解：

$$V_j^+ = \max(r_{1j}, r_{2j}, \cdots, r_{mj}), \ V_j^- = \min(r_{1j}, r_{2j}, \cdots, r_{mj}) \quad (4-8)$$

（6）计算各方案与正理想解和负理想解之间的欧式距离：

$$S_i^+ = \sqrt{\sum_{j=1}^{n} (v_{ij} - V_j^+)^2}, \ S_i^- = \sqrt{\sum_{j=1}^{n} (v_{ij} - V_j^-)^2} \qquad (4-9)$$

（7）计算综合评价指数：

$$C_i = \frac{S_i^-}{S_i^+ + S_i^-} \qquad (0 \leqslant C_i \leqslant 1) \qquad (4-10)$$

三、测度结果分析

本书以全国除西藏和港澳台外的 30 个省份的面板数据为依据，测度中国各省份 2004—2017 年制造业高质量发展水平。所使用的数据来源于历年《中国统计年鉴》、各省份统计年鉴及国研网数据库等。

（一）指标权重

从各一级指标权重的测算结果来看（见图 4-1），技术创新、质量品牌这两项指标占有较大权重，其权重均在 0.20 以上，表明技术创新、质量品牌是推动我国制造业转向高质量发展阶段的决定因素，提高技术创新投入、加强质量品牌建设应成为今后制造业发展的主攻方向。高端发展、融合发展与效益效率的权重均在 0.15 左右，对制造业高质量发展的影响相当。绿色发展的权重约为 0.11，处于较低水平，对制造业高质量发展具有一定的约束作用，应当提高绿色发展水平，贯彻可持续发展理念。

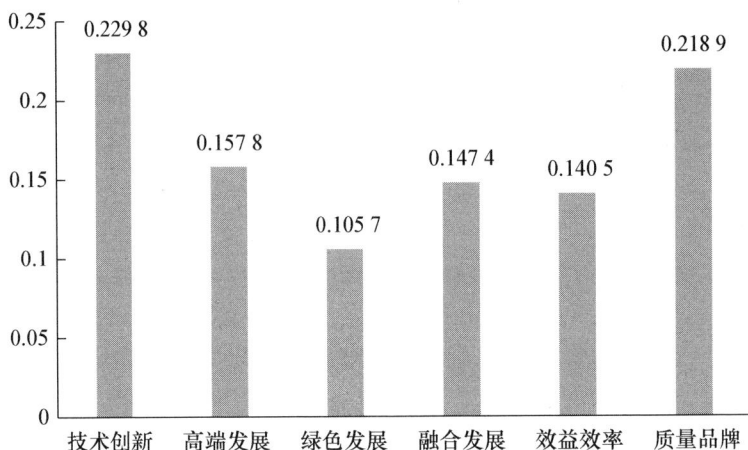

图 4-1　制造业高质量发展指标权重

（二）综合指数

通过测算，30 个省份制造业高质量发展综合指数如表 4-2 所示。从空间维度看，制造业高质量发展水平呈现出由沿海向内陆递减的"东强西弱"的发展格局。从时间维度看，东部和西部地区制造业高质量发展水平处于波动趋稳状态，中部和东北地区制造业高质量发展水平总体上呈现一定的上升态势（见图 4-2）。

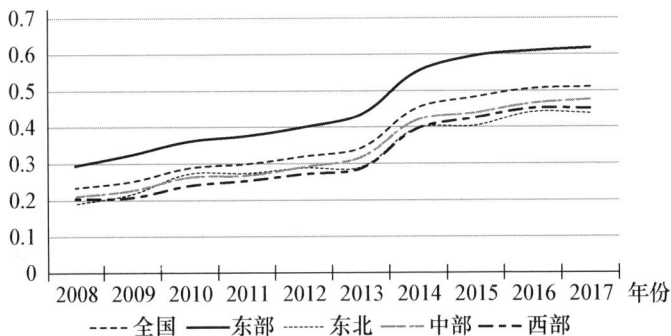

图 4-2　全国及各区域制造业高质量发展水平比较及变动趋势

（1）从整体和区域来看，我国制造业高质量发展整体水平以及区域水平都呈现逐年上升的发展态势，但区域发展具有非均衡性，各区域发展水平与我国"东高西低"的经济发展水平密切相关。东部地区的制造业高质量发展水平始终处于全国整体水平之上，并且与全国整体水平有逐渐拉开差距的趋势，中部、西部及东北地区则始终处于全国整体水平之下，中部地

表 4 - 2　各省份制造业高质量发展水平

地区		2008 年		2011 年		2014 年		2017 年	
		综合指数	排名	综合指数	排名	综合指数	排名	综合指数	排名
东部	北　京	0.529	1	0.606	1	0.794	1	0.855	1
	天　津	0.356	2	0.445	2	0.632	2	0.711	2
	河　北	0.205	20	0.222	26	0.407	16	0.471	15
	上　海	0.332	3	0.427	3	0.620	3	0.687	4
	江　苏	0.246	8	0.343	7	0.546	5	0.637	5
	浙　江	0.261	6	0.380	5	0.613	4	0.699	3
	福　建	0.206	18	0.295	14	0.454	13	0.496	14
	山　东	0.306	4	0.351	6	0.487	9	0.579	8
	广　东	0.272	5	0.383	4	0.541	6	0.619	6
	海　南	0.233	12	0.308	11	0.446	14	0.421	24
中部	山　西	0.206	19	0.227	24	0.359	28	0.385	27
	安　徽	0.201	22	0.281	18	0.468	11	0.559	11
	江　西	0.225	14	0.233	23	0.373	25	0.433	21
	河　南	0.163	29	0.243	21	0.375	23	0.381	29
	湖　北	0.221	16	0.331	8	0.492	8	0.594	7
	湖　南	0. 248	7	0.290	16	0.457	12	0.504	12
西部	内蒙古	0.221	15	0.299	13	0.396	18	0.440	19
	广　西	0.188	25	0.210	28	0.377	22	0.385	28
	重　庆	0.238	10	0.324	9	0.480	10	0.577	9
	四　川	0.198	23	0.219	27	0.380	21	0.459	17
	贵　州	0.169	28	0.267	19	0.374	24	0.462	16
	云　南	0.181	26	0.180	30	0.364	27	0.453	18
	陕　西	0.190	24	0.316	10	0.512	7	0.569	10
	甘　肃	0.232	13	0.193	29	0.393	19	0.427	22
	青　海	0.244	9	0.294	15	0.384	20	0.437	20
	宁　夏	0.180	27	0.226	25	0.358	29	0.407	25
	新　疆	0.203	21	0.257	20	0.340	30	0.350	30
东北	辽　宁	0.235	11	0.282	17	0.415	15	0.496	13
	吉　林	0.123	30	0.237	22	0.372	26	0.396	26
	黑龙江	0.211	17	0.301	12	0.405	17	0.424	23

注：由于数据量较大以及篇幅限制，表内仅列出部分年份的测度值。

区与全国整体水平的差距也有扩大的趋势。西部地区虽低于中部地区，但在 2015 年曾一度接近中部地区。东北地区 2013 年之前制造业高质量发展水平高于西部地区，并一度接近甚至超越中部地区，但在 2014 年之后，增速放缓，与西部地区差距拉大。

（2）从东部地区内部来看，东部地区有 7 个省份稳定排名在全国前 10，但各省份的变化趋势没有趋同性。北京、天津、上海和广东制造业高质量发展水平排名没有发生太大变化，这些地区集聚了大量的人才、资本、科技等优势资源，制造业高质量发展水平排名一直处于全国前列。江苏和浙江制造业高质量发展水平提高较快，综合指数分别从 2008 年的 0.246 和 0.261 上升到 2017 年的 0.637 和 0.699。河北和福建的制造业高质量发展排名也呈现一定的上升趋势。山东的制造业高质量发展水平排名有小幅度下降，而海南的制造业高质量发展水平排名下降趋势明显，主要是因为近年来这两个地区大力发展现代服务业，将很多制造业转移至内陆地区。

（3）从中部地区及东北地区内部来看，安徽与湖北制造业高质量发展势头强劲且排名提升较快，而中部其他地区制造业高质量发展水平提升幅度较小，排名有所下降。中部地区制造业高质量发展水平的提升得益于国家实施的中部崛起战略，在这一政策支持下，中部地区承接了一大批高附加值的高新技术产业，并对原有制造业进行了结构优化和提质增效，从而为制造业高质量发展增添了强大动力。同时，国家也针对东北地区提出了老工业基地振兴战略，东北地区近些年不断优化投资环境和营商环境，淘汰落后产能，促进制造业转型升级，提高资源利用效率，可持续发展能力明显增强，为制造业高质量发展奠定了基础。因此，东北地区制造业高质量发展水平也得到了一定的提升，但其排名相对靠后，说明东北地区制造业转型升级仍然任重而道远。

（4）从西部地区内部来看，西部大多数地区制造业高质量发展水平有所提升，其中仅有重庆排名相对靠前，重庆作为西部大开发的战略支点、长江上游重要的经济中心城市，本身工业基础雄厚，科教实力较强，已形成多个制造业优势集群，正加快打造国家重要现代制造业基地，在西部地区发挥着推动制造业高质量发展的引领示范作用。虽然国家通过实施西部大开发战略促进了西部地区经济发展和人民生活水平提高，但由于西部大部分地区制造业本身基础薄弱，且制造业规模较小、技术水平低，导致制造业高质量发展进程缓慢。

第二节　制造业高质量发展水平空间集聚特征分析

一、分析方法

本书采用探索性空间数据分析（ESDA）揭示中国制造业高质量发展水平空间集聚特征。探索性空间数据分析采用空间统计的方法，强调经济活动在空间上存在相关性，研究中通过生成空间权重矩阵，确定各空间单元的权重，根据各单元的经济属性进行相关性分析，ESDA 包括全局空间自相关分析和局部空间自相关分析。采用全局自相关统计指数（莫兰指数 I，即 Moran's I）判断区域整体空间关联情况和集聚类型，采用局部空间自相关统计指数（$LISA$ 值）识别不同空间位置上的集聚类型。

（一）全局空间自相关

全局空间自相关分析主要用莫兰指数 I 反映相邻空间单元的相似程度，分析区域整体要素分布情况以及关联程度。计算公式为：

$$I = \frac{\sum_{i=1}^{n}\sum_{j=1}^{n}w_{ij}(x_i-\bar{x})(x_j-\bar{x})}{S^2\sum_{i=1}^{n}\sum_{j=1}^{n}w_{ij}} \tag{4-11}$$

式（4-11）中，I 为莫兰指数，$S^2=\frac{1}{n}\sum_{i=1}^{n}(x_i-\bar{x})^2$ 为样本方差，n 为空间单元数量，x_i 和 x_j 分别为区域 i 和区域 j 地理单元的属性值，w_{ij} 为基于 Queen 邻接关系的空间权重，若区域 i 和区域 j 有共边或共点，则 w_{ij} 值为 1，否则 w_{ij} 为 0。莫兰指数 I 取值范围为 $[-1, 1]$，$I>0$ 表示研究区域整体上呈正相关，$I<0$ 表示研究区域整体上呈负相关，$I=0$ 表示研究区域彼此相互独立，不存在相关性。统计量 Z 可用于莫兰指数的显著性水平检验。

（二）局部空间自相关

全局空间自相关分析反映的是区域内空间关联程度，并不能确定具体空间聚集区域。而局部空间关联指数（$LISA$）则可揭示空间地理单元与相邻地理单元之间的相关性，可识别出空间的离散与聚集效应，同时可用于探测空间异质性及空间差异的变化趋势，这在一定程度上弥补了全局自相关分析存在的不足之处。计算公式为：

$$LISA_i = \frac{(x_i - \bar{x})}{S^2} \sum_{j=1}^{n} w_{ij}(x_j - \bar{x}) \qquad (4-12)$$

式（4-12）中，$LISA_i$ 为正表示区域 i 的高（低）值被周围的高（低）值所包围；$LISA_i$ 为负表示区域 i 的高（低）值被周围的低（高）值所包围。

二、制造业高质量发展水平的空间集聚格局

（一）全局空间自相关分析

基于 Queen 邻接的空间权重矩阵，采用 GeoDa 软件计算 2008—2017 年制造业高质量发展水平空间自相关指数（莫兰指数），并采用蒙特卡罗模拟方法检验莫兰指数的显著性，结果如表 4-3 所示。可以看出，2008—2017 年的莫兰指数均为正值且全部通过 5% 的显著性水平检验，说明中国制造业高质量发展水平较高（或较低）的区域在空间上显著聚集。从时间维度来看，制造业高质量发展水平集聚程度随时间的推移呈现波动变化的态势。

表 4-3　2008—2017 年中国制造业高质量发展水平的全局莫兰指数

年份	莫兰指数	Z 值	P 值
2008	0.255 3	2.879 4	0.006
2009	0.281 5	3.052 2	0.007
2010	0.324 3	3.318 5	0.003
2011	0.238 0	2.471 6	0.010
2012	0.261 6	2.920 1	0.005
2013	0.361 5	3.483 3	0.002
2014	0.377 9	3.659 7	0.002
2015	0.384 4	3.683 7	0.002
2016	0.354 8	3.472 6	0.006
2017	0.369 7	3.447 9	0.004

（二）局部空间自相关分析

全局莫兰指数主要是反映各邻近空间单元是否存在空间相关性，但并不能反映具体聚集形式。我们利用制造业高质量发展水平的局部空间关联指数（$LISA$）散点图和空间聚类表来呈现制造业高质量发展水平的局部

空间关联模式和集聚特征，具体如图 4-3 和表 4-4 所示。

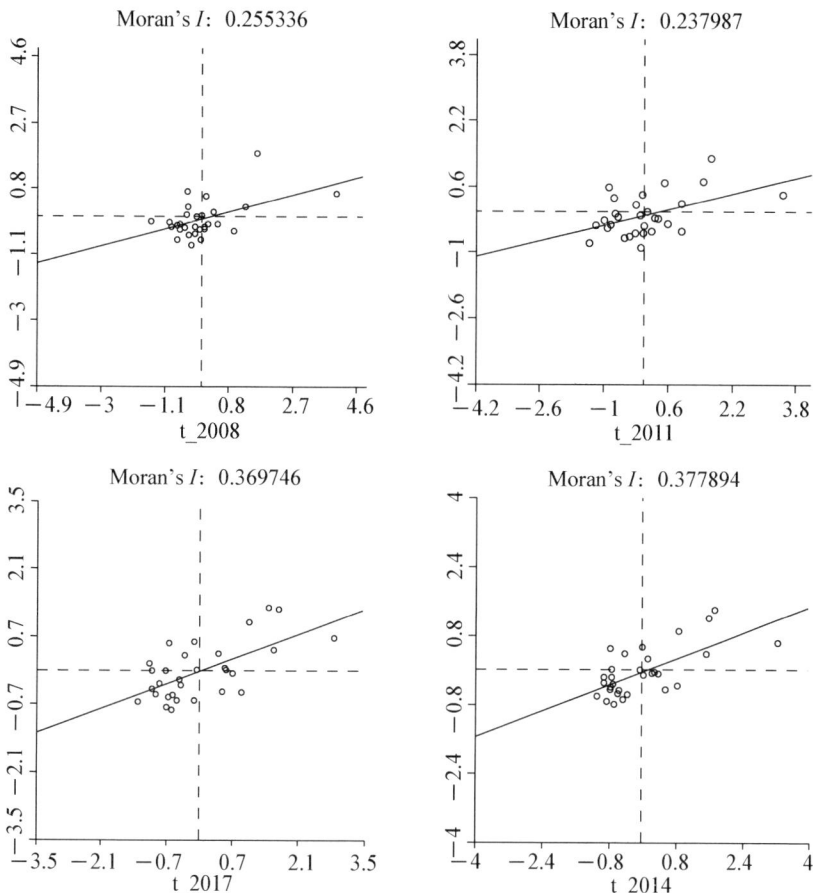

图 4-3　中国制造业高质量发展水平的局部空间关联指数（*LISA*）散点图

表 4-4　中国制造业高质量发展水平的局部空间集聚类型

集聚类型	2008 年	2011 年	2014 年	2017 年
高高（H-H）	江苏、浙江、天津、上海、北京	江苏、浙江、天津、上海、北京	江苏、安徽、浙江、天津、上海、北京	山东、江苏、安徽、浙江、天津、重庆、上海、北京
高低（H-L）	山东、湖南、广东、辽宁、青海、重庆	黑龙江、山东、湖北、广东、陕西、重庆	山东、湖北、湖南、广东、陕西、重庆	湖北、广东、陕西
低高（L-H）	新疆、安徽、江西、福建、河北	安徽、江西、福建、河北	河南、江西、福建、河北	河南、江西、湖南、福建、河北

续表

集聚类型	2008 年	2011 年	2014 年	2017 年
低低（L-L）	黑龙江、山西、宁夏、河南、湖北、云南、贵州、广西、吉林、甘肃、陕西、内蒙古、四川、海南	新疆、山西、宁夏、河南、湖南、云南、贵州、广西、吉林、青海、甘肃、内蒙古、四川、海南	黑龙江、新疆、山西、宁夏、云南、贵州、广西、吉林、辽宁、青海、甘肃、内蒙古、四川、海南	黑龙江、新疆、山西、宁夏、云南、贵州、广西、吉林、辽宁、青海、甘肃、内蒙古、四川、海南

（1）高高（H-H）集聚区。高高聚集区（位于第一象限）表示本地区和相邻区域制造业高质量发展水平都较高，空间关联表现为涓滴效应。高高集聚区主要集中在京津地区、以长三角为代表的东部沿海地区。这些地区拥有优越的地理位置条件，交通运输与通信设施完善，对外开放度高，经济发展水平高，科技、人才、资金聚集充分，上述因素直接或间接地推动了其制造业高质量发展水平不断提高。这些区域在自身取得发展的同时也产生了涓滴效应，其先进技术、管理方式、资本等有利因素会流入周边区域，带动周边区域制造业高质量发展，实现共同进步。随着时间的推移，高高集聚区省份数量有所增加，说明这种辐射带动作用已初步显现。

（2）高低（H-L）集聚区。高低聚集区（位于第四象限）表示本地区制造业高质量发展水平高，而相邻区域制造业高质量发展水平相对较低，空间关联表现为极化效应。高低集聚区主要包括广东、湖北、陕西等地区。广东省经济实力强，技术先进，创新研发能力强，制造业高质量发展水平一直处于全国前列。湖北是我国近十年来发展最快的省份之一，作为中西部的增长引擎之一，拥有我国高端制造业核心基地，武昌船舶重工、中铁大桥局、宝武钢铁、东风汽车等知名企业享誉国内外。陕西是我国西北第一经济大省，制造业正在努力适应新常态和高质量发展的要求，调结构促转型正成为陕西制造业发展的主线，高端制造业、高新技术产业蓬勃发展，传统高耗能高污染行业正在经历蜕变。虽然这些地区制造业高质量发展水平获得了提升，但同时我们也应该看到，高低集聚区的省份往往伴随着极化效应的出现。这些省份吸收了周边区域的优质资源，在一定程度上限制了周边区域的发展，不利于全国制造业高质量发展水平的总体提升。

（3）低高（L-H）聚集区。低高聚集区（位于第二象限）表示本地区制造业高质量发展水平低，而相邻区域制造业高质量发展水平相对较高，空间关联表现为过渡区域。低高聚集区主要集中在江西、福建、河南、河北四个省份。这四个省与北京、上海、江苏等省市相邻，相比之下，其制造业高质量发展水平较低。同时，这些省份在周边大城市群发展过程中承受了太多资源与环境的代价，例如人才流失、资金流出、污染转移等，又没有得到相应的补偿，制造业发展受到一定限制。为此，这些地区应积极利用邻近省份的辐射与扩散效应，提升本地区制造业高质量发展水平。

（4）低低（L-L）聚集区。低低聚集区（位于第三象限）表示本地区与相邻区域制造业高质量发展水平都处于较低的水平，空间关联表现为低速增长区域。低低聚集区主要分布在东北与中西部大部分省份，占比约50%。这说明中国制造业高质量发展水平仍然较低。西部大部分省份存在区位劣势，在资源获取、资金支持等方面显得乏力，其制造业主要是以资源密集型为主，且由于科学技术水平落后、资源利用率低，并不满足可持续发展的要求，亟待向集约型发展模式转变。

三、推动制造业区域协调发展的建议

（一）充分发挥市场主导和政府引导作用

首先，要进一步加快经济体制改革，促进生产要素合理流动，建立统一开放、竞争有序的市场体系，促进资源在各区域间实现优化配置。中西部地区应进一步深化改革和完善相关政策措施，促进各类市场主体行为更加活跃，形成推动区域经济持续快速发展的内在机制[1]。其次，要有效发挥政府顶层设计的引领作用。十八大后，我国在四大板块区域发展总体战略的基础上，相继提出了"一带一路"倡议、京津冀协同发展战略、长江经济带发展战略、粤港澳大湾区建设战略、长三角一体化发展战略、黄河流域生态保护和高质量发展战略。政府应完善重大区域发展战略与规划的实施机制，协调各区域、各部门利益及关系，有效推进区域发展战略与规划的实施。

（二）以扩大开放促进不同地区产业发展互联互通

对外开放包括对外国的开放，也包括国内各区域之间的开放。在我国区域协调发展战略中，承担推进更高水平开放这一重任的区域主要包括

---

[1] 杜传忠. 经济新常态下推进我国区域协调发展的路径及对策 [J]. 理论学习，2017（6）：27-30.

"一带一路"沿线地区、海南自由贸易港、各地的经济特区和自由贸易区等。其中，"一带一路"倡议旨在推动沿线各国和地区实现经济政策协调，开展更大范围、更高水平、更深层次的区域合作，共同打造开放、包容、均衡、普惠的区域经济合作架构，涉及国内 18 个重点省份①。实施"一带一路"倡议对带动中西部地区产业发展具有重要意义，中西部地区应积极同沿线国家和地区加强互利共赢的产业合作，打造全面开放新格局。未来，要加快推进"一带一路"建设、京津冀协同发展、长江经济带建设、粤港澳大湾区建设、长三角一体化发展、黄河流域生态保护和高质量发展，促进国际与国内经济发展互联互通，形成沿海、沿江、沿边全方位对外开放的新格局。

（三）强化区域间要素流动和经济技术联系

东部地区聚集了大量资金、技术与人才，在推进制造业高质量发展方面具有明显的优势，为此要充分发挥东部地区对中西部地区的辐射带动作用，同时合理引导东部地区优质资源向中西部地区转移。中西部地区要抓住政策机遇，加强与东部地区的交流与合作，积极主动向东部地区"取经"，有序有效承接东部地区制造业转移，积极引进和培育先进人才与技术。要通过互联网与大数据、云计算、物联网等新一代信息技术的广泛应用，将创新链、要素链、产业链、价值链等连接成为跨区域和城际联动发展的纽带，进一步强化不同区域之间的经济技术联系。需要强调的是，由于中国制造业高质量发展水平低低聚集区集中在西部地区，因此为防止陷入弱者恒弱的恶性循环，要加大对西部地区制造业的支持力度，以推动制造业高质量发展水平整体提升。

（四）加强"中国制造 2025"示范区建设和打造错位发展格局

推动制造业区域协调发展，要以"中国制造 2025"国家级示范区为抓手，高标准创建、特色化发展、动态化管理，探索制造业转型升级的新路径、新模式，引领和带动区域的协调发展，将示范区的建设与培育世界级先进制造业集群结合起来，形成若干有较强影响力的协同创新的高地和优势突出的世界级先进制造业集群，加快形成因地制宜、错位竞争的制造业发展新格局②。

---

① 蔡之兵. 区域协调发展战略的六大功能定位［N］. 中国经济时报，2018－07－16（A05）.

② 刘慧. 以开放姿态推动中国制造业高质量发展［N］. 中国经济时报，2018－03－27（A01）.

第三节　制造业高质量发展影响因素分析

通过上一节的空间相关性分析可以发现，我国制造业高质量发展存在显著的空间相关关系，各地区制造业高质量发展不仅受到自身资源要素投入的影响，还会受到邻近地区资源要素投入的影响，且东部沿海地区和内陆西部地区存在较为显著的空间集聚效应，因此我们在研究制造业高质量发展影响因素时，引入空间因素来构建空间计量模型，以使研究结果更具可靠性。

一、相关研究回顾

李春梅将影响制造业发展质量的因素分解为两个方面，即内部因素与外部因素，制造业内部因素包括行业发展基础、技术水平、市场竞争、产业升级和外商直接投资等，外部因素包括政策制度、经济水平、自然环境和技术环境等[①]。高丽娜等采用系统 GMM 方法考察了创新能力、人口结构变动对制造业发展质量的影响[②]。陈昭等研究了政府补贴对制造业企业发展质量的影响[③]。张明志和姚鹏、赵卿和曾海舰从产业政策层面探讨了产业政策作用于制造业高质量发展的机制[④]。唐晓华和孙元君分析了环境规制对制造业高质量发展的影响的行业异质性[⑤]。李强利用制造业微观数据验证了国家知识产权保护与企业高质量发展存在"U"形关系[⑥]。综上分析，相关学者对制造业高质量发展的影响因素做了有益的探讨，但大多

---

① 李春梅. 中国制造业发展质量的评价及其影响因素分析：来自制造业行业面板数据的实证［J］. 经济问题，2019（8）：44-53.

② 高丽娜，宋慧勇. 创新驱动、人口结构变动与制造业高质量发展［J］. 经济经纬，2020，37（4）：81-88.

③ 陈昭，刘映曼. 政府补贴、企业创新与制造业企业高质量发展［J］. 改革，2019（8）：140-151.

④ 张明志，姚鹏. 产业政策与制造业高质量发展［J］. 科学学研究，2020，38（8）：1381-1389；赵卿，曾海舰. 产业政策推动制造业高质量发展了吗？［J］. 经济体制改革，2020（4）：180-186.

⑤ 唐晓华，孙元君. 环境规制对中国制造业高质量发展影响的传导机制研究：基于创新效应和能源效应的双重视角［J］. 经济问题探索，2020（7）：92-101.

⑥ 李强. 知识产权保护与企业高质量发展：基于制造业微观数据的分析［J］. 统计与决策，2020，36（10）：181-184.

都局限于单一视角，且忽略了其中的空间异质性问题，因此难以发现制造业高质量发展过程中的区域性、深层次问题，也难以为提高相关政策的精准性提供现实依据。

二、变量选取与模型构建

（一）变量选取

借鉴已有关于经济高质量发展与制造业高质量发展的研究成果，并避免与上文评价指标体系中的指标重叠，最终选取政策环境、人口发展环境、制度环境、教育发展环境、基础设施环境、对外开放环境、投资环境等七个维度，实证考察影响制造业高质量发展的外部环境因素。我们选取的是 2008—2017 年全国 30 个省份的面板数据，由于西藏和港澳台地区部分数据缺失严重，故将其剔除，同时与前文作为被解释变量的 30 个省份制造业高质量发展水平相对应。数据主要来源于历年《中国统计年鉴》和《中国工业统计年鉴》。

（1）政策环境。政策环境以税收负担（tax）指标衡量。地区之间税收负担的差异是地方政府税收竞争的结果，其目的是以税收优惠政策吸引企业入驻，带动地方经济发展。具体计算公式为：税收负担＝制造业税收收入/制造业生产总值。（2）人口发展环境。人口发展环境采用城镇化水平（urb）指标衡量。城镇化水平的提高会带来地区消费能力的增强以及城市配套设施的完善，但同时也不可避免地会带来环境污染、资源过度消耗等社会问题，对制造业高质量发展的影响具有不确定性。具体计算公式为：城镇化水平＝城镇人口/地区总人口。（3）教育发展环境。根据内生增长理论可知，人力资本是促进经济增长的关键因素之一，提升人力资本水平，可以带动技术创新与进步，推动经济高质量发展。教育是提高人力资本水平、劳动力素质最主要的途径。我们将教育发展设为制造业高质量发展的影响因素之一，以居民平均受教育年限衡量人力资本水平（hum）。具体计算公式为：人力资本水平＝[小学×6＋初中×9＋高中（中专）×12＋（高职＋本科＋大专）×16＋研究生×19]/100。（4）基础设施环境。基础设施环境用路网密度（$traf$）指标衡量。制造业的发展离不开交通基础设施的支撑，交通运输条件的改善可加强不同区域企业间的联系，促进要素的快速流动。鉴于数据的可获得性，我们仅选取了公路里程与铁路里程计算交通运输路线的长度。具体计算公式为：路网密度＝（公路里程＋铁路里程）/区域面积。（5）制度环境。制度环境采用行业国有化程度

（nat）指标衡量，反映政府对制造业行业的干预情况。行业国有化程度越低，说明政府对制造业干预越少，市场化水平也就越高。具体计算公式为：行业国有化程度＝国有及国有控股工业企业产值/工业总产值。（6）对外开放环境。对外开放环境用对外开放水平（open）衡量。随着改革开放的深入，我国对外开放水平不断提高，地区制造业也在积极向国际市场拓展。制造业高质量发展不可能闭门造车，对外开放也是其重要的影响因素。具体计算公式为：对外开放水平＝货物进出口总额/地区生产总值。（7）投资环境。投资环境用资本投入（inv）指标衡量。资本的注入是工业生存发展必不可少的条件，我们选取固定资产投资数据，考察资本向制造业方向的倾斜程度。具体计算公式为：资本投入＝制造业固定资产投资/全社会固定资产投资。

（二）模型构建

1. 空间计量模型

依据空间依赖性的存在形式，空间面板计量模型主要分为空间面板自回归模型（SAR）、空间面板误差模型（SEM）和空间面板杜宾模型（SDM）三种。三种空间面板模型代表了不同的空间传导机制。空间面板自回归模型假定由于被解释变量受到空间效应的影响，因此不同地区之间可能会相互依赖。空间面板误差模型假定被解释变量的空间溢出效应是受到随机冲击的结果，扰动项之间存在空间依赖性。而空间面板杜宾模型则同时考虑了上述两种传导机制，并且假定被解释变量还会受到相邻区域解释变量的影响。空间面板杜宾模型的表达式如下：

$$\begin{cases} Y_{it} = \rho \sum_{j=1}^{30} W_{ij} Y_{it} + \beta X_{it} + \theta \sum_{j=1}^{30} W_{ij} X_{it} + u_i + v_t + \varepsilon_{it} \\ \varepsilon_{it} = \lambda \sum_{j=1}^{30} W_{ij} \varepsilon_{it} + \varphi_{it} \end{cases} \tag{4-13}$$

当 $\theta = 0$，$\lambda = 0$ 且 $\rho \neq 0$，即仅制造业高质量发展水平存在空间相关性时，空间面板杜宾模型将简化为空间面板自回归模型，如式（4-14）所示。

$$Y_{it} = \rho \sum_{j=1}^{30} W_{ij} Y_{it} + \beta X_{it} + u_i + v_t + \varepsilon_{it} \tag{4-14}$$

当 $\theta = 0$，$\rho = 0$ 且 $\lambda \neq 0$，即仅制造业高质量发展水平扰动项存在空间

相关性时，空间面板杜宾模型简化为空间面板误差模型，如式（4-15）
所示。

$$
\begin{cases}
Y_{it} = \beta X_{it} + u_i + v_t + \varepsilon_{it} \\
\varepsilon_{it} = \lambda \displaystyle\sum_{j=1}^{30} W_{ij}\varepsilon_{it} + \varphi_{it}
\end{cases}
\tag{4-15}
$$

其中，Y_{it} 为 i 省份 t 年的制造业高质量发展水平，X_{it} 为解释变量，
ρ 和 λ 分别为被解释变量和随机扰动项的空间自相关系数，β 和 θ 为解释
变量的系数和解释变量滞后项的空间溢出系数，W_{ij} 为空间邻接权重矩阵
中的元素（需要特别说明的是，海南省在地理空间上属于孤立的岛屿，但
在发展中与广东联系密切，因此将海南省视为与广东省相邻），u_i 和 v_t
分别为空间效应和时间效应，ε_{it} 和 φ_{it} 是独立同分布的随机扰动项。

2. 效应分解

空间计量模型与一般回归模型有所不同，在包含空间滞后项的空间计
量模型中，自变量对因变量的影响不能简单地用回归系数表征，而应该根
据空间效应作用的范围和对象的不同，将其划分为直接效应、间接效应和
总效应。直接效应反映的是本地区自变量对因变量的平均影响，间接效应
反映的是邻近地区自变量对本地区因变量的平均影响，总效应为所有区域
自变量变动对本地区因变量的平均影响。借鉴 LeSage 和 Pace 的研究方
法[①]，可通过求偏微分的方法弥补点估计法在解释空间效应方面的缺陷，
对直接效应、间接效应进行分解。具体计算方法如下：

将 SDM 模型的一般形式进行如下变形，其中 C_n 为 $n \times 1$ 的常数
向量。

$$
Y = C_n + \rho WY + \beta X + \theta WX + \varepsilon \tag{4-16}
$$

$$
(I_n - \rho W) Y = C_n + \beta X + \theta WX + \varepsilon \tag{4-17}
$$

$$
Y = C_n(I_n - \rho W)^{-1} + (I_n\beta + \theta W)(I_n - \rho W)^{-1} X + (I_n - \rho W)^{-1}\varepsilon \tag{4-18}
$$

令 $P(W) = (I_n - \rho W)^{-1}$，将 $V(W) = (I_n\beta + \theta W)(I_n - \rho W)^{-1}$ 代入
式（4-18），并结合式（4-19）可得出式（4-20）：

---

① LeSage J, Pace R K. Introduction to spatial econometrics [M]. New York: CRC Press,
Taylor & Francis Group, 2009.

$$(I_n - \rho W)^{-1} = I_n + \rho W + \rho^2 W^2 + \rho^3 W^3 + \cdots \tag{4-19}$$

$$Y = \sum_{k=1}^{n} V_k(W) X_k + P(W) C_n + P(W) \varepsilon \tag{4-20}$$

将式（4-20）转换成行列式形式，得出式（4-21）：

$$\begin{bmatrix} Y_1 \\ Y_2 \\ \vdots \\ Y_n \end{bmatrix} = \sum_{k=1}^{n} \begin{bmatrix} V_k(W)_{11} & V_k(W)_{12} & \cdots & V_k(W)_{1n} \\ V_k(W)_{21} & V_k(W)_{22} & \cdots & V_k(W)_{2n} \\ \vdots & \vdots & \ddots & \vdots \\ V_k(W)_{n1} & V_k(W)_{n2} & \cdots & V_k(W)_{nn} \end{bmatrix} \begin{bmatrix} X_{1k} \\ X_{2k} \\ \vdots \\ X_{nk} \end{bmatrix}$$
$$+ P(W)(C_n + \varepsilon) \tag{4-21}$$

对式（4-21）求偏微分，得出式（4-22）：

$$V_k(W)_{ij} = \partial Y_i / \partial X_{jk} \tag{4-22}$$

当 $i = j$ 时，$V_k(W)_{ij} = \partial Y_i / \partial X_{ik}$，表示区域 i 的第 k 个解释变量对本区域被解释变量 Y_i 的直接效应，即矩阵 $V_k(W)$ 主对角线上第 i 个元素。当 $i \neq j$ 时，$V_k(W)_{ij}$ 表示区域 j 第 k 个解释变量对区域 i 被解释变量 Y_i 的间接效应，即矩阵 $V_k(W)$ 第 i 行第 j 列元素。直接效应与间接效应的总和为总效应，等于矩阵 $V_k(W)$ 各行元素之和。

三、实证分析

（一）模型的识别与检验

为了获取最优的空间计量模型，我们遵循 OLS-（SAR/SEM）-SDM 这一路径对模型进行识别与检验。首先，运用 OLS 建立非空间的普通面板模型，然后对 OSL 模型运用拉格朗日乘数（LM）和稳健性拉格朗日乘数（Robust LM）检验判断空间依赖性的表现形式（空间误差还是空间滞后），再通过 LR 检验和 Wald 检验，判断 SDM 能否退化为 SAR 和 SEM。从检验结果来看（见表 4-5），SAR 的 LM 和 Robust LM 统计量均通过了 1% 的显著性检验，拒绝了无空间滞后的原假设。SEM 的 LM 和 Robust LM 统计量均通过了 1% 的显著性检验，拒绝了无空间误差的原假设。因此，我们认为不能忽略制造业高质量发展水平存在的空间效应，在此基础上初步考虑构建 SDM，并进行 LR 和 Wald 退化检验。由检验结果可知，LR 和 Wald 统计量均通过了 1% 水平的显著性检验，表明 SDM 不能简化为 SAR 和 SEM。另外，需要对空间面板数据的固定效应和随机效应进行判别，Hausman 检验统计量为 39.69，通过了 1% 水平的显著性检验，拒绝了随机效应的原假设。依据模型识别结果，最终确定建立固定效应的空间面板杜宾模型。

表 4-5　空间面板计量模型的相关检验

普通 OLS 模型空间依赖性检验			空间面板模型退化检验		
统计量	数值	P 值	统计量	数值	P 值
F 值	32.81	0.000	Hausman	39.69	0.000
LM _ Spatial error	99.397	0.000	LR _ Spatial error	75.17	0.000
Robust LM _ Spatial error	56.47	0.000	Wald _ Spatial error	38.12	0.000
LM _ Spatial lag	66.947	0.000	LR _ Spatial lag	36.39	0.000
Robust LM _ Spatial lag	24.019	0.000	Wald _ Spatial lag	55.67	0.000

（二）空间面板模型计量结果

在确定最优模型之后，我们运用中国 30 个省份 2008—2017 年的面板数据进行固定效应的空间面板杜宾模型参数估计，同时为了进一步比较模型估计的稳健性，我们将 SDM、SAR、SEM 和非空间面板个体固定效应模型进行了对比分析，我们使用的是 Stata15.0 和 MATLAB2019a 及其空间计量软件包，估计结果见表 4-6。

表 4-6　空间面板固定效应模型与非空间面板个体固定效应模型估计结果

变量	SDM			SAR	SEM	非空间面板个体固定效应模型
	空间固定效应	时间固定效应	双固定效应	空间固定效应	空间固定效应	
tax	−0.604***	−0.390***	−0.357*	−0.304	−0.522**	−0.0186
	(0.208 3)	(0.125 2)	(0.193 7)	(0.202 3)	(0.216 6)	(0.306 3)
urb	−0.169	0.475***	−0.188	0.306**	0.332*	1.158***
	(0.160 0)	(0.050 5)	(0.145 6)	(0.123 9)	(0.173 9)	(0.172 3)
hum	0.023 3***	−0.006 16	0.016 7**	0.011 9**	0.032 8***	0.024 0***
	(0.007 8)	(0.003 9)	(0.007 4)	(0.005 6)	(0.008 3)	(0.008 5)
$traf$	0.159***	0.024 0*	0.177***	0.143***	0.146***	0.340***
	(0.042 6)	(0.013 4)	(0.038 5)	(0.037 4)	(0.043 8)	(0.054 1)
nat	0.084 2	0.132***	0.096 0**	0.022 3	0.129**	−0.129**
	(0.055 0)	(0.031 6)	(0.050 4)	(0.048 2)	(0.056 8)	(0.072 0)
$open$	−0.102***	−0.018 5	−0.084 8***	−0.115***	−0.140***	−0.279***
	(0.026 0)	(0.018 4)	(0.024 9)	(0.024 1)	(0.028 3)	(0.033 5)

续表

变量	SDM			SAR	SEM	非空间面板个体固定效应模型
	空间固定效应	时间固定效应	双固定效应	空间固定效应	空间固定效应	
inv	−0.073 5	−0.100**	−0.078 7	−0.150**	−0.014 6	−0.434***
	(0.070 7)	(0.040 1)	(0.064 5)	(0.064 2)	(0.072 7)	(0.094 3)
_cons						−0.559***
						(0.100 5)
$W \times tax$	1.230***	1.454***	0.754*			
	(0.433 8)	(0.346 9)	(0.445 5)			
$W \times urb$	−0.144	0.005 09	−0.193			
	(0.291 7)	(0.094 6)	(0.300 3)			
$W \times hum$	−0.013 1	0.026 1***	−0.007 53			
	(0.010 2)	(0.007 1)	(0.013 7)			
$W \times traf$	0.263***	0.125***	0.337***			
	(0.081 9)	(0.022 1)	(0.075 4)			
$W \times nat$	−0.383***	−0.001 14	−0.067 9			
	(0.121 2)	(0.057 8)	(0.129 9)			
$W \times open$	0.100**	0.001 72	0.068 5			
	(0.045 0)	(0.030 3)	(0.049 4)			
$W \times inv$	−0.287**	−0.041 3	−0.295**			
	(0.124 0)	(0.095 6)	(0.127 4)			
ρ	0.618***	−0.062 8	−0.002 75	0.644***		
	(0.043 3)	(0.083 4)	(0.084)	(0.037 8)		
λ					0.845***	
					(0.031)	
R^2	0.970 5	0.913 6	0.964 2	0.96	0.714 6	0.721 1
Log L	689.865 11	527.695 05	642.722 49	625.047 41	608.336 22	352.972 3

注：*、**、*** 分别表示在 10%、5%、1% 的水平上显著，括号内数字为标准误差，下同。

从模型拟合效果看，空间固定效应的空间面板杜宾模型的对数似然值和调整 R^2 均高于其他模型，因此选择空间固定效应的空间面板杜宾模型为最优模型。在非空间面板个体固定效应模型的估计中，人力资本水平、路网密度、对外开放水平的影响系数为 0.024 0、0.340 和 −0.279，而在空间固定效应的空间面板杜宾模型中，人力资本水平、路网密度、对外开放水平的影响系数分别为 0.023 3、0.159 和 −0.102，说明非空间面板个体固定效应模型由于忽略了被解释变量和解释变量的空间溢出效应而高估了影响因素对制造业高质量发展水平的作用。从空间上看，制造业高质量发展水平空间自相关系数为 0.618 且在 1% 的水平上显著，制造业高质量发展存在显著的空间溢出效应，说明邻近地区制造业高质量发展水平的提高对本地区具有明显的带动和示范作用。

（三）空间效应分解

在确定了空间固定效应的空间面板杜宾模型为最优模型之后，各外部环境因素对制造业高质量发展水平的影响不能直接由回归系数表征，而是需要将各因素对制造业高质量发展水平的空间效应进行分解。我们依据上文所述的空间效应分解方法，估计各因素对制造业高质量发展水平的直接效应、间接效应与总效应的大小。此外，由于我国东部、中部、西部及东北地区在经济发展水平、区位特征等方面存在差异，而这种差异会在各因素对制造业高质量发展水平的影响效应上有所表现，因此我们首先从全国层面进行空间效应分解，再将全样本划分为东部、中部、西部、东北四个子样本进行空间效应分解。

1. 全国层面空间效应分解

全国层面空间效应分解结果见表 4-7。

表 4-7　全国层面空间效应分解结果

效应类别	tax	urb	hum	$traf$	nat	$open$	inv
直接效应	-0.431^*	-0.250	0.024^{***}	0.244^{***}	0.001	-0.093^{***}	-0.149^{**}
	(0.2307)	(0.1573)	(0.0086)	(0.0484)	(0.0699)	(0.0277)	(0.0740)
间接效应	1.884^*	-0.715	0.004	0.8923^{***}	-0.8053^{***}	0.086	-0.7913^{***}
	(0.9806)	(0.7559)	$(0.022\,0)$	(0.1999)	(0.2917)	(0.0967)	(0.2819)
总效应	1.454	-0.965	0.029	1.1363^{***}	-0.8043^{**}	-0.007	-0.943^{***}
	(1.0993)	(0.8417)	(0.0252)	(0.2205)	(0.3287)	(0.1120)	(0.3154)

由表 4-7 可知，税收负担的直接效应显著为负，说明税收负担的降低可以在一定程度上提升本地区制造业高质量发展水平；而税收负担的间接效应显著为正，说明地区之间的税收竞争较强，地方政府会通过税收优惠降低企业税收负担，吸引制造业企业入驻本地。城镇化水平对制造业高质量发展影响的直接效应、间接效应和总效应都不显著。人力资本水平对制造业高质量发展具有明显的促进作用，说明提升人力资本是推动地区制造业高质量发展的有效手段。路网密度的直接效应、间接效应和总效应都

显著为正，说明交通基础设施的不断完善有利于推动制造业高质量发展。行业国有化程度的直接效应的回归系数很小且不显著，说明本地区市场化水平对制造业高质量发展并无太大影响；而行业国有化程度的间接效应显著为负，说明邻近地区市场化水平的提高对本地区制造业高质量发展具有较强的促进作用；行业国有化程度的总效应也是显著为负，所以应当提高全国市场化水平，政府需要进一步厘清与市场的关系，发挥市场机制有效配置资源的作用，倒逼低端制造业企业提高生产效率，加快实现高质量发展。对外开放水平的直接效应显著为负，即对外开放水平的提升会对制造业高质量发展产生抑制作用，说明对外开放在推动我国制造业规模扩张的同时，并未能促进其提升自身发展质量，可能是因为我国制造业企业出口产品质量水平较低。资本投入的直接效应、间接效应和总效应都显著为负，可能是由于我国目前制造业行业过度依赖资本投入，当资本投入中固定资产投资比重较高时，会造成大量的沉没成本和闲置成本，不利于制造业高质量发展。

2. 区域层面空间效应分解

区域层面的空间效应分解结果见表4-8。

（1）税收负担。东部地区和西部地区税收负担的各效应均不显著，中部地区税收负担的直接效应在10%的水平上显著为负，而东北地区的税收负担的直接效应则在1%的水平上显著为正。对于中部地区来说，大批中高端制造业企业从东部沿海地区转移进来，税收优惠政策可以激励企业内部创新并加速产业聚集，形成规模效应与集聚效应。在东北地区，主要聚集的是劳动密集型与资本密集型的传统制造业，税收优惠对现有资源的固化作用大于对要素资源的吸引作用，企业对税收负担的降低的反应通常不是进行技术创新，而是更加愿意增加资本和劳动投入，追求短期利益。

（2）城镇化水平。城镇化对制造业高质量发展水平的影响只在西部地区有所表现，西部地区城镇化水平的直接效应在5%的水平上显著为正，间接效应和总效应在1%的水平上显著为负。西部地区城镇化水平普遍较低，城镇化的边际生产率较高，城镇化能拉动投资和消费需求进而推动制造业发展。对于东部沿海地区，城镇化的积极作用并不明显，因为东部地区城镇化已经处于较高水平，边际生产率较低，相反，高水平的城镇化率会带来拥挤效应，引起资源的过度竞争和生产成本的递增，从而抑制制造业发展。

表 4 - 8　区域层面空间效应分解结果

地区	效应类别	tax	urb	hum	traf	nat	open	inv
东部	直接效应	0.0573	-0.054 9	0.054 63***	-0.154	-0.177	-0.053 2*	-0.233**
		(0.333 7)	(0.163 1)	(0.012 1)	(0.094 1)	(0.118 0)	(0.031 5)	(0.104 1)
	间接效应	0.516	0.212	-0.030 6*	-0.052 9	0.048 9	0.009 73	-0.5293***
		(0.529 4)	(0.347 0)	(0.016 3)	(0.176 4)	(0.177 8)	(0.065 9)	(0.162 5)
	总效应	0.574	0.157	0.024	-0.207	-0.128	-0.043 5	-0.7623***
		(0.626 4)	(0.366 7)	(0.016 3)	(0.228 3)	(0.218 6)	(0.081 2)	(0.202 8)
中部	直接效应	-2.906*	0.564	-0.0589***	0.253***	-0.309	0.0917	0.436**
		(1.583 3)	(0.773 6)	(0.020 4)	(0.064 0)	(0.216 6)	(0.216 9)	(0.186 2)
	间接效应	-2.936	1.163	-0.079 9*	-0.091 2	-0.283	-0.095 1	0.165
		(2.580 5)	(1.432 5)	(0.036 0)	(0.142 0)	(0.397 5)	(0.328 7)	(0.287 4)
	总效应	-5.843	1.727	-0.139***	0.162	-0.592	-0.003 38	0.601*
		(3.871 7)	(2.073 7)	(0.046 3)	(0.150 7)	(0.402 0)	(0.429 4)	(0.326 2)
西部	直接效应	-0.094 1	0.686**	0.005 24	0.059 7	0.164*	-0.056 4	0.020 3
		(0.231 8)	(0.328 3)	(0.013 1)	(0.067 2)	(0.097 0)	(0.073 4)	(0.112 7)
	间接效应	0.338	-2.458***	0.030 8	0.638***	0.249*	0.258*	-0.134
		(0.311 0)	(0.635 1)	(0.020 9)	(0.177 0)	(0.149 7)	(0.147 1)	(0.232 1)
	总效应	0.244	-1.772***	0.036	0.697***	0.414**	0.201	-0.114
		(0.269 3)	(0.648 9)	(0.028 6)	(0.186 7)	(0.169 4)	(0.173 8)	(0.229 6)

续表

地区	效应类别	tax	urb	hum	$traf$	nat	$open$	inv
东北	直接效应	1.325*** (0.380 6)	0.19 (0.628 4)	−0.099 1*** (0.030 4)	0.627*** (0.175)	−0.258*** (0.074 9)	0.237 (0.258 1)	−0.493*** (0.137 1)
	间接效应	−0.077 6 (0.823 1)	−0.077 8 (0.781 5)	−0.098 7*** (0.035 3)	−0.413 (0.375 6)	−0.300* (0.180 7)	−1.299*** (0.375 9)	−0.218 (0.220 3)
	总效应	1.247 (0.805 0)	0.112 (1.192 3)	−0.198*** (0.056 0)	0.214 (0.375 0)	−0.558*** (0.175 1)	−1.062** (0.480 9)	−0.711*** (0.257 1)

（3）人力资本水平。人力资本水平对除西部地区外的其他地区均有显著影响。东部地区的人力资本水平的直接效应显著为正，间接效应显著为负。东部沿海地区是高层次技术人才的聚集地，为制造业高质量发展注入了强大的动力，但地区之间溢出效应显著为负，这是地区之间对人力资本的空间竞争的结果。中部地区和东北地区的人力资本的直接效应、间接效应和总效应显著为负，主要是由于这两个地区人才较为缺乏，人力资本水平的边际贡献较大，同时教育资源分布不合理，人力资本与制造业高质量发展的需求不相匹配。

（4）路网密度。东部地区路网密度各效应均不显著，中部及东北地区路网密度的直接效应显著为正，西部地区路网密度的间接效应和总效应显著为正。东部地区路网密度基本接近饱和，对制造业高质量发展的提升作用很小。中部及东北地区加快立体交通网路建设，形成成本更低、效率更高的综合物流网络，有利于制造业高质量发展。西部地区交通运输基础设施的直接效应并不显著，可能由于西部地区制造业企业大多是资源导向型的企业，企业选址接近原材料产地，对交通的依赖度较低。但西部地区路网密度的空间溢出效应和总效应显著为正，说明完善西部地区交通基础设施有利于提高区域整体制造业高质量发展水平。

（5）行业国有化程度。行业国有化程度对东部及中部地区的影响并不显著，对西部地区的影响显著为正，对东北地区的影响显著为负。行业国有化程度对西部地区制造业高质量发展的影响显著为正，主要是由于西部地区人才、技术等要素资源稀缺，西部大开发战略实施和国有资本介入带动了制造业发展进步。行业国有化程度在东北地区的影响显著为负，主要是由于东北地区制造业以传统装备制造业为主，国有经济比重过大，束缚了制造业企业活力的释放，行业国有化程度提高更多地表现为对制造业高质量发展的抑制作用。

（6）对外开放水平。东部地区对外开放水平高，制造业大多为技术密集型，并以出口为导向，但因受国际环境的影响，很多企业都转向国内发展，对外开放对制造业的影响在东部地区更多地表现为负向作用。而内陆地区提升对外开放水平则更有利于外来资本的流入和接受国外先进知识技术溢出，从而有利于提高资源配置效率和加速技术进步，因此对外开放对制造业的影响更多地表现为促进作用，但这种促进作用尚未完全显现。

（7）资本投入。资本投入在东部地区的直接效应、间接效应和总效应均显著为负，而在中部地区的直接效应和总效应显著为正，间接效应不显著。东部地区是我国的经济发达地区，资本因其逐利性而会流向利润水平和附加值高的产业，同时资本的注入更多地集中于固定资产投资，而不是研发投入，并不利于制造业高质量发展。对于中西部地区，由于集中的是劳动密集型与资本密集型产业，资本投入带来的生产效率的提高和规模的扩大会对制造业发展具有更加明显的刺激作用。

四、结论与建议

（一）主要结论

第一，我国制造业高质量发展水平在区域之间存在显著的空间溢出效应，即本地区制造业高质量发展水平的提高对周边省份制造业高质量发展水平的提高会起到引领带动作用，因此推动区域制造业高质量发展有利于加快全国整体制造业高质量发展的步伐。第二，从全国分析结果来看，地区人力资本水平、路网密度、税收优惠能对本地区制造业高质量发展起到显著的促进作用，而地区对外开放水平、资本投入会对本地区制造业高质量发展起到抑制作用。第三，从区域子样本的分析结果来看，在东部、中部、西部和东北地区，各因素对制造业高质量发展的影响存在明显的空间异质性。

（二）相关建议

（1）规范税收优惠政策，完善区域税收竞争机制。要建立一套科学合理的地方政府绩效考核机制，取代唯 GDP 论的发展思想，打破地方保护与行业壁垒。考虑到税收优惠政策在不同地区的作用效果的差异，中央政府应该统筹安排，结合不同地区实际情况，制定因地制宜的税收优惠政策，更好地促进各地区制造业高质量发展。

（2）完善人才培养体系，释放人力资本活力。要加大公共教育支出，促使区域教育资源公平化，全面提升劳动力素质；注重培育学生的创新能力与创新思维，加强创新型人才培养；增加职业教育投入，注重理论与实践相结合，加强技能型人才培养。同时，要完善落实人才引进政策，建立健全人才激励机制，充分挖掘人才红利。

（3）加强交通基础设施建设，促进区域交流与合作。中西部地区交通发展水平相对落后，在很大程度上阻隔了与外界的交流合作，因此要加快完善交通基础设施建设，提高区域通达性，从而促进要素流动和企业区位优化布局，带动制造业更高质量发展。对于东部沿海地区交通基础设施建设要审慎决策，避免造成重复建设和资源浪费。

（4）优化资本投资结构，调整对外开放策略。要完善金融市场，营造良好的投资环境，吸引更多资本注入，并引导资本进入企业内部技术研发环节，提高企业技术创新水平。在对外开放发展过程中，要搭建高水平引资引技引智对外开放平台，深入参与新一轮国际分工和产业链重构，并通过自主创新提升制造业发展的根植性、内生性，挖掘自身潜在优势，实现向全球产业链和价值链的高端攀升。

（5）厘清政府与市场关系，加快新型城镇化建设。在推动制造业高质量发展过程中，要充分发挥市场对资源配置的决定性作用，政府要最大限度地减少微观层面的直接干预，发挥集中力量办大事的制度优势，尤其要发挥在高端制造业科技进步中的支持作用。关于城镇化问题，西部地区城镇化水平对制造业高质量发展影响显著，应当重点关注西部地区城镇化建设进程。对于城镇化水平较高的东部地区，要努力推进以生态宜居、节约集约、和谐发展等为基本特征的新型城镇化，加快消除城镇化对制造业发展质量造成的不利影响。

第二篇

要素层面
——"三力"聚合强化基础支撑

推动制造业高质量发展，要素是基础和先决条件，没有质量优、数量足的要素支撑，制造业将成为无源之水、无本之木，更谈不上高质量发展。对于推动制造业高质量发展，技术创新是第一动力，人才是第一竞争力，金融是重要支持力，"三力"聚合强化基础支撑是制造业高质量发展的关键。为此，需要厘清技术、人才、金融三大核心要素支撑制造业高质量发展的逻辑机理，梳理现实中所面临的主要问题，并通过多措并举有效聚集和优化配置要素，夯实制造业高质量发展的支撑体系。

第五章　技术创新是制造业高质量发展的第一动力

改革开放以来，特别是党的十八大以来，我国工业化和信息化发展取得了显著成就，但制造业仍然缺乏国际竞争力，许多领域关键核心技术仍然依靠进口。习近平总书记深刻指出，关键核心技术是要不来、买不来、讨不来的，只有把关键核心技术掌握在自己手中，才能从根本上保障国家经济安全、国防安全和其他安全。制造业高质量发展要求在更高层次、更大范围发挥科技创新的引领作用。当前我国制造业高质量发展的科技基础不断夯实，科技实力稳步提升，但我国科技创新依然存在明显短板，诸多领域关键核心技术仍受制于人。为此，要多措并举推动实施创新驱动发展战略，加大自主创新力度，加快构建核心技术创新体系，促进核心技术攻关取得突破，努力推动制造业高质量发展。

第一节　技术创新驱动制造业高质量发展的理论分析

一、技术创新驱动制造业高质量发展的学理依据

艾林·杨格研究认为，产业间劳动分工的最大优势是可以更充分地运用资本化或迂回生产方式，经济发展过程就是在初始生产要素和最终消费之间插入越来越多、越来越复杂的生产工具、半成品、知识的专业化部门，使分工越来越深化的过程。这一论断进一步深化了亚当·斯密对专业化分工、技术创新与经济增长的思想，使经济发展理论获得了新的发展[①]。熊彼特提出经济发展就是一个"创造性破坏"的动态过程，当经济

---

① Allyn A. Young. Increasing returns and economics progress [J]. The Economic Journal, 1928 (38): 527-542.

处于均衡状态时，没有变革也没有发展，企业家通过技术创新打破经济均衡状态实现发展，并总结认为经济发展的动力来源于创新，尤其是技术创新①。索洛研究发现，美国 1909—1949 年经济增长中，只有 12.5％源于资本和劳动投入的贡献，而 87.5％都源于其他因素的贡献②。索洛注意到技术的改进肯定起了主要作用，但对什么是技术进步，以及技术进步的源泉一无所知，技术进步本身被假定为外生决定的。卢卡斯提出，在人力资本中，只有生产某一商品所需要的特殊的或者专业化的人力资本（指受过专业知识的培训）才是产出增长的决定因素③。卢卡斯将人力资本作为一个独立因素纳入经济增长模型，建立了人力资本溢出模型，以解释经济增长问题。美国经济学家保罗·罗默把经济增长建立在内生技术进步基础上，在理论上第一次提出了技术进步的内生增长模型④。罗默认为，发达国家的高知识积累率使要素收益率出现递增，知识积累率的高低和由此带来的要素收益率的差别，是发达国家与不发达国家收入水平存在巨大差异的主要原因⑤。由上述经济增长模型的演进来看，人力资本提升、技术进步成为经济增长方式转变的决定性因素，这也为加强技术创新推动制造业高质量发展提供了学理上的依据。

随着经济发展和经济增长方式转变，各要素对经济增长的贡献率呈现出一定的规律性。经济发展一般会经历由自然资源和劳动力等初级生产要素占主导地位，逐渐发展为由资本要素占主导地位，再发展到由技术、制度等高级生产要素占主导地位的过程。生产要素对经济增长的贡献一般也表现出这种结构性演变规律，不过，各要素在不同产业的投入规模和流动速度是不同的。因此，可通过考察生产要素对经济增长贡献结构的产业间差异来考察经济增长方式与产业结构优化状态⑥。具体来看，当技术、制

① 刘志铭，郭惠武. 创造性破坏、经济增长与经济结构：新古典熊彼特主义增长理论的发展［J］. 经济评论，2007（2）：57—63.

② Solow R M. A contribution to the theory of economic growth［J］. Quarterly Journal of Economics，1956（70）：65—94.

③ Lucas R E. On the mechanics of economic development［J］. Journal of Monetary Economics，1988（22）：3-42.

④ Romer P M. Endogenous technological change［J］. NBER Working Papers，1989（98）：71-102.

⑤ 王竹君. 中国技术创新对经济增长质量的影响分析［J］. 生产力研究，2014（6）：1-6，35.

⑥ 杨春学，姚宇，等. 增长方式转变的理论基础和国际经验［M］. 北京：社会科学文献出版社，2012.

度等高级要素对经济增长的贡献超过劳动、资本对经济增长的贡献时，技术、制度等高级要素将发挥主导作用，并带动其他生产要素配置方式发生根本性改变，此时经济增长由粗放型方式转变为集约型方式。

进一步来看，根据索洛增长方程可知：

$$\frac{\mathrm{d}Y}{Y} = \frac{\mathrm{d}A}{A} + \alpha_L \frac{\mathrm{d}L}{L} + \alpha_K \frac{\mathrm{d}K}{K} \tag{5-1}$$

由此可得出劳动、资本、全要素生产率对经济增长的贡献率分别为：

$$C_L = \frac{\mathrm{d}L}{L} \Big/ \frac{\mathrm{d}Y}{Y} \tag{5-2}$$

$$C_K = \frac{\mathrm{d}K}{K} \Big/ \frac{\mathrm{d}Y}{Y} \tag{5-3}$$

$$C_{TFP} = \frac{\mathrm{d}A}{A} \Big/ \frac{\mathrm{d}Y}{Y} \tag{5-4}$$

当 $C_{TFP} > Max\,(C_L，C_K)$ 时，经济增长由粗放型方式转变为集约型方式。

综上分析，技术进步、人力资本提升与经济增长方式转变之间存在协同演化的关系，如图 5-1 所示。经济增长方式转变是经济实现高质量发展的必经途径。经济增长方式转变在微观层面上表现为要素配置结构的阶段性变革升级，这种阶段性变革升级源于生产要素在具有不同生产效率和社会效益的企业、产业之间的流动和重组，使技术、制度等先进生产要素引领经济发展，进而在宏观上表现为经济增长质量和效率的提高。

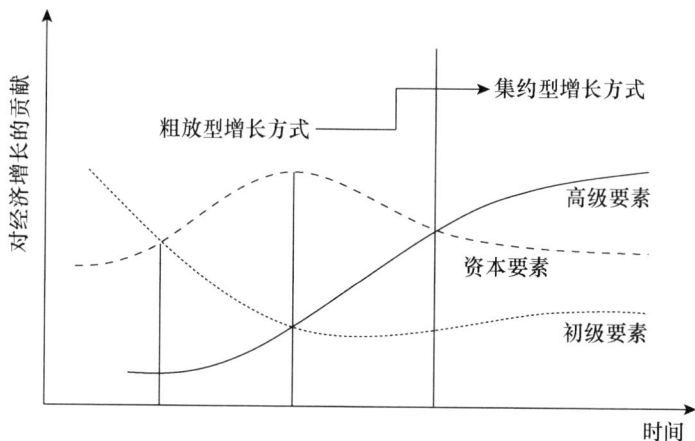

图 5-1　要素升级与经济增长方式转变的协同演化关系

资料来源：根据《增长方式转变的理论基础和国际经验》（杨春学等著，社会科学文献出版社 2012 年出版）等资料整理得出。

二、基础科学是制造业高质量发展的根本

技术创新是制造业高质量发展的动力，而基础科学则是制造业高质量发展的根本。科技创新只有实现从实验室的基础研究到实践领域的广泛应用的转化，形成科技创新链（见图 5 - 2），才能发挥引领和驱动作用。技术创新首先依赖基础科学的发展、应用与创新，同时也需要生产技术本身的创新。制造强国的发展经验表明，工业生产技术提升和发展需要基础科学的发展、应用与创新，基础科学是技术自主创新的前提条件。基础科学与生产技术是创新链的两个重要方面，二者缺一不可。如果仅有基础科学的发展、应用与创新而没有生产技术，尤其是基础原材料生产技术的创新，那么，制造业发展质量不可能得到提高。

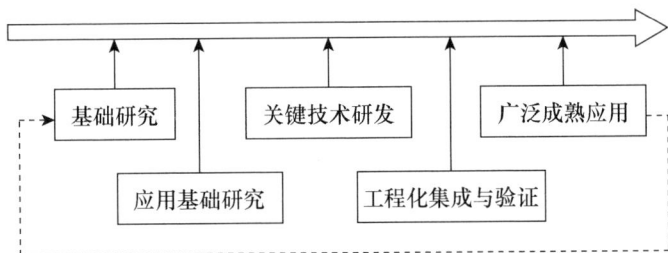

图 5 - 2　科技创新链主要环节

资料来源：作者整理。

目前，我国许多生产制造技术已走在世界前列，但相关产品为何达不到世界一流水平呢？根本原因是基础原材料达不到世界一流水平，或者大多数基础原材料的技术含量不能满足制造业高质量发展的要求。要实现我国制造业的高质量发展，既要大力推进基础科学的发展、应用和创新，又要注重生产技术的开发、应用和创新。同时，要在生产过程的各个基本环节上，加强生产技术的开发、应用和创新。基础科学的发展、应用和创新，以及基础原材料生产技术创新，对制造业的高质量发展起着重要的基础性作用①。

三、核心技术是制造业高质量发展的关键

创新是引领高质量发展的第一动力，是我国现阶段和未来较长时期内

_____

① 刘迎秋. 以制度和技术创新驱动高质量发展［N］. 人民日报，2018-10-25（7）.

的基本发展思路，体现了我国经济由传统的要素驱动转向由科学技术、人力资本和全要素生产率驱动的新方向[①]。中国经济已经从高速增长阶段转变为高质量发展阶段。与此同时，全球科技创新空前密集和活跃，新一轮科技革命和产业变革正在加速全球经济结构和分工格局的重建，各国围绕核心技术的竞争日趋激烈。核心技术创新是推动制造业高质量发展的决定性因素，因为推动制造业迈向中高端、加速新旧动能转换、保障产业安全都依赖核心技术支撑。核心技术创新驱动制造业高质量发展的基本逻辑如图 5-3 所示。

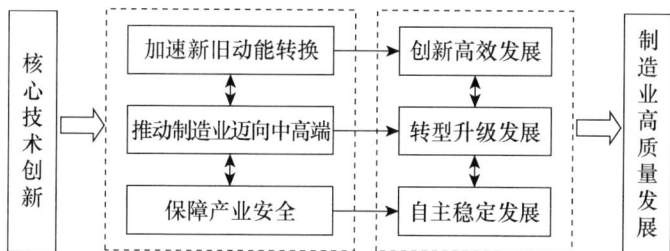

图 5-3 核心技术创新驱动制造业高质量发展的基本逻辑

资料来源：作者整理。

（一）核心技术创新推动新旧动能加速转换

创新是引领发展的第一动力，更是新旧动能转换的根本动力。一方面，新动能来源于新兴产业的培育发展，而新兴产业通常是关键核心技术取得突破、科技成果转化和大规模商用的直接结果[②]。20 世纪 70 年代中期，美国加快了信息通信技术的创新，到 90 年代实现了信息技术革命和"新经济"的崛起，重新拉开了与其他国家的距离。当前全球正在步入一个新兴产业孕育发展的关键时期，人工智能、量子通信、物联网、区块链、新材料等可能会引发一些领域的群体性和系统性突破。我们要抓住机遇，加强核心技术创新，培育壮大新兴产业，力争在一些新兴领域取得领先地位。另一方面，新动能还源于传统产业的改造升级，而传统产业改造升级就是要通过加强关键技术和工艺的高端化改造，以及相关流程、产品与模式的创新，大幅提高劳动生产率和产品附加值，实现向中高端的迈

---

① 罗润东，李超. 2016 年中国经济学研究热点分析 [J]. 经济学动态，2017（3）：107-122.

② 苗圩. 加强核心技术攻关 推动制造业高质量发展 [J]. 机械工业标准化与质量，2018（9）：7-9.

进。可见，无论是通过培育新兴产业还是通过改造升级传统产业来壮大新动能，都需要加强核心技术创新。加强核心技术创新，有三项关键工作：一要加强应用基础研究，拓展实施国家重大科技项目，突出关键共性技术、前沿引领技术、现代工程技术、颠覆性技术创新，为制造强国和质量强国建设提供有力支撑；二要深化科技体制改革，建立以企业为主体、市场为导向、产学研深度融合的技术创新体系，加强对中小企业创新的支持，促进科技成果转化；三要倡导创新文化，强化知识产权创造、保护与运用，以及培养造就一大批具有国际水平的创新人才和创新团队①。

（二）核心技术创新推动制造业迈向中高端

发达国家制造业发展经验表明，推动制造业迈向中高端，从根本上讲要基于核心技术的创新和突破。美国、德国、日本等国之所以长期保持领先地位，是因为它们在装备、材料、信息、生物等关键领域的核心技术始终保持最先进水平。关键核心技术积累不足，严重制约了我国制造业向中高端迈进的步伐，我国要从制造大国变为制造强国，还有很长的路要走。我国之所以在通信设备、高铁、核电等领域实现了快速发展，并取得了领先地位，就是因为坚持核心技术研发攻关。以移动通信为例，在 2G 时代，中国企业几乎不掌握核心技术，只能被动跟随；在 3G 时代，中国提出的 TD-SCDMA 成为一项重要的国际标准，在核心技术上取得了重大突破；在 4G 时代，中国推出的 TD-LTE 成为全球两大标准之一，基本与国外先进企业站在同一层次；在 5G 时代，华为作为全球通信行业巨头之一，在 5G 领域保持着超高的领先水平，华为 5G SEP 专利数量全球排名第一，拥有更大的发展主动权。

（三）核心技术创新保障制造业产业安全

关键核心技术是国之重器，是我们最大的命门，核心技术受制于人是我们最大的隐患。如果我们不掌握核心技术，就会被"卡脖子"，被牵着鼻子走，还要看别人脸色。由于发达国家对一些关键技术和核心产品实行出口管制，导致我国集成电路、基础软件、互联网、高端设备、新材料等领域都存在潜在的产业安全风险。相关制造业不仅面临低端锁定风险，而且无法保证供应链安全。例如，在关系国计民生的基础设施和信息系统中，大量使用进口芯片、软件和控制系统，很难保证设备和系统运行的长期安全稳定。只有在核心技术上取得突破，形成自主知识产权，产业发展

---

① 王健，王立鹏．关于新旧动能转换的若干思考［J］．国家治理，2018（21）：23-30．

才能不受制于人，才能持续健康发展。我们强调自主创新，不是"闭门造车"，而是要区分哪些技术可以引进、消化吸收与再创新，哪些技术必须依靠自主研发。

四、技术创新需要政府制度和市场机制共同发挥作用

科技创新既有公共品属性，也有市场经济属性；既需要尊重科研规律，也需要尊重市场规律①。技术创新要以企业为主体、市场为导向，政府搭平台，技术创新离不开政府与市场的共同作用。市场作为"看不见的手"、政府作为"看得见的手"各有自身独特优势，统筹用好市场和政府"两只手"，可以产生"1+1>2"的效果，任何抓其一点、不及其余的观点和做法，都是不正确的。

Aghion 等全面分析了政府制度和市场机制对创新的共同作用②。接下来，我们重点考察知识产权保护和市场竞争对创新的共同作用的机理，以此验证政府和市场对创新共同发挥促进作用。假设在离散状况下，个体寿命为一个周期。时期 t 内，最终产品 Y 的生产需要投入一系列中间产品，相应的生产函数为：

$$Y_t = \int_0^1 A_{it}^{1-\alpha} x_{it}^{\alpha} \, \mathrm{d}i \tag{5-5}$$

其中，x_{it} 表示产业 i 在时期 t 内所投入的中间产品的数量，$0<\alpha<1$，A_{it} 为中间产品 i 的最新技术参数。最终产品用于消费，取决于创新进程及相应中间产品的产量。

假设每个中间产业 i 在每个时期中只有一个垄断厂商，因此变量 i 不仅代表该中间产业，还代表垄断企业。假设每个中间厂商只存活一个时期，企业的技术实力在不同时期会发生变化；每个中间企业决定相应中间产品的产量以实现利润最大化。此时，假定中间产品的价格为最终产品生产过程中该中间产品的边际价值，则在时期 t 内中间厂商 i 的最大化利润为：

$$\pi_{it} = q\pi A_{it} \tag{5-6}$$

① 本报评论员. 创新资源配置要靠市场和政府"两只手"［N］. 经济日报，2018-10-30(1).

② Aghion P，Howitt P，Prantl S. Patent rights，product market reforms and innovation［J］. Journal of Economic Growth，2015，20（3）：223-262.

其中，$\pi = [(1-\alpha)/\alpha]\alpha^{2/(1-\alpha)}$，$q$ 表示创新利润没有被没收的概率，该变量反映了政府对知识产权的保护力度。

假设企业的研发投入会提高其生产力水平，在时期 t 的开始，企业的生产力水平为 A_{t-1}，每次创新会将生产力水平提高到 $A_t = \gamma A_{t-1}$，$\gamma > 1$。如果创新的成功率为 z，则中间企业在时期 t 内需要投入：

$$c_t = cz^2 A_{t-1}/2 \tag{5-7}$$

另外，中间企业还会受到新厂商进入的威胁。假定新厂商进入概率外生给定为 p，并且新厂商在时期 t 内的生产力水平为 A_{t-1}。若既有垄断企业的创新成功，则新厂商会确定性地被排除；若既有垄断企业未发生创新，则新厂商和既有厂商具有相同的生产力水平 A_{t-1}，此时新厂商被排除的概率为 βq，β 反映了知识产权保护对新厂商的边际威慑效应。此外，假定如果新厂商进入，则既有厂商的利润将会为零。

基于以上假设，时期 t 内既有垄断企业包含创新成本的期望利润为：

$$zq\pi\gamma A_{t-1} + (1-z)q[1-p(1-\beta q)]\pi A_{t-1} - cz^2 A_{t-1}/2 \tag{5-8}$$

因此，垄断企业将选择合适的概率 z 来最大化其期望利润。对式（5-8）进行一阶求导可得到最优概率为：

$$z = \frac{\pi q}{c}[\gamma - 1 + p(1-\beta q)] \tag{5-9}$$

将式（5-9）对 p 求导后继续对 q 进行求导得出：

$$\frac{\partial z}{\partial p} = \frac{\pi q(1-\beta q)}{c} > 0 \tag{5-10}$$

$$\frac{\partial^2 z}{\partial p \partial q} = \frac{\pi(1-2\beta q)}{c} \tag{5-11}$$

式（5-10）显示产品的市场竞争程度与发生创新的可能性正相关，即有"逃避竞争"效应。从式（5-11）可以得出加强知识产权保护可从两个方面影响"逃避竞争"效应：第一，给定有效的进入威胁 $p(1-\beta q)$，创新会增加"逃避竞争"所带来的收益；第二，知识产权保护会降低有效进入威胁，并且会激励既有企业进行创新从而"逃避竞争"。给定较低的 q 或者当 β 充分小时，前一种效应占主导地位。综上分析，产品市场竞争能提升企业创新动力，尤其是当知识产权保护力度较大时，这种效果更为明显，而且知识产权保护反过来也会促进创新的发生。

第二节　技术创新驱动制造业高质量发展的问题分析

我国科技创新实力虽然有了很大的提升，但依然不足以支撑制造业高质量发展，特别是制造业核心技术受制于人的局面没有得到根本性改变。我国制造业要真正走上高质量发展之路，就必须扭住核心技术攻关这个"牛鼻子"，深化供给侧结构性改革，加快突破面临的制约因素，持续推进技术创新、产品创新和产业创新。

一、科技创新体制机制不完善

体制机制创新不仅能够降低技术创新的不确定性，而且还能通过确立产权，使个人努力的私人收益率接近于该努力所产生的社会收益率。同时，诸如完善市场体制、减少行政审批环节、破除行业和地区壁垒等制度创新，能够降低交易成本，从而提高分工水平；分工水平越高，生产效率就越高①。杨小凯、黄有光对分工与专业化进行了深入研究，发现交易效率是决定分工与专业化的主要因素。如果交易效率很低，则单个主体会选择自给自足，自己生产所有的最终产品和中间产品，因为交易成本超过了专业化经济。随着交易效率的提高，在专业化经济与交易成本之间的适当的权衡取舍可能导致专业化与分工水平的提高②。可见，体制机制创新与完善能够促进技术创新与提高分工水平，从而推动经济发展质量效率提高，其逻辑框架见图 5-4。

我国科技创新的体制机制不够完善，在很大程度上制约了创新主体的创新积极性。首先，知识产权是核心技术的价值体现和重要载体，而我国科研机构、高校、国有企业的科技成果主要是通过政府财政资金支持获得的，科技成果的知识产权一般被视为国家所有，这种科技成果转化中产权划分的不清晰大大影响了科技人员的创新积极性。这种管理体制的弊端主要体现在以下几个方面：一是科技人员没有科技成果所有权，无权决策科技成果转化事项；二是科技人员无权参与科技成果转化的收益分配，对

---

① 王泽填，孙辉煌. 经济增长中的制度因素研究 [M]. 北京：中国经济出版社，2010.

② 杨小凯，黄有光. 专业化与经济组织：一种新兴古典微观经济学框架 [M]. 北京：经济科学出版社，1999.

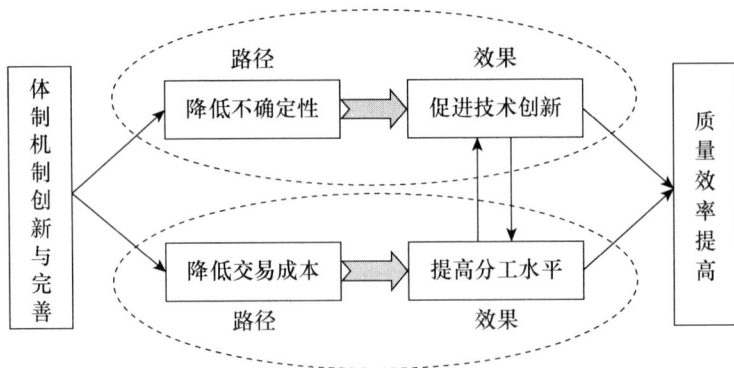

图 5-4　体制机制创新促进发展质量效率提高的逻辑框架

资料来源：作者整理。

科技人员的奖励力度不大；三是科技人员兼职创业容易引发科技人员、企业与原单位的权益纠纷，导致创新资源难以走向市场[①]。其次，我国科技管理模式不灵活，科研经费支出限制条件多，科研绩效评价导向单一，同时诸多事务性审批手续极大地浪费了科研人员的精力，也影响了科研创新的积极性。最后，企业家是科技创新的重要力量，但对企业家合法财产权的保护力度不足，这影响了部分企业家的预期、信心和安全感，为此要营造依法保护企业家合法权益的法治环境，营造促进企业家公平竞争和诚信经营的市场环境，营造尊重和激励企业家干事创业的社会环境[②]。

二、核心技术创新的领军企业较少

推动核心技术创新，需要以企业和大学为主体、市场为导向，产学研用相结合，从而形成完善的技术创新体系。大型企业，特别是大型科技企业，具有较强的创新资源获取能力和研发实力。它们是推动技术创新和成果转化的骨干力量，最有能力突破重大技术瓶颈。我国创新型龙头企业数量相对较少，企业研发投入强度普遍较低。虽然近年来企业的研发投入规模不断扩大，但在全球范围内比较而言，我国研发投入的比重远远落后于美国、欧盟等经济体。另外，由于产学研用协同创新机制不完善，科技成果转化应用通道不畅，导致大学和科研院所越来越多的成果没有转让给相

---

① 刘凤，张明瑶，康凯宁，等. 高校职务科技成果混合所有制分析：基于产权理论视角[J]. 中国高校科技，2017（9）：16-20.

② 常修泽. 激发和保护企业家精神[N]. 人民日报，2017-07-03（7）.

关企业进行推广应用，而是采用内部化方式处理，大学、科研院所未能与企业形成有效互补①。同时，发展目标、运行管理模式等方面的差异导致企业、高校和科研院所难以达成实质性合作，无法形成利益共同体，从而影响了各方合作的积极性。

三、财政对技术创新的投入不够

一方面，财政资金对核心技术创新的支持不足，科研项目资助、政府采购等方面的政策不完善。基础研究是整个科学体系的源头，产业核心技术突破与创新来源于持续的基础研究投入②。我国财政科研资金主要投向应用研究和试验发展，对基础研究的支持力度不够。财政科研项目资助政策存在"条块分割"现象，难以聚合资金形成对基础技术、产业共性技术的攻坚合力，国家重大专项基金资助力度仍不够。政府采购政策尚未充分发挥引领和支持自主创新产品与创新型企业的作用。另一方面，税收优惠政策力度不够，尚不足以激励企业积极致力于突破核心技术的瓶颈。目前我国支持技术创新的税收优惠政策的条件偏紧偏严，针对科研人员的税收优惠激励不足，优秀创新人才的创造力没有得到充分发挥。

四、企业基础研究支撑不够

基础研究是引领创新发展的源泉，是建设制造强国的动力，对推动制造业高质量发展具有基础性作用。近年来，我国虽然加大了基础研究的投入，但基础研究仍然是技术创新的短板，原始创新能力仍然薄弱。我国企业的研发支出占全社会研发支出的近80%，但主要用于应用技术研发，对基础研究的投入很少。有关统计数据显示，2008—2017年中国企业基础研究投资仅占企业研发投资的0.1%，仅占全国基础研究投资总额的1.5%，而美国、日本和欧盟企业基础研究投资约占各自基础研究投资总额的20%③。基础研究能力和水平不高，严重制约了制造业关键核心技术攻关和实现突破。

---

① 辜胜阻，吴华君，等.创新驱动与核心技术突破是高质量发展的基石［J］.中国软科学，2018（10）：9-18.

② 柳卸林，何郁冰.基础研究是中国产业核心技术创新的源泉［J］.中国软科学，2011（4）：104-117.

③ 苗圩.加强核心技术攻关 推动制造业高质量发展［J］.机械工业标准化与质量，2018（9）：7-9.

五、资本市场对核心技术创新支持不足

核心技术创新离不开资本的支持。但近年来我国股权投资对核心技术创新领域投入不足。一是因为大多数投资者和机构的投资行为以短期利益为导向，偏好"短平快"项目，缺乏长期战略性投资。二是因为资本市场门槛仍然较高，上市制度注重规模、资产和利润，没有全面考虑企业的技术创新能力。比如，生物医药、集成电路等核心技术领域的产品研发周期长、前期投入大，很多企业前期难以盈利，无法进入资本市场融资。Wind 数据显示，截至 2018 年 9 月市值排名前 10 的 A 股市场上市企业中，9 家为金融、石油行业企业，而美国资本市场市值排名前 10 的上市企业中，7 家为高科技企业。三是因为我国资本市场中的上市、并购重组制度不完善，对上市公司并购的政策限制较多，导致高新技术企业的技术资源整合面临较大障碍。

六、科技创新生态体系不健全

创新生态是由创新主体、创新要素和创新环境构成的动态平衡系统。良好的创新生态系统有助于加速技术创新成果的形成。例如，硅谷的成功得益于其独特的创新生态系统。随着创新驱动发展战略的深入实施，我国逐渐重视创新生态系统建设，但我国的创新生态系统还不够完善，在硬环境和软环境方面都存在不足。在硬环境方面，科技基础设施建设总体规模和数量仍然较小，开放共享和高效利用水平仍有待进一步提高。高水平科技创新公共服务平台建设不足，影响了创新成果的开发和应用。在软环境方面，还没有形成全社会鼓励创新、容忍失败的制度和文化环境。

七、产学研用协同创新不到位

产学研用协同创新可以加速技术突破和工业变革。产学研用协同是实施创新驱动发展战略的必然要求，是将创新成果转化为现实生产力的必由之路，也是推动制造业高质量发展的重要途径。企业、高校、科研机构和用户之间的协同创新对于缩短研发周期、降低研发成本、加快新产品进入市场具有重要作用。推进产学研用一体化必须建立以"用"为导向的创新要素融合机制，进一步明确产学研用合作的重点，拓展新技术、新产品的

应用空间，充分发挥市场在配置科技创新资源中的决定性作用①。长期以来，我国产学研用协同创新和深度融合不够，科研院所和高校的研发创新活动面向国民经济主战场的程度不足，企业创新的主体地位仍不够突出，大量的创新成果停留在论文和专利阶段，没有转化为现实生产力。此外，技术市场发展滞后，高校、科研院所更倾向于自建公司进行成果转化，其对产业发展的带动作用得不到有效发挥。为此，要密切政府、企业、研究机构及用户之间的联系，加强协同创新，打造完整的创新链，提高创新效率。

八、创新人才制约日益突出

人才是制造业高质量发展的第一资源。我国劳动力资源丰富，人才队伍不断壮大，但高精尖人才，特别是从事核心技术研发攻关的创新人才，仍比较短缺。受金融、房地产等行业挤出效应和虹吸效应影响，再加上对产业人才的激励相对较弱，社会缺乏对产业人才的认同，企业家精神、劳模精神、工匠精神需要进一步弘扬，人才"脱实向虚"现象严重，大量高端研发人才和高技能人才从制造业领域流出，对制造业提质增效和升级造成了较大冲击②。比如，根据有关高校发布的年度就业质量报告，名校毕业生就业行业首选金融业。

第三节　加强技术创新驱动制造业高质量发展的对策

技术创新要坚持市场机制与政府作用相结合，发挥市场对创新要素配置的决定性作用，同时政府要积极引导和支持创新要素集中攻关核心技术。核心技术创新要聚焦产业链的关键环节，加强研发攻关和应用推广关键共性技术、前沿引领技术与现代工程技术，加强颠覆性技术创新，力争获得先发优势。技术创新不能"闭门造车"，要坚持开放合作的理念，深化国际合作，加快融入全球产业链，充分利用全球创新资源，提高技术创新起点和效率，增强自主创新能力。

---

① 郭瑞东. 着力推进产学研用一体化［N］. 河北日报, 2018-08-22（7）.
② 乔宝华. 推动我国制造业高质量发展要过"五关"［N］. 经济日报, 2018-07-26（16）.

一、建立健全基础研究支撑体系

基础研究可为核心技术创新提供重要支撑，要加强基础研究前瞻性部署，推动不同领域创新要素有效对接并形成集成优势，要进一步突出原始创新能力提升的地位和重要性。引导技术能力突出的创新型龙头企业加强基础研究，加大基础研究资金支持力度，引导地方、企业和社会力量加大基础研究投入。加强转制科研院所创新能力建设，引导科研院所更加注重科学前沿和应用基础研究，以实现更多原始创新，引领产业发展。完善评价机制，调动基础研究科研人员活力，稳定人才队伍，让从事基础研究的科研人员主动做到"一辈子只干一件事"。

二、建立健全制造业创新平台体系

加强顶层设计，统筹推进国家和省级创新中心建设，构建多层次、网络化的制造业创新平台体系。推动创新平台发展，一是要突出市场化，以资金为纽带整合资源，按照现代企业制度运作；二是要注重协同，着力构建产业创新联盟，使之成为推动产业发展的重要支撑力量；三是要以产业化为重点，加强从实验室产品到生产线产品转化过程中涉及的技术、特种材料、特种设备、标准和检测能力的建设和升级；四是注重可持续发展，通过技术服务、产业孵化、知识产权运营等商业模式创新，实现创新平台自我造血、循环发展；五是政府部门要从共性技术开发、技术推广、人才培养、科技服务等方面对平台运行情况进行评估，加强对优秀平台的资金支持，提升平台层次和服务水平[①]。

三、建立健全协同创新生态体系

创新范式研究经历了三个阶段，由最早提出的封闭式或线性创新，转向以国家创新体系为主的开放式创新，再发展到如今的创新生态体系（见表 5-1）。攻克制造业高质量发展的技术关，需要大学、科研机构、企业、中介组织、融资机构等多方合作，构建创新链、产业链、资金链畅通的协同创新生态体系[②]。随着我国制造业创新模式的不断升级，创新已经

---

① 崔巍. 加快推动科技创新平台发展 [N]. 河北日报，2018-02-23 (7).
② 黎文娟，邵立国. 我国制造业高质量发展如何过"技术关"[N]. 学习时报，2018-08-29 (6).

从线性向系统性、集约化演进，协同创新体系也逐渐向生态化转变。建立健全协同创新生态体系，需要完善产业与科技协同对接机制，围绕核心技术需求优化科技资源配置，强化企业创新主体地位，支持龙头企业联合高校与科研院所实现产学研用紧密结合，开展核心技术研发。同时，对一些关键技术领域，要建立专门的知识产权保护制度，加大对侵犯知识产权行为的处罚力度，为产业协同创新主体提供权益保障。良好的创新生态体系如图5-5所示。

表5-1　三代创新范式比较

	封闭式创新	开放式创新	创新生态体系
理论基础	新古典经济理论 内生增长理论	国家创新体系	演化经济学及其新发展
创新主体关系	强调企业内部创新	产学研协同	产学研用"共生"
创新战略重点	自主创新	合作创新	自主+合作创新 创意设计+用户关系
价值实现载体	产品	服务+产品	体验+服务+产品
创新驱动模式	需求+科研	政府+企业+学研 需求+科研+竞争	政府+企业+学研+用户 需求+科研+竞争+共生

资料来源：根据李万、常静等和张银银的研究成果整理。李万，常静，等. 创新3.0与创新生态系统［J］. 科学学研究，2014，32（12）：1761-1770；张银银. 创新驱动长三角地区产业结构升级研究［M］. 北京：中国社会科学出版社，2016.

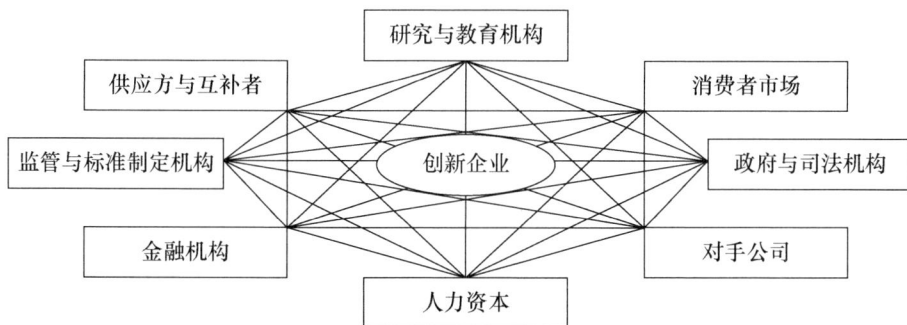

图5-5　良好的创新生态体系示意图

资料来源：布朗温·H. 霍尔，内森·罗森伯格. 创新经济学手册［M］. 上海市科学学研究所，译. 上海：上海交通大学出版社，2017.

四、建立健全创新人才培养体系

我国制造业人才存在结构性问题，领军人才和工艺人才缺乏，基础制造业和先进制造技术领域人才不足，支撑制造业高质量发展的能力薄弱。要完善学科专业设置，创新人才培养机制和模式，大力培养高层次技术人才、高素质技能人才、高水平管理人才，培养工匠精神和创业精神，建设一支适应制造业高质量发展需要的高素质人才队伍。在培养高级创新人才方面，要在优势科研领域建立一批科学家工作室，培养一批具有前瞻性和国际视野的战略科学家。推进产学研结合，整合各类人才计划，突出重点领域高层次人才培养，并赋予从事核心技术研发的领军人才更大的主导权。同时，进一步完善创新人才评价体系，完善有利于高端人才创新的评价标准；加快完善高端人才收入、户籍居住、子女就学和医疗等方面的激励政策，真正让高端人才安居乐业，充分发挥人才价值。

五、建立健全科技金融支持体系

技术创新风险大，需要在研发、推广等阶段投入大量资金，同时需要大力投资创新人才的培养，这些都离不开资金的支持①。一是创新金融机构，大力发展科技银行，引导商业银行发展适合科技型企业的信贷产品，建立多元化、多层次科技投融资体系；二是发挥政府引导基金的杠杆作用，增加科技金融引导性投入，通过设立创业投资子基金、给予贷款风险补偿、提供贷款贴息、以奖代补等方式，带动增量资源、盘活存量资源，推动金融资本和民间投资支持企业技术创新；三是探索企业风险投资新模式，鼓励大型高科技企业设立风险投资部门，发掘和投资具有核心技术的优质项目；四是继续改革上市制度，适度放宽对高新技术企业上市在股权结构、盈利能力等方面的要求，鼓励科技企业完善公司治理和财务结构，加快上市进程，实现股权融资；五是引导一批具有核心技术和广阔发展前景的高新技术企业通过并购进入资本市场，实现融资。

六、建立健全军民科技协同创新体系

深化军民融合，促进军民创新互动，是加快实现自主可控核心技术突破的重要途径。我国军民工业在科技资源、科技人才、科技成果等方面各有自己的优势，要加快军民技术创新成果双向转移，实现优势互补，合力攻克关键性技术难题。创新驱动发展下的军民融合，要着眼于打破军民二

---

① 辜胜阻，吴华君，等. 创新驱动与核心技术突破是高质量发展的基石［J］. 中国软科学，2018（10）：9-18.

元分离结构，依托技术、产业、人才等创新要素的军地双向流动、渗透兼容，把军事创新体系纳入国家创新体系之中，努力构建军民一体化的国家战略体系和战略能力①。具体而言，要建立健全跨军地、跨部门的科技创新管理机构，强化民用科技和军用科技发展战略规划对接，加快军民技术双向渗透和扩散，实现对军民协同创新全领域、全过程的统筹规划与合理配置；系统推进军工体制改革，鼓励军工单位积极配合大型企业开展基础研究和前沿研究，加快新技术的市场转化和应用；建设一批军民科技协同创新平台，完善军民两用技术转移对接机制和创新服务体系，推进军民融合重大示范工程建设，努力培育一批军民融合重点企业②。

七、建立健全开放型技术创新体系

习近平总书记强调，自主创新是开放环境下的创新，绝不能关起门来搞，而是要聚四海之气、借八方之力。科技创新的开放意味着不同的学术思想、学科领域进行更多的交流和碰撞，有利于推动全球科技资源自由流动和合理配置。开放是科技创新成功的重要前提，没有开放式创新体制体系，每个创新单元就都是互不联系的孤岛，不能形成有机的创新体系，很难创造出日益复杂的前沿性技术。要从全球视角谋划核心技术突破，引导企业集聚战略资源，聚焦未来产业的关键环节，围绕自身的技术优势进行全球布局，在国际竞争中增强科技对抗能力。针对核心技术薄弱环节，要通过并购、合资、参股外资企业和研发机构等方式，有效利用全球科技资源，主动融入全球创新链中高端。要结合各国资源优势，支持企业和科研机构"走出去"建立海外研发中心，共同突破核心技术，提高科技合作水平。例如，华为在全球建立了 16 个研究中心、36 个联合创新中心、超过1 500 个实验室③。鼓励具有不同资源优势的政府、高校、科研机构、企业、智库等创新主体参与技术治理机制建设和交流，加强与各国创新主体的对话和合作，建立规范的技术创新沟通协调机制。

八、建立健全企业技术创新保障体系

强化创新驱动制造业高质量发展，必须重视企业的主体地位，要为企

①　中共中央宣传部. 习近平新时代中国特色社会主义思想三十讲 [M]. 北京：学习出版社，2018.

②　政武经. 以创新驱动核心技术能力提升 [N]. 人民日报，2018-10-16 (7).

③　周留征. 华为创新 [M]. 北京：机械工业出版社，2018.

业加强技术创新提供强有力的保障机制。首先，要优化企业家创新创业的环境，加强知识产权保护，保障企业家利益，充分发挥企业家的创新意识对企业创新的核心引领作用。其次，要根据企业创新的不同阶段，形成多层次的政策支持体系，引导创新资源要素向优势企业集聚，引导社会资本资源投资于技术创新。最后，要激发中小企业创新活力，加强中小企业公共服务平台建设，引导金融机构适度降低创新型中小企业融资门槛，营造良好的创新环境，更好地为中小企业服务。

第六章 人才是制造业高质量
发展的第一竞争力

人是生产力中最活跃的因素和经济发展的第一资源,高素质人才队伍是制造业高质量发展的第一竞争力。中国实现从制造大国向制造强国转变的关键在于拥有一支高水平的人才队伍。在新一轮全球科技革命和产业变革中,世界各国都把发展制造业作为抢占未来竞争制高点的重要战略,通过加大人力资本投入、改革创新教育培训体系等措施大力实施人才提升战略,为制造业高质量发展提供重要支撑。如果不能持续提供劳动力资源,那么无论是生产还是消费和投资,从长期来看都将是无源之水、无本之木。推动制造业高质量发展,不仅要保证劳动力数量、改善劳动力结构,更要强调提高劳动者素质。当前和今后一个时期,我国要健全制造业人才保障机制,通过培育大国工匠、开展制造业职工技能培训和实施科技人员持股激励等措施,夯实制造业高质量发展的人才支撑[①]。

第一节 人才支撑制造业高质量发展的理论分析

一、劳动是财富创造的源泉

马克思主义人才观的理论基石是劳动价值论。在此基础上,马克思深入研究了人在资本主义生产过程中的功能价值,提出了"劳动创造人自身"和"一切财富创造源于劳动"的科学判断。马克思把劳动分为具体劳动和抽象劳动。他认为具体劳动创造了商品的使用价值,而抽象劳动创造了商品的价值;资本家通过提高科技水平,从而提高劳动生产率来攫取更

---

① 黄汉权. 突破难点 系统推进制造业高质量发展 [N]. 经济日报,2019-03-14 (16).

多的剩余价值。马克思主义经济学理论认为，商品生产过程是劳动过程和价值形成过程的统一。作为一种劳动过程，具体劳动创造了商品的使用价值。作为价值形成的过程，抽象劳动创造了商品的价值。在创造使用价值的同时，具体劳动将生产资料中的物化劳动转移到商品中；抽象劳动将新的价值凝结于商品中。劳动分为生产性劳动和非生产性劳动，无论何种劳动都会创造价值。马克思的劳动价值论不仅推动了对人力资本的深入研究，而且使劳动被广泛地视为财富的源泉，还说明了人是财富创造和经济发展的根本。

二、人力资本积累与内生经济增长

马克思把劳动者劳动能力的提高看作一种需要投入进而才会有产出的资本，并指出劳动者创造的价值与劳动能力直接相关，劳动能力与劳动者接受的教育和培训、知识经验积累直接相关。"亚当·斯密在《国富论》中指出，固定资本中包含所有居民或社会成员获得的有用的能力，这种才能是通过包括教育、学校和学徒过程获得的，一般都需要付出现实的成本，因此它可以被看作是固定在个人身上的、已经实现了的资本"[1]。舒尔茨（Schultz）认为，人力资本由健康设施和服务、正规教育、在职教育和培训、个人和家庭移民等途径形成。劳动力质量越高或人力资本越多，对经济发展的促进力量就越大[2]。卢卡斯（Lucas）使用微观化的经济方法，将人力资本作为内生变量，来解释有关经济增长现象。他认为人力资本作为生产过程中的一种独立要素，是通过其内在效应与外在效应来促进经济增长的，因此，要通过教育制度、医疗卫生体制改革等途径，增加教育投资，开展各种培训，提升人力资本，并通过"干中学"进行长期、渐进、潜移默化的社会化人力资本积累[3]。人力资本水平的高低决定各国的技术能力，先进技术和新产品的研发依赖各国高素质的科研人员，同时人力资本水平决定先进技术在实际生产过程中的生产效率，因为先进技术需要具有相应素质的劳动者与之相匹配；人力资本还具有很强的外部效应，科技人员以及高素质劳动者的相互交流和相互影响会对研发效率和

① 陈耀. 高质量发展把对人才的要求推向新高度［EB/OL］.（2018－06－13）［2019－12－25］. http://theory. people. cn/n1/2018/0613/c83851－30055446. html.

② 李佐军. 供给侧改革理论渊源与实践依据［N］. 上海证券报，2016－03－19（6）.

③ 李政，庄西真. 进城务工群体人力资本提升的策略探究：基于人本发展经济学的视角［J］. 教育理论与实践. 2014，34（19）：34－37.

生产效率产生潜移默化的提升作用。

三、人才结构与产业结构之间的适配性

人才是人力资源中最先进的部分，是知识、技术、技能的有机载体，是科技创新的主导力量，是创新驱动发展的根本，是推动社会生产力发展的决定性因素。一个国家或地区的产业结构转换能力取决于其所拥有的人才数量、质量和结构状况。在党的十九大报告中，习近平总书记强调"人才是实现民族振兴、赢得国际竞争主动的战略资源。要坚持党管人才原则，聚天下英才而用之，加快建设人才强国"。一般来讲，人才结构对劳动密集型产业影响较小，对知识和技术密集型产业影响较大，因而产业结构升级要求有相应的高素质人才结构相匹配，人才和产业转型升级之间存在适配问题。提高人力资本适配度能够持续有效地推动产业结构转型升级[1]。换个角度说，就是如果没有人力资本和人才支撑，产业就不可能实现转型升级。产业转型和结构转化过程本质上是生产要素进行再配置的动态过程，在由低附加值制造环节向高附加值服务环节攀升的过程中，人才是重要基础，也是经济增长的核心决定因素[2]。人才是产业结构转化的基础，两者在数量、结构和类型上的不匹配是造成失业增加、经济波动和收入差距扩大的重要原因[3]。张国强等基于地区间比较的视角研究认为，人才是导致经济增长速度和产业结构出现地区差异的重要原因，在人才数量、质量和结构上有比较优势的地区将具备更强的产业结构升级能力[4]。

人才结构优化调整支撑产业结构升级，谁拥有更多的高层次人才，谁就能抢占竞争的制高点、掌握发展的主动权。同时，转变经济发展方式，促进产业转型升级，对人才结构优化调整也提出了新需求。加快人才结构优化调整，以人才优势引领和推动产业结构转型升级，才能推动经济社会持续稳定健康发展。由此可以看出，人才无疑是推动制造业转型升级从而实现高质量发展的第一资源和重要支撑。

① 杨爽，范秀荣. 产业结构升级中的人力资本适配性分析 [J]. 生产力研究，2010 (4)：205-207.

② Hausmann, Ricardo, Jason H, et al. What you export matters [J]. Journal of Economic Growth, 2007, 12 (1)：1-25.

③ 靳卫东. 人力资本与产业结构转化的动态匹配效应：就业、增长和收入分配问题的评述 [J]. 经济评论，2010 (6)：137-142.

④ 张国强，温军，汤向俊. 中国人力资本、人力资本结构与产业结构升级 [J]. 中国人口·资源与环境，2011 (10)：138-146.

第二节　人才支撑制造业高质量发展的问题分析

《2016 全球制造业竞争力指数》显示，人才是全球制造业竞争力的首要驱动要素，高技能人才队伍对一个国家的整体竞争力发挥着强大的影响力[①]。多年来，随着我国大力加强人才培养和制度建设，人口素质不断提高，创新能力显著提升，为经济的高速增长提供了有力支撑。但是，在适应新常态、加快实施创新驱动发展战略的背景下，我国在人才结构分布、市场匹配、创新能力、创新贡献力等方面存在明显欠缺，人才发展激励机制不完善，人才培养和社会需求的结构性矛盾比较突出，提升人力资本的任务十分紧迫[②]。

一、人口数量红利逐步消退

近年来，我国劳动力成本的增长速度明显快于劳动生产率的增长速度，导致单位劳动力成本快速上升。目前我国人力资本发展面临的一个基本背景是人口结构正在发生转变和人口数量红利日益消退。1990 年到 2010 年，我国人口抚养比（总体人口中 15～64 岁的劳动年龄人口数与 0～14 岁或 65 岁以上的非劳动年龄人口数之比）下降了 1/3，由此带来的人口红利有力地支撑了中国经济的高速增长。但自 2010 年以来，人口抚养比呈现上升趋势，这标志着人口结构转变的完成，劳动力成本进入周期性上升的阶段，依靠资源要素和物质资本大规模投入的传统发展方式已难以为继，必须把人力资源开发和人力资本投资作为战略重点，从依靠人口数量红利转向挖掘人口质量红利和人才红利，支撑经济结构的战略性转变。

二、创新型人才培养不足

推动制造业高质量发展的关键在于创新型人才培养。改革开放以来，我国教育大众化、公平化取得显著进展，义务教育巩固率、高中毛入学率、财政教育投入比例等指标明显提高。在投入方面，2012 年财政性教

---

① 德勤. 2016 全球制造业竞争力指数［R］.（2017－03－26）［2019－08－11］. http://max. book118. com/html/2017/0326/97059508. shtm.

② 刘敏. 当前我国人力资本发展现状和主要问题［EB/OL］.（2016－01－15）［2019－11－23］. http://www. sic. gov. cn/News/455/5823. htm.

育经费占国内生产总值的比重达到 4%，这是中国教育发展史上的里程碑。我国教育发展水平在中等收入国家中排名靠前，在人口众多的发展中国家中处于领先地位，仅低于高收入国家。虽然我国教育发展的整体水平有了很大提高，但现有的教育模式仍然以知识传授为主，尚未从根本上建立强调创新思维和创新能力的素质教育模式。教育、科技与经济发展有所脱节，导致人才创新意识相对淡薄，创业创新能力总体偏低。

三、高技能人才明显短缺

创新驱动发展战略的实施，要求劳动者具备相应的受教育水平、经验技能和创新思维，并需要有一定的人力资本存量和结构与创新驱动战略相适应。创新驱动产业向价值链的高端攀升，这对劳动者的技能和创造力提出了更高的要求。目前，我国人力资源结构问题较为突出。高端研发人才和技能型人才短缺已成为创新发展和产业转型升级的最大障碍。随着智能制造的快速发展，相关行业人才更为紧缺。到 2025 年，新一代信息技术产业人才、电力装备人才的预计缺口均将超过 900 万人，高档数控机床和机器人、新材料等行业人才缺口也都在 400 万人以上。制造业重点领域人才需求情况见表 6-1。

表 6-1　我国制造业十大重点领域人才需求预测　　（单位：万人）

十大重点领域	2015 年	2025 年	
	人才总量	总量预测	缺口预测
新一代信息技术产业	1 050	2 000	950
高档数控机床和机器人	450	900	450
航空航天装备	49. 1	96.6	47.5
海洋工程装备及高技术船舶	102.2	128.8	26.6
先进轨道交通装备	32.4	43	10.6
节能与新能源汽车	17	120	103
电力装备	822	1 731	909
农机装备	28.3	72.3	44
新材料	600	1 000	400
生物医药及高性能医疗器械	55	100	45

资料来源：《制造业人才发展规划指南》（2016 年 12 月）。

四、人才流动尚存在体制障碍

在人才流动较为畅通的市场条件下，人们会有更多机会寻找自己的定位，通过多种渠道发现自身的价值，从而做出创造性的贡献。高技能人才除了会对经济发展做出贡献外，还会在所在地产生技术或知识溢出效应，从而形成"乘数效应"。如果人才市场存在歧视与分割，信息闭塞，个人的自我配置能力和潜在价值就得不到发挥。据统计，美国有80%左右的优秀人才集聚在企业，相比之下，我国科研人员过多地分布在企业之外，远离市场，有很大一部分科技人才集中在机关、高校和科研院所。这一方面反映了人才配置结构不合理，另一方面与人才流动机制的不完善有着密切的关系。在收入、福利、激励手段等方面，我国体制内外存在较大差异，体制内由于创新激励机制不完善导致创新动力不足，体制外由于缺乏创新资源导致人才创新能力得不到很好发挥。同时，制度性障碍也制约着人才流动，使得人才资源很难得到优化配置。

第三节　加强人才支撑制造业高质量发展的对策

《中国制造2025》从国家战略高度描绘了建设制造强国的宏伟蓝图，把人才作为建设制造强国的第一资源。推动制造业创新发展，迫切需要培养具有创新思维和创新能力的领军人才；加强工业基础能力建设，迫切需要培养掌握通用技术和关键技术的专业人才；推进信息化与工业化深度融合，迫切需要全面增强员工的信息技术应用能力；发展绿色制造，迫切需要培养更多的绿色制造人才，普及绿色技能和绿色文化；打造"中国品牌"，塑造"中国质量"形象，需要提高全民的质量意识。总之，推动制造业高质量发展，需要大力实施人才战略，全面提升人才实力。

一、完善制造业人才培养机制

（一）贯通制造业人才系统性培养渠道

在制造业人才培养中，要注重"贯通式"的理念，在普通中小学实践活动课程和通用技术课程中加强制造业基础知识、能力和理念的启蒙和培养。加快现代职业教育体系建设，建立健全高等学校分类管理制度，培养大规模应用型本科人才，并将相关工科院校建设成为工程师的摇篮。支持制造业重点企业与高校合作，参与一流大学和一流学科建设，参与专业人才培养方案的修订和完善，促进人才培养更契合产业需求。

（二）持续开展制造业企业职工培训

在制造业领域，要全面推进学习型企业建设，坚持和完善企业全员培训制度。规模以上企业要有专门机构和人员组织实施职工教育培训，加强企业大学、培训中心等企业培训机构建设。各级政府要加快建立跨部门的继续教育协调机构，统筹指导继续教育的发展，推进继续教育与工作考核、岗位聘任、职称评定和录用等人事管理制度相衔接。

（三）强化职业教育的企业主体作用

推行校企联合培养的现代学徒制，推动制造业企业与应用型本科高校探索共建共管二级学院的发展模式。鼓励高等学校和职业学校配合企业"走出去"。加快出台促进校企合作的有关办法，进一步明确行业企业参与人才培养的权利、责任和义务。支持行业组织和行业龙头企业牵头制定院校人才培养评价标准、开展质量认证工作。学校要积极吸收企业专家任教和担任导师，形成校企协同育人机制。企业要积极为学生和教师实习实践提供岗位，积极参与制定实习和实践教学方案。

（四）注重人才培养，精准对接人才需求

针对新一轮技术革命的兴起以及智能制造的普及推广，要着手谋划重点制造领域的人才发展布局。在高层次人才培养方面，鼓励人才培养单位扩大制造业重大基础研究和重大科研方向博士生培养规模，提高制造业重点领域专业学位毕业生培养比例。有关部门要及时发布人才需求预测，引导本科招生计划向电子信息、机械、材料、海洋工程、生物工程、航空航天等相关专业倾斜，引导高职院校招生计划向装备制造大类、电子信息大类、生物与化工大类、能源动力与材料大类中对应制造业重点领域的相关专业倾斜，扩大制造业人才培养规模，加快缩小制造业人才（尤其是重点领域人才）的缺口。

（五）加快推进产学研用联盟建设

要依托制造业重大工程项目，发挥重点实验室、工程技术研究中心等研发平台作用，推进企业与学校深度合作，加快建设产学研用联盟。要采用多方共建方式在高等学校、职业学校打造一批工程创新实践中心、教师发展中心和职工培训中心；要支持制造业企业建设兼具生产与教学功能的实习实训基地，从而为产学研用合作提供更多平台和有利条件。要探索建立企业和高校、标准化科研机构联合培养机制和培养模式，加快培养制造业领域的标准化、高水平工程技术专业人才。

二、提升制造业人才关键素质和能力

（一）大力培养工匠精神

我国正处于从制造大国向制造强国迈进的关键时期。培养和发扬精益求精的工匠精神，对于建设制造强国具有重要意义。倡导以工匠精神为核心的工业精神，弘扬优秀的工业文化，提升我国的工业软实力。制造业企业要把培养精益求精的工匠精神作为员工继续教育的重要内容，增强员工对职业理念、职业责任和职业使命的理解。将工匠精神引进校园、引进课堂，帮助学生树立崇高的职业理想和良好的职业道德，加强对崇尚劳动、敬业守信、精益求精、勇于创新的制造业人才的培养。

（二）注重创新能力培养

要把创新创业教育融入人才培养的全过程，针对大学生在研究方法、学科前沿、创业基础、就业创业指导等方面加强创新教育。发展创新设计教育，在工业设计等专业教学中加强创新和综合设计能力的培养。搭建员工创新平台，提供政策支持，鼓励制造业企业员工立足岗位进行创新，着力提升关键核心技术研发能力、创新设计能力、科技成果转化能力、精密测量能力，以及标准的研究制定能力。

（三）增强信息技术应用能力

要加强面向先进制造业的信息技术应用人才培养，在相关专业教学中强化数字化设计、智能制造、信息管理、电子商务等方面的内容。在制造业企业中，全面推进信息技术与企业各项业务融合发展。强化企业专业技术人员和经营管理人员在研发、生产、管理、营销、维护等核心环节的信息技术应用能力，提高生产一线职工对工业机器人、智能生产线的操作使用能力和系统维护能力。

（四）提升绿色制造技术技能

要积极开展以绿色制造为主题的教育培训，引导制造业企业人才树立绿色理念，提升绿色制造技术技能，优化绿色生产方式和流程规范。鼓励高等学校和职业学校积极开设节能环保、清洁生产等相关专业，推动传统制造业相关学科向低碳、智能化方向发展。鼓励学校参与制造业绿色化转型、绿色产品研发以及相关标准的制定和修订。

三、打造多层次制造业人才体系

（一）建设高素质专业技术人才队伍

一是加快培育创新型技术领军人才。依托国家技术创新中心、制造业创新中心与重点实验室，通过构建产学研用创新联盟机制，培养基础理论研究、核心技术开发、重大工程管理等方面的领军人才。同时，积极把握机会，从海外引进高层次核心人才及团队。二是加强工程技术人才培养。围绕"四基"建设、智能制造、"互联网＋制造"等重点领域，培养专业技术人才。支持国有大中型企业、高新技术企业研发中心建设，培育企业技术创新人才。三是加强复合型专业人才培养。推动高校探索建立人才培养新机制，推动制造业企业加快培育复合型人才，适应产品全生命周期管理需要。四是加强国际化人才培养。配合我国制造业企业"走出去"的需要，加强培养海外投资、建厂与并购等所需的国际化人才。

（二）建设高技能产业工人和劳动者队伍

一是大力培养技术技能紧缺人才。有关高等学校、职业学校要创新人才培养模式，强化学生实际操作能力培养。鼓励校企合作，面向制造业重点领域，建设一批紧缺人才培养培训基地，开展"订单式"培养。二是支持基础制造技术领域人才培养。加强基础零部件加工制造人才培养，建立健全基础制造领域工种设置，加强一线职工的劳动保护。三是整体提升企业职工技术技能水平。加强传统产业工人技术技能升级培训、转岗转业培训。制造业企业要积极开展学徒制培训，积极开展职工继续教育，引导职工学习新知识、钻研新技术、使用新方法。

（三）建设高水平经营管理人才队伍

一是着力培育具有国际视野的企业家。积极安排企业优秀管理人才到国外知名企业、大学研修。鼓励综合素质好、发展潜力大的后备人才担当重任。积极营造适合企业家型人才发展的社会环境和市场环境。二是提升经营管理人才专业化水平。建立健全企业经营管理人才职业能力开发体系，做好经营管理人才职业生涯规划。为适应制造业转型升级和实施"走出去"战略的需要，要加快推进企业经营管理人才职业化、专业化和国际化，要积极从海外引进高层次管理人才。

四、完善制造业人才使用机制

（一）促进人才有序流动与合理配置

要建立政府部门宏观调控、市场主体公平竞争、中介组织提供服务、人才自主择业的人才流动配置机制[①]。一要建设统一规范、更加开放的制

---

① 桂昭明. 有序竞争推动人才合理流动［J］. 中国党政干部论坛，2018（6）：22-26.

造业人才资源市场和建立制造业人才库。二要建立制造业人才市场供求信息监测平台，加强各领域人才需求预测。三要积极培育专业化人才服务机构，注重发挥人才服务行业协会的作用。四要制定并完善更加灵活多样的制造业人才柔性流动政策，引导专业技术人才向企业一线、科研基层有序流动，激发优秀人才的创新创造活力。中西部地区要加快完善高技能人才落户政策和人才服务体系，有效解决人才的后顾之忧。

（二）提升人才管理与使用水平

完善人才管理运行机制，进一步简政放权，清理规范行政审批流程。完善国有企业领导人员管理体制，健全符合现代企业制度要求的企业人事制度。落实高等学校、职业学校用人自主权，优化学校选人、用人管理与服务；鼓励企业技术人员、高技能人才与学校专业教师相互兼职，获得相关经验；支持高等学校和科研院所的科研人员按照政策规定，进行自主创业或到企业开展技术服务。同时，要开拓人才再教育渠道，开展骨干研修、海外派遣、研究深造、青年储备人才培训等活动，提升产业人才队伍骨干的能力。

（三）有效开展人才评价与激励

习近平总书记在2018年两院院士大会上强调，要创新人才评价机制，建立健全以创新能力、质量、贡献为导向的科技人才评价体系，形成并实施有利于科技人才潜心研究和创新的评价制度①。一要建立和完善符合制造业特点的科学化的人才评价体系，准确客观评价制造业人才的能力和水平，发挥激励作用；二要完善劳动、知识、技术、技能、管理等生产要素按贡献参与分配的制度，鼓励科技人员积极从事职务发明创造，加大科研成果转化收益分配力度，促进人才价值得到充分发挥；三要扭转评价指标过度强调学术和理论水平的倾向，将实践能力、社会服务能力等纳入评价体系；四要进一步提高技能人才的待遇和社会地位，健全收入分配激励机制。

五、强化制造业人才供给保障机制

（一）加强统筹协调

充分发挥市场的导向作用和政府的推动作用，动员和组织全社会力量，形成制造业人才工作整体合力。各级政府及有关部门要切实转变职

---

① 习近平谈治国理政：第3卷. 北京：外文出版社，2020：253.

能，着力做好制定人才发展规划、完善法律制度保障体系、提供优质公共服务、规范市场监管等工作。充分发挥市场机制在制造业人才资源配置中的决定性作用和企业在制造业人才培养、吸引和使用中的主体作用。行业协会要在人才发展规划与人才队伍建设中充分发挥有效协调作用。

（二）加大投入力度

各级政府要统筹兼顾，突出重点，加大制造业人才培养的财政资金投入力度。在实施制造领域重大建设工程、重点项目时统筹安排人才开发培养经费。鼓励和引导社会、用人单位及个人投资人才培养，提升人力资本价值。地方各级政府要加大对职工教育培训的经费投入力度，制造业企业要按照规定提取教育培训经费，依法履行职工教育培训责任，加强制造业人才教育培训。鼓励制造业企业、社会组织建立人才发展基金，用于制造业人才培养、引进和激励。

（三）强化宣传引导

各级政府、各部门要通过多种渠道，大力宣传党和国家人才工作的重大战略思想和方针政策，广泛宣传大国工匠、能工巧匠、拔尖创新人才和优秀企业家等的突出成就。加大对制造业优秀人才的表彰和奖励力度，引导全社会确立尊重劳动、尊重知识、尊重技术、尊重创新的观念；大力提倡和践行实事求是的科学精神，精益求精、追求完美的工匠精神，诚实守信、开拓创新的企业家精神；大力营造劳动光荣、技能宝贵、创造伟大的良好氛围，积极培育中国特色制造文化，并将新工业文化融入基础教育全过程。

（四）加快实行注册工程师制度

注册工程师制度是美国、英国等发达国家和地区通行的一种对工程专业人员进行管理的制度，有助于统一工程专业人员的水平，便于国际工程领域的交流和互认[①]。注册工程师制度的建立，可以明确工程专业人员应具备的条件，工科院校就可以根据各自的实际，采取不同方式、分不同阶段培养人才，使工程教育形成完整的体系和多样化的格局。注册工程师制度中关于分级注册、有效期的规定对工程专业人员的继续教育提出了具体要求，注册工程师在国家间互认有利于工程教育国际化。有关部门应在建筑领域以外加快推行注册工程师制度。

---

① 徐建国. 加快振兴装备制造业与上海电气人才战略［J］. 中国高等教育评估，2007（4）：45～47.

第七章　金融是制造业高质量
发展的重要支持力

金融与实体经济之间是一种共生关系，二者相互促进、相互依赖、共同发展。美国金融危机、欧洲债务危机在很大程度上就是过度发展虚拟经济而忽视实体经济所导致的结果①。危机后，欧美国家都加大了金融支持制造业发展的力度，确立了发展实体经济的战略方向。2015 年 5 月，国务院发布了《中国制造 2025》，这是我国实施制造强国战略的行动纲领。如何以《中国制造 2025》为依托，加强金融改革创新，加大金融支持制造业高质量发展的力度，是金融业和制造业都必须面对和思考的问题。

第一节　金融支持制造业发展的学理依据与形势分析

一、金融支持制造业发展的学理依据

支持实体经济发展是金融的基本职能，金融本身不直接创造价值，而是为推动要素流动和物质资料生产创造条件，让实体部门更有效地创造价值；同时金融也离不开实体经济的支撑，只有实体经济发展好了，金融才有持续健康的市场需求，金融只有有效服务实体经济才具有生命力。

马克思、恩格斯最早阐述了资本集中、资本积累与银行信用等学说。马克思认为资本积累的不断发展，为资本集中创造了条件，也为更大规模的资本积累创造了条件，进而促进了资本垄断的形成。马克思、恩格斯认为银行的发展使社会储蓄越来越多地集中到银行，银行再把资本分配给资

---

① 黄军英. 依靠科技创新促进未来经济增长 [N]. 科技日报，2015-11-13 (08).

本家使用,从而推动生产规模和资本价值扩大。1903年拉法格提出"金融资本"一词,认为银行资本的不断发展推动了工业资本的扩张和垄断,工业资本的发展也需要银行资本的参与,工业资本与银行资本的融合发展形成了"金融资本"。1910年希法亭从金融资本、银行资本、股份公司等多个角度,对金融资本与产融结合问题进行系统研究,阐明了银行资本与产业资本之间的关系,指出股份公司和信用是金融资本产生的前提条件,股份公司巨额利润吸引银行资本不断向产业渗透,形成银行与产业联合发展的趋势。列宁通过批判继承前人观点,将金融资本理论的发展推到了巅峰时期,他认为随着银行的不断发展,银行的角色开始由中介人转变为垄断者,而资本家为保持其自身发展,开始向银行渗透,银行和工业不断融合,形成了金融资本的发展历史。以上理论学说为加强金融支持制造业发展提供了学理依据,也为后来学者研究产融结合奠定了理论基础。

二、我国金融资本存在"脱实向虚"的趋势

我国金融业的净利润与同期全国国有企业大体相当,金融业增加值占GDP的比重达到9%,这些数据说明了我国金融投资和实体投资的关系出现本末倒置[1]。我国金融业垄断程度高,从根本上控制着货币资金的流动及使用价格,金融机构更愿意把资金投向虚拟经济市场和房地产、贵金属等利润回报高的市场,而对急需资金支持的实体经济缺乏兴趣,使得很多实体企业遇到融资难、融资贵的发展瓶颈,制造业发展面临金融支持不力的境况。然而,房地产业却大不相同,有关统计数据显示,房地产业资金有60%左右以开发贷款和购房按揭贷款的融资形式来源于金融业,这是实体经济无法达到的[2]。很多实体企业也逐步离开主体业务而涉足房地产开发、期货交易、贵金属交易等虚拟市场,并赚得了丰厚的利润,比如服装类实体企业七匹狼、雅戈尔等,电器类实体企业美的、海尔、格力、格兰仕、长虹等,酒业实体企业茅台、五粮液、郎酒、水井坊等,无不涉足房地产业务。金融资本"脱实向虚"的趋势已经引起了政府、社会、实业界和学术界的广泛关注。国家相关政策文件多次强调,要加大金融对实体经济的支持力度,要把实体经济做实做强,金融绝不能"脱实向虚"。实

体经济走低实际上是最大的金融风险隐患，没有实体经济的融资需求支撑，金融就如同无源之水，结果必然会引起系统性区域性金融风险①。

三、金融资本"脱实向虚"的形成原因

要想纠偏金融"脱实向虚"，就必须找到其形成原因，包括各类市场主体为什么不愿投资实体经济，资金在金融体系内为什么能够实现自我循环、自我膨胀，外部又为金融"脱实向虚"创造了哪些有利的条件等。

（1）实体经济投资周期长，投资回报率较低。实体经济运行即马克思主义经济学所说的物质资料生产与再生产，要经过生产、交换、消费、分配等环节才能实现产品价值，整个过程周期长，各个环节都存在不确定因素，因此银行对向实体企业贷款比较谨慎，因为一旦放贷就要与企业共同承担风险，万一产品价值得不到实现，银行的贷款就可能成为"坏账"。实体经济投资回报率较低，如 2006 年制造业权益资本回报率为 6.7%，2015 年下降到 5.4%。在短期利益驱使下，实体企业也倾向于将资金投入虚拟资本市场，近十多年来，全部上市非金融企业的主营业务净利润占总利润的比例的平均值呈现明显下降态势，由 2005 年最高点的 98% 下降至 2015 年的 80.7%，上市非金融企业收入越来越多地来源于金融投资等非主营业务②。

（2）住房性质缺乏严格规定，房地产市场在很大程度上是金融市场。住房投机炒作者通常比刚性需求消费者具有更强的支付能力，他们会以更高的出价把很多普通消费者排挤在市场之外，结果房地产市场在很大程度上就成为金融市场和投机市场，可见，房地产既可认为是实体经济也可认为是金融经济或虚拟经济。城市住房价格飙升，正是投机炒作的结果而非实际供求关系的体现。房地产市场成为有利可图的投机市场，无疑会使大量资金涌入，进一步推高金融"脱实向虚"的程度。为此，要尽快出台落实有关政策制度，如住房税收制度，对住房消费和住房投机的性质进行严格规定和明确区分，有效控制房地产投机炒作。

（3）新兴金融业态发展快，金融监管相对滞后。一是随着我国金融业的市场化推进和对外开放程度的提高，境内外的汇率市场、货币市场与资本市场进一步打通，资金跨境流动不断增加，导致金融"脱实向虚"具有

①　陈启清. 促进金融资源"脱虚向实"[N]. 学习时报，2014-10-06 (1).
②　陈卫东. 中国经济金融展望报告 [R]. 北京：中国银行国际金融研究所，2016.

更广阔的空间；二是随着利率市场化进程的加快，各种创新性金融产品和业态在适应产业转型升级的同时，也成为资金"脱实向虚"的工具；三是近年来 P2P 等互联网金融发展迅猛，2015 年我国互联网金融总交易规模超过 12 万亿元，接近 GDP 总量的 20%①，而我国在互联网金融业监管上仍存在法规制度不健全、投入力度不够等问题，而且互联网金融存款资金是国家宏观经济政策难以触及的，由此使得金融"脱实向虚"越发明显。

（4）流动性存在过剩隐患，金融资源配置结构失衡。2010 年以来，我国金融机构货币信贷规模逐年扩大且增量明显，这种货币总量调控有利于降低金融危机对我国经济的冲击，但同时也会导致流动性偏宽裕，甚至存在流动性总体过剩的隐患，过剩的流动性会涌向资本市场。另外，由于传统产业产能过剩占用了大量资金，而新兴产业投资又出现资金不足，因此只能靠增发货币来填补，但是很多上市公司与国有企业却将所获得的廉价资金投入房地产、海外并购等投机性业务上，而没有投在主营业务上，结果增加了企业债务负担，这种恶性循环使得金融资源配置结构失衡加剧，更多资金流向虚拟经济。

第二节　金融体系助力制造业高质量发展的机理分析

制造业，尤其是先进制造业，具有资本密集型和技术密集型的特性，这种行业特性决定了制造业发展离不开大量资金支持。分析并厘清金融体系对制造业高质量发展的影响机理，能够为制定有关金融支持政策及措施提供理论依据。本节着眼于金融体系的资本形成、资源配置、风险管理等功能，分析金融助力制造业高质量发展的逻辑机理。

一、金融体系的资本形成功能与制造业高质量发展

早在 18 世纪，亚当·斯密就在其著作《国富论》中阐述了资本在经济增长中的作用。他认为在企业的发展过程中，企业先要进行资本投入，资本投入不仅包括购置厂房、原材料，还包括支付给工人的工资等，企业资本投入的大小影响企业劳动生产率，进而影响整体经济发展水平。发展

① 2016 年中国互联网金融行业发展概况及规模分析［EB/OL］.（2016-12-22）［2019-07-25］. http://www.chyxx.com/industry/201612/480431.html.

经济学中资本形成理论的早期开拓者之一罗格纳·纳克斯（Ragnar Nurkse）认为，资本形成是将社会现存的各式各样的资源集中起来，变成真实的资本存量，以实现将来可消费品的扩张。一般认为，资本形成需要经过储蓄、储蓄汇集、投资等三个过程：储蓄是经过社会分配以后，集中到政府、企业和个人手中，又经过消费以后的剩余资金；储蓄汇集是经过金融机构等中介的参与，将剩余资金汇集到一起；投资则是将汇集起来的资金进行投资，形成资本存量的过程。由此可见，金融机构是实现资本形成的中间媒介。在现代市场经济条件下，企业为实现快速发展，必须加快资本形成过程，进行社会融资。但是资源稀缺性、投资回报边际递减规律与资本有机构成的变化，必然导致制造业资本形成能力的弱化，阻碍其发展壮大。从西方发达国家的工业化历程来看，资本形成的机制主要有以下几种：一是政府运用行政手段或经济手段吸收农业剩余并转移到工业部门，这种方式在工业化发展初期具有其合理性，但是长此以往会扭曲产业发展结构；二是运用税收等财政政策进行政府融资，通过公共投资支出增加资本，这种方法短期内有效，但是容易导致企业失去活力；三是通过金融机构和金融市场进行储蓄汇集从而推动资本形成；四是通过企业本身的积累扩大资本；五是通过外贸和利用外资加速资本形成。

在现代市场经济体系中，金融体系在资本形成和应用中发挥了重要作用。完善的金融支持体系可以有效降低风险、增强资本流动性和满足企业发展的资金需求。金融体系的资本形成功能助力制造业高质量发展主要体现在以下方面：（1）金融体系的资本形成功能可以提高制造业资本形成的总规模，金融市场的发展可以为投资者提供更加便捷的金融产品与服务，投资者可以将更多的闲置资金汇集到金融部门，由此能为制造业高质量发展提供更多的资金来源。（2）金融机构作为资金运用的中心，可以有效监督和管理企业的资金运用情况与经营状况，有利于降低企业风险和为企业长期发展提供良好的外部环境，促进资金流向具有更高收益和更强竞争力的制造业部门，由此推动制造业整体向高质量发展方向迈进。（3）金融体系可以为投资活动提供可靠的市场信号，优化投资者的投资决策，提高投资者的投资效率，由此加快制造业领域的资本形成。（4）金融机构不断创新的金融产品可以扩大资本形成的总规模，从而增强对制造业发展的资金供给能力。合理的金融产品结构可以有效动员社会资本，将储蓄转化为投资，促进资本形成。因此，建立健康成熟的金融体系，不仅可以解决资本形成不足的问题，还可以壮大资本形成规模、提高资本形成效率。

二、金融体系的资源配置功能与制造业高质量发展

金融体系的资源配置功能是指将储蓄转化为投资的过程，其资源配置效率不仅会对制造业发展产生影响，还会对金融体系发展产生影响。资源配置是指将有限的资源合理分配到不同部门，从而实现其效用价值的最大化，促进经济的增长和财富的增加。资源配置包括初始配置和再配置，科学合理的资源配置机制具有调剂功能、生长功能和辐射功能。调剂功能是指为避免资源浪费，对闲置资源加以利用，提高资源利用率；生长功能是指用技术资源代替物质资源，通过技术资源的推广与应用，促进社会进步，推动经济和产业高效发展；辐射功能是指优先将资源更多地分配给辐射功能较强的产业，以带动关联产业的联动发展。资源是制造业发展的基础，资源配置的状况直接决定制造业发展的速度、规模和结构。一般而言，一定时期的初始资源配置形成该时期的产业结构，后期资源再配置会推动产业结构调整。制造业结构同样受到初始资源配置与再配置的影响，并且还会对经济体中其他产业结构产生影响。政府作为资源配置的重要参与者，通常利用经济、行政等手段来调整资源配置，从而对制造业发展产生影响。企业作为资源配置的主体，为追求利益的最大化，会将资金向一些收益高的区域或行业聚集，进而带动其他资源流动，实现优化配置。

在资源配置的过程中，资金是资源配置的核心和关键，产业发展所需要的资金大部分通过金融体系的配置机制获得。在制造业领域中，现代金融体系的资源配置功能会引导资源流向盈利高、前景好的行业，从而能促进制造业实现技术进步和知识创新，提高发展质量和市场竞争力。一方面，金融中介的出现可以降低投资者的信息成本。单个投资者在进行决策之前需要收集大量信息，信息成本较高，且对信息的来源与可靠性无法准确辨识，而专业化的金融中介可以有效解决这个问题。另一方面，完善的金融市场也能及时有效地反映市场信息，如股票市场可以通过股价信息反映企业发展状况，从而引导资源优化配置。市场化配置是通过市场机制来完成资源配置，投资者为获取高收益，主动选择向具有高收益、发展潜力大的制造业领域投资。此外，管制性配置也是资源配置的一种手段。管制性配置是政府通过行政手段或者法律手段对资源配置进行干预，将金融资源优先向特定领域配置和倾斜，如政策性贷款、利率控制等。随着金融体系的不断发展，有利于优化资源配置的金融工具和金融产品日益丰富，金融资本对产业资本的影响也在不断提升，在市场化配置和管制性配置的共

同推动下，能够使更多的金融资源进入制造业领域，促进制造业转型升级和高质量发展。

三、金融体系的风险管理功能与制造业高质量发展

风险管理是指对风险进行衡量和分析，选择最有效的方式处理风险，以最小的成本获得最大安全保证的管理方法。风险的有效控制有利于企业持续稳定经营、提高经济效益。先进制造业具有高风险和高收益的特征，对高风险的有效管理能保证其高收益的实现。而这种风险与收益的不确定性，导致很多投资者不愿投资先进制造业领域，这将会对先进制造业的发展产生一定的阻碍作用。因此，降低风险和对风险进行有效管理控制，对制造业尤其是先进制造业的发展非常重要。金融体系的不断完善有利于投资者降低投资风险，主要体现为：（1）金融机构的风险管理功能有利于金融产品不断创新和实现金融工具的多样化，从而有效降低投资者的信息成本和交易成本，降低交易风险，进而提高全社会的储蓄规模和投资规模，加快资本形成，满足制造业发展对资金的需求；（2）金融机构可以有效监督和管理企业的资金运用情况与经营状况，有利于降低企业经营风险和为企业长期发展提供良好的外部环境，促进资金流向具有更高收益和更强竞争力的制造业部门，从而有利于推动制造业高质量发展；（3）金融体系通过风险分担可以吸收更多的资金进而投入制造业领域，同时金融体系风险管理功能有利于制造业企业公司治理制度的完善，降低信息不对称引发的道德风险，加速制造业领域的资本形成；（4）金融体系内部的流动性风险管理机制有利于为制造业提供长期资本支持和促进技术创新活动。制造业发展需要长期的资本投资，完善的金融体系可以有效降低这种流动性不足的风险，如引导和鼓励储蓄者持有股票、债券等形式的金融资产，再将其转化为长期流动资产，进而转化为投资制造业的长期资本，促进制造业技术创新、结构升级和高质量发展。

第三节　金融支持制造业发展的实证分析与深层问题发现

金融支持对制造业发展具有重要作用，这种作用不仅体现在金融规模上，而且体现在金融结构、效率上。将金融发展分解成规模、结构、效率三个维度，更能有效地考察金融发展与制造业发展之间的关系，以及发现

金融在支持制造业发展中存在的深层次问题及其原因，从而为相关政策制定实施提供依据。

一、相关研究简要回顾

关于金融支持制造业发展的研究体现在宏观和微观两个层面：

（1）宏观层面。中国金融体系虽然在支持制造业发展方面取得了一定的成效，但依然存在直接融资不足、商业信贷支持力度不大、金融政策不能有效对接产业政策等问题，需要大力发展资本市场，扩大直接融资比例，尤其要加大对中小制造业企业的信贷支持力度[①]。当前我国金融"脱实向虚"现象明显，金融投资和实体投资关系出现本末倒置[②]，装备制造业发展对政策性金融依赖程度偏高，商业融资功能没有得到充分发挥，导致在装备制造业发展中存在金融资源配置不均衡问题[③]。王中印等提出要转变银行发展方式，打造新型银政、银企关系，调整信贷结构，加大对制造业信贷投放力度，以及要加强同业合作，大力开展银团贷款业务，发展并购贷款业务[④]。金融发展对制造业贸易也产生重要影响，如，孙玉琴和郭惠君研究认为，商业银行私人信贷及股票市值规模与出口技术结构正相关，金融结构与出口技术结构高度正相关，其中商业银行私人信贷对出口技术结构提升的促进作用下降，股票市值规模对出口技术结构提升的促进作用上升[⑤]。

（2）微观层面。路世昌等以我国装备制造业上市公司为对象研究发现，制造业整体绩效并不理想，需加大金融对技术进步的投入，同时要重视公司管理与决策能力提升，加强规模化发展[⑥]。申佳奇以东北装备制造业的上市公司为对象研究发现，内部融资对企业绩效具有正向作用，而资

---

① 段一群，李东，李廉水. 中国装备制造业的金融支持效应分析 [J]. 科学学研究，2009，27（3）：388-392.

② 谢家智，王文涛，江源. 制造业金融化、政府控制与技术创新 [J]. 经济学动态，2014（11）：78-88.

③ 修国义，许童童. 中国装备制造业发展的金融支持测度研究 [J]. 工业技术经济，2016，35（3）：73-77.

④ 王中印，刘静波，张献和. 促进装备制造业发展的金融支持研究：以中国工商银行沈阳分行为例 [J]. 金融论坛，2013（6）：72-79.

⑤ 孙玉琴，郭惠君. 金融发展与我国制造业出口贸易技术结构升级 [J]. 国际商务，2018（3）：27-37.

⑥ 路世昌，关娜. 基于 DEA-Tobit 的装备制造业上市公司经营绩效研究：来自 2005—2010 年装备制造业的经验数据分析 [J]. 工业技术经济，2012，31（2）：108-115.

产负债率和股权融资率与企业绩效呈负相关关系[①]。Yazdanfar D 和 Peter Öhman 研究认为，企业盈利水平与债务融资水平负相关，而且过多的负债会激化管理者与所有者之间的矛盾，对企业发展产生不利的影响[②]。He Z，Kelly B 和 Manela A 研究认为，资本市场融资虽然能够促进制造业企业技术创新和产品结构升级，但同时也会增加成本上的压力[③]。关于企业融资约束问题，Feenstra R 等研究认为，制造业企业的外商直接投资能在一定程度上缓解融资约束，有利于推动制造业创新和持续发展[④]。王超恩等通过实证分析发现，产融结合能缓解制造业企业创新活动的融资约束，促进制造业企业扩大创新产出，且这种促进作用在金融欠发达地区更加显著[⑤]。

综上所述，我国金融在支持制造业发展过程中，既有规模上的问题也有效率上的问题，既有宏观层面的问题也有微观层面的问题。现有研究大多视角较为单一，且更多集中于探讨制造业融资不足的问题，缺乏从金融发展维度分解的视角来对制造业的金融支持进行结构性分析，因而难以找到其中的深层次问题及其原因。

二、研究设计与实证分析

基于宏观和微观相结合的视角，将金融发展分解为规模、结构与效率三个维度，探讨金融在支持制造业发展过程中存在的不平衡不充分问题。

（一）指标选择与数据来源说明

（1）金融发展指标。通过文献研究发现，金融规模、结构与效率是衡量金融发展水平的三个重要指标，本书在总结前人研究的基础上，结合制造业发展的金融需求特征，设计如下金融发展指标测度方法。1）金融规模指标。采用银行存贷款、股票市价总值、保费收入之和与 GDP 的比值

① 申佳奇. 东北装备制造业上市公司融资结构对企业绩效影响的研究 [D]. 沈阳：沈阳大学，2018.

② Yazdanfar D，Peter Öhman. Debt financing and firm performance：an empirical study based on Swedish data [J]. Journal of Risk Finance，2015，16 (1)：102−118.

③ He Z，Kelly B，Manela A. Intermediary asset pricing：new evidence from many asset classes [J]. Journal of Financial Economics，2017 (126)：1−35.

④ Feenstra R，Li Z，Yu M，et al. Exports and credit constraints under incomplete information：theory and evidence from China [J]. Journal of Finance & Economics，2017，96 (4)：729−744.

⑤ 王超恩，张瑞君，谢露. 产融结合、金融发展与企业创新：来自制造业上市公司持股金融机构的经验证据 [J]. 研究与发展管理，2016，28 (5)：71−81.

作为金融规模发展水平的衡量指标。2）金融结构指标。采用股票筹资额与银行贷款增加额的比值作为金融结构发展水平的衡量指标。3）金融效率指标。采用全社会固定资产投资额与金融机构存款余额的比值作为金融效率发展水平的衡量指标。

（2）制造业发展指标。本书从微观视角出发，基于盈利、偿债、成长和营运等四个维度构建制造业企业财务指标体系，采用因子分析法测算样本的综合得分，以此作为衡量制造业高质量发展水平的代理指标，这既能代表行业发展水平，又能体现行业微观基础和发展实际。具体指标选取如表7-1所示。

表7-1　制造业企业财务指标及测算方法

一级指标	二级指标	测算方法
盈利指标	资产报酬率	息税前利润/平均资产总额
	营业利润率	营业利润/全部营业收入
	销售毛利率	（销售净收入－产品成本）/销售净收入
偿债指标	流动比率	流动资产/流动负债
	速动比率	速动资产/流动负债
	资产负债率	负债总额/资产总额
成长指标	营业收入增长率	本年营业收入增加额/上年营业收入总额
	净利润增长率	净利润增加额/上期净利润
	总资产增长率	总资产增加额/年初资产总额
营运指标	总资产周转率	营业收入净额/平均资产总额
	存货周转率	销货成本/平均存货余额
	股东权益周转率	销售收入/平均股东权益

资料来源：作者整理。

（3）数据来源说明。本书选择71家A股上市公司作为研究样本，样本覆盖了制造业主要行业，且无ST股、＊ST股及财务数据缺失的公司，具有代表性。所采用的金融发展指标数据和上市公司数据的时间跨度为1996—2017年。金融发展指标数据主要来源于国家统计局、国家金融年鉴和EPS统计数据库。上市公司样本数据主要来源于锐思金融数据库、上市公司年度报表等。

（二）制造业发展指标测算

采用因子分析法测算制造业上市公司样本的财务综合指标，并以此作为衡量制造业高质量发展水平的代理指标。

（1）适宜性检验。在做因子分析之前必须对样本数据进行适宜性检验，判断样本数据之间的相关性，检验方法主要有 Bartlett 球形检验和 KMO 检验，检验结果越大，越适合做因子分析。一般认为 KMO 检验结果大于 0.6，则适合做因子分析；检验结果小于 0.6，则不适合做因子分析。本书对样本数据的适宜性检验结果如表 7-2 所示。KMO 检验结果为 0.649，检验结果大于 0.6，适合做因子分析；Bartlett 球形检验结果为 661.987，显著性检验概率为 0.000，表明变量之间相关性较强，适合做因子分析。

表 7-2 KMO 检验和 Bartelett 球形检验结果

取样足够度的 Kaiser-Meyer-Olkin 度量		0.649
	近似卡方	661.987
Bartlett 球形检验	df	66
	sig	0.000

（2）提取公因子。进行因子分析必须确定公因子的个数，公因子数目的确定可以体现因子变量能够以多大比例来解释原有变量。因子变量解释的总方差结果如表 7-3 所示，前两个因子对方差的解释程度达到了 89.696%，同时通过碎石图（见图 7-1）可以看出，趋势线在第三个因子时趋于平稳，因此前两个因子可以作为反映所有解释变量的公因子。

表 7-3 解释的总方差

成分	初始特征值			提取平方和载入			旋转平方和载入		
	合计	方差贡献率(%)	累积方差贡献率(%)	合计	方差贡献率(%)	累积方差贡献率(%)	合计	方差贡献率(%)	累积方差贡献率(%)
1	7.829	65.241	65.241	7.829	65.241	65.241	6.639	55.299	55.299
2	2.935	24.455	89.696	2.935	24.455	89.696	4.128	34.397	89.696
3	0.645	5.379	95.075						
4	0.335	2.795	97.870						
5	0.162	1.354	99.224						
6	0.057	0.471	99.695						
7	0.017	0.145	99.840						
8	0.013	0.107	99.947						
9	0.005	0.038	99.985						
10	0.001	0.012	99.997						
11	0.000	0.002	99.999						
12	0.000	0.001	100.000						

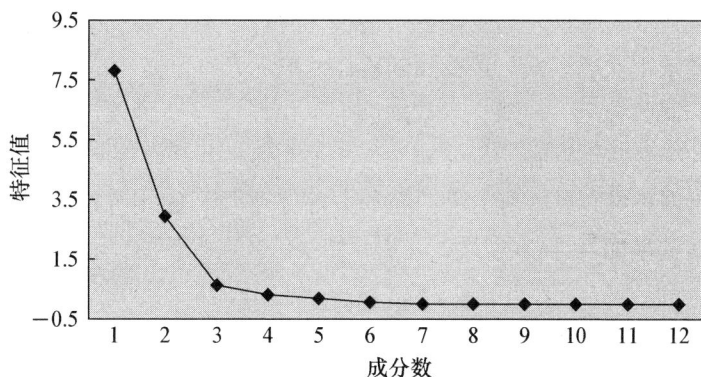

图 7 - 1　碎石图

（3）测算综合得分。首先，对因子进行线性组合，计算因子得分；然后，通过因子得分函数和各个主因子方差贡献率与累积方差贡献率的比值，计算各年度样本综合得分（代表各年度制造业发展水平），结果如表 7 - 4 所示。

表 7 - 4　制造业发展水平综合得分

年份	综合得分	年份	综合得分	年份	综合得分
1996	1.385 2	2004	0.289 9	2012	−0.620 6
1997	1.240 4	2005	0.072 3	2013	−0.657 2
1998	1.092	2006	−0.358 2	2014	−0.857 1
1999	0.825 9	2007	−0.134 4	2015	−0.614 7
2000	0.723	2008	−0.420 6	2016	−0.727 5
2001	0.438 2	2009	−0.423 7	2017	−0.379 5
2002	0.429 6	2010	−0.593 7		
2003	0.366 5	2011	−1.075 8		

（三）模型构建与实证结果

（1）模型构建。本书以制造业高质量发展水平（*EMDL*）作为被解释变量，以金融规模（*FSCA*）、金融结构（*FSTR*）和金融效率（*FEFF*）作为解释变量，分析金融发展对制造业高质量发展产生的影响。构建回归模型如下：

$$EMDL_t = \beta_0 + \beta_1 \ln FSCA_t + \beta_2 \ln FSTR_t + \beta_3 \ln FEFF_t + \varepsilon$$

$$(7-1)$$

式（7-1）中，t 表示年份，ε 表示随机扰动项，$\beta_0 \sim \beta_3$ 表示影响系数。模型采用对数形式，以消除随机误差项的异方差性。

（2）回归分析。在对样本数据进行平稳性检验和协整检验的基础上，考虑到各变量之间存在的异方差、自相关和多重共线性等问题，本书对各变量进行多重共线性、异方差、自相关等处理后，采用广义最小二乘法进行回归，结果如表7-5所示。

表 7-5　回归估计结果

变量	系数	t 统计量值	P 值
$FSCA$	0.613 0	4.280	0.000**
$FSTR$	0.161 9	2.200	0.041**
$FEFF$	0.674 4	5.110	0.000**
Constant	3.305 2	9.290	0.000**
R^2	0.907 2	—	—
调整 R^2	0.891 7	—	—
DW 值	2.652 4	—	—
F 检验的 P 值	0.000 0	—	—

注：*、**、***分别表示在10%、5%、1%的显著性水平上显著。

回归结果显示，模型的拟合优度为 0.907 2，调整后的拟合优度为 0.891 7，说明模型拟合较好。在 5% 的显著性水平上，制造业高质量发展水平与金融规模、金融结构、金融效率都存在正相关关系，金融规模、金融结构与金融效率每提高 1%，制造业高质量发展水平分别提高约 0.61%、0.16% 和 0.67%。

（3）因果关系检验。为了说明变量间的因果关系，本书进一步对变量间的格兰杰因果关系进行检验，检验结果如表7-6所示。

表 7-6　格兰杰因果关系检验结果

原假设	F 值	P 值	结论
$FSCA$ 不是 $EMDL$ 的格兰杰原因	1.62	0.203 6	接受
$EMDL$ 不是 $FSCA$ 的格兰杰原因	11.45	0.000 7	拒绝
$FSTR$ 不是 $EMDL$ 的格兰杰原因	3.33	0.084 5	接受
$EMDL$ 不是 $FSTR$ 的格兰杰原因	2.33	0.127 0	接受
$FEFF$ 不是 $EMDL$ 的格兰杰原因	7.49	0.003 1	拒绝
$EMDL$ 不是 $FEFF$ 的格兰杰原因	0.97	0.324 3	接受

由格兰杰因果检验可知：金融规模不是制造业高质量发展水平的格兰

杰原因，制造业高质量发展水平是金融规模的格兰杰原因；金融结构不是制造业高质量发展水平的格兰杰原因，制造业高质量发展水平也不是金融结构的格兰杰原因，两者不存在格兰杰因果关系；金融效率是制造业高质量发展水平的格兰杰原因，制造业高质量发展水平不是金融效率的格兰杰原因。由此可见，金融发展尚未对制造业发展产生充分的带动作用，未来要进一步加大金融对制造业发展的支持力度并优化支持方式，推动实现产融结合。

三、结论与问题发现

本书以 71 家 A 股市场上市制造业企业财务的综合指标作为衡量制造业高质量发展水平的代理指标，选用金融规模、金融结构与金融效率作为金融发展指标，对金融支持制造业发展进行了实证分析。实证结果表明：首先，金融规模、结构与效率对制造业发展都具有正向影响作用，但其中金融结构的影响明显偏小，意味着股权融资不足；其次，进一步通过因果关系检验发现，仅有金融效率是装备制造业发展的格兰杰原因，而金融规模和金融结构不是制造业发展的格兰杰原因，说明金融发展尚未对制造业发展产生充分的带动作用，产融结合有待加强。综上得出，我国金融在支持制造业发展过程中存在明显的不平衡不充分问题。

究其原因在于：（1）从金融规模来看，制造业发展周期较长，需要不断投入资金来支持其发展，而银行出于对信贷风险的考虑，支持制造业发展的积极性不高。（2）从金融结构来看，其对制造业发展的促进作用明显偏小，一是由于我国资本市场发展时间较短，资本市场缺乏层次性，不能满足企业尤其是中小企业多样化的投融资要求；二是由于资本市场稳定与公平发展程度不高，识别股票良莠的市场决定机制不完善，且国有及国有控股企业在上市公司中占比高，导致市场机制运行不畅。（3）从金融效率来看，我国金融机构存款一直处于高水平，但是存款转化为对制造业实体经济投资的比例不高，大量资金不断流向房地产领域和在虚拟市场"空转"，资本呈现"脱实向虚"现象，从而导致金融对制造业发展支持不充分。

第四节　加强金融支持制造业高质量发展的路径选择

我国制造业仍处于大而不强的发展阶段，与制造强国相比存在不小差距，从制造大国迈向制造强国任重而道远，需要大力、持续的金融支持，而现实中却存在金融"脱实向虚"的趋势，需要针对制造业发展的融资需求，加快完善金融组织体系、金融产品和服务体系、融资市场体系，以推动金融支持制造业高质量发展，助力打破我国制造业大而不强的格局。

一、金融组织层面的推进路径

（一）充分发挥各类银行的比较优势

首先，推动政策性银行、开发性金融机构结合财政投融资和市场机制，切实发挥财政资金的引领和杠杆作用，加强对重大装备应用、重大技术推广、传统制造技术改造升级与中国装备技术"走出去"的融资支持，提供贷款、投资、债券、租赁、证券等综合金融服务。其次，推动全国性商业银行充分利用网络渠道丰富、业务功能齐全的优势，为制造业企业提供全面、高质高效、低成本的金融服务，尤其要强化对中小型制造业企业的服务意识。最后，推动地方商业性银行、法人金融机构充分发挥经营机制灵活、熟悉服务对象的优势，为当地制造业企业提供特色化的金融产品与金融服务。

（二）成立金融机构事业部或专营机构

面对制造业高质量发展的金融服务需求，需要探索建立服务制造业企业融资的银行事业部或专营机构。首先，支持大型金融机构建立先进制造业融资事业部，对新一代信息技术、高端装备制造、新能源汽车、新材料、生物医药、节能环保等重点行业展开专门金融服务。其次，引导金融机构在先进制造业聚集地区建立金融服务专营机构，为先进制造业企业提供个性化、专业化服务。最后，鼓励银行业金融机构积极建设小微企业专营机构，完善小微企业授信工作管理制度，激励信贷机构和工作人员为制造业中的大量小微企业提供标准化、批量化的金融服务。

（三）加快发展金融租赁公司

金融租赁在发达国家已经成为大型设备投资中仅次于银行信贷的第二大融资方式，从长远来看，金融租赁在我国有着广阔的发展前景。有实力的金融机构和大型装备制造业企业应积极在制造业集聚地区发起设立金融租赁公司，发挥融资、投资和促销等多种功能，促进大型飞机、卫星、轨道交通装备、海洋工程装备等高端装备国际竞争力提升和扩大市场应用范围。具体来看，一是通过发展直接融资租赁、转租式融资租赁和售后回租式融资租赁业务，实现融资与销售相互促进；二是通过"以租代购"、分期偿还的方式，实现制造业企业设施设备更新升级；三是通过"以租代售"的融资租赁方式，扩大制造业企业产品的国内外市场范围。

（四）规范发展企业集团财务公司

企业集团财务公司是为集团成员企业提供财务管理、投融资服务的非银行金融机构，发展财务公司的目的是加强集中管理集团资金和提高资金使用效率。规范发展企业集团财务公司，一方面，对成员企业办理贷款、存款、融资租赁、融资担保、财务和融资顾问、信用鉴证、票据承兑及相关代理业务，以及办理成员企业之间的委托贷款、委托投资、内部转账结算、同业拆借等业务，促进集团内部资金有效整合、精细管理和充分利用；另一方面，探索开展产业链金融服务活动，促进产业链整体融资成本降低，推动集团制造业主业更好发展。

二、金融产品及服务层面的推进路径

（一）发展制造业产业链金融服务

首先，推动金融机构依托制造业产业链核心企业，针对产业链各个环节设计个性化、标准化的金融服务产品，开展质押贷款、票据贴现、保理、信用鉴证等产业链金融业务，形成满足产业链上下游企业融资需求的融资综合解决方案。其次，促进中国人民银行、商业银行与核心企业之间应收账款融资服务平台的有效对接，形成高效、便利的线上融资服务模式。再次，积极探索制造业产业链核心企业进入银行间市场，发行产业链融资票据，打通产业链上下游融资联系，节约融资成本。最后，鼓励产业链龙头企业聚集部分利润，形成产业扶持基金，以定向融资方式或依据市场导向，将基金提供给有资金需求的产业链其他企业。

（二）发展制造业投贷联动金融服务

投贷联动是指银行业金融机构以"信贷投放"与"股权投资"相结合的方式，通过投资收益抵消信贷风险，实现信贷风险和收益的匹配，为科创型企业提供持续资金支持的融资模式[①]。中国银监会、科技部和中国人民银行于2016年4月联合发布《关于支持银行业金融机构加大创新力度开展科创企业投贷联动试点的指导意见》，鼓励试点银行开展投贷联动业

---

① 邵传林，王丽萍. 创新驱动视域下科技金融发展的路径研究［J］. 经济纵横，2016（11）：65-69.

务。在制造业领域，一方面，要推动银行通过设立投资子公司、建立投资合作联盟、开发类信贷产品等方式，对科创型制造业企业进行股权投资和信贷投放，为企业提供持续的融资支持；另一方面，要鼓励银行联合投资公司、各类基金，形成多方合作的投贷联动金融服务模式，促进合作共赢。当然，要提高银行对科创型制造业企业提供投贷联动服务的积极性，需要降低投贷联动风险，如设立投贷联动风险政府补偿基金，建立投贷联动风险在银行及其投资子公司、担保公司、保险公司之间的分担机制等。

（三）发展制造业兼并重组金融服务

制造业龙头企业尤其是上市公司通过产业链纵向并购和通过关联产业横向并购，有利于增强企业核心竞争力和持续发展能力。统计数据显示，2016 年全年上市公司兼并重组交易总金额达 2.39 万亿元①，可见，做好制造业兼并重组专项金融服务非常重要。首先，要引导和支持金融机构在综合考虑并购方的资信、经营、资本、财务等情况，以及被并购业务市场前景、并购的资源整合效应等因素的基础上，推出有利于并购的贷款期限和利率；其次，鼓励符合条件的制造业企业通过发行优先股、可转换债券、并购债券等方式筹集兼并重组资金；最后，鼓励制造业企业与银行业金融机构、证券公司、资产管理公司、股权投资或产业投资基金等合作开展兼并重组活动。

三、融资市场层面的推进路径

（一）多层次推进企业进行股权融资

股权融资的优点是企业不需要对所获得的资金还本付息。扩大制造业企业股权融资，可从多个层次加以推进：一是支持符合条件的制造业企业通过主板市场上市实现融资，做强、做优、做大重点制造业企业；二是支持未在主板上市的先进制造业企业与高技术制造业企业在中小企业板、创业板、中小企业股份转让系统和区域性股权交易市场上实现股权融资；三是支持有条件的制造业企业"走出去"在海外上市融资，增强中国制造业企业的国际影响力和跨国融资能力；四是积极创造条件实施股票发行注册制，发挥识别股票良莠的市场决定机制的作用，让具有潜力的中小型制造业企业获得股权融资机会。

---

① 左永刚. 鼓励制造业企业通过资本市场并购重组 [N]. 证券日报，2017-03-30 (A2).

（二）积极创新债券品种支持企业债务融资

债务融资是企业增加资金的重要途径，其具有财务杠杆作用，能实现对经营成果的放大。罗斯的信号传递理论认为，越是高质量的企业，负债率越高，企业的价值与负债率正相关[①]。一方面，支持制造业企业合理利用发行企业债、公司债、短期融资债券、中期票据、永续票据、定向工具等债务融资方式，扩大资金来源，优化债务结构，降低债务风险。另一方面，积极创新债券品种，如根据先进制造业和战略性新兴产业特点设计开发债券新品种，专向支持先进制造业和战略性新兴产业发展；推动高新技术园区和中国证监会协商发行"双创"专项债务融资工具，打破企业发债门槛高的局面，扩大"双创"制造业企业债券融资规模。中关村首只"双创债"（"17广夏债"）试点发行在业界引起关注，债券总额为2 500万元，期限2年，2017年2月6日起在上海证券交易所固定收益证券综合电子平台挂牌[②]。

（三）支持企业进行资产证券化融资

对缺乏流动性但能带来预期收入的资产以发行证券的方式出售，能扩大融资规模，挖掘资产潜在价值。目前，美国一半以上的住房抵押贷款、四分之三以上的汽车贷款是靠发行资产证券提供的。首先，要引导金融机构将符合条件的制造业企业信贷资产作为证券化基础资产，发行资产证券化金融产品；其次，支持制造业企业通过交易所市场进行资产证券化，鼓励制造业企业在银行间市场发行资产支持票据；再次，推动制造业融资租赁机构对融资租赁债权资产进行证券化，利用所获得的资金为制造业企业技术升级改造服务；最后，在风险可控的前提下，依法稳妥开展不良资产证券化试点，化解产能过剩制造业的信贷风险。

（四）鼓励企业进入保险市场融资

保险市场在为制造业企业提供财产、科技、专利、安全责任等方面保险服务的同时，还能为制造业企业提供资金来源。首先，积极搭建信息对接平台，展示制造业企业项目融资需求、保险企业投资偏好、投融资政策、保险资金运用案例等信息，推动制造业企业与保险企业合作发展；其次，引导保险机构通过债权、股权、基金、资产支持计划等形式将长期稳

---

① 董奋义. 中国企业债券融资发展理论研究［M］. 北京：中国农业出版社，2008.
② 唐婷. 破解融资难 为"双创"企业订制一只专属债券［N］. 科技日报，2017-03-01(8).

定的资金投向制造业领域，为制造业转型升级提供低成本资金来源，并鼓励保险企业购买制造业企业优先股、并购债券等收益率稳定的金融工具；再次，支持保险机构与金融机构在制造业领域合作开展投贷联动金融服务业务；最后，鼓励有实力的保险公司设立制造业保险资产管理机构，支持保险投资基金投向制造业领域，推动保险投资基金和制造业融合发展。

第五节　加强金融支持制造业高质量发展的保障措施

在推动金融支持制造业高质量发展过程中，政府要发挥好政策协调和组织保障作用，包括产业政策与金融政策的沟通协调，货币信贷政策支持、政策配套和协调配合，以及监督引导和统计监测等工作，以加大金融支持制造业高质量发展的力度并提高成效。

一、完善信息共享和工作联动机制

首先，建立政府、企业、金融机构对接合作平台与合作机制，促进政府政策信息、企业生产经营信息、金融产品信息的交流共享，加强政、银、企合作互动；其次，在工业和信息化部、中国人民银行、财政部、中国银保监会等多部门之间建立和完善信息共享和工作联动机制，确保金融政策与产业政策协调一致，发挥政策协同效应；最后，鼓励各地有效聚合制造业产业资源、金融资源和政策资源，创新财政与金融的互动模式，完善财政投融资制度，做好制造业全产业链金融服务，切实提高金融服务制造业的有效性，推动制造业与金融良性互动和共同发展。

二、改进信贷管理体制机制

第一，在宏观上要保持货币政策稳健、流动性水平适度与信贷规模平稳增长，为制造业企业创新发展提供良好的金融环境；第二，金融机构要改进授信机制，对于创新型制造业企业，将技术、人才、市场前景等因素纳入信用评级体系，实现企业信用增级和挖掘企业潜在价值；第三，充分发挥各级国有担保、再担保机构的增信功能，加大对制造业贷款的担保力度，提高制造业企业申贷获得率；第四，金融机构要积极运用信用贷款、知识产权质押贷款、应收账款质押贷款、商标专利权质押贷款等无形资产质押贷款方式，实现对创新型制造业企业和生产性服务业企业贷款"扩面增量";第五,完善银行存贷款利率的自主定价机制,鼓励银行为制造业企业提供较低利率贷款,并由中央银行通过再贷款、再贴现等方式优先支持这些银行,以推动其持续支持制造业发展。

三、引导社会资本投资和加强风险管理

第一,各地政府要设立产业引导基金、股权投资引导基金、科技创新创业种子基金等,发挥财政资金的引导作用和杠杆效应,吸引更多的社会资本投资先进制造业,并按照市场化运作与管理的模式,促进投资者获得利润回报;第二,探索设立风险补偿基金、政府性担保基金、应急转贷基金等,形成信贷风险分担机制,完善银行与信贷担保机构的合作机制,降低金融机构对制造业企业贷款的风险,提高放贷积极性;第三,鼓励保险公司为制造业企业提供多方面的风险保障,大力发展产品质量责任保险,积极发展制造业贷款保证保险,以增强制造业企业生产经营稳定性与信贷安全性;第四,加强建设社会信用体系,严厉打击恶意逃废债务的企业及个人,提高其违法成本与代价,保障贷方权益。

四、加强监督监测和政策配套调整

首先,建立金融监管的部际协调机制,加强对金融支持制造业发展的监督评估,及时发现和解决问题,共同推进金融支持制造强国建设;其次,中国人民银行、中国银保监会、中国证监会的地方分支机构或派出机构要结合当地制造业发展情况、产业发展目标,研究制定有针对性的配套金融政策,推动金融机构为当地制造业发展提供更好的金融服务;最后,研究建立支持制造业发展的专门金融统计制度,加强对高技术制造业、先进制造业融资情况的统计监测分析,并将分析结果作为产业政策、金融政策调整的重要依据,不断提高政策的合理性与有效性。

第三篇

企业层面
——"三化"转型打造新型制造

随着现代信息技术快速发展，以及市场需求不断变化和资源环境约束趋紧，制造业企业必须加快优化生产方式和制造模式，实现高质量发展。服务化是制造业发展的重要趋势，绿色化是制造业可持续发展的必然要求，智能化是制造业未来发展的主攻方向。从企业层面看，注重服务化、绿色化、智能化"三化"转型，打造新型制造，是制造业高质量发展的必然要求和根本出路。在打造新型制造过程中，不能局限于生产和制造环节本身，而要拓展到全价值链和产品全生命周期的范围，综合设计制造业服务化、绿色化、智能化的发展路径和保障措施。

第八章　服务化转型助推制造业高质量发展

服务型制造有别于传统的生产型制造，是制造与服务深度融合的一种先进制造模式，是"面向制造的服务"和"面向服务的制造"协同发展的新型产业形态。大力发展服务型制造，对企业提质增效、打造产业竞争新优势、更好地满足市场需求都具有重要意义，是坚持走中国特色新型工业化道路、推动工业转型升级、建设"制造强国"的战略选择，是制造业实现高质量发展的重要途径。

第一节　服务型制造的理论内涵与现实问题

一、服务型制造的理论分析

（一）服务型制造内涵界定

早在 1972 年，Levitt 就指出通过服务来竞争的局面已经不再仅仅局限于服务业，制造业企业也应该将服务融入产品中，将关注的焦点越来越集中在发展企业与顾客的关系上[①]。Vandermerwe 和 Rada 于 1988 年首次提出了"制造业服务化"（manufacturing servitization）的定义，即制造业企业由提供产品向提供产品服务包（product-service pack）转变，而且服务占主导地位[②]。国内学者倾向于使用"服务型制造"这一提法，其在本质上和国外的提法"制造业服务化"是一致的。制造业企业实施服务化战略，需要从产品导向发展到服务导向，进而提供"产品＋

[①]　Levitt T. Production-line approach to service [J]. Harvard Business Review，1972，50（5）：41-52.

[②]　Vandermerwe S, Rada J. Servitization of business：adding value by adding service [J]. European Management Journal，1988，6（4）：314-324.

服务"①，处理好产品服务文化的植入、整体服务的交付、内部流程的再造、战略联盟和供应链关系的整合等问题②，主动吸纳顾客参与并根据顾客期望为其提供有效解决方案③。价值链是服务型制造的重要研究视角，简兆权和伍卓深针对制造业企业在产业价值链上的位置，提出了制造业服务化的路径选择④；刘建国以产品、流程为基础，提出了基于产业价值链分布和产品服务系统的服务型制造模式⑤。

综上分析，服务型制造是制造与服务融合共生发展的新型产业形态，制造业企业通过优化和创新生产组织形式、运营管理方式和商业模式，由加工制造环节向价值链两端的服务型环节延伸或加强服务型环节，不断增加服务要素在投入和产出中的比重，从而实现以加工组装为主向"制造＋服务"转型，从单纯出售产品向出售"产品＋服务"转变，在提高产品带给用户的附加价值的同时，实现市场竞争力和盈利能力的提高。

（二）服务型制造与生产型制造的区别

服务型制造是制造业企业以顾客需求为导向，以提升顾客价值和竞争优势为目标，将价值链由以制造为中心向以服务为中心转变的结果，也是制造业企业为顾客提供产品相关服务、整体解决方案的商业模式创新，它将有效驱动制造业由传统的对资源、人力的依赖转变为对知识、创新和服务的依赖。从发展模式与战略理念来看，服务型制造与传统的生产型制造有着很大的区别，具体如表 8-1 所示。

（三）服务型制造活动与行动路径

从价值链的视角可以更加清楚地理解服务型制造的内涵及其经营活动内容。制造业企业的经营活动除了包括加工制造活动外，还包括研发、设计、

---

① Tan A R，Matzen D，Mcaloone T C. Strategies for designing and developing services for manufacturing firms [J]. CIRP Journal of Manufacturing Science and Technology，2010，4 (3)：285-292.

② Veronica Martinez. Challenges in transforming manufacturing organizations into product-service providers [J]. Journal of Manufacturing Technology Management，2010，21 (4)：449-469.

③ Belal H M，Shirahada K，Kosakam M. Knowledge space concept and its application for servitizing manufacturing industry [J]. Journal of Service Science and Management，2012 (5)：187-195.

④ 简兆权，伍卓深. 制造业服务化的路径选择研究 [J]. 科学学与科学技术管理，2011，32 (12)：137-143.

⑤ 刘建国. 制造业服务化转型模式与路径研究 [J]. 技术经济与管理研究，2012 (7)：121-124.

表 8 - 1　服务型制造与生产型制造的发展模式和战略理念

项目	服务型制造	生产型制造
价值实现模式	强调提供具有服务内涵的产品并依托产品提供服务，提供整体解决方案	通过产品制造实现价值，缺乏差异化服务
作业方式	强调客户，提供个性化生产和服务	关注产品制造，很少涉及生产性服务环节
组织模式	关注不同类型主体的价值感知，注重并主动参与制造网络协作	关注产品及其相关服务，很少关注不同主体之间的服务关系
运作模式	强调主动性、针对性服务，提供生产性服务和服务性生产，协同创造价值	追求完全控制，忽视企业单元的互动和协同，服务具有被动性
战略管理理念	实现用户价值最大化	提供产品，占有市场，扩大利润
战略价值理念	实现企业价值系统的共同价值，提供全面服务使顾客价值最大化	以利润最大化为目标导向
战略文化理念	以客户需求为导向，实现顾客和企业价值最大化	获取企业利益，增加企业价值

　　资料来源：根据孙岩林等和唐德淼的研究成果整理。孙岩林，杨才君，张颖. 中国制造企业服务转型攻略［M］. 北京：清华大学出版社，2011；唐德淼. 新工业革命背景下长三角产业体系转型升级研究［M］. 北京：经济管理出版社，2018.

物流、分销、安装、维修等服务性质的活动，这些活动与生产环节共同构成价值增值链条。Baines 和 Lightfoot 将制造业企业服务活动分为三类：第一类是基本服务，聚焦于产品的提供，包括产品和设备的提供、备用零件的提供、质保等；第二类是中等服务，聚焦于产品状态的保持，包括预定的保养、技术求助、维修、彻底检修、运送到目的地、安装、操作员培训、操作员认证、状况监测、实地服务等；第三类是高级服务，聚焦于通过产品性能展现的服务，使产品最大限度发挥它的使用价值，甚至增加新的价值，包括客户支持协议，风险和报酬分享合同，通过使用获得收入的合同，以及租赁协议、个性化定制、各种增值服务[①]。从具体实施行动来看，发展服务型制造包括设计服务提升、服务模式创新、制造效能提升与客户价值提升等四大行动路径（见图 8 - 1）。

---

　　① Baines T，Lightfoot H. Made to serve：how manufacturers can compete through servitization and product service systems ［M］. New York：John Wiley & Sons, Ltd，2013.

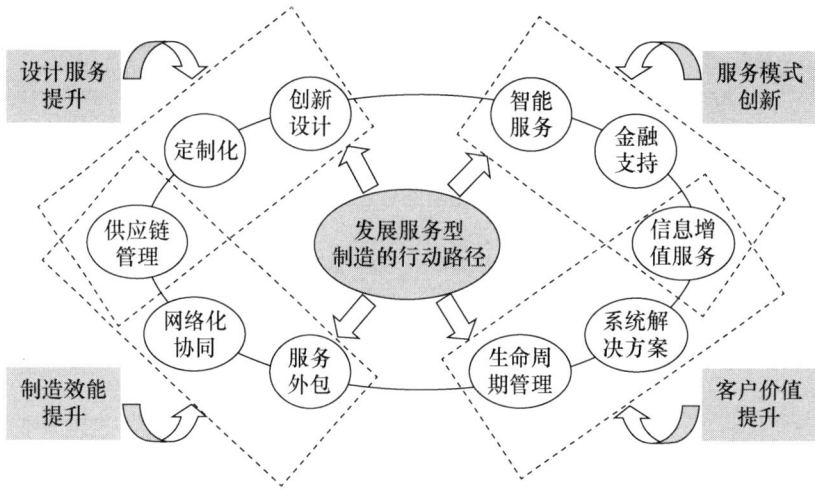

图 8-1　发展服务型制造的主要行动路径

资料来源：根据《发展服务型制造专项行动指南》等资料整理。

二、服务型制造的重要意义

服务型制造是制造与服务融合发展的新型产业形态，是制造业转型升级的重要方向，也是制造业实现高质量发展的重要途径。制造业企业实现由生产型制造向服务型制造转变，有利于打造竞争新优势和提升全球价值链分工地位，有利于提高全要素生产率和产品附加值，有利于增强创新能力和改善供给体系。

（1）打造产业竞争新优势。我国制造业处于国际产业分工体系的中低端。在资源环境约束趋紧和生产要素成本上升的背景下，传统的粗放型经济增长方式已经难以为继。发展服务型制造业，促进企业在做好制造业务的基础上，优化供应链管理，深化信息技术服务及相关金融服务应用，促进制造效能和客户价值提升，从而在转变发展方式、优化经济结构中创造新的竞争优势。

（2）提升全球价值链分工地位。发达经济体的发展实践证明，发展服务型制造是抢占价值链高端的有效途径。当前国际产业分工格局正在发生深刻调整，我国必须加快制造与服务的协同融合，重塑制造业价值链，培育产业发展新动能。全球价值链包括设计、产品开发、生产制造、营销、物流、售后服务、循环利用等多项增值活动，生产制造只是全球价值链的一个环节，而且增加值较低，难以形成核心竞争力，而生产制造的上下游均属于服务范畴，增加值较高。推动制造业服务化，可以促进我国制造业企业向价值链上、下游延伸，提升在全球价值链中的分工地位。

（3）提高全要素生产率和产品附加值。服务作为中间投入要素，通常具有技术、知识、信息、人力资本等高端要素密集的特征。发展服务型制造，将服务这种高端要素融入企业生产经营活动全过程，有助于提升企业全要素生产率。一方面，在一定范围内，服务投入越多，高端要素就越密集，对企业全要素生产率的提升作用就越明显；另一方面，企业从单纯的产品提供者向全生命周期管理者或系统解决方案提供者转变，有助于实现客户稳定，避免产品同质化恶性竞争，有利于提高产品附加值、经营收入和改善企业财务绩效。

（4）增强创新能力。制造业服务化本身就是技术、管理、商业模式创新的产物，发展服务型制造有助于全面增强制造业创新能力。移动互联网、大数据、云计算、物联网、人工智能等新一代信息技术的逐步成熟和产业化，不仅可以直接推动中国制造业加快技术创新，提高企业的产品质量，同时还可以通过改进和优化服务流程，消除企业之间的信息壁垒，实现企业之间和企业内部的信息共享和协同运作，促进管理创新和技术创新。同时，制造与服务融合形成的网络协作关系，能促进知识共享和转移，产生溢出效应，增强制造业整体创新能力[①]。

（5）改善供给体系。在经济发展进入新常态的背景下，经济要保持中高速增长，产业要向中高端迈进，就必须在适当扩大总需求的同时，深化供给侧结构性改革，促进供需动态匹配。发展服务型制造，可以引导制造业企业以生产需求互动和增值为导向，为客户提供全生命周期管理服务和系统解决方案，满足客户不断升级的消费需求。同时，发展服务型制造有利于解决低端产能过剩与高端供给短缺的矛盾，这也是深化供给侧结构性改革的基本要求和重要举措。

三、中国发展服务型制造面临的问题

进入后工业化社会的发达国家技术先进但劳动力成本高，其在劳动密集型的加工组装环节已经不具有比较优势，很多企业利用自己的技术创新优势向服务性活动转型，服务性活动所占比重越来越大。发达国家普遍存在"两个70%"的现象：一是服务业产值占GDP的70%；二是制造服务

---

① 田丰. 新知新觉：提高制造业服务化水平［N］. 人民日报，2018-11-07（7）.

业产值占整个服务业产值的 70%。在制造服务化程度最高的美国，制造与服务融合型企业占制造业企业总数的 58%[①]。中国正在加快推进服务型制造的发展，如在 2018 年 10 月召开的第二届中国服务型制造大会上，工业和信息化部产业政策司公布了第二批服务型制造示范名单，包括 33 个示范企业、50 个示范项目、31 个示范平台，以及 6 个服务型制造示范城市。但相比发达国家，我国还存在不少问题。

（1）制造服务大多是低层次、低附加值服务。我国大多数制造业企业能够提供必要的安装、维护、保养等服务，并设立专门的服务部门，提供与产品密切相关的服务内容，正朝着产品服务包的方向转型。但是总体来看，缺乏附加值高的高层次制造服务，能提供综合解决方案的制造业企业不多，同时制造业企业服务化产出水平比较低。

（2）多数企业对服务型制造认识不清。一是受传统制造业发展思维模式影响，多数企业还存在重制造、轻服务，重规模、轻质量，重批量化生产、轻个性化定制的现象；二是多数企业认为服务型制造就是基于产品的销售安装和售后服务，从而难以从客户需求出发进行设计，通过将服务嵌入产品开展商业模式创新、实现产品与服务融合或提供整体解决方案；三是很多制造业企业服务化转型的思维仅停留在提供服务本身上，忽视了对企业原有的业务流程、组织架构、管理模式进行调整和重构。

（3）发展服务型制造过程中存在资金、技术与人才瓶颈。一是资金问题。资本密集型制造业发展服务型制造项目，需要大量资金支持，如装备制造业企业开展总集成总承包服务会承受很大的资金压力，项目融资面临较大困难。对众多的中小企业来讲，向服务型制造转变更是面临投入不足的问题。二是技术问题。服务型制造是以企业核心产品和业务为基础的服务创新，需要一定的自主开发技术能力的支持。缺乏核心技术是企业实施服务型制造的最大制约因素。同时，企业信息化发展水平低下和大数据应用能力薄弱也制约了制造业企业服务化转型进程。三是人才问题。在制造业人才结构中，大多数企业缺乏既懂制造又懂服务、熟悉产品和操作的复合型创新人才。

（4）发展服务型制造的政策和制度环境有待完善。一是部分领域服务业开放程度低或进入门槛高，阻碍了制造业企业的服务业务跨界延伸。二是制造业与服务业管理机制没有有效衔接。制造业企业开展服务活动很难

---

① 李晓华. 服务型制造：制造业的新动能［N］. 大众日报，2018-04-04（14）.

享受与服务业企业同等的优惠政策。三是服务型制造的标准体系有待完善，知识产权管理和保护有待规范和加强。相比实物产品，工业设计、应用软件等技术服务产品更容易被剽窃、复制和模仿，需要加大知识产权保护和违法惩处力度；同时要加强标准化建设，规范和保障服务质量。

第二节　服务型制造助推制造业高质量发展的机理分析

传统制造业企业的价值获取途径主要是生产和销售产品，而非积极主动地开发服务产品；而服务型制造业企业可以通过吸引顾客参与向顾客提供满足其消费需求的产品服务包。服务型制造通过先进生产技术和管理技术的渗透促进内部流程优化，重塑企业价值链，多维度提升企业价值，再造企业竞争新优势，实现高质量高效率发展。

一、通过价值提升助推制造业高质量发展

（一）基于产品服务包提升产品价值

服务型制造业企业为顾客提供产品全生命周期服务，这一过程涵盖了对顾客需求信息的调研、产品设计、产品加工、用户体验反馈、售后服务及产品回收等产品全生命周期所涉及的价值链活动[①]。服务型制造业企业不再仅仅依赖产品或者售后服务增值，而是更倾向于提供涵盖产品、服务、技术和知识的"产品＋服务＋知识"的集合体，提高服务增值在整体价值增值中的比例。如印刷电路板（PCB）企业不仅向顾客出售 PCB 产品，而且还提供从产品设计到产品购买时所涉及的生产服务，以及下游企业的组装维修和报废处理、终端用户的产品生命周期结束之后的回收等一系列服务。

（二）基于信息共享促进价值链增值

服务型制造业企业价值链管理中数据和信息的传递与交换，主要是利用信息技术和信息系统来实现的。随着信息技术的发展，价值链系统日益趋向于集成和共享信息，使产品和服务得到有效集成、资源得到共享，从而为企业实施价值链优化、促进价值链增值提供了基础。引入信息技术的目的是使面向服务的制造业价值链增值最大化。通过改进服务型制造的价

---

① 金青，张忠，丁兆国. 服务型制造广域价值链的构建和价值创新能力研究 [J]. 制造业自动化，2013，35（9）：100-103.

值链信息管理，制造业企业可以降低成本投入、改进业务流程，进而促进价值链的增值。

（三）基于资源整合增加企业价值

目前市场上的商品总体上处于供过于求的不平衡状态，使得生产企业平均利润率下降。面对全球经济形势和发展方式的变化，传统制造业企业开始寻求新的发展途径和增值空间，如为顾客提供整体解决方案，这样既能实现价值增值，也能更有效地利用资源。例如，汽车销售企业向汽车租赁服务行业延伸，能增加企业价值。同时，制造业企业的某些无形资产也可以转化为企业价值，比如，高级营销者和企业家的市场经验，沟通能力、技巧和方法都是企业的无形资产，通过将这些无形资产引入产品服务系统中，可以获取更大范围的经济效应。

（四）基于全生命周期管理创造绿色价值

服务型制造业企业在关注产品服务价值实现的同时，还要考虑提高绿色价值和社会价值，围绕绿色价值和社会价值最大化目标来拓展价值链。服务型制造业企业通常要建立产品服务系统，产品服务系统的特点是在覆盖产品设计、生产和回收等的全生命周期中引入顾客参与，积极吸收顾客设计思维，从而生产出更能满足顾客需求的产品，实现产品服务化。采用产品服务系统，有利于企业考虑环境友好性，形成自身独特的竞争优势。

综上分析，服务型制造业企业可以通过提供产品服务包提升产品价值，通过内部价值链信息共享促进价值链增值，通过整合资源增加企业价值，通过全生命周期管理创造绿色价值，从而推动发展质量提高，其中的逻辑关系如图 8-2 所示。

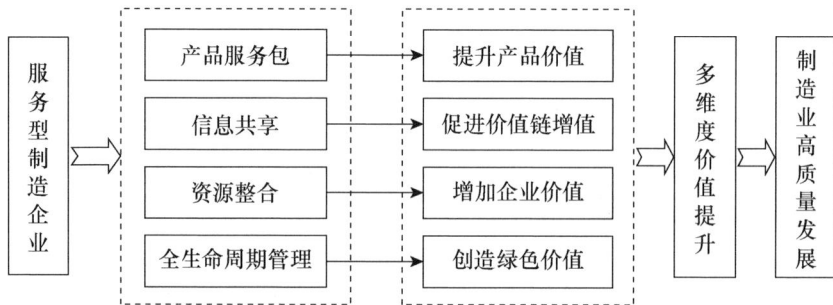

图 8-2　服务型制造通过价值提升助推高质量发展

资料来源：作者整理。

二、通过优势再造助推制造业高质量发展

（一）服务型制造与重构产业新业态

服务型制造是制造与服务深度融合、协同发展的新型产业形态，也是制造业实现创新转型的重要模式。制造业企业为更好地满足客户需求，从差异化竞争战略出发，不断增加服务要素在投入和产出中的比重，为客户提供"产品＋服务"整体解决方案，从而延伸和提升价值链，提高盈利水平和国际竞争力。在制造业服务化过程中，制造业的服务功能进一步拓展，并表现出服务在制造业的投入和产出中地位越来越重要的趋势。生产性服务业是与制造业直接相关的配套服务业，包括基本的生产服务、嵌入制造业价值链的生产服务和为生产性服务业提供的服务。制造业企业将自身形成的服务能力和优势服务资源分离出来，提供专业化社会化的服务，就形成了产业新业态。

（二）服务型制造与重塑制造新模式

服务型制造创新发展的动力更多地源于知识型服务业和信息通信技术的加速发展。从20世纪八九十年代开始，发达国家就有制造业企业向服务型制造转变。进入21世纪以来，服务型制造呈现加速发展态势，主要是因为现代知识型服务业的快速发展和信息通信技术的加速渗透应用。移动互联网、大数据、物联网、云计算、人工智能等新一代信息技术的发展与应用，使产业链上下游各环节之间、终端消费者之间的距离大大缩短，即时响应能力和互动能力大大增强。企业能更便利地整合利用协作企业和客户的资源、信息、数据等进行创新，由此催生出协同研发、协同制造、智能化供应链管理、在线监测和远程诊断、大规模个性化定制、智能服务等一系列服务型制造新模式。这些新模式有利于促进制造业企业朝着更加专业化、智能化、个性化的方向升级发展，也有利于促进制造业企业深化分工、共享资源和相互提供服务，实现资源的动态整合和高效集成，从而推动制造业发展质量提高。

（三）服务型制造与打造竞争新优势

服务型制造推动制造业价值链不断升级，表现为加工制造环节的份额不断降低，而研发、设计、技术服务等附加值高、价值创造能力强的服务环节的比重不断上升。美国波士顿市场研究公司的调查显示，在产品销售与售后服务所带来的营业收入之比是76∶24时，它们所产生的利润之比却是55∶45，可见服务环节的价值创造能力远远大于生产环节。我国制

造业发展面临着创新能力不强、产品附加值低等问题，要加强知识性服务要素的投入，推动制造业内部结构优化重组、产业链高效整合，有效提升中国制造的产业价值链，促进制造业升级，提高整体盈利能力。发展服务型制造不是"去制造业"，而是立足于制造根基，以新的生产方式和产品模式打造制造业竞争新优势。

（四）服务型制造与培育发展新动能

向服务型制造转型是制造业实现创新发展和高质量发展的重要表现。发展服务型制造需要技术创新、产品创新、服务创新、商业模式创新和组织管理创新等同步推进，通过多维度协同创新培育制造业发展新动能，并通过强化制造价值链中的人力资本、知识资本的价值创造，实现内涵式增长。发展服务型制造有利于打破我国低水平重复建设、低成本竞争导向和产能过剩的制造业格局，引导市场向差异化、多元化、质量效益导向的发展模式转变，推动实现中国制造向中国创造转变、中国速度向中国质量转变、中国产品向中国品牌转变三大战略转变。

综上所述，服务型制造能够通过重构产业新业态、重塑制造新模式、打造竞争新优势与培育发展新动能实现优势再造，推动制造业高质量发展，其逻辑关系如图 8-3 所示。

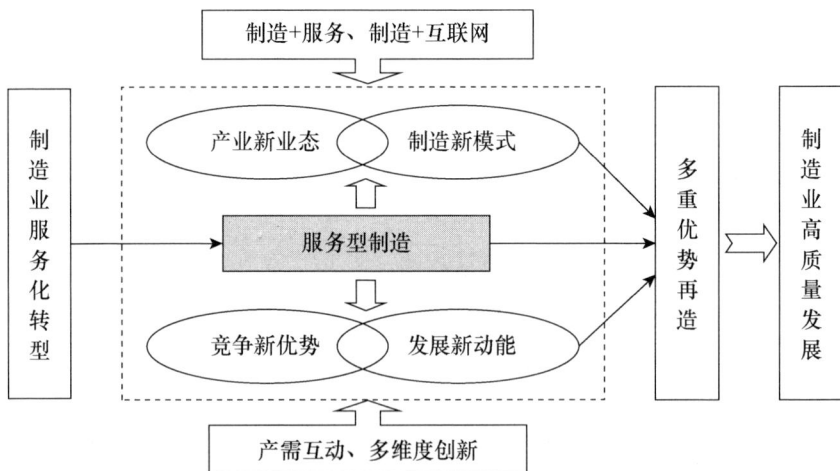

图 8-3　服务型制造通过优势再造助推高质量发展

资料来源：作者整理。

三、通过流程优化助推制造业高质量发展

（一）利用先进生产制造技术重构生产组织方式

制造业服务化实质是建立面向顾客需求的生产组织方式，这就需要企业从以产品供应为中心的传统制造模式向以大规模定制、敏捷制造和协同制造等为代表的先进生产制造模式转变。大规模定制要求企业构建基于制造资源和服务资源协同参与产品设计生产的制造系统，使企业既能够为顾客提供个性化产品，又能够实现大规模生产的高效率。敏捷制造定位于销售"解决方案"，通过提升对市场变化的快速反应能力来实现制造和服务的协同性。因此，在制造业服务化转型过程中，要求企业具备良好的信息技术能力、集成制造系统和工作流控制系统，支持各类设备、工艺过程和车间调度的敏捷化，以适应市场多变的要求和满足消费者多样化的需求。

（二）利用现代生产管理技术优化生产服务过程

为了满足市场多样化与个性化的消费需求，提高产品可靠性、可制造性、可维护性与控制总体成本，制造业企业需要建立以准时制造、精益生产为基础的生产运作系统。产品和服务的融合、顾客的差异化心理需求和主观感受使得保证生产过程质量、识别和反馈市场信号、提升生产组织的效率和响应性等变得更加复杂。这就要求企业运用以 JIT、ERP、并行工程、质量保证、柔性生产、虚拟企业为基础的现代生产管理技术，从制造环节控制产品服务系统运行，提高客户满意度。

（三）利用先进知识管理系统促进企业各部门相互协作

产品与服务的交互融合，以及顾客的异质性，导致了在服务型制造模式下存在着诸多知识管理问题，如，从顾客知识到产品和服务技术开发知识的表达、交流与学习，工艺流程与业务流程的分工协作，需要不同模块的无缝集成，以及共同的制造与服务规范等。因此，企业在服务化转型过程中必须构建基于产品设计知识、制造过程知识和顾客需求知识的知识管理系统，通过不同流程内部的知识识别与表达，以及相互之间的知识对接，实现不同业务流程和工艺流程的相互协作，提高企业生产和服务效率。

（四）利用新一代信息技术推动制造业企业向服务延伸

新一代信息技术正全面深刻地影响着制造业，尤其是 5G 技术商用运行，区块链、人工智能技术向各行业渗透，使服务型制造成为必然；只有

主动对接和采用新一代信息技术，才能抢占发展先机①。服务型制造面对着企业与客户互动、产品与服务融合、全程化服务、大规模定制、柔性制造和网络协同等方面的问题，需要再造原有企业流程，制定制造服务标准，以及建立包括采购与协同制造、产品设计与管理、生产作业与控制、产品销售与服务、综合信息管理、企业信息门户等子系统在内的综合服务平台，充分利用信息技术支撑企业开展工程成套、MRO、产品售后市场等高附加值制造服务。

综上分析，制造业企业由生产型向服务型转变，需要现代技术体系的全面支撑，包括先进生产制造技术、现代生产管理技术、先进知识管理系统与新一代信息技术等，推动生产制造和服务深度融合，提升制造业发展质量效率，其逻辑关系如图8-4所示。

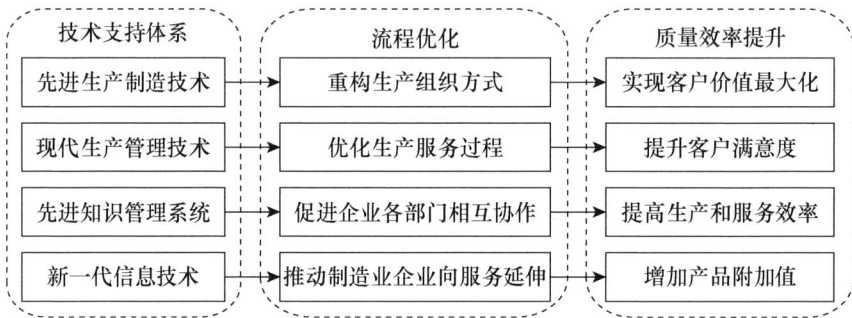

图8-4 服务型制造通过流程优化助推高质量发展

资料来源：作者整理。

第三节   服务型制造助推制造业高质量发展的路径选择

服务型制造是制造业发展的重要趋势，也是制造业实现高质量发展的重要手段和内容。首先要加强发展创新设计，因为独特的设计会带来更大的价值增值空间，与此同时，要大力发展定制化制造服务、企业协同制造服务、智能化制造服务，以及产品全生命周期管理服务，从而推动制造业由生产型向服务型转变，在更好地满足消费者需求的同时达到促进制造业

---

① 王江平：充分利用现代信息技术推进服务型制造［EB/OL］.（2018-10-18）［2019-11-30］. http://www.sohu.com/a/260217315_286727.

高质量发展的目的。

一、加强创新设计

发展服务型制造首先要加强创新设计，通过创新设计打造产品特色，提升产品服务价值。一是要引导制造业企业加大对设计的投入，鼓励研发具有自主知识产权的设计工具和软件，探索发展众包设计、用户参与设计、云设计、协同设计等新型设计模式，带动产学研用协同设计，增强自主创新设计能力；二是鼓励优势企业建立独立设计机构，加快培育第三方设计企业，面向制造业开展专业化、高端化设计服务；三是建设创新设计公共服务平台，支持设计领域技术研发，全面推广应用先进设计方法，加强创新设计在产品、系统、工艺流程和服务等领域的应用；四是推动创新设计领域国际交流与合作，提升中国设计的知名度和国际影响力。

二、发展定制化制造服务

发展服务型制造要考虑多元化和个性化需求，开展定制化服务，提高柔性制造能力，实现生产与需求协同，注重用户体验，提升产品价值和顾客价值。一要鼓励制造业企业通过设立客户体验中心和运用现代信息技术采集需求信息，积极引导用户参与设计，增强定制设计能力；二要加快零件标准化、部件模块化和产品个性化重组，形成能及时感知消费者需求的动态设计、制造和服务新模式；三要支持搭建信息采集服务平台，健全数据共享机制，为企业开展定制化服务提供条件；四要加强增材制造应用推广，创新定制化服务的设计方法，建立技术标准和服务规范。如果企业能借助机器人、3D打印机生产线实现高度柔性化，企业就有可能变为一个生产能力共享的平台，用户在PC端自行完成设计后通过在手机端下单就可以让工厂为他们定制化生产[①]。

三、发展企业协同制造服务

加强企业之间的合作，形成协同制造服务模式，对于推动制造效能提高具有重要意义。一是加强供应链精细化管理和一体化发展。强化制造业企业在供应链中的主导地位，促进信息流、资金流和物流的协同整合，推动供应链环节有机融合和一体化发展。鼓励制造业企业与上下游企业建立

---

① 李晓华. 服务型制造与中国制造业转型升级［J］. 当代经济管理，2017（12）：30-38.

战略联盟，实现风险共担和利益共享，并通过完善供应链管理技术标准，促进供应链管理规范化，从而提高供应链的市场响应效率和产品服务质量的稳定性。二是推动开展网络化协同制造服务。支持建设网络化协同制造服务体系，实现企业间协同和社会制造资源广泛共享与集成。支持软件和信息技术服务企业面向制造业提供信息化解决方案，促进工业化和信息化深度融合。支持制造业企业、互联网企业、信息技术服务企业跨界联合，实现制造资源、制造能力开放共享，推动创新资源、生产能力和市场需求实现有效匹配。三是支持服务外包发展。大力发展软件和信息技术服务外包产业，积极搭建大数据、云计算、电子商务等服务外包产业平台，引导中小企业释放服务外包需求，支持制造业企业积极承接服务外包业务。

四、发展智能化制造服务

随着信息技术和智能制造、智能产品的加快发展，智能服务具有越来越大的价值空间。一是创新发展智能服务网络。发展智能服务网络要坚持以消费者为中心，为消费者提供基于个性化定制、柔性化生产和社会化协同的服务。二是大力发展工业电子商务。支持建设面向重点行业的电子商务平台，引导大型制造业企业建立在线采购、产品销售和综合服务平台，带动中小企业电子商务发展。三是强化大数据和工业云服务商的服务能力。建设大数据技术体系和支撑服务体系，推动大数据产品应用和产业化进程。大力推进物联网建设，加强数据分析和数据挖掘技术研发，提升智能化生产服务能力。四是统筹推进智能制造与智能服务协同发展[1]。加快健全和完善智能制造与智能服务的网络和数据基础，支持有条件的企业综合集成考虑智能制造与智能服务，开展以客户价值增值为目标的特色服务。

五、发展全生命周期管理服务

制造业企业实施产品全生命周期管理，统筹产品、用户以及环境利益，能够实现产品经济价值和社会生态价值最大化。一是发展面向产品全生命周期的专业化服务体系。要以便利客户使用为导向，推广交付服务；以保障产品质量和安全生产为导向，开展远程维保、故障处理等质保服

---

[1] 周亮. 服务型制造，促进"互联网＋"制造业，推动我国早日成为制造强国［EB/OL］.（2018－06－16）［2019－09－27］. http://www.elecfans.com/article/89/2018/20180611692470. html.

务；以节能环保为导向，开展回收及再制造、再利用等绿色环保服务。二是发展面向制造全过程的认证认可计量检测服务。完善认证认可计量检测服务平台功能，推动认证认可计量检测服务融入产品设计环节；推进认证认可计量检测国际互认，支持装备和服务加快"走出去"。三是提升产品全生命周期服务水平。鼓励企业研发和应用互联网平台、系统软件，通过获取产品全生命周期数据信息，增强服务功能和提升服务水平，拓展产品价值空间。

第四节　服务型制造助推制造业高质量发展的保障措施

发展服务型制造既要发挥企业的市场主体作用，也要发挥好政府的作用，完善政策措施和公共服务供给，优化服务型制造发展环境，做好组织实施、政策引导、平台支撑、国际合作与人才培养等方面的保障工作，以促进制造业服务化转型和高质量发展。

一、强化组织实施

推动服务型制造加快发展，各级政府及相关部门的组织实施起着非常重要的作用。相关部门要加强分工协作、宣传推广，动态跟踪产业发展态势，及时协调解决制造业在服务化转型发展中的矛盾和问题。工业和信息化部要加大统筹协调力度，各地工业和信息化主管部门要结合当地产业实际，牵头制订推进方案，抓好落实。积极发挥行业组织在建设公共服务平台、推广行业先进经验、协调跨领域合作等方面的作用，调动社会各方力量，推进服务型制造发展。各级地方政府要加大推广力度，结合实际开展服务型制造试点示范工作，发挥示范引领作用，增强辐射带动能力。

二、加强政策支持

构建有利于服务型制造发展的政策体系，落实激励制造业企业进入生产性服务业领域的财政、税收、金融、土地、价格等方面的各项优惠政策。鼓励金融机构设计适合服务型制造发展的金融产品和服务，支持服务型制造重点工程和重大项目实施。鼓励社会资本参与制造业企业服务创新，健全和完善市场化收益共享和风险共担机制。加大对企业研发设计知识产权的保护力度，建立知识产权协同应用和风险防范机制，健全知识产权交易和中介服务体系。逐步完善统计调查体系,探索构建服务型制造标准和评价体系,从而引导和规范服务型制造持续健康高质量发展。

三、完善平台支撑

制造业企业实现服务化转型,不能只依靠自身资源和能力,还要借助企业外部力量,以提高转型效率和成效。首先,要创建一批面向制造业企业的专业化服务平台,完善研发设计、产业技术基础、协同制造、定制化服务、供应链管理、全生命周期管理、信息增值服务和融资租赁等领域的公共服务,支撑制造业企业攀升价值链高端环节和提升服务创新能力;其次,要发展一批综合服务平台,鼓励地方政府部门加大对综合服务平台的支持力度,优化服务体系,丰富服务内容,创新服务手段,有效提升重点区域、重要领域制造业服务化转型的公共服务水平。

四、深化国际合作

发达国家较早发展服务型制造,具有较为丰富的发展经验,而且国际市场存在很大发展空间,我国在发展服务型制造过程中,要深化国际合作,以提高发展成效和质量。首先,搭建多层次服务型制造国际交流平台,鼓励地方、园区、企业创新合作方式,推动国际交流合作;其次,支持有条件的制造业企业在国外布局研发设计中心和分支机构,建立面向全球的开放式制造服务网络;最后,引导制造业企业增强核心服务能力,取得国际认可的服务资质,积极承揽国际工程项目,推动目标国家及市场采信我国相关标准、认证评价制度及结果,带动中国装备、技术、标准、认证和服务"走出去"。

五、夯实人才保障

服务型制造所需要的人才与传统的生产型制造所需要的人才有着很大的区别,其更强调人才的综合素质,需要更多的复合型人才。为此,要建设"经营管理人才＋专业技术人才＋技能人才"的服务型制造人才发展体系。要依托重点人才工程和人才培养平台,加大服务型制造领域人才培养力度;支持制造业企业与研究机构有针对性地加强人才培训合作;鼓励行业组织积极搭建国际交流平台,提高人才流动性,并通过服务外包、项目合作等形式提升人才的国际视野与专业能力;拓宽人才引进渠道,加大国际高端人才引进力度并强化对高端人才的服务能力。

第九章　绿色化转型助推制造业高质量发展

资源与环境问题是人类面临的共同挑战，推动绿色发展是全球主要经济体的共同选择，资源能源利用效率也成为衡量一个国家制造业竞争力的重要指标。我国工业总体上尚未摆脱高投入、高消耗、高排放的发展方式，资源能源消耗量大，生态问题比较突出，环境形势依然十分严峻，迫切需要加快构建科技含量高、资源消耗低、环境污染少的绿色制造体系，提升制造业发展质量。

第一节　绿色制造的理论内涵与现实问题

一、发展绿色制造的背景

制造业是创造人类财富的支柱产业，但会产生大量废弃物，是当前环境污染的主要源头。全球经济自 20 世纪 60 年代以来获得快速持续发展，同时也带来了环境污染和生态破坏的严重后果，威胁着人类的生存和发展。传统的末端治理不能从根本上实现对环境的保护，必须从源头上要求制造业企业基于产品全生命周期最大限度地利用原材料、能源和减少污染物排放。从 20 世纪 90 年代起，人类对环境问题的客观认识日益深化，并逐步倡导绿色消费。不少设计师力图通过创新设计活动，帮助建立"人—社会—环境"协调发展的机制，这是工业设计发展的一次重大转变。由此，绿色制造的概念应运而生，人们通过不断努力和探索，提出了一些绿色生产方式、生产技术及管理理论。由于资源稀缺和环境承载力有限，制造业要实现可持续发展必须从高投入、高消耗、高污染的粗放型发展模式转变为集约型发展模式，最大限度地提高资源利用效率和减少废弃物的产生，打造绿色制造模式。

二、绿色制造内涵与驱动因素

绿色制造是指在保证产品功能与质量的前提下，综合考虑环境影响、资源利用效率、产品可拆卸可回收等因素的现代制造模式，其旨在通过使用各种先进技术使在产品整个生命周期中环境污染最小、资源利用最充分、能源消耗最低，最终实现企业经济效益与社会效益的协调。从系统论来看，绿色制造是一个输入制造资源，通过制造过程输出产品或半成品的投入产出系统，其要求将绿色理念贯穿于产品设计、工艺规划、制造装配、检验出厂、产品销售及售后服务、回收处理等各个环节，实现全产业链和全生命周期的绿色化。

从绿色制造的驱动因素来看，首先，随着环境保护法律法规日益完善，对制造活动的要求更加严格。制造业必须通过应用各种先进技术、方法和工具来达到绿色化要求，才能获得发展。其次，绿色消费会对绿色制造产生重要的引领作用。由于环境意识不断提高，消费者在使用产品的同时，希望能够改善生活质量和生活环境，从而推动绿色消费市场逐渐形成，由此带动制造业企业通过绿色制造方式生产出更多的绿色产品满足绿色消费需求。最后，市场竞争压力和国际标准要求企业实施绿色制造。经济全球化使得制造业面临的竞争更加激烈，实施绿色制造是克服"绿色贸易壁垒"的根本途径，同时能使制造业通过有效配置和合理利用资源，赢得市场竞争和获得更大的经济效益。除此之外，生态环境约束、可持续发展要求、优化售后服务、降低处罚风险等都要求企业实施绿色制造。可见，绿色制造模式的产生既有内因又有外因，具体如图9-1所示。

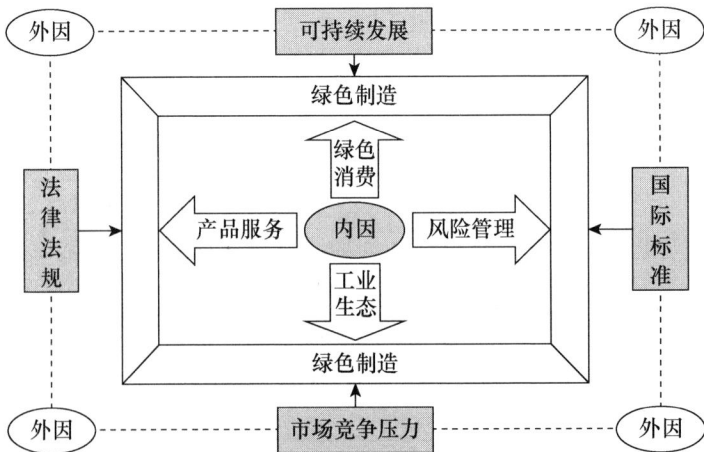

图9-1　绿色制造的内外动因结构框架图

资料来源：作者整理。

三、绿色制造的理论基础——工业生态学

在自然生态系统中，一种有机体产生的废弃物能作为对另外一种有机体有用的材料和能源，物质和能量会通过相互作用实现大循环，使废弃物降至最少。工业系统也同样需要在原材料供应者、生产者、用户以及废弃物回收和再利用者之间建立密切联系。基于自然生态系统的大循环特征，我们可以将不同工业过程联系起来使之形成循环状态，不同工业过程之间的循环就是所谓的工业生态。一个工业生态系统也含有复杂的"食物链"，使用过的产品、产生的废弃物和副产品能在一个再循环利用系统中实现流动。

"工业生态学"一词是由哈利·泽维·伊万（Harry Zvi Evan）于1973年提出的，他于1974年在《国际劳工评论》（*International Labour Review*）上发表相关文章，引入一些新的参数，包括技术、环境、自然资源、生物医学、机构和法律事务以及社会经济学因素，对工业运行进行了系统性分析。工业生态的概念最早是由罗伯特·弗罗斯彻（Robert Frosch）和尼古拉斯·格罗皮乌斯（Nicholas E. Gallopoulous）于1989年在《科学美国人》（*Scientific American*）上提出的。他们认为："为什么我们的工业行为不能像生态系统一样？在自然生态系统中一个物种的废物也许就是另一个物种的资源，而为何一种工业的废物就不能成为另一种工业的资源？如果工业也能像自然生态系统一样，就可以大幅减少原材料需求和环境污染并能减少废物垃圾的处理过程"[①]。从基本内涵来看，工业生态学以模仿自然生态系统的运行规律为基础，综合运用工程学、生态学和生物经济学等学科的知识和方法，旨在使工业系统以一种更为一体化的、闭环的生产方式运行，最终形成一种共生体系，实现工业活动持续健康发展[②]。绿色制造是工业生态学理论应用的重要实践，绿色制造以工业生态学系统理论为基础，目的在于实现物质流循环利用，绿色制造理念将会对设计制造方法产生深远影响。

四、我国发展绿色制造面临的主要问题

当前我国制造业能耗污染总量临近上限，能耗污染强度居高不下，节

---

① 刘光复，刘志峰，王淑旺. 基于产品生命周期的绿色制造理论研究和工程实施框架研究[J]. 数字制造科学，2003，1（1-4）：123-136.

② 苏伦·埃尔克曼. 工业生态学 [M]. 徐兴源，译. 北京：经济日报出版社，1999.

能环保技术能力亟待提高。当前，我国推行绿色制造面临着一系列主观条件制约和客观外部压力。

（1）法律法规体系不够完善。首先，虽然我国工业用能的指标体系相对完善，但对高耗能、高污染产业的约束力度不够，指标调整滞后。我国缺乏绿色制造技术规范、标准、法规体系，在一定程度上限制了制造业的绿色发展和出口业务。其次，一些地区仍存在片面追求 GDP 规模而忽视发展质量的倾向，在招商引资过程中通常给予能源资源供给价格优惠和放宽环保执法标准，由此妨碍了节能环保型企业市场优势的发挥。最后，资源性产品价格改革和环保收费政策调整相对滞后，导致企业缺乏转变经营方式或改进技术工艺的压力和动力，造成很多无谓的资源浪费，影响了绿色制造工程的推进。

（2）节能环保产业和技术发展较为滞后。一是节能环保产业发展水平不高。我国节能环保产业发展尚处于起步阶段，企业规模普遍偏小，龙头企业带动作用弱，产业集中度低，节能环保产业公共服务平台建设滞后。同时由于存在行业垄断、地方保护等问题，市场机制难以充分发挥作用。二是绿色制造共性和关键技术能力薄弱。我国绿色制造基础共性技术研究不够，绿色制造的核心技术大多掌握在发达国家手中，很多关键设备仍依赖进口，而一些自主生产的节能环保设备性能较差。

（3）重型化的工业结构扭转难度大。从 20 世纪末开始，我国工业发展进入新一轮重化工业化阶段，1999 年至 2012 年，重工业总产值在工业中的比重由 50.8% 迅速上升至 71.8%，工业结构重型化趋势十分明显[①]。重化工业（尤其是高耗能、高污染制造业）快速发展导致工业能耗和污染水平居高不下。尤其是中西部及东北地区，以资源型产业和能源供应业为支柱产业，近年来，均出现了不同程度的资源型经济问题。依靠高投入、高能耗、高排放的资源型产业带动经济增长的发展模式短期难以改变，工业重型化趋势仍将持续一段时间，这将导致工业领域能源消耗持续上升，总量控制难度加大。

（4）经济下行加大了绿色制造的推行难度。我国制造业总体上处于产业链中低端，随着劳动力成本不断上升，以及经济下行压力加大，企业利润水平进一步下降，且我国制造业产品价格和行业利润普遍处于低位，企

① 付保宗. 突破"技术升级陷阱"是我国迈向高等收入国家的关键［J］. 中国经贸导刊，2014（9）：24-26.

业投资节能环保领域的能力较弱，投资积极性不高。从具体行业来看，迫切需要实施绿色制造的钢铁、建材、石化、有色、造纸等资本密集型行业的效益下滑更为明显，使得企业处于两难境地，需要在经济效益和社会效益、短期利益和长期利益等方面做出综合权衡。

（5）资金瓶颈和成本压力阻碍企业绿色转型。虽然一些行业领先者绿色化转型发展为企业带来了可观的绿色收益，但不可否认的是，绿色工艺技术开发应用、绿色产品市场推广都将推高企业成本，且绿色技术研发和项目投资具有不确定性，资金回收周期长。国内大多数企业在节能减排、清洁生产、综合利用等方面进行投入，更多的是为应对市场竞争压力、绕过国际贸易壁垒和规避环境规则约束而做出的被动选择，主动进行绿色化改造的动力不足。与此同时，不少企业在经营上出现资金困难，导致对绿色技术和绿色产品研发进行资金投入的能力不足。

（6）发展绿色制造尚存在体制机制障碍。一是"唯GDP"思维难以在短期内扭转，地方政府往往看重制造业规模而忽视其质量效益和其对生态环境的影响，如在招商引资中不限制落后产能项目，阻碍跨地区兼并重组，存在低水平重复建设等问题；二是由于资源要素价格改革滞后和要素市场不完善，资源类产品价格形成机制尚未完全理顺，致使粗放式发展成本低、代价小，形成对资源的路径依赖；三是缺乏对绿色装备和产品以及再制造产业的长效激励机制，不能有效引导绿色生产和绿色消费。

第二节　绿色制造助推制造业高质量发展的机理分析

绿色制造本就应该强调质量因素，因为质量既是绿色制造的基础，也是实现绿色制造的手段[①]。绿色制造将绿色设计、绿色技术和工艺、绿色生产、绿色管理、绿色供应链贯穿于产品全生命周期中，实现经济效益、生态效益和社会效益的协调优化，从而能够推动制造业实现高质量发展。

一、绿色制造助推制造业高质量发展的逻辑框架

高质量发展需要贯彻新发展理念，绿色制造是制造业高质量可持续发

---

① 胡立彪. 从"绿色制造"到"绿色质造"［N］. 中国质量报，2017-08-15（1）.

展的根本要求。绿色制造意味着制造过程向着自然和生态的方向发展，即清洁、高效、低耗、安全。要达到这样的目标，不可能靠单一的方法或技术实现，需要在系统理论与方法指导下，通过综合、集成与协调才能实现。为此，要完善低碳、环保和循环型工业体系，从设备购买、建厂选址等源头上严把绿色关；强化污染治理，把好排放、回收等污染物出口关，通过循环利用配套设备的技术改造措施，推动企业废物排放达标；制定相关绿色政策，规范企业节能减排行为。总之，加强绿色制造推动制造业高质量发展，要从目标、过程、内容、途径四个维度综合考虑，其逻辑框架如图9-2所示。

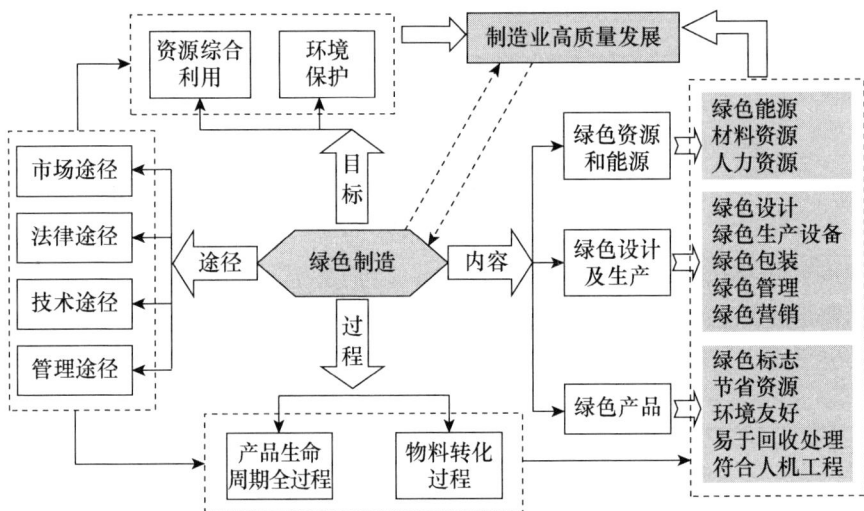

图9-2　绿色制造助推制造业高质量发展的逻辑框架

资料来源：根据刘光复、刘志峰、王淑旺的研究成果整理得出。刘光复，刘志峰，王淑旺.基于产品生命周期的绿色制造理论研究和工程实施框架研究［J］. 数字制造科学，2003，1（1-4）：123-136.

（1）绿色化目标。提高资源综合利用水平与环境保护水平是绿色制造的主要目标，也是制造业高质量发展的根本要求。一是通过资源的综合利用、短缺资源的代用和二次资源的再用来减少资源消耗；二是通过节能、节材、可再生能源和绿色能源的利用实现节能目的；三是通过减少废料和污染物排放，降低整个工业活动对人类和环境的负面影响。

（2）绿色化过程。绿色制造不仅需要体现在生产的物料转化过程中，更需要贯穿产品生命周期全过程。一是物料转化过程的绿色化。物料转化过程是实现绿色制造与获得绿色产品的关键过程，需采用先进的毛坯制造技术，减少加工余量和加工能耗，充分利用边角余料，减少产生废弃物，使资源和能源获得最大化利用。二是产品生命周期全过程的绿色化。绿色制造要贯穿于整个产品生命周期过程，主要包括市场调查及需求分析，绿色产品的规划设计，原材料获取，绿色产品的生产制造，产品的分配和使用，产品维护和服务，废弃淘汰产品的回收、重用及处理处置等各个环节。

（3）绿色化内容。绿色制造内容主要包括绿色资源和能源、绿色设计及生产、绿色产品三个模块，它们是制造业高质量发展的重要体现。一是绿色资源和能源。要提高资源和能源在制造系统中的流通效率，实现综合利用。要节约和高效地利用能源，增加使用新能源和取之不尽的能源，如太阳能、风能、生物质能、海洋能、氢能等。二是绿色设计及生产。绿色设计是指选择以绿色材料为原料，设计出对环境友好的、易于拆卸和回收利用的产品结构。绿色生产以物料转化过程为主线，致力于提高物料流通效率，使用清洁工艺技术，做到物料节约和高效利用。三是绿色产品。绿色产品是绿色制造的最终体现，绿色产品具有良好的环境性能，便于回收重用和处理处置。

（4）绿色化途径。绿色制造要通过市场、法律、技术、管理等途径加以实现。一是要加快形成绿色制造的市场化推进机制。要引导和支持节能环保产业加快发展，推动绿色制造技术实现产业化应用，形成一批具有核心竞争力的骨干企业，推动打造绿色产品、绿色工厂、绿色园区和绿色供应链，加快完善绿色制造市场化运行机制。二是通过加强环境立法，保证人们按照生态学规律开发、利用、保护和改善环境资源，保障经济社会可持续发展，并用法制化手段监督实施效果。三是加强对产品全生命周期环境特性的技术性研究，建立绿色产品的评价指标体系，优化工艺，更新设备。四是转变思想观念，加强绿色化管理，使每一位职工都将绿色理念贯穿于工作之中。

二、绿色技术是制造业高质量发展的重要动力

随着信息技术和制造装备控制技术快速发展，以及制造业与信息技术深度融合，制造模式正向"定制化的规模生产"和"服务型生产"转变，产品重复利用、再制造、回收利用和再设计等理念也逐渐深入人心，这使得产品生产能够消耗更少的材料和能源，极大地促进了资源、能源的绿色

循环利用①。绿色制造技术是一种综合运用绿色设计、绿色工艺及生产、绿色管理、绿色供应链的技术创新及系统优化，其面向的是全生命周期过程中的减量化、可重用、再生循环和再制造等问题②。绿色制造要围绕产品全生命周期，重点开展绿色设计、清洁生产、节能降耗、新能源、回收再利用、逆向物流等技术研发，形成覆盖全生命周期的绿色技术体系（如图 9-3 所示）。为此，要重点突破绿色设计、绿色工艺、绿色回收资源化、再制造、绿色制造技术标准等共性技术，推动技术、标准、产品与产业协同发展。同时，要构建绿色制造技术标准体系，建立统一的标准基础数据及信息平台，并逐步与国际接轨。

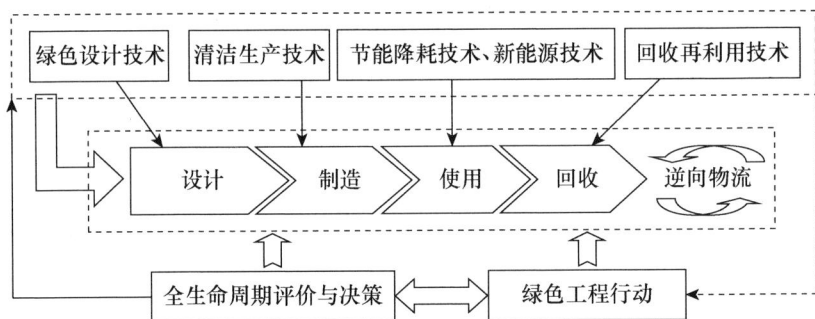

图 9-3　覆盖全生命周期的绿色技术体系

资料来源：根据陶永、李秋实、赵罡的研究成果整理得出。陶永，李秋实，赵罡. 面向产品全生命周期的绿色制造策略［J］. 中国科技论坛，2016（9）：58-64.

三、绿色制造的闭环性和集成性是制造业高质量发展的本质体现

从系统论来看，传统制造模式是一个"原料—工业生产—产品使用—报废—弃入环境"的开环系统，它是以大量消耗资源和破坏环境为代价的粗放的工业发展模式。绿色制造模式则是一个"原料—工业生产—产品使用—报废—零部件重用或材料再利用"的闭环系统，从设计、制造、使用到报废回收的整个生命周期对环境影响最小，资源利用效率最高。绿色制造模式的闭环性体现了高质量发展对资源利用效率的要求。绿色制造系统的闭环特征如图 9-4 所示。

---

① 郑力，江平宇，等. 制造系统研究的挑战和前沿［J］. 机械工程学报，2010，46（21）：124-136.

② 李博洋，顾成奎. 中国区域绿色制造评价体系研究［J］. 工业经济论坛，2015（2）：23-30.

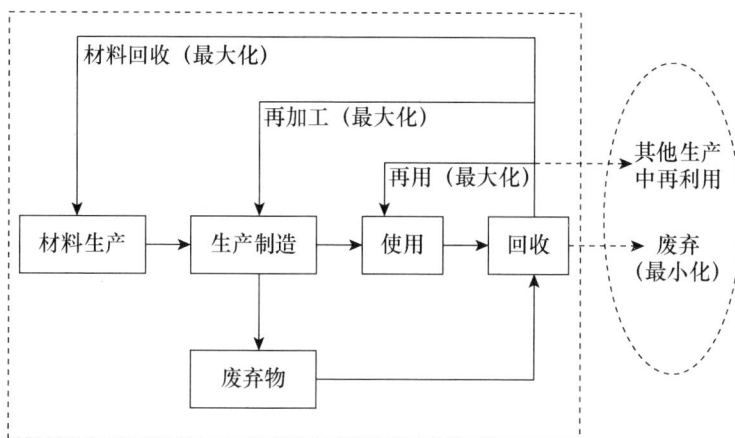

图 9 - 4　绿色制造的闭环性特征示意图

资料来源：作者整理。

　　制造业是将可用资源（包括能源）通过制造过程转化为可供人们使用和利用的工业产品和生活消费品的过程。制造业在作为支柱产业不断为人类创造财富的同时，也会产生大量废弃物，对环境造成污染。绿色制造就是要在保证产品质量和功能的前提下，尽可能减少对资源的利用和对环境的污染，以实现经济、资源、环境的协调优化。由此可见，绿色制造涉及三个领域，一是制造领域，二是环境保护领域，三是资源优化利用领域，绿色制造是这三个领域的交叉和集成，这种集成性特征本质上就是制造业高质量发展的体现。绿色制造的集成性特征如图 9 - 5 所示。

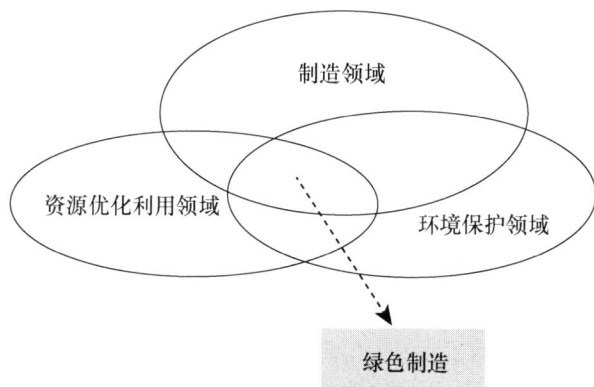

图 9 - 5　绿色制造的集成性特征示意图

资料来源：作者整理。

第三节　绿色制造助推制造业高质量发展的路径选择

推动绿色制造技术创新实现突破是发展绿色制造的根本途径和必然要求。从绿色制造的实现路径来看，要从多个层面协同推进，包括创建绿色工厂、开发绿色产品、建立绿色园区、打造绿色供应链，以及培育绿色消费市场，以实现经济、资源与环境的协调优化。

一、推动绿色制造技术创新实现群体性突破

首次，要鼓励各级政府、骨干企业、科研院所、高校、产业园区等相关主体联合建设产业技术创新联盟，重点研发攻关新能源和资源集约利用、污染生态系统修复、污染物健康危害评测与预防、人工化学品控制等绿色技术并取得突破；其次，要鼓励企业开发和使用高性能洁净成形技术、精确塑性成形技术、优质高效连续技术、精确热处理技术、优质高效改性技术、涂层技术、快速成形技术和再制造技术，以减少生产过程的能量和原材料消耗，降低排放[1]；最后，要加强绿色制造基础数据收集和积累、技术标准制定与信息平台建设，完善节能环保技术创新服务体系，加速节能环保技术从研发成果到产业化、工程化应用的进程[2]。

二、创建绿色工厂

绿色工厂是绿色制造的实施主体，属于绿色制造体系的核心支撑单元。绿色工厂强调生产过程的绿色化。创建绿色工厂是实施绿色制造工程的重点任务，也是促进制造业结构优化、提质增效的重要途径。要在保证产品功能、质量以及生产员工职业健康安全的前提下，结合产品全生命周期管理思想，优先选用绿色工艺、技术和设备，并达到基础设施、管理、投入、产品、排放、绩效的综合评价要求。具体可从以下几个方面入手：首次，优先以工作基础好、代表性强的行业龙头企业为对象，开展绿色工厂创建工作；其次，要采用先进适用的清洁生产工艺技术和治理装备，淘

---

① 黄群慧，杨丹辉. 构建绿色制造体系的着力点 [N]. 经济日报，2015-12-10 (14).

② 付保宗. 我国推行绿色制造面临的形势与对策 [J]. 宏观经济管理，2015 (11)：34-36.

汰落后设备,建立资源回收循环利用机制,推动能源使用结构优化;再次,要采用绿色建筑技术建设改造厂房,合理布局厂区,构建闭环系统;最后,要加强推广绿色设计和绿色采购,大力开发和生产绿色产品,实现企业运行全流程绿色化。

三、开发绿色产品

绿色产品是绿色制造的最终体现。绿色产品是指能够满足用户的功能需求,并在其生命周期过程中能够实现节省能源和资源,减少或消除环境污染,具有很好的生态效果的产品[①]。从企业层面来看,要从技术创新、产品设计、生产、包装等各个环节着手,开发能减少污染和防止破坏环境的绿色产品。其中,绿色设计环节至关重要。与传统的产品设计相比,绿色设计要从全生命周期的视角考虑各个环节实现绿色化的可能性和可行性,在考虑产品在使用中的性能和功效的同时,还要考虑产品生产过程中对资源的消耗和对环境的污染情况,以及在使用或报废后的处置问题。从行业发展来看,要积极开展绿色设计产品试点示范,应用产品轻量化、模块化、集成化、智能化等绿色设计技术,采用高性能、轻量化、绿色环保的新材料,开发推广具有无害化、节能、环保、高可靠性、长寿命和易回收等特性的绿色产品,提升绿色产品市场占有率,引导树立绿色消费理念。

四、建设绿色园区

绿色园区是指企业实施绿色制造、园区开展智慧管理、环境宜居宜业的产业集聚区,绿色园区需要达到能效提升、污染减排、循环利用、产业链耦合等绿色管理要求。要优先从国家级和省级技术产业园区、低碳工业园区、循环经济产业园区中选择一批工业基础好、基础设施完善、绿色水平高的园区进行培育创建。按照产业结构绿色化、能源利用绿色化、运营管理绿色化、基础设施绿色化的要求,从构建循环工业体系、加快环保基础设施建设、做好节能减排和循环化改造、加强园区生态保护和建设等方面着手[②],推行园区综合资源能源一体化解决方案,实现园区能源、水资源、土地的高效利用,以及废弃物的交换利用,从而提升园区资源能源整

---

① 汪波,杨尊森,刘凌云. 绿色产品开发的组织管理 [J]. 管理工程学报,2001(3):56-59.

② 杜延珍. 坚持生态文明理念 建设循环绿色园区 [J]. 柴达木开发研究,2016(3):12-14.

体利用效率。

五、打造绿色供应链

绿色供应链（green supply chain，GSC）这一概念是由美国密歇根州立大学制造研究协会（MRC）于 1996 年提出的，其以绿色制造理论和供应链管理技术为基础，涉及供应商、生产商、销售商和消费者，其目的是使在从物料获取、加工、包装、运输、使用到报废处理的整个过程中，对环境影响最小，资源效率最高。可见，绿色供应链侧重供应链节点上企业的协调与合作，考虑的是产品全生命周期的节能环保问题。在总体战略上，要以全生命周期资源节约、环境友好为导向，强化绿色生产，构建绿色物流及回收体系，推动供应链上下游企业实现绿色发展。在建设过程中，要加强试点示范，选择一批代表性强的示范企业，如汽车、电子电器、大型成套设备等行业企业，发挥市场的驱动作用和财政政策的激励作用，加强供应链上核心企业的引领带动作用，促进供应链上下游企业协作，建立绿色管理模式，推动全产业链绿色发展。

六、培育绿色消费市场

消费者的绿色产品需求对绿色制造具有重要引导作用。我国绿色消费意识不强、规模不大，需要加快培育绿色消费市场。一是加大政府对节能环保产品的采购力度。实施政府绿色采购工程，改进政府采购产品的标准体系，分行业、分产品制定绿色采购标准，加大对高效节能汽车、装备、电器、照明产品等的政府采购力度。二是培育适应绿色制造的绿色消费模式。优先在广泛应用的消费品中开展节能环保产品认定试点，带动企业发展低碳产品，并向低碳生产模式转变。采取综合调控措施，抑制对高消耗、高排放产品的市场需求，鼓励购买绿色低碳产品，刺激对低碳产品的需求。三是开展多层次、多形式的宣传教育，引导企业将绿色营销与产品战略结合起来，引导消费者形成绿色消费习惯，提高低碳产品的社会知名度，倡导绿色与低碳消费。

第四节　绿色制造助推制造业高质量发展的保障措施

近年来，国家和地方政府相继出台了不少有关绿色制造的政策措施，

使得绿色制造取得了积极进展。但是，总体而言，我国绿色制造体系建设
还不完善，尤其是绿色制造技术水平低仍是制约绿色制造发展的最突出的
短板。企业实施绿色化改造需要投入大量资金，短期内会对企业盈利产生
不利影响，因此企业实施绿色制造的积极性不高，需要政府加强引导、支
持和提供保障。

（1）健全产学研合作机制。要充分发挥企业作为技术创新主体的积极
作用，支持绿色制造新技术、新工艺的研发和应用。开发绿色制造实用化
成套技术和工具平台，为企业提供完善的绿色制造技术解决方案。鼓励建
立以企业为主体、高校和科研院所参与的技术研发联盟，注重产业链纵向
一体化建设，面向设计、制造、销售、维修等环节，通过对项目、人才、
基地的长期支持，形成产学研合作的有效机制。

（2）完善社会化服务体系。要推动行业协会、科研院所、第三方服务
机构、金融机构等共同参与，培育一批覆盖标准创制、计量检测、评价咨
询、技术创新、绿色金融等服务内容的专业化绿色制造服务机构，形成完
善的绿色制造服务体系，为制造业企业实施绿色示范工程提供方案支持，
为绿色制造体系政策推广、信息交流、咨询、培训与评估等提供专业化服
务。例如，通过第三方评价机构提供服务，能进一步提升绿色制造体系评
价工作的透明度和影响力，对提高评价质量、一致性和可信度产生积极影
响，有利于充分发挥社会监督作用。

（3）加大财税支持力度。要进一步加大财政资金对绿色制造的支持力
度，发挥中央财政资金的引导激励作用，集中力量支持先导性、公益性的
绿色制造试点示范和公共服务平台、基础能力建设等薄弱环节。充分利用
各级专项资金渠道及政府和社会资本合作（PPP）模式，加大绿色制造支
持力度。完善绿色产品政府采购和财政支持政策，落实资源综合利用税收
优惠政策和节能节水环保专用设备所得税优惠政策。

（4）拓宽企业融资渠道。要加快构建绿色金融体系，拓宽绿色制造融
资渠道，进一步发展绿色信贷、绿色债券市场，推动绿色信贷资产证券
化。引导和鼓励社会资本设立和运营绿色产业基金，支持绿色企业上市融
资。充分利用有效的金融手段，引导社会资本参与绿色制造重大工程建
设，加大对传统制造业绿色改造升级、绿色新技术和新产品产业化应用、
绿色制造体系建设等重点领域的金融支持力度。

（5）完善技术规范和标准。在产业深度融合的背景下，需要建立相应
的综合性标准体系支撑绿色制造。首先，要尽快研究和制定绿色技术、绿

色设计、绿色产品的行业标准和管理规范，形成中国绿色制造标准体系，并严格管理，提升绿色制造技术在制造业企业中的普及程度、应用范围及产业化水平；其次，要加快国外先进标准向国内标准的转化，提高中国应对国际贸易壁垒的能力，并积极参与和主导绿色国际标准的制定，加快推进中国绿色标准国际化[①]。

（6）强化监督与治理。要积极完善绿色制造相关法律法规，强化环保执法监督，加强事中事后监管，严厉惩处各类违法违规行为。实施强制性能耗限额标准，推动用能权、用水权、排污权、碳排放权的市场化交易，形成绿色发展长效激励约束机制。推动大中型企业、上市公司发布年度社会责任报告，提高中小企业绿色责任意识，充分发挥社会监督、舆论监督的作用。同时行业协会要充分发挥桥梁和纽带作用，督促企业自主建立全流程的绿色管理和自查制度，引导企业主动承担实践绿色发展的社会责任。

（7）加强人才培养和理念宣传。首先，要通过整合国内相关研究和教学力量，开展专业技能培训，迅速提高相关领域技术人员的专业水平。其次，要推动各类高校开设与绿色制造、绿色营销、绿色物流、绿色管理有关的专业，逐步建立绿色转型的人才培养长效机制。最后，要加大对绿色制造理念的宣传。支持大专院校加强工业生态学和绿色制造的教育与推广；鼓励企业建立绿色制造工程教育基地；支持建立公益性平台，开展绿色制造咨询服务和环境保护宣传，提高全民环境意识。

（8）构建政策支持体系。绿色制造技术政策是指政府为引导与促进绿色制造技术进步而制定的各种政策和有关措施，它以产业技术进步为政策目标，也是促进产业技术进步的重要手段。技术进步具有周期性特征，包括四个阶段，即研发、论证、推广和市场化。由于各国的技术水平发展不平衡，因此对于发展中国家来说，引进技术可避免走弯路或过度研发投资，还能缩短技术进步周期，不失为一种好选择。绿色制造技术政策主要有绿色技术研发政策、绿色技术引进政策和绿色技术推广政策，需要政府从财税支持、金融支持、组织协调、教育培训等层面设计政策支持体系，具体如表9-1所示。

---

① 黄群慧，杨丹辉. 构建绿色制造体系的着力点［N］. 经济日报，2015-12-10 (14).

表 9-1　绿色制造技术政策矩阵

	绿色技术研发政策	绿色技术引进政策	绿色技术推广政策
财税支持	政府资助、研发补贴、成果奖励、税收减免	税收减免	财政拨款、补贴、税收减免、政府采购
金融支持	贷款优惠、设立研发基金	外汇扶持、同时引进外资与技术	贷款优惠
组织协调	政府委托技术研发及课题研究、重大工程技术装备招标	人才引进	产学研合作、科研成果产业化、提高专利权收益
教育培训	加快发展教育事业	技术动态跟踪	提供技术指导、技术人员进修、技术交流

资料来源：江小国. 经济低碳化政策的理论依据与体系构成 [J]. 现代经济探讨，2013 (11)：78-82.

第十章　智能化转型助推制造业高质量发展

智能制造是新一代信息技术与先进制造业深度融合的新型制造方式，也是制造业实现高质量发展的重要途径。中国自 2015 年开展智能制造试点示范专项行动以来，在全国形成了各具特色的智能制造发展路径，使我国制造业发展质量和效率有了较大的提高。我们要深刻认识世界产业变革的新态势和国内制造业发展面临的新挑战，抓住新一轮科技革命带来的新机遇，以智能制造为主攻方向，集聚社会资源，统筹多方力量，加强协同创新，促进制造业产业模式和企业形态发生根本性转变，助推制造业高质量发展。

第一节　智能制造的理论内涵与现实问题

一、智能制造的发展背景

智能制造源于人工智能的研究与应用。人工智能就是用人工方法在计算机上实现的智能。从产品生产本身来看，随着产品功能多样化和产品结构精细化，产品设计和工艺的信息量、生产线和生产设备内部的信息量、制造过程和管理工作的信息量都呈现激增态势，制造系统逐步转变为信息驱动型，这就要求制造系统在具备柔性的同时，还要实现智能化，以处理大量且复杂的信息。从外部环境来看，面对瞬息万变的市场需求和日益激烈的竞争环境，企业制造系统需要具备灵活、敏捷和智能化的性能才能妥善加以应对。智能制造是制造业发展的必然趋势，越来越受到重视。

智能制造已被世界主要国家列入国家发展计划。1992 年，美国实施了以智能制造技术为核心的新技术政策，包括信息技术和新制造工艺，并借此改造传统产业，发展新兴产业。加拿大制定的 1994—1998 年发展战略规划提出，智能系统的研究和应用对经济发展具有重要意义，要重点开发智能计算机、人机界面、机械传感器、机器人控制、新器件、动态环境系统集成等，以支持知识密集型产业发展，为经济持续发展奠定坚实基础。日本 1989 年提出要打造智能制造系统，1994 年启动了先进制造国际合作研究项目，包括公司集成与全球制造、制造知识系统、分布式智能系统控制等。欧盟于 1994 年启动了一项新的研发项目，选择了 39 项核心技术，其中智能制造在信息技术、分子生物学和先进制造技术中的地位得到了突出体现。20 世纪 80 年代末，"智能模拟"被我国列为国家科技发展规划的研究重点，在专家系统、模式识别、机器人、汉语机器理解等方面取得了一批成果。此后，科技部正式提出"工业智能工程"计划，作为科技创新计划中创新能力建设的重要组成部分，智能制造是核心内容之一。2015 年 3 月，工业和信息化部下发《关于开展 2015 年智能制造试点示范专项行动的通知》和《2015 年智能制造试点示范专项行动实施方案》，正式启动实施智能制造试点示范专项行动。

二、智能制造的内涵及特征

（1）智能制造的内涵。智能制造是以新一代信息技术为基础，与新能源、新材料、新工艺相结合，贯穿于设计、生产、管理、服务等制造活动的先进制造工艺、系统和模式的总称，具有信息深度自我感知、智能优化自我决策、精确控制和自我执行等功能。智能制造集软件、电子、控制、机械于一体，以智能生产终端为核心，主要由云、网、端三方面构成。智能制造是在数字制造的基础上发展的更前沿的阶段，因此数字制造技术是智能制造的基础技术，但两者之间存在本质的区别[①]：第一，数字制造系统处理的对象是数据，而智能制造系统处理的对象是知识；第二，数字制造系统的处理方法主要停留在数据处理层面，而智能制造系统的处理方法则是基于新一代人工智能；第三，数字制造系统在使用中性能会逐步下降，而智能制造系统具有自动优化功能；第四，当环境异常或使用错误时，数字制造系统不能正常工作，而智能制造系统具有容错功能。

（2）智能制造的特征。智能制造的本质是虚拟网络与实体生产的相互渗透。一方面，信息网络将彻底改变制造业的生产组织模式，大大提高制

---

① 谭建荣，刘达新，刘振宇，等. 从数字制造到智能制造的关键技术途径研究 [J]. 中国工程科学，2017，19（3）：39-44.

造效率；另一方面，制造将成为互联网的延伸，从而会成为互联网的重要节点，使网络经济的范围和效果得到扩大和提升。从软硬件结合的角度看，智能制造是虚拟网络＋实体物理的制造系统。美国的"工业互联网"、德国的"工业4.0"、中国的"互联网＋"战略，都体现了虚拟网络与实体物理深度融合的特点。智能制造具备以下基本特征：第一，生产系统纵向整合。企业面对着不断变化的订单需求、库存水平及各种突发故障，智能制造能借助信息物理系统和网络化的生产系统帮助企业做出快速响应。在整个生产流程中，智能制造系统对每个环节和每个差错进行记录，有助于提高生产效率，减少生产浪费。第二，价值链横向整合。价值链横向整合形成实时优化的价值链网络，能更迅速地对各种问题、故障做出响应。企业可借助信息物理系统实现连接和网络化，从而形成一个覆盖采购、生产、销售等环节，容纳供应商、企业、客户等主体的透明的价值链。在这个价值链环境下，产品开发、生产、组装、配送等环节都可以实现定制。第三，全生命周期数字化。智能制造系统的全生命周期数字化促使产品开发、设计、生产等环节实现无缝衔接，让产品开发与生产系统相适应、相协调。在这个过程中，企业可以获取各个阶段的数据，有助于打造更加柔性的生产流程①。

（3）智能制造系统结构。智能制造系统包括智能设计、智能加工、智能装配、智能服务等四个重要环节，涉及产品全生命周期。从系统构成和产业链来看，智能制造可划分为感知层、网络层、执行层与应用层等四个层次，具体如图10－1所示。

三、我国智能制造发展现状和面临的问题

智能制造在世界范围内的快速发展，将对产业发展和分工产生深刻影响，促进新的生产方式、产业形态和商业模式形成。发达国家实施再工业化战略，不断推出发展智能制造的新举措，积极培育制造业新的竞争优势。经过几十年的快速发展，我国制造业规模跃居世界第一，建立了独立、完整的制造体系。但与发达国家相比，差距依然较大，不足之处依然明显。加快制造业智能化发展，对于深化供给侧结构性改革，培育经济增长新动能，构建新型制造业体系，推动制造业转型升级和向中高端迈进，

①赵光辉，冯帆. 中国智能制造发展的国际背景与政策研究［J］. 中国市场，2017（31）：12-19.

以及加快实现制造强国目标，具有重要意义。

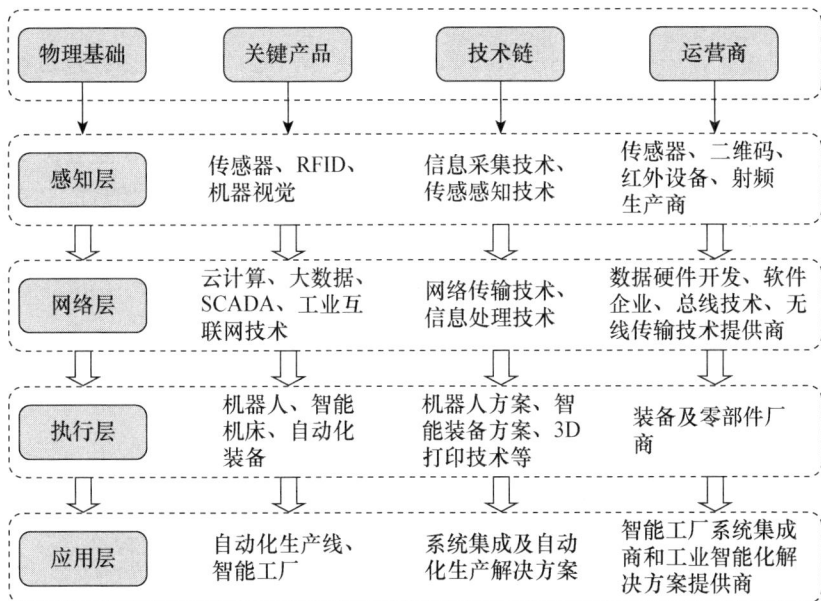

图 10 - 1　智能制造系统结构

资料来源：作者整理。

　　随着新一代信息技术与制造业的深度融合，我国智能制造发展取得了一定成效，以工业机器人、高端数控机床等为代表的关键技术和设备取得了重要进展。随着智能制造设备和先进技术在重点行业领域的推广，其应用范围不断扩大，制造设备数字化、网络化、智能化步伐进一步加快，过程控制和制造执行系统普及率得到提高，重点产业工艺流程数控化率有了大幅提升，在典型行业逐步形成了一批可复制推广的新型智能制造模式。国内领先的制造业企业也在加快布局智能制造。比如，海尔自 2012 年起就开始筹划建设数字互联网工厂，力图创新智能制造模式。目前，海尔已建成两大支撑平台——众创汇用户交互定制平台和海达源模块商资源平台，四大互联工厂——沈阳冰箱、郑州空调、佛山洗衣机和青岛热水器，开启了定制化大规模生产模式。海尔用户可通过多种终端登陆交互平台，实时跟踪生产全过程，不再是产品的被动接受者，而是成为了产品的设计创造者。

　　面向现实，我们发现，中国制造业整体上仍处于机械化、电气化、自动化与数字化阶段，尚未拥有具有自主知识产权的智能制造关键共性技术和核心设备，智能制造标准不够健全，软件、网络和信息安全基础并不牢靠，智能制造模式成熟度不高，整体系统解决方案的供应能力不足，国际化大型企业、高端智能制造人才都较为缺乏。由此可见，我国在推进制造业智能化发展进程中，面临着复杂的环境、严峻的形势、艰巨的任务。为此，我们要立足国情、着眼长远，加强统筹布局，把握全球制造业分工调整的重要机遇，引导我国制造业企业走出一条具有中国特色的智能制造发展道路。

第二节　智能制造助推制造业高质量发展的机理分析

智能制造能够加快推进制造业发展质量、效率与动力变革，通过产品及装备、生产、服务三大系统的数字化、网络化和智能化的深入推进，可以不断提高企业生产能力、资源能源利用效率、产品质量和服务水平，促进制造业实现创新、协调、绿色、开放和共享发展，从而达到高质量发展的根本要求。

一、智能制造推动制造业发展质量、效率与动力变革

制造业高质量发展需要加快实现三个变革：第一个变革是要求全面提高供给体系质量，推动制造业发展质量变革；第二个变革是要求优化升级要素结构，推动制造业发展效率变革；第三个变革是要求通过优化创新环境和激发创新活力打造协同创新机制，推动制造业发展动力变革。加快发展智能制造，推进信息化和工业化深度融合，有利于制造业加快质量变革、效率变革和动力变革，从而推动制造业走上高质量发展道路（见图 10 - 2）。

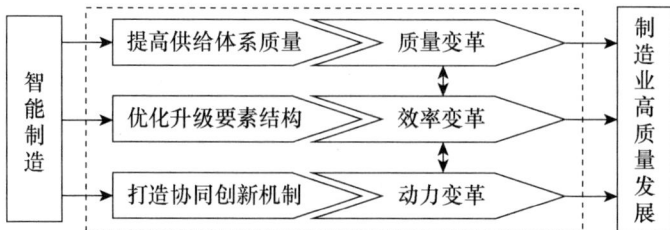

图 10 - 2　智能制造推动"三大变革"与高质量发展

资料来源：作者整理。

（一）智能制造推动制造业发展质量变革

从微观层面看，企业要提供更多高质量、高品质的产品和服务，从而匹配不断升级的消费需求。改革开放以来，我国经济实现快速增长，居民收入水平获得了大幅度提高，消费逐渐转向个性化、多样化与高端化，消费者对产品品质的要求明显提高，但我国供给体系相对于不断升级的需求来讲显得滞后，低端供给过剩和高端供给不足的结构性矛盾已成为我国制造业持续发展中的突出问题。从宏观层面看，我国制造业无论是劳动生产率、资源利用效率，还是投资回报率、全要素生产率，与国际先进水平相比都有相当大的差距。发展智能制造，有利于推动从设计、研发、生产、管理到服务的价值链整体优化提升，提高生产效率和产品质量，更好地满足个性化、多样化、定制化的需求，从而带动制造业供给体系整体质量提升，缩小与发达国家制造业发展水平的差距。

（二）智能制造推动制造业发展效率变革

在过去相当长的一段时期内，我国制造业规模快速扩张主要是依赖劳动力、资本、土地等传统生产要素的大量投入，这种粗放型的发展方式意味着质量效率低下。随着新一代信息技术的创新突破和渗透应用，制造业正加速向数字化、网络化、智能化方向发展。其中，数据、信息、知识作为新型生产要素，不仅自身成为创造新价值的重要源泉，而且能促进传统生产要素升级，大大提高制造业的生产效率和经济效益。产业发展质量决定于投入要素的质量，制造业的发展质量将越来越多地取决于投入的新型生产要素的质量。为此，要加快推进工业化和信息化深度融合，大力发展智能制造，优化升级制造业的要素结构，推动制造业加快向更多地依靠新型生产要素的增长模式转变，实现高质量发展。

（三）智能制造推动制造业发展动力变革

创新是引领制造业发展的第一动力。创新活动不断突破地域、组织、技术的界限，技术和产品的创新已经很难再依靠单个创新主体独立完成，需要打造网络化协同创新机制。智能制造是装备、软件、网络、标准等相关要素的系统集成，本身就是一种协同创新和新的发展动力。另外，传统产业与大数据、物联网、工业设计等深度融合，能促进生产组织方式创新，进而释放新的增长动能。发展智能制造，打通全产业链，能够有效推动制造业创新生态系统的构建和完善，营造良好的创新环境，促进制造业创新发展。发展智能制造要注重培育智能制造供给能力，加大研发投入力度，加强关键技术装备、工业软件和系统解决方案的创新突破，以实现制造业发展动力变革与质量效率提高。

二、"数字化—网络化—智能化"演化升级与制造业高质量发展

　　智能制造是新一代信息技术与先进制造技术的深度融合，它贯穿于产品、制造和服务全生命周期的各个环节和相应系统的优化和集成过程，形成数字化、网络化、智能化制造。智能制造可以不断提高企业的产品质量、生产效率和服务水平，促进制造业实现创新、协调、绿色、开放和共享发展。从纵向发展过程来看，智能制造的基本范式可以概括为三种，即数字化制造、数字化网络化制造（互联网＋制造）、数字化网络化智能化制造（新一代智能制造），也可对应认为是智能制造1.0、智能制造2.0和智能制造3.0。智能制造范式演化升级的路径如图10－3所示。

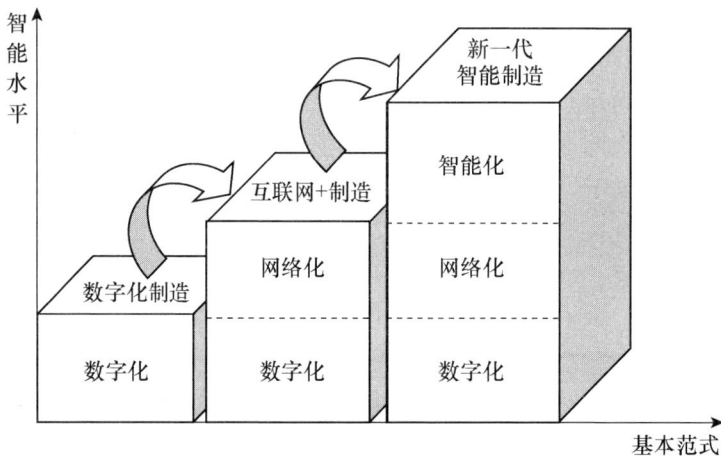

图10-3　智能制造范式演化升级路径

资料来源：周济. 智能制造："中国制造2025"的主攻方向［J］. 中国机械工程，2015，26（17）：2273-2284.

（一）数字化制造——智能制造1.0

　　数字化制造是第一代智能制造（智能制造1.0），它是智能制造的初级形态。20世纪50年代，在数字化信息技术的开发和应用下，自动化制造逐步向数字化制造转变，出现了以数控机床等为代表的一系列"数字"产品，数字化装备、数字化设计、数字化建模等得到了广泛应用。数字化制造具有管理信息化、生产过程优化、集成性突出等特点。数字化制造可通过数字化技术对产品、工艺和资源等的相关信息进行分析、决策和控制，从而使产品生产更高效、产品性能更能满足用户要求。20世纪80年

代以来，我国制造业企业逐步应用数字化技术，推进设计、生产、管理等过程实现数字化，推广数字化控制系统和制造装备，取得了巨大的技术进步①。近年来，机器换人和数字化改造在全国大力推广，一大批数字化生产线、数字化车间和数字化工厂陆续建成。中国的数字制造进入了一个新的发展阶段，为实现中国制造业高质量发展奠定了基础。

（二）数字化网络化制造——智能制造 2.0

数字化网络化制造是第二代智能制造（智能制造 2.0），也可称为"互联网＋制造"。20 世纪 90 年代末以来，随着互联网技术和制造业深度融合，制造业价值链被重塑，推动了"互联网＋制造"加快发展，制造业逐步从数字化制造阶段推进到数字化网络化制造阶段。企业的网络化有两个主要方向：一个就是内部网，即将企业内部的部门信息全部整合在一个网上，这样可极大地提高企业内部业务的运行效率和有效性；另外一个是外部网，即企业通过互联网进行外部联系。制造业网络化带来的重大技术突破，至少表现在以下三个方面，即关联设计系统、网络化协同平台、全三维标注技术。

"互联网＋制造"的主要特征表现为：首先，在产品方面，在数字技术得到普遍应用的基础上，广泛应用网络技术，在设计、研发等环节实现协同共享；其次，在制造方面，在工厂内部业务集成的基础上，进一步实现供应链、价值链集成和端到端集成，实现制造系统的数据流和信息流的互联；最后，在服务、设计、制造、物流、销售、维护等环节以及用户、企业等实体中，通过网络平台实现联结和互动，形成以用户为中心的制造模式。可见，数字化网络化制造大大提高了制造效率，更好地满足了用户需求，是制造业高质量发展的重要体现。

（三）数字化网络化智能化制造——智能制造 3.0

数字化网络化智能化制造也可称为新一代智能制造（智能制造 3.0）。在互联网、云计算、大数据、量子信息、区块链、物联网等新一代信息技术推动下，大数据智能、跨媒体智能、人机混合增强智能、群体智能等新一代人工智能技术得到了加速发展和战略性突破②。新一代人工智能技术与先进制造技术深度融合，形成数字化网络化智能化制造。新一代人工智

①　吴澄，李伯虎. 从计算机集成制造到现代集成制造：兼谈中国 CIMS 系统论的特点 [J]. 计算机集成制造系统，1998（5）：1-6.

②　Pan Y H. Heading toward artificial intelligence 2.0 [J]. Engineering，2016（4）：409-413.

能的本质是具有学习、生成知识和更好地利用知识的能力。新一代智能制造将给制造业的设计、制造、服务等方面及其集成带来根本性的变革。新技术、新产品、新形式、新模式层出不穷，深刻影响和改变着产品形态、生产方式、服务方式乃至人类的生活方式和思维方式，极大地促进了社会生产力的发展①。新一代智能制造将给制造业带来革命性的变化，将成为制造业高质量发展的核心驱动力和重要途径。

三、"产品—生产—服务"并行智能化与制造业高质量发展

新一代智能制造系统由智能产品及装备、智能生产、智能服务三大主系统和工业智联网、智能制造云等两大支撑系统构成（见图 10-4），其中智能产品及装备是主体，智能生产是主线，以智能服务为核心的产业模式和业态变革是主题，智能制造云和工业智联网是智能制造系统的重要支撑。产品、生产、服务三大系统的智能化，有利于提高资源利用效率、生产效率、服务效率和产品质量，从而推动制造业实现高质量发展。

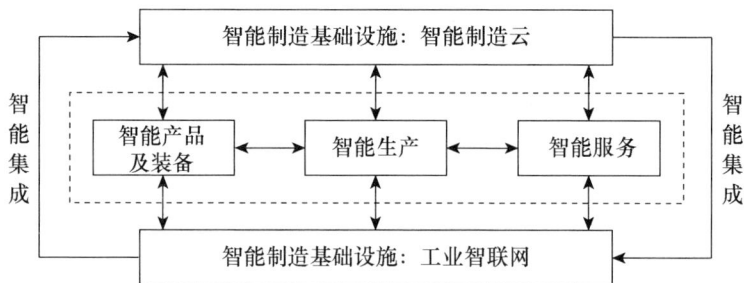

图 10-4　新一代智能制造系统的模块构成

资料来源：作者整理。

（一）智能产品及装备——智能制造助推制造业高质量发展的主体

智能产品是智能制造和服务的价值载体，智能装备是智能制造的技术前提和物质基础。智能化将给制造业产品及装备带来无限的创新发展空间，使产品及装备产生革命性变化，实现从制造向"智造"和"质造"转变，智能手机和智能汽车是典型例证。当制造业产品及装备从"数字一代"整体跃升成"智能一代"时，一方面，智能终端、智能家电、智能服务机器人、智能玩具等一大批先进的智能产品将出现在日常生活中，为人

---

① Zhou J, Li P G, Zhou Y H, et al. Toward new-generation intelligent manufacturing [J]. Engineering, 2018 (1)：11-20.

民群众的美好生活服务；另一方面，重点领域的重大装备将实现智能化升级，如信息技术装备、航空航天装备、船舶装备、汽车和轨道交通装备、农业装备、医疗装备、能源装备等。智能设备将广泛应用于制造领域，如智能机器人、智能机床等。

（二）智能生产——智能制造助推制造业高质量发展的主线

智能生产与智能工厂是智能制造的行为载体。生产过程、生产系统的优化是智能生产和智能工厂追求的目标。新一代人工智能技术与先进制造技术的融合将会使企业成为自学习、自适应、自控制的新一代智能工厂，从而不仅能解决人力成本上升的问题，而且能从根本上提高制造业的质量、效率和企业竞争力。从重点任务来看，智能生产需要提升产品设计、制造和管理的智能化水平。一是设计的智能化。要采用先进的数字化智能化设计系统，在虚拟现实、计算机网络、数据库等技术支持下，在虚拟的数字环境里实现产品的全数字化设计，从而提高产品设计质量和一次研发成功率。二是生产的智能化。要提高生产基本流程的数字化程度，以及机器人、物联网、人工智能、大数据分析等数字化技术的应用水平，通过制造装备的数字化网络化智能化、生产过程的计算机辅助，提升生产系统的功能、性能与自动化程度。三是管理的智能化。制造业企业管理模式要向数字化网络化智能化方向发展，实现产品全生命周期中各环节、各业务、各要素的协同与优化，提高企业的市场反应速度与生产效率，降低产品成本和资源消耗，从而推动企业竞争力提升。

（三）智能服务——智能制造助推制造业高质量发展的主题

新一代人工智能技术的应用，将大大促进大规模定制生产方式的发展，推动制造业由以产品为中心向以用户为中心转变，产业模式由大规模流水线生产向规模化定制生产转变，产业形态由生产型制造向生产服务型制造转变。例如，红领集团建立的个性化服装数据系统可以提供超大量的设计组合，个性化设计需求覆盖率达到99.9%。利用工业过程生产个性化产品，成本仅比批量生产高出10%，但回报至少是批量生产的两倍[①]。制造业实现从以产品为中心向以用户为中心的根本性转变这种产业模式和企业形态变革是智能制造发展的主题。

当然，发展智能制造需要优先发展智能制造云和工业智联网等基础设

---

① 周济. 智能制造："中国制造2025"的主攻方向 [J]. 中国机械工程，2015，26（17）：2273-2284.

施,"网"和"云"带动制造业从数字化向网络化、智能化发展。一是构建信息物理系统。信息物理系统是一个集计算、通信、网络、控制和物理环境为一体的多维复杂系统。它可以将信息世界与现实世界联系起来,改变物理世界的交互方式,使大型工程系统实现实时感知、动态控制并提供信息服务。二是完善工业互联网基础设施。工业互联网是智能制造的基础设施,要加快工业互联网总体网络架构规划布局,建设低延迟、高可靠性、广覆盖的工业互联网。三是加强智能制造网络信息平台、标准体系和信息安全保障体系建设。要构建智能制造网络信息平台,促进软件和服务、设计制造资源、关键技术标准的开放共享。建立智能制造标准体系,加快发展智能化的主要成套设备和自动化生产线,建立信息安全系统,提高信息安全能力。

第三节　智能制造助推制造业高质量发展的路径选择

发展智能制造是一项巨大而复杂的系统工程,需要夯实工业互联网、智能制造技术装备等产业基础支撑,强化技术创新、人才建设等关键要素保障,发挥企业在实施智能制造中的主体作用,加强智能化园区的试点示范,以及构建良好的智能制造生态体系。

一、夯实工业互联网基础,推进装备智能化

工业互联网是制造业实现智能化发展的基础条件。我国工业互联网基础有待进一步升级完善。要加强新型工业网络设备和系统的开发,建设工业互联网测试验证平台和解析系统,推动制造业企业在厂内进行网络升级,鼓励电信运营商完善厂外网络,开展工业云和大数据平台建设;加强信息安全软硬件产品研发,构建智能制造信息安全保障系统和测试验证平台,完善工业互联网信息安全风险评估、检查和信息共享机制。

智能制造装备是制造业实现智能化发展的技术条件。为此要着眼于感知、控制、决策和实施等关键环节,共同攻克关键技术瓶颈,提高智能装备的质量及可靠性。推动智能制造关键技术装备、核心支撑软件、工业互联网等在关键制造领域的集成应用。通过系统解决方案供应商、设备制造商和用户等多方联合攻关,开发出一批重大成套设备,促进工程应用和产业化。推动新一代信息通信技术、设备和产品的进一步融合,推动智能网

联汽车（ICV）、服务机器人等产品的研发、设计和产业化，促进特色智能装备产业加快发展。

二、加快关键共性技术创新和智能制造人才队伍建设

我国现阶段制造业状况是"大而不强、缺芯少智"，虽然在高铁、水电、路桥、航空航天、超算等方面进展显著，但很多高端装备、关键元器件及零部件依赖进口，关键共性技术创新不足，导致产业发展在很大程度上受制于人①。因此，要针对智能制造关键技术及装备、智能产品、重大成套设备、数字化车间和智能工厂的开发应用，加快突破一批关键共性技术，包括先进的感知和测量技术、高精度的运动控制技术、高可靠性的智能控制技术、建模与仿真技术、工业互联网安全技术等，开发与智能制造相关的核心支撑软件，积累一批核心知识产权，强化制造过程及装备智能化的技术支撑。

在推进制造业智能化转变过程中，需要大批掌握核心技术和具备现代工匠精神的高技能新型人才。为此，要联合采用企业培训、学院培训和外部引进三项措施，确保智能制造所需各级专业技术、技能和管理人才的有效供给。一方面，要完善人才培养机制。要创新技术人才教育培训模式，推动企业和院校联合培养技术人才；鼓励有条件的高校、事业单位和企业建设智能制造培训基地，培养适应智能制造发展需要的高素质技术人才；支持高校建设完善智能制造学科体系和人才培养体系。另一方面，要构建多层次人才体系。要加强弘扬工匠精神，培养"四个一批"制造业人才，即一批能突破智能制造关键技术的高层次领军人才，一批擅长制造业企业管理、熟悉信息技术的复合型人才，一批能够进行智能制造技术开发、技术改进和业务指导的专业技术人才，一批技能精湛、门类齐全的技能型人才。

三、大力推进重点领域智能化转型和中小企业智能化改造

在高档数控机床和机器人、航天装备、海洋工程装备和高科技船舶、先进轨道交通装备、节能与新能源汽车、电力装备、农业装备、新材料、生物医药、高性能医疗器械等重点领域及新一代信息技术产业中，有序推

---

① 中国智能制造亟需突破关键共性技术［EB/OL］.（2017-03-06）［2019-04-25］. https://www.gkzhan.com/news/detail/97652.html.

进数字化车间和智能化工厂建设，加快智能制造关键技术和装备的集成应用。加快客户关系管理（CRM）系统、供应链管理（SCM）系统、产品生命周期管理系统的智能化改造和智能化水平提升。针对传统制造业对关键过程自动化和数字化改造的要求，推广数字技术、系统集成技术和智能设备应用，提高设计、制造、工艺和管理等各个环节的智能化水平，推动制造业加快向中高端迈进。

实现智能制造是一个长期的发展过程，需要企业发挥主体作用。企业要根据自身条件及市场需求情况，有序推进生产的数字化、信息化和个性化①。推动中小企业智能化转型是智能制造工程的一项重要任务。首先，要引导基础条件好的中小企业推进生产线自动化，加强管理信息化、数字化升级。其次，要建立龙头企业带动中小企业推进自动化和信息化的发展机制，促进中小企业智能化水平稳步提升。最后，要整合利用现有制造资源，搭建云制造、云服务平台，在线提供关键工业软件和智能制造模块等外包服务，支持中小企业实现智能化转型。

四、积极引导和支持企业构建智能化生产体系

企业智能化生产体系是发展智能制造的根基，要从"点线块面"四个层次并行推进。一是加快推进关键岗位"机器换人"。在具有重复劳动特征、劳动强度高、生产环境差、安全风险高、工艺要求严格的关键岗位，用工业机器人、高端数控机床等替代人工生产，实现"点"的突破。二是实施生产线智能化改造。在流程型行业，支持企业应用智能仪表、数据采集和监控系统，实现先进控制和在线优化；在离散型行业，支持企业应用自动化成套装备、自动化成套控制系统，优化工艺流程，推动生产线全流程数字化，实现"线"上链接。三是加快智能车间建设。支持企业应用智能技术和智能设备，促进车间计划排产、加工装配、检验检测等各生产环节的智能协作与联动，实现研发、制造、仓储、物流的系统集成，实现"块"上融合。四是推进智能工厂建设。一方面，支持企业综合利用生产数据采集、制造执行、企业资源计划、全生命周期管理、平行生产管控等先进技术手段，实现各环节的集成优化；另一方面，支持企业综合运用工业互联网、大数据、云计算等新一代信息技术，促进企业管理和决策智能

---

① 尤政. 中小企业智能化改造有了"路线图"［EB/OL］.（2016-12-09）［2019-08-29］. http://finance. china. com. cn/roll/20161209/4017328. shtml.

化，实现"面"上协同①。

五、加快建设智能化示范园区和智能制造生态系统

产业园区是制造业发展的载体，也是工业和区域经济发展水平的重要决定因素。推进制造业智能化发展需要加快建设一批智能化示范园区。可选择一批具有较好智能基础和条件的产业园区确定为示范园区，通过建设集工业互联网、云计算、大数据为一体的智能制造公共服务平台，全面推进企业生产经营、园区运营管理和公共服务的智能化升级，打造研发生产、质量控制、运行管理全面互联和产业链环环相扣的智能化园区。

面对智慧化环境，企业需要一个共生共荣的智能制造生态系统。构建智能制造生态系统需要同时推进硬件和软件建设。硬件方面包括感测装置、网络装置、机器人、3D打印、智能型手机；软件方面包括云端平台、大数据分析、人工智能、虚拟现实 VR/扩增实境 AR 等技术②。为此，要促进装备、自动化、软件、信息技术等不同领域企业密切合作和协同创新，促进产业链中各企业共同发展，形成以智能制造系统集成商为核心、优势企业共同推进、"专精特新"企业深度融入的智能制造生态系统。加快培育一批专业性系统解决方案供应商，大力发展具有国际影响力的龙头企业集团，壮大一批传感器、智能仪表、控制系统、工业软件等领域的配套企业。关于打造智能制造生态系统，美国成功的经验是"三位一体"推进模式：政府层面提供关键共性技术创新的政策支持；行业组织层面负责搭建智能制造开放平台；企业联盟层面不断探索智能制造的商业模式③。美国"三位一体"打造智能制造生态系统的经验对中国有借鉴意义。

第四节　智能制造助推制造业高质量发展的保障措施

发展智能制造是实现我国制造业高端化的重要路径，是重塑制造业竞争新优势的现实需要，更是制造业高质量发展的重要抓手。我国智能制造

① 刘殿敏. 智能制造是制造业高质量发展的关键［N］. 河南日报，2018-10-20（5）.

② 邱创钧. 美国智能制造生态系统的发展与启示［EB/OL］.（2018-07-24）［2019-02-21］. https://www.sohu.com/a/243003698_99905556.

③ 朱英明，余之祥，方创琳. 借鉴发达国家经验建设江苏智能制造生态体系［J］. 群众，2019（2）：39-40.

尚处于起步阶段，需要政府从完善创新体系、加大财税支持力度、创新金融扶持方式、深化国际交流合作、发挥行业组织作用、建设完善智能制造标准体系等多方面给予更有力的支持政策和保障措施，以推动智能制造加快发展。

一、完善创新体系

构建智能制造体系的最终目的是帮助企业在新的竞争环境中形成新的竞争优势。这种优势可能来自产品本身，可能来自企业的运营过程，也有可能来自新的商业模式①，归根结底来源于创新。首先，要利用互联网、云计算、大数据、人工智能等信息技术，整合创新资源，打造制造业创新服务平台，加强对行业数据的汇集、挖掘和分析，提高企业柔性制造能力和精益生产能力②；其次，要在智能制造领域建立一批制造业创新中心，围绕重点领域建设若干重大科学研究和实验设施，鼓励企业加大研发投入和加强智能制造关键技术创新；最后，要注重技术创新与商业模式创新相结合。互联网、云计算、大数据、人工智能等新技术不仅为智能制造提供了技术支撑，而且为商业模式创新提供了工具。要将技术创新和商业模式创新有机结合起来，最大限度地实现创新成果的商业价值。

二、加大财税支持力度

第一，要加大政府财政资金投入，用好技术改造专项资金，统筹支持智能制造关键共性技术研发。第二，要以智能制造为技术改造的主要方向，通过股权投资、贴息、奖励、补偿等方式，鼓励和支持企业进行数字化、网络化、智能化改造。第三，要制定税收优惠政策，激励制造业企业实施智能化改造。如：实施智能设备加速折旧；将智能技术改造项目投资计入研发加计扣除；对智能升级改造项目给予一定的退税奖励；购置重大技术装备符合规定条件的，可享受所得税优惠。第四，要完善和落实支持创新的政府采购政策，优先采购具有自主知识产权的智能制造装备及产品。

三、创新金融扶持方式

引导银行业金融机构优先对技术先进、优势明显、带动支撑作用强的

---

① 纪丰伟. 智能制造体系重构创新研发模式 [J]. 智能制造，2017 (9)：4-17.
② 张佳悦. 如何完善制造业创新体系 [J]. 人民论坛，2018 (16)：122-123.

智能制造项目给予信贷支持。鼓励融资模式和产品创新，支持智能制造装备企业发展，推动新业态、新模式的涌现和发展。鼓励设立各类市场化运作的智能制造发展基金，引导金融机构和社会风险投资、股权投资进入智能制造领域。支持智能制造企业扩大直接融资，发展应收账款融资，降低财务成本。引导和支持智能制造关键领域符合条件的企业采用发行公司债、企业债、短期融资券、中期票据等方式实现债务融资。鼓励金融机构在风险可控的前提下，扩大对智能制造企业的贷款和担保范围。搭建政企合作平台，创新产融对接模式，推动金融机构产品和服务创新，专向支持智能制造项目。

四、深化国际交流合作

发达国家智能制造起步较早，具有较为丰富的经验和先进的技术。为此，中国要加强与德国、美国、日本、法国、英国、韩国等先进制造国开展智能制造合作，继续开展中德智能制造合作示范，加强智能制造标准和知识产权的国际交流与合作。支持国内外企业和产业组织开展智能制造技术交流与合作，实现引进资本、引进技术和引进智力相结合。鼓励跨国公司和外国机构在中国设立智能制造研发机构、智能制造示范工厂和园区，以及人才培训中心等。鼓励国内企业参与国际并购，参股国外先进的研发制造项目，力争尽快掌握智能制造关键技术，逐步实现自主发展。积极建设国际智能制造联盟，依托世界智能制造大会等平台开展学术交流，实现智能制造高质量开放发展。

五、发挥行业组织作用

要充分发挥行业协会熟悉行业、贴近企业的优势及其"平台"、"纽带"和"服务"功能，推广先进管理模式，加强行业自律，防止无序和恶性竞争。相关行业协会要指导企业深化改革，抓好技术创新和人才培养工作，及时反映企业诉求，反馈政策落实情况，积极宣传和帮助企业用足用好各项政策；为企业提供全方位咨询、方案设计、技术经验交流等服务，促进国内外科研、技术经验的分享和交流，加强企业之间的合作，搭建企业与企业、企业与相关管理部门有效沟通的平台。鼓励行业协会、产业联盟提升服务行业发展的能力，引导企业加快发展智能制造。

六、建设完善智能制造标准体系

工业和信息化部、国家标准化管理委员会发布的《国家智能制造标准体系建设指南（2018 年版）》提出，国家智能制造标准体系按照"三步法"原则建设完成：第一步，通过研究各类智能制造应用系统，构建智能制造系统架构，从而明确智能制造对象和边界，识别智能制造现有和缺失的标准，认知现有标准间的交叉重叠关系；第二步，在深入分析标准化需求的基础上，形成智能装备、智能工厂、智能服务、智能赋能技术、工业网络等五类关键技术标准，与基础共性标准和行业应用标准共同构成智能制造标准体系结构；第三步，对智能制造标准体系结构分解细化，进而建立智能制造标准体系框架，指导智能制造标准体系建设及相关标准立项工作①。

---

① 智慧城市研究社. 《国家智能制造标准体系建设指南（2018 年版）》印发 [EB/OL].
(2018-10-16) [2019-05-27]. http://www.sohu.com/a/259906756_465947.

第四篇

产业层面
——"六措并举"形成战略合力

产业转型升级和迈向全球价值链中高端是制造业高质量发展的目标和重要标志。从产业层面看，需要大力实施制造业集聚发展、融合发展、开放发展、高端化发展、品牌化发展、产业链现代化等六大战略举措，协同推进制造业转型升级与高质量发展；并要根据国内外发展形势，在相关发展战略中实施专项行动，助力中国制造业加快实现高质量发展的步伐，如培育世界级先进制造业集群、加快中国装备制造业沿"一带一路"走出去、"中国制造"品牌形象再塑造、全球疫情期间中国制造业产业链安全维护等。

第十一章　推动制造业高质量集聚发展

产业聚，经济兴。美国著名经济学家波特认为，集群是经济发展的核心竞争力。制造业集群是现代化经济体系的重要支撑，打造制造业集群是实现制造业高质量发展的重要途径。制造业产业集聚并非仅仅是企业在空间上的接近，更要注重考虑企业间的分工合作和协同发展，充分发挥包括资源共享、成本节约、市场拓展、环境保护等在内的集聚效应，通过高质量集聚带动制造业高质量发展。

第一节　产业集聚理论及中国制造业集聚现状

一、产业集聚理论学说

产业集聚是指同一产业在某个特定地理区域内高度集中，产业资本要素在空间范围内不断汇聚的过程。19 世纪末产业集聚问题开始受到学者关注，马歇尔于 1890 年在其著作《经济学原理》中探讨了产业集聚问题，提出了两个重要的概念，即内部经济和外部经济，并在此基础上界定了地方工业集聚的概念，后人称之为马歇尔集聚。外部经济是产业规模经济，与产业的区域集中度有很大关系。内部经济是企业规模经济，它来源于企业组织效率和资源利用效率。为了追求外部经济，企业会在一定区域内形成集聚态势，原因是，企业集聚能够带来专业化的中间投入市场、专业化的劳动力市场以及源于知识和信息传播的协同创新环境[①]，从而有利于企业获得外部经济。随着学者们研究的不断深入，产业集聚的内涵也到了完善和发展。最具代表性的表述是波特的定义，即产业集聚是指大量产业联

---

① 王俊豪. 产业经济学 [M]. 北京：高等教育出版社，2008.

系密切的企业和相关配套机构在空间上集中，从而形成强大且持续的竞争优势的经济现象①。

在马歇尔之后，产业集聚理论出现了许多流派，如韦伯的区位集聚论、熊彼特的创新产业集聚论、胡佛的产业集聚最佳规模论、波特的企业竞争优势理论与钻石模型等②。1909 年，韦伯发表了《工业区位理论：区位的纯粹理论》，这是工业区位论的基础理论。之后的 1914 年，韦伯又发表了《工业区位理论：区位的一般理论及资本主义的理论》，该成果对工业区位问题以及资本主义国家人口集聚问题进行了综合分析。韦伯的工业区位理论的中心思想是：区位因子决定生产场所，企业会集聚到生产费用最小、节约费用最大的地点。该理论一直是区域科学和工业布局的基本理论，但是在实际应用中也存在一定的局限性。

熊彼特从技术创新的视角研究了产业集聚问题，探讨了产业集聚与技术创新的关系。他认为，创新不是孤立事件，并且在时间上呈现不均匀的分布，创新事件经常会成簇地发生，这主要是因为一旦首次创新关键障碍被突破，后来者就会受其启迪，从而会有更多的人不断创新。同时，从创新的产业分布来看，创新通常不是随机地分布于经济系统的各个产业，而是经常集中于某些部门或产业。熊彼特认为，产业集聚有助于创新，创新在很大程度上对产业集聚存在路径依赖，创新并非企业自身的孤立行为，而需要企业相互竞争与合作，需要企业在空间上的集聚。

20 世纪 30 年代，胡佛研究了产业区位结构，并将规模经济分为三个层次：一是单个区位单位（工厂、商店等）的规模决定的规模经济；二是单个公司的规模决定的规模经济；三是产业集聚体的规模决定的规模经济。上述规模经济达到最大值时的规模，分别就是区位单位的最佳规模、公司的最佳规模和集聚体的最佳规模。胡佛的研究指出了产业集聚存在最佳规模：如果集聚的企业数量太少，则达不到最佳效果；如果集聚的企业数量太多，则可能会使集聚区的整体经济效应下降。

1990 年，波特从竞争角度研究了产业集聚，认为竞争是推动产业集聚的重要原因，同时集聚能够促进产业竞争力和国家竞争力提升。波特提出的国家竞争力钻石模型认为，国家竞争力决定于生产要素、需求条件、相关支撑产业及厂商结构、战略及竞争等四种因素，并通过实例研究说明

---

① 迈克尔·波特. 国家竞争优势 [M]. 李明轩，邱如美，译. 北京：华夏出版社，2002.
② 孙洛平，孙海琳. 产业集聚的交易费用理论 [M]. 北京：中国社会科学出版社，2006.

影响国家竞争力的产业都会呈集聚化发展。

综上分析可知，产业集聚会给区域和企业发展带来多重优势，但过度集聚或只重视集聚规模而忽视集聚质量会带来一些负面影响。产业集聚的优势和劣势如表 11-1 所示。

表 11-1　产业集聚的优势和劣势

	需求方	供给方
优　势	强大的当地客户 降低客户搜寻成本 增加市场份额 降低交易成本 资源、信息共享	强大的当地供应商 专业的劳动力和其他要素池 共享基础设施 降低交易成本 信息和知识的外部性 促进协同创新
劣　势	产品市场过度竞争	投入市场的过度竞争 地方基础设施过度延伸 公共服务需求的"拥挤"

资料来源：根据彼得·斯旺、唐德森的研究成果整理得出。彼得·斯旺. 创新经济学［M］. 韦倩，译. 上海：格致出版社，2013；唐德森. 新工业革命背景下长三角产业体系转型升级研究［M］. 北京：经济管理出版社，2018.

二、产业集聚研究新进展

伴随着经济社会化分工的细化和专业化程度的提高，产业集聚方式在不断演化。影响现代产业集聚形成的因素是多方面的，相关研究主要集中于探讨技术创新、生产组织形式、社会网络、地方经济发展与产业集聚之间的关系。

（1）产业集聚与技术创新。创新能力与研发投入并不是一种线性关系，创新绩效会受到很多因素的影响，产业集聚就是其中一个很重要的因素，熊彼特的创新产业集聚论的核心观点就在于此。在现代经济发展中，单个企业完成关键的创新是非常困难的，通常需要多个企业或相关组织机构合作才能实现创新。可见，创造一个能使相关企事业单位共同行动的环境就显得尤为重要。产业集聚可以为大量面对创新压力的企业和研究机构提供稳定的共生环境和协作机制，促进彼此相互学习、交流，为其开展创新活动提供合作平台。因此，产业集聚也被认为是技术创新的有效组织模式。

（2）产业集聚与生产组织方式。由于市场不确定性不断上升和技术快速变化，传统产业集聚带来的规模经济和范围经济正在削弱，并由此引起生产的分离和外部化，从而提高对差异化市场需求的满足能力和对市场变化的适应性，但交易成本由此也增加很多。尤其随着社会分工日益深化，交易频率与交易总费用都会不断上升，因此企业通常倾向于在集群内寻找交易及合作对象，以降低成本。由此，以柔性专业化为特点的新产业区开始出现，形成了"专业化工业综合体"即产业集群。在新产业区内，功能上相互联系的企业聚集在一起，使得生产者信息、市场信息交流更加便利，从而能够降低交易成本和生产成本。

（3）产业集聚与社会网络。社会网络理论不仅在社会学研究领域被广泛应用，而且与经济学、管理学、营销学和情报学等众多领域也有很多交叉。经济活动的社会和制度植根性是产业集群研究中的一个新领域，关注度越来越高。只要地方社会网络能够给企业带来经济利益，这些网络就有促进集聚进一步发展的作用。通达的地方社会网络不仅能为企业节省谈判、交易和管理费用，而且能降低信息和资源的获取成本，还能促进集群内企业的竞争和合作，推动集聚区企业创新，提升整个产业集群的竞争力。从更广义的角度来看，产业集群网络可分为生产网络、创新网络和社会网络，它们在产业集群中的作用各不相同。生产网络是核心，生产通过帮助核心企业与其他企业进行交流与交换进而促进集群发展；创新网络是产业集群持续发展的主导力量，创新网络主体通过发挥创新能力，作用于生产网络主体进而促进集群发展；社会网络是补充，社会网络依靠自身的便利性降低集群内部行为主体之间的交易成本进而促进集群发展。

（4）产业集聚与地方经济发展。当集聚演化到高度地理集中时，产业集聚的概念就会与地理特征相结合①。对于地方经济而言，产业空间集聚引起的区域专业化现象非常值得关注。产业集聚理论认为，相关企业集中在某一地区时，不同类型生产活动的空间集聚会带来产业本地化的规模收益。同时，产业空间集聚在某种程度上就是地区专业化，有利于突出地区产业特色。产业集聚不仅仅是企业的集聚，还会促进具有相互关联性的服务供应商、生产商通过有效分工与协作以及良性竞争推动产业升级，实现各自发展进而带动地区经济发展②。可见，产业集聚能通过专业化优势、规模经济、技术扩散、要素虹吸效应等促进地区经济发展；同时地方经济

---

① 向世聪. 产业集聚理论研究综述 [J]. 湖南社会科学，2006 (1)：92-98.

② 傅凌群. 产业集群促进产业升级对地方经济发展的启示 [J]. 合作经济与科技，2018 (10)：38-39.

发展也能促进产业集聚，最终产业集聚和地方经济发展形成良性的双向互动。

三、中国制造业集聚现状：新增长极加速形成

我国制造业版图上不断出现新的产业集群，这些产业集群正在成长为地区经济发展的重要支撑点，如深圳的无人机、株洲的"动力谷"、武汉的"光谷"、沈阳的机器人、西安的航空航天产业，等等。如今湖南株洲已成为磁悬浮列车、高铁动车、新能源汽车、城轨列车、轻型飞机和新材料制造重镇，并已形成全国首个产业总值超过千亿元的轨道交通产业集群。有中国"光谷"之称的武汉东湖高新区，已成为我国最大的光纤光缆、光电器件研发生产基地，也是我国最大的激光产业基地，光纤光缆生产规模位居全球第一。深圳无人机企业已有 300 多家，年产值近 260 亿元，年增长幅度在 30％以上。在东北老工业基地，以新松机器人公司为代表，沈阳机器人产业快速发展，在国产机器人市场上的占有率超过 20％。

先进制造业集聚发展和产业集群加速形成，既孕育着新的经济增长极，也是中国制造业高质量发展的重要支撑和实现途径。从东南沿海到东北老工业基地，从中部省份到西部内陆，制造业一系列新亮点新态势的出现，既有国家政策规划的引导作用，也是各地主观努力的结果；既有原有工业基础优势的发挥，也有对高端生产要素和先进技术的积极吸纳利用；既有龙头企业的引领，也有比较完善的产业链条的支撑。如，2016 年，湖南汽车产量同比增长 36.1％；陕西航空、航天器及设备制造业，电子及通信设备制造业，计算机及办公设备制造业三个行业利润增长超过 100％；深圳市新兴产业增加值占地区生产总值的比重超过 40％。通过抢抓机遇，利用一体化市场、开放经济、共享新型技术平台等，一些地区得以摆脱传统产业结构的羁绊，抢占新经济制高点，尤其让人眼前一亮的是，近几年贵州、云南、重庆等西部省份通过大数据带动新兴产业发展和传统产业改造升级，取得了显著成效。

第二节 产业集聚对制造业高质量发展的促进效应

改革开放以来，中国利用制造业比较优势和产业国际化转移，逐步发展成为世界最大的制造业国家。制造业的快速发展对我国经济的快速增长

起到了重要的推动作用。随着全球制造业格局的演变和国内经济发展环境
的变化，中国制造业必须坚持走新型发展道路，要从依靠大量要素投入、
高能耗、高污染排放的粗放式发展轨道转向以科技进步为动力、以提高质
量和效益为目标、注重节能环保的集约化发展轨道[①]。产业集聚是制造业
实现集约化发展的重要途径。制造业产业集聚能产生由本地市场需求、前
后向产业关联和劳动力市场共享等所形成的降低交易成本、实现规模经济
等经济效应，由相互学习知识和技术转移所形成的技术溢出效应，以及由
良性竞争所形成的竞争效应，从而有利于发挥经济创造、技术创新、能源
节约、环境保护和社会服务等效应（见图 11-1）。可见，产业集聚有利
于推动制造业高质量发展，是制造业高质量发展的有效组织模式。

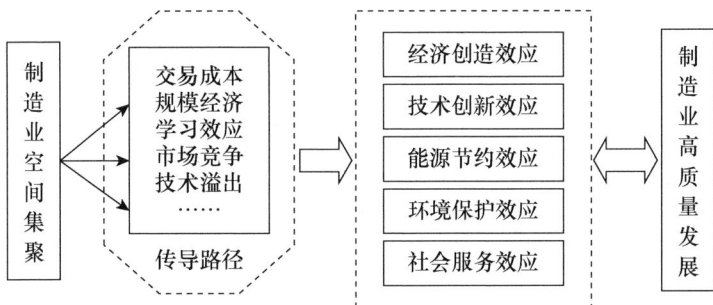

图 11-1　产业集聚对制造业高质量发展的促进效应

资料来源：作者整理。

一、制造业集聚的经济创造效应

创造经济效益是制造业高质量发展的基本要求，经济创造能力同时也
是衡量制造业发展水平的重要依据。产业集聚有利于提升制造业经济创造
能力：首先，产业集聚可以提供专业化的优质生产要素和众多的差异化中
间投入，可以加强企业、产业的联系，增强市场潜力。企业规模化生产可
以实现规模报酬递增，促进劳动生产率提高，加快制造业发展。其次，产
业集聚有利于相互学习知识，有利于产生技术空间溢出效应，从而促进集
聚区企业的技术进步和创新[②]，进而提高企业生产效率和经济效益。在新

---

①　李廉水，周彩红，刘军. 中国制造业发展研究报告（2013）[M]. 北京：科学出版社，
2014.

②　Beaudry C，Breschi S. Are firms in clusters really more innovative? [J]. Research Poli-
cy，2003，12（4）：325-342.

经济时代，技术溢出作为技术进步在集群内部转移和扩散的特定形式，正日益成为促进企业竞争和产业发展的重要因素①。产业集群这种组织形式能够有效地推动产业内部技术水平提高与当地经济增长。最后，产业集聚有利于企业以较低成本获取生产要素，因为规模效应会使得各类生产要素的价格随着集聚程度的提高而降低；同时产业集聚还有利于企业降低运输成本、交易成本和信息成本，从而使企业能获得更高水平的经济效益。

二、制造业集聚的技术创新效应

集聚区内企业具有空间上邻近、存在知识和技术外溢、能够即时进行信息交流、共享相关配套设施等诸多优势，这些优势为企业协同创新创造了有利的条件，从而能够促进制造业企业创新能力提升。首先，产业集聚通过汇聚资本、人才和技术等要素产生集聚效应，能高效配置生产要素，及时满足企业创新投入需求，同时，生产要素在集聚区内的自由流动有利于知识互动和交流，加速知识和技术创新及其在空间的积累和传播②。其次，产业集聚能够营造有利于知识和技术溢出的创新环境，地理位置的接近有利于专业人才的相互交流和共同实践，这些都为隐性知识的传播提供了有利条件，从而能够促进技术创新。再次，产业集聚有利于企业通过"干中学"和"用中学"实现技术进步。许多企业通过长期积累知识和技术，可以大大提高创新速度和创新的成功率。最后，产业集聚带来的竞争效应迫使企业改造生产工艺、提高装备技术水平、改进产品和改善服务，从而倒逼企业加大技术创新力度。

三、制造业集聚的能源节约效应

产业集聚可以通过基础设施共享和技术溢出来提高能源利用效率。第一，产业集聚的知识技术溢出有利于企业实现技术进步，降低能源消耗，提高能源利用能力。第二，集聚区基础设施的完善和共享，可以显著提高运输能力，节约运输成本，减少能源损耗和浪费，因此具有节能效应③。第三，产业集聚所带来的竞争压力迫使企业通过节约能源来降低成本，因此制造业企业会加大力度改造、升级和更新设备，以提高能源利用效率。

---

① 郭梅. 产业集聚的技术溢出效应研究 [D]. 西安：西安理工大学，2012.
② 李沙沙，尤文龙. 产业集聚能否促进制造业企业创新？[J]. 财经问题研究，2018（4）：30-38.
③ 师博，沈坤荣. 政府干预、经济集聚与能源效率 [J]. 管理世界，2013（10）：6-18.

第四，集聚区内多家厂商对稀缺能源的竞争会导致能源流向高效率企业，从而使得稀缺能源的配置效率越来越高①，有利于提高能源利用效率。但不少地方政府对经济的过度干预导致非理性重复投资建设与低水平产能扩张，使得能源消耗攀升、能源效率下降。为此，地方政府应遵循市场经济规律减少对经济的直接干预，转而增加更具普惠性的公共产品供给，充分激发产业集聚的共享效应②。

四、制造业集聚的环境保护效应

传统的制造业扩张模式对生产活动与环境的协调、经济社会发展的可持续性会带来不利的影响，而产业集聚这一发展模式能够产生很好的环境保护效应。第一，众多制造业企业在集聚区内集中，有利于污染物和废弃物的集中治理，并能实现集中治理的规模经济和专业化经济。第二，集聚区内企业之间存在共生关系，形成了共生企业的生态产业链，有利于资源的高效利用和污染物、废弃物的循环利用，从而有利于降低能源消耗和减少污染物排放，促进产业集聚与循环经济互动发展。第三，产业集聚的知识和技术溢出效应有利于提高企业的技术创新能力，促进集聚区企业采用更先进的环保生产技术和绿色生产工艺，有效减少排放环境污染物③。第四，产业集聚所产生的规模效应能提高劳动生产率，增加居民个人收入和政府财政收入，从而会使居民对居住环境有更高的要求，迫使政府采取更严格的环境规制制度和措施，提高环境质量。

五、制造业集聚的社会服务效应

制造业高质量发展的成效最终要体现为居民福利的增进，包括增加税收、提高收入水平、促进就业增长等。集聚发展有利于制造业更有效地创造社会服务效应。首先，产业集聚可以为集聚区内企业带来实现规模经济、降低交易成本、提高资源能源利用效率等集聚经济，由此提高企业纳税能力，进而有利于政府提高基本公共服务供给能力和改善居民福利水平。其次，产业集聚的技术溢出效应有利于提高生产技术水平和劳动生产

---

① 王海宁，陈媛媛. 产业集聚效应与工业能源效率研究 [J]. 财经研究，2010，36 (9)：69–79.

② 师博，任保平. 产业集聚会改进能源效率么？[J]. 中国经济问题，2019 (1)：27–39.

③ Baomin D，Jiong G. FDI and environmental regulation：pollution haven or a race to the top? [J]. Journal of Regulatory Economics，2012，41 (2)：216–237.

率，进而提高劳动报酬和工资水平。最后，产业集聚有利于扩大生产规模、增加产业供给、拉动有效需求，从而提供更多就业机会，而且产业集聚可以不断吸引专业化劳动力和农村劳动力流入，从而促进制造业领域的就业增长。

第三节　推动制造业高质量集聚发展的对策

改革开放以来，我国制造业完成了原始积累，并在优胜劣汰的竞争环境中达到了较高的发展水平。未来，我国制造业要走效率优先、以质取胜的发展道路。产业集聚是制造业健康持续发展的必然选择，未来制造业产业集聚发展不能仅仅追求集聚规模，还要追求集聚质量，通过高质量集聚推动高质量发展。

一、加强集聚区产业内分工合作，提升协同生产能力

制造业高质量集聚发展，不仅仅是企业在空间上的接近，更重要的是通过产业集聚实现分工协作、优势互补和网络协同等正向效应。第一，集聚区招商引资和承接产业要做到主导项目、配套项目并重，吸引更多配套企业进驻产业集聚区，以完善集聚区内产业链，降低产业链上企业的生产成本。第二，通过资金扶持、税收优惠等政策，引导和鼓励产业链节点企业之间分工和协作，通过横向或纵向联合使集聚区内企业在生产、销售、技术创新、原料采购和融资等方面形成稳固的联盟关系，从而获得规模经济和集聚经济。第三，鼓励和支持集群内龙头企业开发拥有自主知识产权的核心技术和制造工艺，打造产品特色，提高产品的市场竞争力，并依托龙头企业吸引更多的协作和配套企业落户集聚区。第四，积极构建集聚区经济网络。产业集聚区经济网络是通过各企业、机构之间的经济联系表现出来的。分工合作一般是围绕价值链上的同一产业或服务展开的，要加强基于分工与交易的合作，以及基于资源和技术共享的合作，从而促进产业集聚网络效应的形成，实现资源在更大范围内优化配置。

二、加强集聚区知识和技术交流，提升技术创新能力

改革开放以来，我国经济快速增长在很大程度上源于制造业的集聚发展。随着产业集聚的深入发展与产业集聚机制的进一步完善，要从追求产

业集聚规模逐步向产业集聚规模和产业集聚质量并重转变，技术创新、产业升级是产业高质量集聚的重要体现。一方面，要加强知识产权保护和技术创新激励，逐步消除技术复制现象，最大限度地避免同质化竞争。利用知识产权保护和环境规制等手段促使制造业企业改造、升级和更新设备，采用先进生产工艺及流程，自主研发资源循环利用装备和技术。另一方面，要畅通集聚区知识技术流通渠道，充分发挥集聚区知识技术的溢出效应，提高制造业集群整体质量。加强集群内企业间生产和技术的交流合作，鼓励企业技术人员之间进行非正式学习和交流，建立集群内知识技术信息交流与共享平台，建立集群内产业链节点企业协同创新机制，促进集群内创新资源要素优化配置和开放共享，推动集聚区科技基础研究和应用能力不断提高。

三、推动集聚区产业结构优化，提升资源能源利用效率

随着资源能源约束趋紧，体现制造业集聚质量高低的一个重要标准就是制造业企业集中在集聚区后，能源使用效率是否获得提高。首先，要大力发展高新技术产业、战略性新兴产业和低碳环保产业，逐步淘汰高能耗、高污染排放和落后产能的产业；鼓励生产性服务业集聚，促进集聚区产业结构优化升级；大力发展循环经济，延伸产业链，打造生态产业集聚区。其次，建立科学、高效、清洁、可持续的能源供应体系，防止能源过度开发和浪费，实现能源可持续利用。最后，通过生产设备改造升级，逐步降低煤炭在一次能源消费中的比重；通过技术研发，大力发展可再生能源和新能源，不断增加可再生能源和新能源的使用比重，如核能、风能、太阳能等。

四、创新集聚区污染治理机制，提升环境保护能力

制造业是一个国家实体经济的重要支柱，但其弊端之一就是会造成环境污染。借助产业集聚这种发展模式缓解制造业带来的环境污染问题，是制造业高质量集聚发展的重要目标。首先，要建立健全集聚区污染物集中治理机制。统筹安排污染物集中处理设施及其配套设备建设，加强环境保护处理设施的市场化运营和监督管理，提高集聚区污染物、废弃物集中处理和综合利用水平。其次，积极探索集聚区企业污染治理新模式。鼓励集聚区采用第三方环境服务公司集中治理污染的方式，降低污染治理的综合成本，实现污染治理的规模经济和专业经济。最后，要建立完善排污权市

场化交易制度。运用市场化手段,开展排污权交易试点,逐步完善排污权有偿取得和使用制度,规范排污权转让,让减少污染排放的企业能从这一制度中真正受益,激发企业减排动力。

五、加强集聚区品牌建设,提升企业集聚质量效应

从总体上看,我国产业集聚区(园区)在产业孵化、技术创新、世界级产品研发等方面与发达国家还有较大的差距,尤其是品牌效应差距更大。美国硅谷是世界一流园区的典型代表,其品牌知名度,没有哪一个园区可与其相提并论。世界上品牌园区绝不止美国硅谷一家,英国剑桥科学园、日本筑波科学城、新加坡裕廊工业区、印度班加罗尔软件园等都是具有国际影响力的产业园区,具有很强大的品牌效应。国内也不乏成功运作的产业园区,像中关村科技园区、张江高科技园、漕河泾开发区等历经多年打造,在国内建立了较高的品牌知名度。如今,软实力已经成为产业园区核心竞争力的重要组成部分。创精品园区,建品牌园区,能够吸引更多优质企业在园区集聚,形成规模经济,提高企业集聚质量效应。园区品牌可细化为环境品牌、产业品牌、企业品牌、服务品牌、文化品牌等,特别是服务品牌和文化品牌,更需要做好、做出特色。

第四节 专项行动:培育世界级先进制造业集群

建设现代化经济体系必须把发展经济的着力点放在实体经济上,把提高供给体系质量作为主攻方向,加快建设制造强国,加快发展先进制造业,加快培育若干世界级先进制造业集群。习近平总书记在党的十九大报告中明确要求,要促进我国产业迈向全球价值链中高端,培育若干世界级先进制造业集群。培育世界级先进制造业集群,对于提升"中国制造"质量、引领生产方式变革、挖掘经济增长新动能,进而带动中国制造业整体高质量发展具有重要意义。不过,培育世界级先进制造业集群要避免进入误区,如:过于强调众多企业的地理空间集聚,而忽视集群内企业间的互动交流;过于强调做大集群产业规模和推动技术变革,而忽视组织变革的深远影响;过于强调集群的全产业链发展模式,而忽视集群国际竞争力的培育;过于强调集群对区域经济的积极作用,而忽视集群路径锁定的潜在

风险①。

一、世界级先进制造业集群的内涵及特征

先进制造业集群是指一批地理相邻的先进技术、工艺、产业领域的企业、机构集聚在一起形成的产业网络。先进制造业集群更多地蕴含着产业生态群落的理念，是一个引致世界先进产业成长的生态共同体。产业生态是产业成长所需要的制度环境、技术环境和人文环境的综合体。先进制造业集群在技术、工艺、制造模式、产品质量、要素和组织形式等方面处于领先水平。世界级先进制造业集群是制造业集群的高级形态，指在一定区域内，若干企业、行业组织和科研院所等机构共生形成的产业网络，能够引领全球技术创新和产业变革。一个国家的世界级先进制造业集群代表着该国优势产业领域的综合竞争力最高水平，其能够凭借世界级先进制造业集群的技术创新和组织创新，带动制造业整体实现高质量发展。

世界级先进制造业集群具备如下特征：（1）集群规模处于国际领先水平。一方面，在全球处于行业主导地位，具有较大的市场份额、显著的行业影响力和市场控制力；另一方面，拥有一大批知名品牌和世界级龙头企业，产业规模、资产总量处于领先水平，在技术水平、行业标准、品牌建设等方面都处于全球前列。（2）集群创新生态体系健全。一方面，世界级先进制造业集群拥有完整的先进技术体系，掌握了某一领域的关键核心技术，引领着技术、产业和标准的发展方向，推动着技术的不断创新和进步；另一方面，拥有由核心企业、高校和科研机构组成的创新生态系统，能推动创新要素流动共享，加速企业间知识学习和技术溢出，促进从企业单一技术创新向产学研协同创新转变。（3）集群网络分工协作水平高。集群内的企业、高校、科研机构、中介组织、政府机构等在业务合作、资源交换、信息传递过程中，有着密切的交流和互动，分工明确并处于共生状态。为保持集群内信息、资源的高效运转，不仅需要产业、技术、人才、资本等要素高度集聚，而且需要成员在产业链、创新链和价值链中形成专业化深度分工，实现相互协作和精准链接。（4）集群组织管理网络化。集群组织管理不同于单个企业的组织管理，需要构建基于地理临近的制度安排和组织网络，建立合作机构，促进企业间知识、信息和经验的沟通交

---

① 赛迪智库. 打造世界级先进制造业集群应避免四个误区［EB/OL］. (2018-08-23)［2019-05-15］. http://www.sohu.com/a/249625331_378413.

流，营造相互信任的集群环境，最终推动集群形成技术共生、利益共享、组织共治的集群网络化发展格局。(5) 集群发展强调开放融合。一是世界级先进制造业集群发展是一种超地理边界、行政边界的发展，集群发展要与城市化、城市发展相匹配，实现互动共生；二是世界级先进制造业集群具有包容性集群文化，支撑着集群跨领域、跨地区拓展；三是世界级先进制造业集群发展目标是实现全球领先，这需要加强企业的国际化布局和技术合作交流，以及不断强化集群的本地化和国际化联系，巩固集群的全球领先地位。

　　综上分析，世界级先进制造业集群是一种集多种要素于一体的产业生态网络，其基本架构如图 11-2 所示。

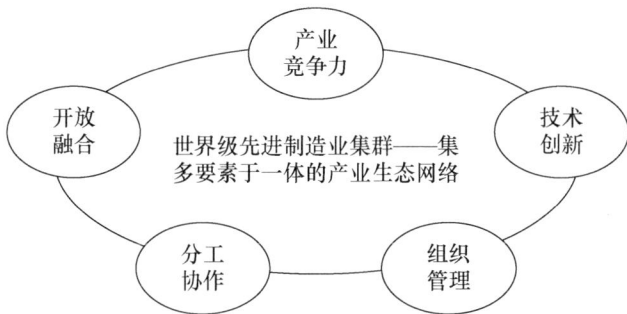

图 11-2　世界级先进制造业集群产业生态网络

资料来源：作者整理。

二、发达国家培育先进制造业集群的经验及借鉴

　　进入 21 世纪特别是 2008 年国际金融危机以来，美国、德国、日本等发达国家政府试图推动本国优势产业集群迈向世界先进水平，并以此作为提升自身国际竞争力的重要手段，取得了很好的成效。分析总结发达国家的先进制造业集群培育经验和做法，对我国培育世界级先进制造业集群具有借鉴意义。

　　(1) 美国。2010 年以后，美国政府相关部门设立了专门的基金支持产业集群发展，制定了区域创新集群发展计划以促进产业集群发展，并通过构建多部门协作机制、打造共享的信息平台、营造宽松的风险投资环境来加以推进，其中的有关经验值得我们借鉴①。第一，构建多部门协作机

---

　　①　黎文娟，李杨，等. 如何培育先进制造业集群［N］. 佛山日报，2019-02-15 (F02).

制，推动集群特色化发展。美国根据发展需要，对符合要求的特定集群，加大政策和资金支持力度，并联合其他部门提供政策配套，合力助推先进产业集群发展。第二，打造共享的信息平台，为集群治理提供支撑。美国政府高度重视与行业协会等非政府机构的合作，利用非政府机构掌握的大量集群相关信息，为其发展提供服务。2014 年，美国商务部制定的"产业集群描绘计划"，就是同哈佛大学、麻省理工学院等合作开展研究而形成的，之后发布了美国集群地图，同时还构建了企业间、政府与企业间交流及信息共享平台。第三，营造宽松的风险投资环境，引导集群企业创新创业。为激发投资主体投资技术创新的积极性，营造集群内的创新氛围，美国政府积极引导社会资本流向集群内的初创企业。如，美国硅谷高新技术集群的创新发展就得益于政府对风险投资的引导，这一举措有力地保证了集群内初创企业的技术开发与创新发展。

（2）德国。德国政府将集群战略作为顶层设计的重要一环加以推进，并形成了以集群战略代表的组织革命，其与以高新技术战略为代表的技术革命、以工业 4.0 为代表的工业革命共同构成了德国"三位一体"国家战略体系。从 1995 年实施"生物区域计划"开始到 2007 年的"领先集群竞争计划"和 2012 年的"走向集群计划"，德国在培育先进制造业集群方面积累了较为丰富的经验。第一，发挥政府在集群建设中的关键作用。政府的顶层设计、资金投入和政策支持，打消了众多企业和投资者的顾虑，吸引了大量的风投资金支持集群发展。政府通过重点支持研究机构与企业结成创新联盟来加强产学研合作。第二，组建中立的集群合作机构。德国的集群合作机构是介于市场和政府之间的中立的第三方机构，主要是公司型组织，少数是联合会型组织，其重点发挥精准服务集群成员的纽带作用。集群合作机构通常是政府管辖、采取公司化运作的非营利组织，其核心职责主要是引导创新项目申报、技术转移、外部合作对接、专业知识共享与资金分配等。

（3）日本。进入 21 世纪以来，日本先后实施了产业集群计划、知识集群计划和城市区计划等发展计划，积累了丰富的产业集群发展经验。第一，构建集群计划的长效机制。日本政府制定集群发展计划时，高度重视集群的延续性与演变性，通过不断完善政策和机制，精准地解决发展中的问题。以产业集群计划为例，2001—2005 年为启动期，重点建设产学官合作网络；2006—2010 年为成长期，重点推进新产品研发与产业化；2011—2020 年为发展期，逐步减少财政扶持，过渡到以自主发展为主。

第二，构建区域政产学研合作创新系统。日本政府非常重视区域政产学研合作创新系统的构建，地方政府经常组织企业、高校、研究机构共同讨论产业发展方向、技术基础、产业化路线等，并联合行业协会参与制定产业集群计划。第三，跨部门协同建设产业集群。日本产业集群计划主要由经济产业省和文部科学省负责，这两个部门联合开展创新集群升级行动，建立会商协调机制，共同组建区域集群促进联合会，整合相关资源。

三、培育世界级先进制造业集群的对策

（一）加速汇聚全球高端要素，打造集群竞争优势

要素集聚是一个国家或地区经济增长的动力源泉所在，高质量发展必须要有高端要素的支撑。一个国家或地区要培育世界级先进制造业集群必须拥有相关产业关键核心技术和高水平创新型人才。新一轮世界科技革命尤其是产业技术变革的趋势表明，许多产业关键重大技术的突破需要跨越国别、整合全球资源才能实现。为此，我们要立足本土市场需求的优势，通过进一步优化国内营商环境和创新创业平台，大力吸引全球人力资本、技术资本和知识资本流向国内，并在产业集群内"落地生根"，充分利用全球创新人才、技术知识和智力成果，促进我国产业技术水平和生产效率提升[①]。当前，我们要重点培育和发展通信设备、轨道交通装备、电力装备等先进制造业集群，尽快使其整体步入世界领先行列，并成为世界级先进制造业集群和全球引领者。

（二）高位嵌入全球创新链，增强核心技术自主创新能力

技术创新是支撑现代化经济体系建设和推动制造业高质量发展的重要战略，是打造世界级先进制造业集群的关键。要解决"受制于人"的问题，关键在于掌握关键技术、设备或核心零部件，而不是构筑大而全的业务结构或产业结构[②]。摆脱制造业关键设备和关键零部件"受制于人"的困境的根本途径在于不断自主研发和创新，获得自主知识产权，并逐步掌握整合全球创新链资源的能力。我国制造业集群要加快从参与全球产业链向嵌入全球创新链跃迁，不断加强基础科学研究和应用技术研究，实现前瞻性、引领性的原始创新重大突破，尽快扭转在全球产业技术创新体系中

---

① 杜宇玮. 培育世界级先进制造业集群的中国方案［J］. 国家治理，2018（25）：10-19.
② 贺俊，陈小宁. 集成企业与组件企业间的知识分工：一个文献综述［J］. 首都经济贸易大学学报，2018，20（1）：97-104.

的不利地位。为此，要鼓励制造业企业建立技术创新联盟，共同攻克一批关键共性技术、现代工程技术和颠覆性技术。

（三）加强国际合作，提升在全球价值链中的地位

打造世界级制造业集群不仅要做到市场全球化，更要做到发展视野和经营理念全球化。必须加强国际合作，整合国际资源，在全球范围内进行优化布局，高位嵌入全球价值链和创新链，提升集群的国际竞争力。加强与世界一流企业和产业集群的分工与合作，依托它们的核心技术、管理模式和品牌效应，迅速提升我国制造业集群在全球价值链中的地位，实现产能合作和技术升级等目标。同时，要强化产品质量基础，搞好配套服务，不断提高企业品牌的市场价值，塑造"中国制造"的良好形象，坚持以质取胜的发展战略。当前，我国要充分利用"一带一路"建设的战略机遇，加快先进制造业"走出去"投资与合作，扩大优势产业的国际影响力。

（四）加强产业链分工协作，促进优势互补和联动发展

近年来，制造业先行国家大力重振制造计划，制造业后发国家则积极拓展发展空间，中国正在面临着制造业先行国家高端封锁和制造业后发国家中低端追赶的双重压力。在此全球形势下，只有优化产业区域布局，加强分工与联系，建立区域一体化产业链和联动发展机制，才能在全球生产网络中占领产业链的重要位置。世界级产业集群是先进产业和创新要素集聚、分工有序、融合而成的链式共生平台。打造世界级产业集群需要构建产业链分工协作网络，加强区域产业互补合作与融合发展。为此，各区域应立足自身的资源禀赋和产业基础，加快转移和承接相关产业，推动发展具有比较优势的产业和产业链环节，培育特色产业集群，形成一系列比较完整的产业链。同时要从优化区域市场环境、加强基础设施互联互通、完善协调机制与产业转移政策等方面，完善产业跨区域联动发展的保障机制。

（五）强化区域合作，推动产业集群区域一体化

由于单个区域的资源、要素与市场都会存在局限性，因此培育一个世界级制造业集群需要强化区域合作，提升要素供给能力，在合理定位优势产业的基础上，优化布局制造业集群，建立合作共赢的长效协作机制。就我国发展实际来看，一是要加快在长江经济带、粤港澳大湾区和京津冀等区域开展世界级先进制造业集群园区和示范区建设，提升示范区的引领作用①；二是要培育和发展一批重点制造业龙头企业，支持各地加大力度培

---

① 成鹏飞. 抓好培育世界级制造业集群的工作重点［N］. 经济日报，2018-03-01（14）.

育和发展好现有制造业集聚区和特色产业集群，为打造世界级先进制造业集群奠定坚实基础；三是要进一步加强区域合作，明确各地产业在重点产业集群中的地位和作用，避免盲目投资和重复投资，加快制造业集群的区域一体化发展。

第十二章 推动制造业与生产性服务业 高质量融合发展

生产性服务在产品生产和服务提供的过程中被作为中间投入品，它具有知识技术含量高的特征，有利于提高制造业生产效率。从产业演变来看，生产性服务业与制造业的关系经历了分立、共生、融合三个阶段，是一个逐渐由松散到密切的过程①。制造业与生产性服务业融合是必然趋势，也是二者共同实现高质量发展的重要途径。为此，要加快推动生产性服务业全方位渗透于制造业研发设计、生产、物流等环节，促进两类产业相互融合，形成新业态、新模式，为产业高质量发展拓展新空间。

第一节 制造业与生产性服务业融合机理及面临的问题

一、生产性服务业演进过程

从产生和发展过程来看，生产性服务业从制造业价值链中分离出来，逐渐形成一个独立的产业，并与制造业相互促进、相互支持，使制造业价值链效率得到整体提升。随着经济环境的日益复杂、竞争压力的日益增大和信息通信技术的加快发展，制造业服务化、服务业产业化的趋势越来越明显。生产性服务业与制造业从共生互动到融合发展，二者间界限越来越模糊。

生产性服务业发展演进过程可划分为三个阶段，即萌芽期、成长期和

---

① 杨仁发，刘纯彬. 生产性服务业与制造业融合背景的产业升级 [J]. 改革，2011 (1)：40-46.

成熟期（见图 12-1）。（1）在萌芽期内，各种生产性服务在制造业企业内部完成，外部还没有专业化的生产性服务提供商，外部还没有形成生产性服务市场，但是，知识密集型和创新型的制造业企业为了强化核心能力与提高效率，已经对生产性服务有了很强的外部化需求。（2）在成长期内，生产性服务市场逐步形成与完善，制造业企业会逐步将内部的一些生产性服务活动委托给其他专业性企业完成。与此同时，为了争取实现更大的业务规模，专业化的生产性服务企业之间会相互竞争，这也会进一步提高生产性服务企业的对外服务能力与服务质量，推动生产性服务产业良性发展。在该阶段，生产性服务企业的成长有两种模式：一种是成本驱动型的成长模式；另一种是差异化驱动型的成长模式。标准化和日常性的劳动密集型生产性服务企业大多属于成本驱动型的成长模式，信息和知识密集型的生产性服务企业大多属于差异化驱动型的成长模式。其实，在生产性服务企业成长过程中两种模式通常是同时存在的，并没有明确清晰的界限，但有主辅之分。（3）在成熟期内，生产性服务市场已经比较成熟完善，而且市场趋于细分化，会有更多更为专业的服务市场，生产性服务企业的专业化水平也会更高，既有一般性和标准化的服务，也有定制化和创新性的服务。

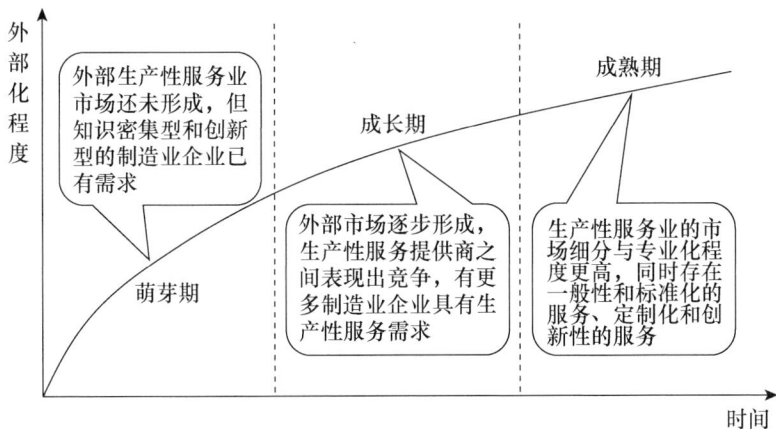

图 12-1　生产性服务业演进过程

资料来源：吕政，刘勇，王钦. 中国生产性服务业发展的战略选择：基于产业互动的研究视角［J］. 中国工业经济，2006（8）：5-12.

二、制造业与生产性服务业融合动力机制

(一) 技术创新的驱动力

首先，随着电子技术、网络通信技术的快速发展，数据、技术在产业间交流更为便利，减少了制造业与生产性服务业的沟通成本，加速了两类产业的融合。其次，制造业与生产性服务业通过技术创新开发出关联的技术及产品，改变了制造的技术路线，同时技术创新在两类产业中的扩散推动了技术融合，使得制造业与生产性服务业的技术边界逐渐模糊，二者融合发展更为深入。再次，技术创新改变了两类产业的市场需求特征，给原有产业带来新的市场需求，从而为生产性服务业与制造业融合提供了市场空间。最后，制造业升级要求大量的知识和技术投入，由此拉动生产性服务业的发展，同时生产性服务业的知识和技术创新又能促进制造业转型升级、增强其发展后劲，二者形成互动状态。

(二) 市场竞争的推动力

制造业与服务业的融合在多数情况下是市场环境因素变化推动的结果①。随着全球经济的发展和消费水平的提高，消费市场逐渐呈现出个性化、定制化的发展趋势，市场也逐渐由卖方市场向买方市场转变。用户对交易成本相对较低的"产品＋服务"集成产品的需求日益增长，使得制造业需要将研发、设计、物流、售后服务等生产性服务环节内部化，而这些生产性服务环节又是大部分制造业企业所不擅长的业务活动，由此制造业企业就会寻求外部资源，结果会促进制造业与生产性服务业融合。由于制造业为市场提供的产品品种相对单一，行业内容易出现产品同质化和市场竞争加剧的情形，同时由于制造业特别是装备制造业的产品生命周期往往较长，因此制造业企业会积极选择与生产性服务企业合作，以丰富产品内容、扩大市场规模和增加企业收入。

(三) 政府政策的引导力

政府经济性规制是产业进入壁垒形成的主要原因之一。长期以来，我国生产性服务业在准入、经营、定价等方面都受到较多规制，这在较大程度上抑制了其发展，需要进一步放松规制，通过引入市场竞争机制来促进生产性服务业发展。当然，放松规制并不意味着纯粹减少规制或放弃规

---

① 王成东，綦良群. 中国装备制造业与生产性服务业融合研究 [J]. 学术交流，2015 (3)：132-136.

制，而是要进行更为合理的规制，即要减少对产业发展不利或不必要的规制，同时要增加有效的激励规制，促进资源优化配置①。从发达国家的发展经验来看，生产性服务业发展受政府规制政策影响较大，因为政府规制直接决定了生产性服务业的进入壁垒，从而使生产性服务业市场结构与竞争程度受到影响。合理地放松规制将使生产性服务业更多地进入制造领域，促进两类产业价值链活动相互配合，从而逐渐实现融合发展。2014年8月发布的《国务院关于加快发展生产性服务业促进产业结构调整升级的指导意见》明确提出，要大力发展技术研发、电子商务、信息咨询、服务外包、环境服务等新兴生产性服务业，加强政策引导，降低这些行业的准入门槛。这对促进生产性服务业和制造业融合发展非常有利②。

（四）经济利益的诱导力

企业为了强化竞争优势，往往需要从服务入手，因为现代产品很多都是标准化生产，产品本身差异甚微，优化服务是体现产品差异、增加产品附加价值的重要途径。通过服务获得的竞争优势往往更具有持久性、隐蔽性，也更难以模仿和复制③。20世纪90年代以来，很多企业开始实行"归核化"战略，即将所拥有的主要资源集中于核心能力培育与核心业务发展上，而把其他业务活动外包给外部专业化机构来完成。如，耐克公司的核心能力在于产品设计、品牌推广和市场营销，所以该公司大量投资于这些环节，而将制造环节全部外包给亚洲的制造厂商。戴尔公司几乎外包了所有的零配件生产环节，而仅仅专注于客户需求分析、物流、零部件整合等核心业务和环节。企业实施"归核化"战略之后，生产性服务和制造会产生更大的相互需求，生产性服务业通过渗透到制造业产业链上游的研发、设计和下游的销售、运输、售后等环节，能够促进制造业生产成本降低和生产效率提高，并增加企业收益和提升产业竞争能力，同时也能够拉动生产性服务业的市场需求，促进生产性服务业升级和加快发展。可见，制造业和生产性服务业融合将会在企业生产经营成本方面产生融合经济效应，即平均成本会随着产业融合程度提高而不断下降（见图12-2）④。

---

①　刘徐方. 现代服务业融合发展的动因分析 [J]. 经济与管理研究，2010（1）：40-44.

②　贾玉巧. 生产性服务业与制造业如何融合发展 [J]. 人民论坛，2017（31）：126-127.

③　綦良群，李庆雪. 装备制造业与生产性服务业互动融合动力研究 [J]. 湘潭大学学报（哲学社会科学版），2017，41（1）：80-84.

④　赵玉林. 主导性高技术产业成长机制论 [M]. 北京：科学出版社，2012.

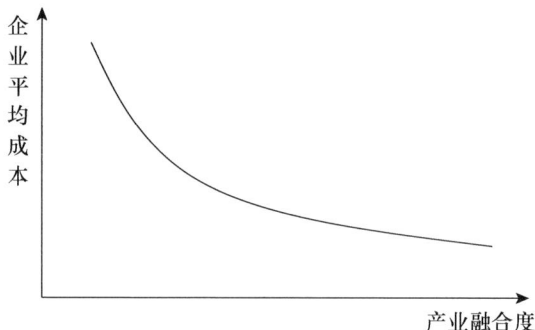

图 12 - 2　产业融合度与企业平均成本的关系

资料来源：赵玉林. 主导性高技术产业成长机制论 [M]. 北京：科学出版社，2012.

三、制造业与生产性服务业融合机理分析

关于制造业与生产性服务业之间的关系问题，国内外学者进行了不少相关研究，主要有三种观点，分别是需求遵从论、供给主导论和互动论。需求遵从论认为生产性服务业发展源于制造业的内部需求，没有制造业的带动就没有生产性服务业的发展。供给主导论认为来自制造业外部的生产性服务业带动了制造业的升级。互动论认为，二者间是互为需求、相互促进的关系。我们认为，关于生产性服务业与制造业融合发展，社会分工是基础，价值链是载体，产业升级和价值创造是目标。为此，我们从社会分工、价值链、产业升级、价值创造等四个视角，深刻剖析两类产业融合的机理。

（一）社会分工视角下制造业与生产性服务业融合机理分析

随着产业分工和产品内分工的日益深化，生产的专业化对配套的服务也提出了更高的要求，生产性服务业便应运而生。随着专业化分工的不断细化和深化，各类交易更加频繁，交易成本也随之不断上升。制造业产业链上生产性服务活动的剥离和服务外包的产业化发展，使相关服务越来越专业化，形成了自己的规模效应和学习创新效应，并由此不断发展壮大。同时，制造业企业为了打造核心竞争力，会不断将内部研发、设计、物流、会计、售后等服务业务剥离出去，专业化成为企业参与竞争的一种战略选择。由于完整的产品服务包具有更高的客户价值，能够更有效地满足顾客需求，因此服务化成为制造业发展的必然趋势，越来越多的制造业企业更加注重提供内容更为丰富的"产品＋服务"体系，而非仅仅

产品本身①。基于社会分工视角的生产性服务业与制造业融合机理框架如图 12-3 所示。

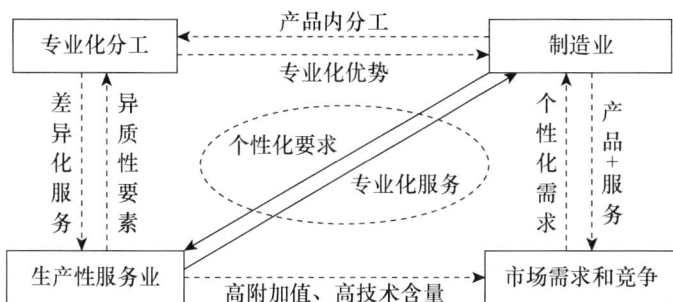

图 12-3 基于社会分工的生产性服务业与制造业融合路径

资料来源：作者整理。

（二）价值链视角下制造业与生产性服务业融合机理分析

随着经济全球化深入推进和竞争日益加剧，企业之间的市场竞争逐渐向行业之间的价值链竞争转变，企业也会从重视内部协同和企业间合作转向更加注重行业之间的协同发展，由此加速了生产性服务业的生产要素向制造业领域扩展，同时也推动了制造业领域的科技、智力要素向生产性服务业延伸，从而形成两类产业的融合性产品②。企业价值链是企业生产产品全部活动的集合，上游是支持性或辅助性活动，如财务管理、研发、采购等；下游是基本活动，如物流、销售及售后服务等；中游是生产和加工环节。随着技术进步和社会分工细化，价值链的增值环节和增值空间更为复杂。当生产性服务业与制造业发生融合时，原有的制造业和生产性服务业各自的价值链将会断裂分解，形成混沌的价值活动网络③。在现代生产模式下，产品的研发、设计、生产、营销、物流等环节很少由一个企业完成。一些服务于生产的功能活动需要从制造业价值链中剥离出去，制造业企业将在这些断裂的价值链中截取最优或核心环节，形成专业化程度更高、生产规模更大的发展方式。可见，制造业和生产性服务业各自价值链的分解是为了更好地形成新的价值链、创造更大的价值④。

---

① 张晓涛，李芳芳. 论生产性服务业与制造业的融合互动发展［J］. 广东社会科学，2013（5）：39-47.

② 贾玉巧. 生产性服务业与制造业如何融合发展［J］. 人民论坛，2017（31）：126-127.

③ 李美云. 服务业的产业融合与发展［M］. 北京：经济科学出版社，2007.

④ 杨仁发，刘纯彬. 生产性服务业与制造业融合背景的产业升级［J］. 改革，2011（1）：40-46.

综上分析，生产性服务业价值链与制造业价值链融合的机理框架如图 12-4 所示，从价值链视角看，两类产业之间具有天然的融合基础。

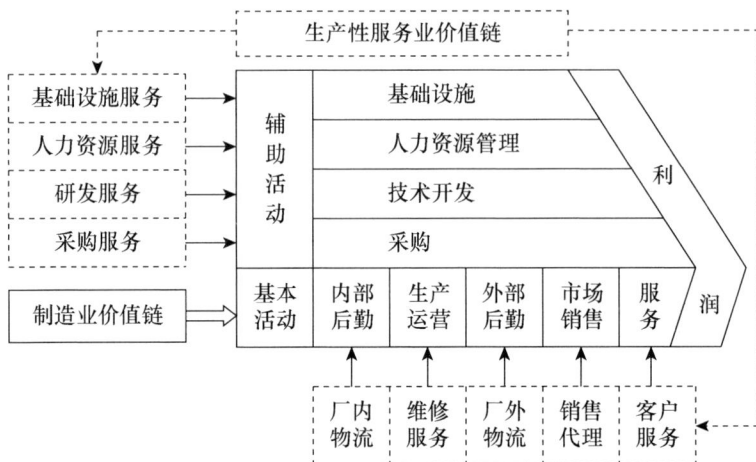

图 12-4　生产性服务业价值链和制造业价值链融合框架

资料来源：杨仁发，刘纯彬. 生产性服务业与制造业融合背景的产业升级 [J]. 改革，2011 (1)：40-46.

（三）产业升级视角下制造业与生产性服务业融合机理分析

产业升级是指产业从初级阶段主要依靠劳动力和资源的消耗来获得增长，逐渐转变为主要依靠知识和创新驱动来获得发展，表现为产业结构的优化、产业素质和效率的提高。生产性服务业具有知识、技术密集型的特点，创新性强，对于制造业升级具有重要作用。制造业升级就是向"微笑曲线"两端攀升，需要加强发展技术、知识和人力资本密集的生产性服务业，使整体产业结构不断"软化"，提升产业核心竞争力和在全球价值链分工体系中的地位。当前经济增长中服务业的贡献越来越大，一方面，制造业继续外包一些非生产性活动，导致服务业所占比例不断提高；另一方面，制造业结构升级导致对中间服务活动的需求越来越大，带动了生产性服务业快速发展。可见，制造业转型升级过程也是生产性服务业升级发展过程，二者相互促进。

（四）价值创造视角下制造业与生产性服务业融合机理分析

生产性服务业发展过程中出现的一系列信息技术成果，都会被应用到制造业的研发、制造、营销和维修服务的全过程，同时金融、科技、专业服务、信息等服务活动可以提高科技创新体系的运行效率，促进制造业企业实现技术进步和创新发展，从而推动制造业结构优化升级。以传统的产品制造为核心转向以以产品为基础提供服务为核心，并逐步发展到为消费者提供一套相对完整的解决方案，是制造业与生产性服务业融合发展实现价值创造遵循的主线①。另外，由于信息技术逐步融入有关服务环节，因此应通过模块化生产、流程优化提升协同制造水平，从而不断提升生产效率和制造柔性，减少生产成本，产生规模经济效应，最终为企业创造更多的价值。生产性服务业企业为消费者提供集成化、定制化服务，既能提高顾客价值，又能扩大企业价值增值空间。制造业企业为客户提供集产品、服务、知识于一体的系统解决方案，在满足消费者需求的同时，能从中获得更多来源于服务环节的价值增值。综上分析，制造业与生产性服务业融合的价值创造演化过程如图 12-5 所示。

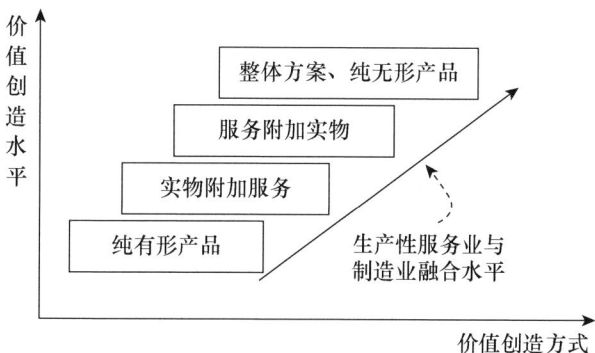

图 12-5　制造业与生产性服务业融合的价值创造演化过程

资料来源：作者整理。

四、我国制造业与生产性服务业融合发展面临的问题

生产性服务业发展能为制造业发展注入源源不断的动力。制造业发展需要生产性服务业演化跟进，生产性服务业发展能有力地促进制造业转型升级。虽然技术创新和产业结构升级的叠加效应使得制造业与生产性服务业呈现相互融合、协调发展的趋势，但目前我国两类产业并未充分实现融合发展，尚存在不少问题。

（一）基础条件不完善影响两类产业融合发展

交通基础设施和城镇化水平是影响制造业和生产性服务业融合发展的基础条件。城镇化水平高能同时拉动制造业和生产性服务业的需求，进而

---

① 李新宁. 生产性服务业与制造业融合：动态体系与治理模式 [J]. 上海经济，2018（2）：21-32.

有利于二者融合发展。城镇化水平高的地区，产业集聚规模较大，集聚效应和规模效应较强，两类产业融合水平也较高。交通运输设施完善能在很大程度上降低企业运输成本，交通设施不完善必然导致物流成本上升，从而会阻碍区域生产性服务业与制造业互动融合。国内不少地区主要城市之间还没有直通高铁，这在很大程度上制约了各地之间要素的流动，影响了生产性服务业与制造业融合发展的步伐和整体资源配置效率。

（二）区域、产业发展不平衡影响两类产业融合发展

区域经济发展不平衡、产业结构不合理是影响制造业与生产性服务业深度融合的重要因素。制造业发展水平较高的地区，生产性服务业发展水平一般也比较高，而制造业基础薄弱的地区通常会面临配套设施不完善、人才流失、产业定位模糊等问题，导致发达地区制造业、生产性服务业难以在更大的范围内实现与落后地区产业融合发展。另外，我国生产性服务业发展相对于制造业发展显得滞后。为此，要完成实现制造业转型升级和高质量发展这一重要任务，就必须大力发展高技术含量、高附加值的生产性服务业，为制造业的发展提供专业服务和技术支持。

（三）政府政策支持不到位影响两类产业融合发展

政府出台有关支持政策，能为生产性服务业与制造业融合发展营造有利的发展环境。大力发展高技术含量、高附加值的生产性服务业，要加大科研经费投入力度，同时要推动科研投入转化为现实生产力，提高制造业生产效率，生产差异化、多样化的产品。另外，要出台一系列引人、留人政策，为制造业与生产性服务业融合发展提供人才支撑。目前，我国生产性服务业与制造业融合发展的政策支持体系有待完善，包括经济体制改革、科技创新、财税、用地等多个方面的政策，要从人财物等方面全方位为两类产业融合发展系统注入动力。如，通过增加财政投资、拓宽投融资渠道等方式为两类产业融合发展提供资金支持；优先保证生产性服务业以及两类产业融合发展项目的用地供给；等等。

（四）产业规制不合理影响两类产业融合发展

随着经济开放性和市场化程度的不断上升，我国产业规制强度也正在逐步下降，但由于传统计划经济体制的影响深远，行业准入审批制度较多、产业规制较严等问题依然存在，市场化机制未充分发挥作用。部分生产性服务业是具有垄断性质的行业，如铁路运输、金融保险、邮电通信等行业，这些行业进入门槛较高，市场竞争不活跃，由此导致大量制造业企业服务活动内部化，这必将缩减对生产性服务的需求，影响生产性服务业

发展，也制约两类产业融合发展。为此，需要合理放松对相关产业的规制，加快生产性服务业与制造业融合发展的市场化进程，促进生产要素自由流动，激发制造业与生产性服务业形成双向互动的发展态势。

第二节　制造业与生产性服务业互动融合的实证分析

通过前文的机理分析可以发现，制造业与生产性服务业融合发展是必然趋势，也是二者实现高质量发展的重要途径。为进一步考察制造业与生产性服务业融合发展是否具有相互促进的关系，我们采用联立方程模型对二者的关系进行实证分析，结果表明二者具有显著的互相正向促进的关系。

一、模型设定与变量说明

（一）模型设定

联立方程模型能够全面分析不同变量之间的关系以及相互影响。我们建立联立方程模型（12-1）和（12-2）。在构建联立方程时，我们主要考虑两类变量：一是由模型决定的内生变量，主要包括制造业总产值和生产性服务业增加值；二是不由模型决定的外生变量，主要包括制造业人力资本、生产性服务业人力资本、资本要素投入水平、城镇化水平和经济发展水平等因素。

$$\ln manuo_{it} = \lambda_i + \gamma_t + \alpha_1 \ln sero_{it} + \alpha_2 \ln manulab_{it}$$
$$+ \alpha_3 \ln cap_{it} + \alpha_4 \ln pgdp_{it} + \varepsilon_{it} \qquad (12-1)$$
$$\ln sero_{it} = \pi_i + \varphi_t + \beta_1 \ln manuo_{it} + \beta_2 \ln serlab_{it}$$
$$+ \beta_3 \ln urban_{it} + \beta_4 \ln pgdp_{it} + \tau_{it} \qquad (12-2)$$

其中，i 表示不同地区，t 表示不同年份，$manuo_{it}$ 为制造业总产值指标，$sero_{it}$ 为生产性服务业增加值指标，$manulab_{it}$ 为制造业人力资本指标，$serlab_{it}$ 为生产性服务业人力资本指标，cap_{it} 为制造业资本要素投入水平指标，$urban_{it}$ 为城镇化水平指标，$pgdp_{it}$ 为经济发展水平指标，λ_i、π_i 为个体效应，γ_t、φ_t 为时间效应，ε_{it}、τ_{it} 为随机误差项。

（二）变量说明

（1）核心变量。1）制造业总产值（*manuo*）。为了更好地衡量制造业整体产出水平，又由于制造业工业增加值在 2007 年以后不再公布，为此采用各地区制造业总产值来衡量其实际产出水平和发展水平。2) 生产性服务业增加值（sero）。采用各地区生产性服务业增加值来衡量其发展水平。参考国内外学者对生产性服务业的统计口径，同时考虑到与制造业关系的紧密程度以及数据的可获得性等因素，本书选取交通运输、仓储和邮政业，批发和零售业，信息传输、计算机服务和软件业，金融业，租赁和商务服务业以及科学研究、技术服务和地质勘探业等六个子行业作为生产性服务业的统计口径。

（2）解释变量。1) 制造业人力资本（manulab）。采用各地区制造业年平均就业人数来衡量其人力资本水平。2) 生产性服务业人力资本（serlab）。采用各地区生产性服务业年平均就业人数来衡量其人力资本水平。3) 制造业资本要素投入水平（cap）。采用规模以上工业企业固定资产总值来衡量其资本要素投入水平。4) 城镇化水平（urban）。采用各地区城镇常住人口占其总人口的比重来衡量各地区城镇化水平。5) 经济发展水平（pgdp）：采用各地区人均地区生产总值来衡量经济发展水平。

（三）数据来源与描述性统计分析

基于数据的有效性、可得性以及统计口径的前后一致性，选取2005—2016 年中国 30 个省份（未包括西藏、香港、澳门和台湾地区）的面板数据进行分析（因往后年份数据获取不全，因此数据选取到 2016年）。数据主要来源于历年《中国统计年鉴》《中国第三产业统计年鉴》《中国工业统计年鉴》，以及国研网统计数据库，各省份所选取的制造业企业均为规模以上工业企业。个别指标在个别年份缺失的数据采用插值法进行补充完善，考虑到联立方程模型中因变量取值单位不同而存在的异方差和多重共线性的问题，对方程中的变量均进行取对数处理。各变量的描述性统计特征如表 12 - 1 所示。

表 12 - 1　变量描述性统计特征

变量名称	标识	样本数	均值	标准差	最小值	最大值
制造业总产值	lnmanuo	360	9.216 7	1.293 4	5.408 6	11.919 3
生产性服务业增加值	lnsero	360	8.226 0	1.013 5	5.246 4	10.441 5
制造业人力资本	lnmanulab	360	4.849 9	1.184 4	1.851 6	7.270 7
生产性服务业人力资本	lnserlab	360	4.239 3	0.783 5	2.252 4	6.007 2
制造业资本要素水平	lncap	360	8.673 7	0.883 9	6.058 1	10.624 9
城镇化水平	lnurban	360	−0.679 8	0.255 2	−1.314 4	−0.109 7
经济发展水平	lnpgdp	360	10.326 6	0.628 5	8.527 5	11.680 1

二、实证分析

（一）单位根检验和协整检验

由于使用不平稳数据进行面板回归会出现伪回归的结果，因此在进行面板模型回归之前，需要对面板数据进行单位根检验，以验证面板数据的平稳性。本书研究对象为中国 30 个省份，研究时期是 2005—2016 年，研究对象较多且为短面板数据，故采用 IPS 检验和 Fisher-ADF 检验。变量一阶差分后的数据均显著拒绝原假设，表明不存在单位根，这也说明了该面板数据是平稳的，检验结果如表 12-2 所示。

表 12-2　面板单位根检验结果

变量	IPS 检验	结果	Fisher-ADF 检验	结果
$\Delta \ln manuo$	-3.7050^{***}	平稳	202.2741^{***}	平稳
$\Delta \ln sero$	-3.2745^{***}	平稳	197.6099^{***}	平稳
$\Delta \ln manulab$	-4.7015^{***}	平稳	217.5391^{***}	平稳
$\Delta \ln serlab$	-3.5598^{***}	平稳	198.4345^{***}	平稳
$\Delta \ln cap$	-4.0797^{***}	平稳	207.3605^{***}	平稳
$\Delta \ln urban$	-3.5998^{***}	平稳	202.2606^{***}	平稳
$\Delta \ln pgdp$	-0.0919^{*}	平稳	151.5916^{***}	平稳

注：*、**、*** 分别表示在 10%、5% 和 1% 的显著性水平上通过检验。

由表 12-2 所示的对面板数据的 IPS 检验和 Fisher-ADF 检验的结果来看，所有变量都是一阶单整，符合协整关系检验的条件，因此可以对变量之间做协整关系检验。如果变量间存在协整关系，则可以建立面板数据回归模型。采用 Engle-Granger 两步法进行协整检验。第一步对式（12-1）、式（12-2）进行 OLS 估计，得到残差项 e_1、e_2，第二步对残差序列做 ADF 单位根检验。结果显示残差项在 1% 的显著性水平上是平稳的，即表明变量之间存在长期动态协整关系，可以进行面板回归分析。协整检验结果如表 12-3 所示。

表 12-3　协整检验结果

变量	ADF 检验	结果
残差 e_1	156.3476^{***}	平稳
残差 e_2	158.8930^{***}	平稳

注：*、**、*** 分别表示在 10%、5% 和 1% 的显著性水平上通过检验。

（二）实证结果

采用 Stata14.0 软件，运用联立方程模型对我国 30 个省份 2005—2016 年的面板数据进行实证研究。由于本书数据中的样本数（360 个）远远大于年份数（12），易造成方程的残差相关，因此为了更好地估计联立方程从而更准确地对制造业与生产性服务业融合发展进行研究，必须选取合适的估计回归方法。本书采用似不相关回归分析法，回归结果（1）是对联立方程中式（12-1）的估计结果，回归结果（2）是对联立方程中式（12-2）的估计结果，具体模型估计结果如表 12-4 所示。各个变量均在 1% 的显著性水平上显著，且拟合优度较高，说明在似不相关回归分析方法下，解释变量能够在很大程度上说明被解释变量。

表 12-4　模型估计结果

回归结果（1）		回归结果（2）	
解释变量	$\ln manuo$	解释变量	$\ln sero$
$\ln sero$	0.3330^{***}	$\ln manuo$	0.3300^{***}
	(-0.0394)		(-0.0152)
$\ln manulab$	0.5560^{***}	$\ln serlab$	0.5880^{***}
	(-0.0249)		(-0.0217)
$\ln cap$	0.2340^{***}	$\ln urban$	-0.8930^{***}
	(-0.0366)		(-0.0759)
$\ln pgdp$	0.3100^{***}	$\ln pgdp$	0.6460^{***}
	(-0.0320)		(-0.0353)
N	360	N	360
R^2	0.9690	R^2	0.9730

注：括号中的数值为稳健标准误，$*$、$**$、$***$ 分别表示在 10%、5% 和 1% 的显著性水平上通过检验。

三、结论分析

由以上实证结果可知：（1）生产性服务业增加值在 1% 的显著性水平上，对制造业总产值具有正向影响，说明生产性服务业的发展能够促进制造业的发展。（2）制造业总产值在 1% 的显著性水平上，对生产性服务业增加值也具有正向影响，说明制造业的发展同样能够促进生产性服务业的发展。（3）由实证分析得出的核心变量系数可知，两者相互促进发展的力度大致相当。可见，制造业与生产性服务业之间具有高度互动融合性，二者互为条件、相互促进。（4）与制造业发展相比，人均地区生产总值对生产性服务业的影响效果更大，说明随着地区经济发展水平的提高，生产性服务业能实现更快速度的增长。

第三节　制造业与生产性服务业高质量融合发展的推进路径

制造业与生产性服务业融合发展具有内在的演化机制。生产性服务业对制造业升级具有重要支撑作用，同时制造业升级产生的对生产性服务的更高级的需求又能带动生产性服务业升级发展。推动制造业和生产性服务业深入、全面互动融合，对于两类产业实现高质量发展都具有重要意义。

一、鼓励企业剥离服务和实施服务专业化

一方面，鼓励制造业企业聚焦自身比较优势，实行专业化经营。通过价值链分解，把制造业生产链条上的研发、设计、采购等上游业务环节和销售、物流和售后服务等下游业务环节委托给外部的生产性服务供应商，发挥供应商的专业化优势，实现产业链条上的企业优势互补，促进生产效率和产品质量提高。另一方面，鼓励有条件的企业开展价值链重组，从提供产品向以产品为依托提供研发设计、设备租赁、设施维护和管理运营等专业化服务转变，延长产品价值链，增加产业附加值。

二、加快推进生产性服务业结构优化

生产性服务业具有知识、技术、人才密集的特征，将生产性服务业融入制造业产业链的各个环节，有助于制造业整体生产效率提升、质量改进，对于改造提升传统制造业、促进先进制造业高质量发展发挥着重要推动作用。同时，生产性服务业作为服务业的重要部分，也是第三产业主要的中间投入，其发展能直接带动服务业生产率提高。在促进生产性服务业发展的过程中要注重引导其优化结构。虽然中国生产性服务业在第三产业中占有较大比重，但从结构上看，金融业比重明显偏高，而商务服务业、科研和技术服务业的比重明显偏低。为此，要进一步加大对研发、创新设计、咨询等专业服务业和商务服务业的支持力度，同时要重视引导金融业与实体经济协调发展①。

---

① 梁婧. 生产性服务业与制造业融合发展的中美对比 [N]. 中国经济时报，2017-06-30 (A05).

三、加强产业间技术融合与信息技术应用

通过加强技术创新和信息技术应用推动制造业与生产性服务业实现技术融合，从而最大限度地消除产业壁垒，促进产业融合。制造业要通过创新和变革不断开发新产品、新技术，并将其融合到生产性服务业中，同时生产性服务业要通过技术进步将服务或技术渗透到制造业中，从而促进两类产业形成相同的技术基础与路线，使得产业边界淡化，最终实现融合发展。信息技术为制造业与生产性服务业融合发展提供了重要纽带，对传统制造业进行信息化改造以及通过信息化带动现代制造业发展，都是如此。另外，要基于信息技术的应用，搭建制造业与生产性服务业融合发展平台，促进产业间信息交流，整合产业、政府政策、市场供求等多方面信息资源，打通两类产业信息交流和沟通渠道，实现产业之间有效对接和优势互补。

四、推动生产性服务业与制造业群对群集聚

产业空间聚集有利于价值链环节互动与产业融合发展。要充分利用制造业的辐射作用和集群效应，吸引更多关联生产性服务业企业在制造业周围集聚，形成制造业和生产性服务业群对群的集聚，促进两类企业之间的交流与合作。生产性服务业集聚不仅可以产生共享基础设施、节约运输成本等静态集聚效应，还可以产生便利信息获取、促进技术创新等动态集聚效应。另外，大量制造业企业集中在集聚区会对生产性服务业产生更大的需求，由此带来金融、物流、信息等服务业企业的集聚。这种群与群在空间上的接近更有利于生产性服务业企业与制造业企业快速有效对接。

五、充分发挥市场机制激活产业融合潜力

由于受传统经济体制的影响，我国在很多领域依然存在审批环节多、产业规制严等问题。市场机制在铁路、电力、金融保险、邮电通信等具有垄断性质的服务业领域尚未充分发挥作用，导致这些行业进入门槛较高，市场竞争缺失，生产性服务业的竞争力和发展活力因此受到削弱[1]，也导

---

[1] 张洁梅. 现代制造业与生产性服务业互动融合发展研究 [J]. 中州学刊, 2013 (6)：26-30.

致很多制造业企业服务内部化，由此大大减少了对生产性服务的需求。为此，要进一步完善市场化体制机制，促进生产要素自由流动，发挥市场机制在配置资源中的决定性作用，激发制造业与生产性服务业双向互动与融合发展。合理放松相关产业规制，需要做好以下几点：首先，各级政府要下放部分行业的准入审批权限，简化行政审批程序；其次，要调整相关行业准入限制，适度放宽要求；最后，要规范行业退出机制，尽量减少企业退出时的损失①。与此同时，要鼓励资本按市场化运作方式进入制造业与生产性服务业融合发展的新领域新业态，以缓解两类产业融合发展的资金缺口问题。

第四节　制造业与生产性服务业高质量融合发展的保障措施

我国生产性服务业与制造业已经从共生阶段迈入融合阶段，二者融合不仅能够提升工业化发展的技术含量和促进经济结构升级，还能够增强制造业的国际竞争力，但两类产业深度融合尚存在诸如体制、技术、人才、标准等方面的制约因素，需要政府更好地发挥协调和保障作用。

一、强化组织落实和制度建设

制造业与生产性服务业融合不能单靠市场机制，还需要政府部门与相关组织机构发挥协调作用，为此要建立健全促进两类产业融合发展的引导机构、执行机构和支持性机构。与此同时，要充分发挥行业协会在政企之间的沟通桥梁作用，以及在规划研究、统计与信息、技术合作、培训和咨询等方面的中介作用，强化行业自律和规范化发展。另外，要建立健全两类产业融合发展的制度保障体系，包括法律制度、管理制度与监督制度等。一方面，应加强法制建设，完善各项法律法规，特别是与制造业和生产性服务业融合发展领域密切相关的法律法规；另一方面，要通过立法进一步改革装备制造业和生产性服务业的产权制度，实现产权的分散化和多元化，鼓励多元化资本进入两类产业融合领域，增强两类产业融合发展的开放性和活力。

---

① 綦良群，赵龙双. 基于产品价值链的生产性服务业与装备制造业的融合研究 [J]. 工业技术经济，2013，33（12）：118-124.

二、优化政策支持体系

推动制造业与生产性服务业融合发展需要投入多种资源，会涉及经济体制、技术进步和创新等多个领域。因此，制造业与生产性服务业融合的政策支持体系应包括经济体制改革、技术创新、财税金融、土地利用等诸多方面，需要从人力、财力、物力等方面提供全方位支持和注入发展动力。一是要在两类产业融合领域建立健全现代企业制度，明确权责利，实现政企分开，并做到管理科学；二是要建立健全科技创新体系，构建以企业为主体、高校和科研院所为支撑的科技创新平台，加强制造业与生产性服务业合作与协同创新；三是要制定实施有利的财税和金融政策，加大财政投入，鼓励多渠道投融资，为两类产业融合提供资金支持；四是要优先保证符合国家政策的生产性服务业以及两类产业融合发展项目的用地供给。

三、完善行业标准和相关统计

对能够进行标准化经营的生产性服务行业，要积极引进和参照国际标准，制定和完善国内行业标准。对于无法规范化的生产性服务业，要以提高服务满意度为原则，广泛落实服务承诺、服务公约和服务规范等行业要求，提高服务质量。重点建设完善物流服务、科技服务、信息服务、商务服务、工业设计服务等服务标准和规范体系。推动生产性服务业加快发展，需要规范、准确的数据作为基础支撑。然而，我国服务业相关统计仍存在数据覆盖不全、数据滞后等问题。为此，迫切需要进一步提高服务业统计的质量、水平和及时性，为政府决策和企业发展提供参考，以及促进生产性服务业规范化、标准化发展，从而为两类产业融合发展创造更好的条件。

四、加强专业人才保障

推动制造业转型升级和高质量发展，科技进步和技术创新是关键，由此对人才提出了更高的要求，发展知识密集型的生产性服务业同样需要高素质人才支撑，可见人才是两类产业实现融合的核心要素和前提条件。发展生产性服务业需要复合型专业化人才，通常他们需要掌握现代物流、科学研究与技术研发、金融保险等行业知识，所以要鼓励科研人才流向生产性服务实业领域，也要鼓励生产性服务业企业员工流向研究机构，实现双向流动。一要进一步重视产学研结合，优化教育结构，为制造业和生产性服务业融合发展培养和储备高素质专业化人才；二要进一步增加人力资本投入，加强校企合作，持续提升人才水平；三要积极引进国际高级专业化人才；四要提高普通员工和高级技工的素质能力，他们同样是制造业和生产性服务业融合发展不可或缺的力量。

第十三章　推动制造业高质量开放发展

虽然当前国际上保护主义、单边主义有所显现，但是经济全球化是不可逆转的发展趋势。中国制造业因开放而获得了快速发展，未来也必须坚持走开放、合作共赢的道路才能实现高质量发展。中国需要继续坚持扩大对外开放的战略，创造公平、透明、稳定与可预期的投资环境，以更加务实的精神，吸引更多企业来华投资，在全面开放格局中实现制造业更高质量发展。中国推动制造业高质量发展，将会给世界各国企业带来新的发展机遇，也将会为世界经济增长和高质量发展起到更大的推动作用。

第一节　制造业开放发展的学理依据与形势分析

一、推动制造业开放发展的学理依据

每个国家、每个企业都有自己的优势，通过分工和专业化生产，就能够在交换中得到收益。两千多年前，司马迁在《史记·货殖列传》中提出"以所多易所鲜"，即用自己多的东西换自己少的东西，就体现了对专业化分工的理解。《淮南子·齐俗训》中更进一步提出"以所有易所无，以所工易所拙"，即用自己有的东西换自己没有的东西，用自己擅长制造的东西换自己不擅长制造的东西。这种经由"易"即交换来获取贸易收益与实现经济发展的思想，用现代经济学的语言来讲，就是在专业化分工的基础上，实现贸易收益，推动经济增长[1]。

---

[1]　张宇燕，徐秀军. 坚持对外开放 推动经济高质量发展［N］. 光明日报，2019-01-29(11).

亚当·斯密的国际分工论是制造业开放发展的重要学理论依据。分工是指各种社会劳动的划分和独立化。马克思将分工称为社会产品在各类生产之间的分配，并指出如果在考察生产时把包含在其中的这种分配撇开，则生产显然是一个空洞的抽象。国际分工是各个国家或地区对具有某种优势的物质生产部门实行的专业化生产，是一个国家内部社会分工向国外的延伸和继续。社会生产力发展到一定水平，国民经济内部分工超越国家界线向纵深和更广范围发展时，就形成国际分工。在亚当·斯密看来，如同国内部门分工一样，国际分工能通过自由贸易促进各国劳动生产率的提升。每个国家都只生产其最擅长生产的东西，然后用来交换别国所擅长生产的东西，比各自生产自己所需要的一切东西更为有利。这种基于比较优势的国际分工和自由贸易，能增加国民财富。所以，一种商品，如果其他国家来生产，所需成本比本国低，那么本国就不要生产；生产自己最擅长的商品去换钱，再购买别国的廉价商品，则更合算。斯密还认为，哪个国家最擅长生产什么东西，哪个国家应当发展工业，哪个国家应当发展农业，不仅是由历史条件造成的，而且是由各国的地理环境、土壤、气候等因素"自然"形成的。

二、我国制造业开放发展面临的形势

改革开放 40 多年来，我国制造业获得了快速增长，拥有了门类齐全、独立完整的工业体系，显著增强了我国综合国力，支撑了我国的大国地位。我国 GDP 总量从 2010 年开始就稳居世界第二位，货物和服务贸易进出口、对外投资以及吸引外资规模也常年位居世界第二、三位，制造业增加值更是多年来一直位居世界第一；实际利用外商直接投资从 1983 年的 9.1 亿美元增加 2018 年的 1 350 亿美元，其中 2018 年全年高技术制造业实际使用外资 137 亿美元，同比增长 38.1％[①]，我国贸易大国的地位不断巩固提升。但是，我国制造业长期以来依靠资源等要素投入拉动和侧重规模扩张的粗放型发展模式已不能满足经济发展新阶段的要求，需要正确处理制造业发展与生态环境保护、破除旧动能与培育新动能、自身发展与协同发展等关系，深刻把握未来产业发展趋势，打好"创新驱动"和"对外开放"两张牌，推动制造业更好更快发展。

当今许多发达国家纷纷提出振兴制造业战略，如美国的"国家制造创

---

① 国家统计局相关年份的统计公报。

新网络"战略、德国的"工业 4.0"战略、日本的"工业价值链"战略等。与这些发达国家相比，我国制造业在技术创新能力、资源利用效率、产业结构水平、信息化水平、企业国际竞争力等方面差距明显①。我国制造业正面临着国际竞争加剧和国内资源环境约束趋紧的双重挑战，迫切需要主动求变，推动高质量发展。要想推动制造业高质量发展，必然要走全面开放的道路，正如习近平总书记指出的，"开放带来进步，封闭必然落后"，"中国开放的大门不会关闭，只会越开越大"。改革开放所取得的历史成就无疑是对我国坚持扩大对外开放道路的正确性的最好的证明，然而面对国际政治形势出现的新变化、全球贸易保护主义势力抬头以及经济全球化向纵深方向发展，国内制造业企业存在创新能力不足、出口产品附加值不高、自有品牌较少、制造服务贸易较为落后等一系列问题，导致了我国出口产品国际竞争力整体较弱，这也是我国长期处于全球价值链中低端的原因②。我们要加快推动全方位对外开放，高水平"引进来"和全方位"走出去"并举，统筹利用好"两个市场、两种资源"，以高质量开放发展带动制造业发展速度、质量与结构的全面改善。

第二节　对外开放对制造业高质量发展的影响效应

推动制造业开放发展不仅要从横向维度上扩大开放范围、拓宽开放领域，更要从纵向维度上创新开放方式、深化开放层次，增加制造服务的国际贸易，提升我国自主品牌知名度，从而提高出口产品的附加值和国际市场竞争力，提高我国制造业的国际分工地位。当然，对外开放是一把双刃剑，对制造业发展也会产生一些不利影响，需要我们理性分析和对待，力争在获得对外开放红利的同时，使负面效应最小化。

一、制造业开放发展的资本形成效应

制造业开放发展能够更有效地吸引和利用外资，促进外商投资稳定增长，同时通过营造良好的投资环境，能提高招商引资质量和水平，以此来

---

　　① 苗圩. 大力推动制造业高质量发展［EB/OL］.（2019-03-18）［2019-07-24］. http://theory. people. com. cn/n1/2019/0318/c40531-30980692. html.

　　② 吴昊. "推动形成全面开放新格局"笔谈［J］. 东北亚论坛，2018（3）：3-23.

推动制造业高质量发展。从我国改革开放的发展经验来看，在政府鼓励引进外资的政策引导下，外商直接投资为我国带来了大量急需的资本，这对制造业长期持续发展至关重要。美国经济学家钱纳里和斯特劳特提出的"两缺口理论"认为，发展中国家作为东道国可以利用外资有效弥补自身资源供给与经济发展目标之间的储蓄和外汇缺口[①]。外商直接投资能够弥补东道国储蓄和外汇的双缺口，促进东道国国内投资水平提高和经济增长速度加快。我国通过制造业开放发展吸引外资投入，可以弥补我国资本不足，促进制造业资本存量优化，可见制造业开放发展具有明显的资本形成效应[②]。同时外资企业的进入会冲击我国制造业的市场均衡，这种竞争效应迫使本土制造业企业改进生产工艺、改善经营管理以维持或扩大市场份额[③]，从而有利于优化制造业资源配置，促进制造业结构优化升级和实现更高质量发展。

二、制造业开放发展的技术溢出效应

强化制造业开放发展，有利于引进国外先进科学技术，同时能推动我国优势产业技术"走出去"，促进国际高水平技术交流与合作。在制造业开放发展过程中，通过充分把握国外先进技术转移和技术外溢效应[④]，有利于对现有生产技术、生产工艺以及生产流程等进行改进创新和培育自主创新能力。经过几十年的快速发展，我国各方面都取得了重要进展，但与发达国家科技实力的差距依然较大。为此，我们要利用制造业开放发展的契机，在引进技术的基础上加强自主创新和人才引进，弥补科技水平的不足，降低创新成本，获得后发优势。由于引进的国外先进科学技术是已经应用于生产的成熟技术，因此其有利于促进我国制造业技术改进、创新和应用。通过引进国外高水平技术，大力发展中高技术水平制造业，同时带动提升低技术制造业，共同助力制造业结构优化升级和迈向全球价值链中高端，从而加快实现高质量发展。

---

① 陈爱丽，杨炳群. 中国外商直接投资的资本效应分析 [J]. 时代金融，2011 (14)：10-11.

② 单俊辉，张玉凯. 外商直接投资对我国产业结构的影响及对策 [J]. 现代管理科学，2016 (3)：52-54.

③ 傅强，黎秀秀. 贸易开放度、产业结构升级与经济增长 [J]. 工业技术经济，2014 (3)：115-120.

④ 杨丹萍，杨丽华. 对外贸易、技术进步与产业结构升级：经验、机理与实证 [J]. 管理世界，2016 (11)：172-173.

三、制造业开放发展的人才集聚效应

制造业高质量发展离不开技术创新，而技术创新最重要的是人才，并且人力资本也是推动制造业结构升级的重要因素①。2018 年 5 月，习近平总书记在中国科学院、中国工程院院士大会上指出，硬实力、软实力，归根到底要靠人才实力。全部科技史都证明，谁拥有了一流创新人才、拥有了一流科学家，谁就能在科技创新中占据优势。随着制造业转型升级与加快发展，我国制造业对高技术水平人才的需求也随之增加。据统计，目前我国高技能人才占就业人员的比重只有 6% 左右，而发达国家普遍高于35%②。国内人力资本供给与需求的不平衡情况，要求我们在引进国外先进技术的同时，必须引进与技术匹配的国外高水平人才。高质量的人力资本具有高水平的创造性和增值性，只有得到高质量的人力资本投入支持，才能把引进的国外先进技术高效率地加以消化吸收，使创新成果转化为现实财富，从而推动制造业结构优化升级与实现高质量发展。制造业开放发展与引进科技人才之间是一种相互促进的关系。制造业开放发展能够吸纳大量科技人才，而引进科技人才又能进一步推动制造业开放发展。所以说，制造业开放发展对高水平人才集聚具有积极作用。同时，在制造业高质量对外开放的进程中，通过引进技术和管理人才、促进国际人才交流与合作、推动知识传播与分享，能够推动中国人才素质提升和人力资本积累。

四、制造业开放发展的竞争示范效应

从微观角度来看，实现制造业高质量发展在于实现各个制造业企业高质量发展。发达国家制造业之所以能够稳居全球价值链中高端，是因为拥有一大批世界领先的优质制造业企业。制造业开放发展意味着市场准入要进一步放宽，金融债券市场开放政策要更为完善，允许更多领域实行外资独资经营，同时要为国内企业和外资企业营造公平竞争、合作共赢的公正的市场环境。我国所引进的优质外资制造业企业在经营理念、技术水平与

---

① 于文超. FDI、环境管制与产业结构升级：基于城市面板数据的实证研究 [J]. 产业经济评论，2015 (1)：39-47.

② 苗圩. 大力推动制造业高质量发展 [EB/OL]. (2019-03-18) [2019-07-24]. http://theory. people. com. cn/n1/2019/0318/c40531-30980692. html.

人才质量等方面都具有比较优势[①]，其产品也颇具市场竞争力。企业始终以追求利润最大化为目标。国内制造业企业在市场份额减少、产品竞争力不足的情况下，会在经营、技术、人才等方面向优质企业靠拢，在行业公平竞争中优胜劣汰，优质企业生存下来，反之则被市场淘汰，从而推动制造业发展质量整体提升。

五、制造业开放发展的产业升级效应

推动制造业开放发展，加强国际合作，有利于吸引高层次科技人才和引进先进技术，这对于推动制造业创新转型、打造世界级先进制造业集群、促进制造业产业迈向全球价值链中高端具有重要意义。我国现阶段制造业发展面临国际竞争加剧和国内资源环境约束趋紧双重挑战，要加快推动制造业向智能化、绿色化、服务化方向转变，实现产业转型升级。要实现这样的转变，必须要有全球化的战略视野，要大力引进海外高水平人才和技术，利用国际国内两个市场、两种资源，提高资源配置效率和企业生产效率。中国工程院"制造强国战略研究"项目提出，我国制造业要做到由大到强，必须稳步推进制造业优质化、智能化、服务化和绿色化的"四化"战略，以打造优质的制造业国际品牌，提升制造业智能化技术水平，推进制造业可持续发展，助力制造业纵深拓展价值链[②]。党的十九大报告提出要加快建设制造强国，加快发展先进制造业，推动互联网、大数据、人工智能和实体经济深度融合，而这些措施恰恰都需要在制造业领域推行对外开放，通过学习引进世界先进技术及手段，推动制造业模式和企业形态发生根本性变革。

六、制造业开放发展的负面效应

对外开放是一把双刃剑。对外开放在对制造业高质量发展产生促进作用的同时，也会带来一些不利影响。在贸易对外开放方面，长期以低技术含量产品出口为主的贸易结构会造成低端锁定效应和对国外市场的依赖。在技术转移方面，在技术溢出效应发挥作用的同时，也存在着技术挤出效应。技术挤出效应会加剧对外国技术的依赖，进而抑制产业自主创新能力

---

① 王聪. 贸易强国之路：以优胜劣汰助力产业升级 [J]. 当代经济管理，2016，38（12）：46-51.

② 朱高峰，唐守廉，等. 制造业服务化发展战略研究 [J]. 中国工程科学，2017，19（3）：89-94.

的发展①。在利用外资方面，对外开放也会对中国经济运行产生一些不利影响，如：外资对国内民间资本存在挤出效应；外资的大量流入将导致国际收支的不平衡，并可能引发通货膨胀；在外资流入时，一些高污染产业也随之转移过来，造成局部地区的环境恶化；外商在华直接投资主要集中在沿海地区，扩大了地区之间的差距②。为此，在贸易对外开放方面，要积极推进高新技术产业、高端装备制造产业等领域的贸易往来，深入参与新一轮国际分工和产业链重构，加快向全球价值链中高端迈进，推动对外贸易结构和产业结构的匹配和同步升级。在资本对外开放方面，应破除"重数量、轻质量"的招商引资观念，加强引导外资注入技术密集型和资本密集型产业。同时，要坚持生态优先、绿色发展的理念，通过设立技术标准、产业标准以及资源消耗和环境标准，强化外商投资企业的生态环境责任。

　　综上分析可知，对外开放能够对我国制造业高质量开放发展产生一系列促进效应，同时也会产生一些负面影响，需要我们在实施对外开放进程中加以重视和采取差异化对策，力争在获得对外开放红利的同时尽可能规避负面影响。对外开放对制造业高质量发展的影响路径如图 13-1 所示。

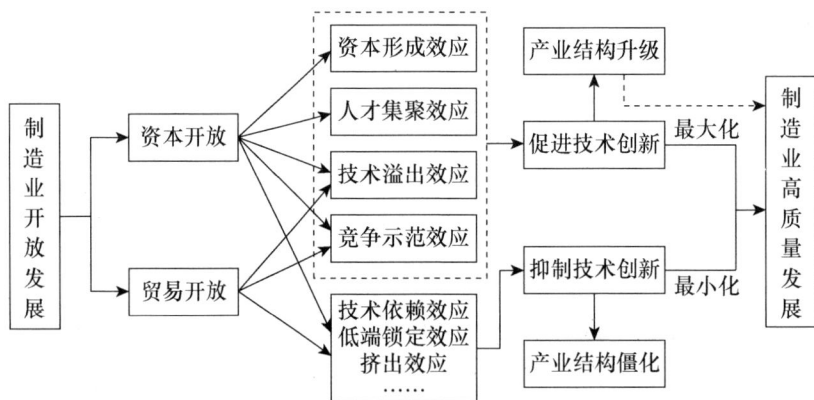

图 13-1　对外开放对制造业高质量发展的影响路径

资料来源：作者整理。

　　①　章潇萌，杨宇菲. 对外开放与我国产业结构转型的新路径 [J]. 管理世界，2016 (3)：25-35.

　　②　魏后凯，刘长全. 中国利用外资的负面效应及战略调整思路 [J]. 河南社会科学，2006 (5)：21-25.

第三节　推动制造业高质量开放发展的对策

制造业开放层次直接影响制造业发展层次和质量水平。贸易、投资结构如果长期以低技术产品为主，则必然会造成低端锁定和对国外市场的依赖，使企业失去创新活力，抑制产业结构升级。为此，要提高制造业开放发展水平，搭建高水平引资引技引智对外开放平台，深入参与新一轮国际分工和产业链重构，推动贸易和投资自由化、便利化，打造"升级版"的一流营商环境。此外，还要注重发挥"一带一路"建设的引领作用，支持高铁、电力装备、石化、汽车、航天卫星等领域开展国际产能合作，鼓励家电、机械、轻纺等领域企业沿"一带一路"加快走出去，构建中国主导的跨国供应链，打造全球化生产体系，带动国内装备、技术、标准、服务"走出去"[①]。

一、提升外资引进质量与优化外资投资结构

引进和利用外资是我国打造全面开放新格局的重要任务，要实现制造业高质量发展，必须以高效率高要求的标准来引进和利用外资；在放宽市场准入条件、扩大外商投资产业范围的同时，要优化外商投资结构，进一步引导外资更多地投向新一代信息技术和互联网产业、先进制造业、新能源产业、新材料和节能环保产业、生物医药和健康产业等新兴领域，力促外资企业与国内企业相互合作又相互竞争，推动产业集聚和科技成果加速产业化，形成研发创新、产业转化和市场推广的良性循环，促进我国制造业水平整体提升和高质量发展。同时鼓励外资利用并购方式，推动国内企业改组升级。我们也应该认识到，我国对外商投资领域的管控和限制相对较严，今后要进一步加强自由贸易区建设，充分发挥自由贸易区在扩大开放、吸引优质外资方面的先行作用。

二、创新对外投资方式与优化对外投资布局

在经济全球化背景下，制造业开放发展是实现高质量发展的重要途径，也是制造业可持续发展的必然选择。改革开放以来，随着中国经济的

---

① 黄汉权. 突破难点 系统推进制造业高质量发展［N］. 经济日报，2019-03-14 (16).

快速发展和国际新兴市场的加快形成，越来越多的制造业企业"走出去"投资兴业，以争取更加有利的发展机会。提高制造业开放发展质量，需要实施全方位的对外开放，实现"引进来"和"走出去"协调发展，在注重引进外资质量的同时，要创新发展对外投资方式，从追求对外投资规模转向更加注重投资质量效益，推动对外投资结构优化，打造对外投资新格局。创新对外投资方式能够推动我国制造业走向世界，加强国际产能合作，提供产能转移输出路径，因此有利于深化我国供给侧结构性改革，促进制造业和出口结构升级，同时有利于促进东道国经济发展、吸收先进技术和培养高素质人才，最终实现中国与各东道国的互利共赢。

三、构建开放式技术创新体系与推动新旧动能转换

推动制造业高质量发展的核心是提高全要素生产率。在引进先进制造技术和设备的同时，要重视培养制造业基础研究和自主创新能力，实现技术创新驱动的制造业高质量发展。长期以来，许多优秀的企业都采用了内部创新模式，即企业利用自己的研发设施，自主开发一切必要的技术或解决方案，拥有创新成果的完整产权，把整个创新过程放在企业内部完成[1]。然而在信息技术日益发达的知识经济时代，企业依靠内部资源进行创新活动，必然是成本高、产出效率低，难以适应快速发展的市场需求和日益激烈的市场竞争，企业要打开创新大门，建立"高度互联互通"的开放式创新体系。当前，以大数据、人工智能等为代表的新一轮技术革命正在加速发生，驱使全球制造业创新转型，所以要实现我国制造业高质量发展，就要以开放的姿态大力培育新动能，要以全球视野谋划和推动科技创新，着重引进国外高水平制造技术，加强中外先进制造业企业在业务、技术、人才、管理等方面交流融合，以获得更多的溢出效应。要全面提升制造业信息化、智能化、数字化发展水平，积极主动融入全球科技创新网络，推动高技术制造业和优势制造业加快向全球价值链中高端迈进，实现以高质量开放带动高质量发展。

四、完善人才协同培育机制与推动人才双向流动

创新与开放是制造业高质量发展的关键。要着眼于增强人才引领创新

---

① 邱静，马苏德·劳曼尼. 开放式创新：借助"外脑"提高创新效率 [J]. 中国工业评论，2015（8）：22-28.

发展与深度开放的内生动力，完善人才特别是高层次科技创新人才和外向型人才的引进培养支持政策，努力打造与制造业高质量发展相匹配的综合型人才队伍，大力培育大国工匠精神，为创新引领开放发展提供坚实的人才和智力支撑。推动制造业高质量开放发展，不仅要使国际先进制造技术被"引进来"，也要使国内领先制造技术"走出去"。技术的双向流动需要人才支撑。高素质人才是制造业高质量开放发展的重要保障。一要加快建立有关部门、科研院所与制造业企业协同育人的创新人才培养机制；二要大力引进国外先进制造技术人才，鼓励我国制造业人力资源走出国门，促进国内外中高端制造人才双向流动；三要发挥高新技术人才所独有的创造性与实践性，使先进技术更高效率地应用于制造领域，提高技术创新落地的成功率。

五、推动制造业服务化与攀升全球价值链中高端

当前，全球贸易环境不容乐观，贸易保护主义与单边主义有所抬头，同时国内资源环境约束趋紧，这些都使得我国制造业发展面临巨大挑战。在此情况下，要加快发展生产性服务业，推进我国由传统生产型制造向服务型制造转变，制造业服务化水平向国际高标准看齐，从而更好地推动制造业高质量开放发展。从微观视角来看，制造与服务融合可以增加产品附加值，提升制造业企业盈利能力和市场竞争力；从宏观视角来看，制造业服务化的深入推进，能够降低生产要素消耗，缓解环境压力和经济下行压力，为经济结构升级提供新动力。我国制造业在开放发展过程中，要大力推进制造业服务化，通过优化产品开发、生产制造、营销策略以及售后服务等环节促进制造业企业打通生产价值链，延伸企业价值链，提升制造业在全球价值链中的分工地位，推动制造业在开放中实现高质量发展。

六、营造有利于制造业开放发展的营商环境

在开放型经济中，要素、商品与服务能更加自由地跨境流动，从而实现最优资源配置和最高经济效率。当前，我国境内用工成本持续增长、高技能员工不足是大多数外商投资企业经营中面临的最大挑战，营商环境需要进行实质性优化。当然，改革开放以来，中国制造业的发展环境在不断地改善和优化，如世界银行发布的《全球营商环境报告2020》显示，中国营商环境排名上升了15位，名列第31位，连续两年入选全球优化营商环境改善幅度较大的十大经济体。推动制造业开放发展的前提条件就是打

造有利于国内外制造业相互促进、共同发展的营商环境。一要进一步放宽市场准入标准，允许外资进入更多制造业生产领域，落实国民待遇制度，提升投资自由化水平；二要深入推进外资领域"放管服"改革，简化相关审批流程，提高外商投资企业在资金运用、人才流动等方面的便利性，降低制度性交易成本，提高外商投资效率；三要高度重视营造公平公正、稳定和谐的涉外贸易环境，做好与国际通行贸易规则对接工作，尽快做到办理贸易服务事项实现"一站式"，提升贸易便利化水平；四要为外籍人才提供高水平服务，包括完善外籍高层次人才和紧缺人才的认定和激励政策，提升外籍人才医疗和社保服务水平，加快建设国际人才社区，优化外籍人才生活服务①。

第四节　专项行动：加快中国装备制造业 沿"一带一路"走出去

"一带一路"倡议旨在依靠中国与沿线国家双边、多边机制，借助已有的区域合作平台，积极发展经济合作伙伴关系，共同打造国际区域发展新格局。2015 年 3 月，国家多部委联合发布了《推动共建丝绸之路经济带和 21 世纪海上丝绸之路的愿景与行动》，之后国务院于 2015 年 5 月印发了《关于推进国际产能和装备制造合作的指导意见》，可见我国装备制造业"走出去"加快"一带一路"海外布局已经拉开大幕。

一、中国装备制造业具备"走出去"的实力

中国装备制造业在政府政策引导和资金支持下，制造规模和技术水平得到了较大幅度的提高，尤其是在轨道交通装备、智能制造、航空航天等方面取得了长足发展。2012—2021 年，我国装备工业增加值年均增长8.2%，始终保持中高速。至 2021 年底，装备工业规模以上企业达 10.51万家，比 2012 年增长达 45%以上。2021 年装备工业中战略性新兴产业相关行业实现营业收入达 20 万亿元，同比增长 18.58%②。目前，我国部分

---

①　朱洪萍. 提高外资引进质量水平，推动我国经济高质量发展［EB/OL］.（2018－07－19）［2019－06－21］. http://www. sohu. com/a/242252684_740456.

②　工信部：十年来装备工业增加值年均增长 8.2% ［EB/OL］.（2022－09－06）［2022－09－10］. https://m. gmw. cn/baijia/2022－09/06/1303128830. html.

装备制造领域获得了国际市场的高度认可，尤其是高铁、核电等成为了我国高端装备在海外市场的名片，而且我国装备制造性价比较高，在质量、价格、工期、维保等方面都具有明显的竞争优势，受到众多国外合作方的青睐。历经 60 多年的发展，我国轨道交通装备制造产业已达到自主研发、设备先进、配套完整、规模经营的发展水平，拥有集研发、设计、制造、试验和服务于一体的完备制造体系，在核心关键技术方面已没有盲点，特别是近十年来，我国高速动车组和大功率机车取得了举世瞩目的成就。通过将轨道交通作为先行领域，我国正致力于加强国际合作，建设"一带一路"国际铁路交通运输通道，包括建设欧亚铁路、中亚铁路、泛亚铁路等，全长超过 3 万公里，将形成连接亚洲各次区域以及亚欧非的轨道交通网络。

二、"一带一路"背景下中国装备制造业的发展机遇

（一）沿线国家基础设施建设的市场需求大

"一带一路"贯穿亚欧非大陆，覆盖的国家多、人口多、地域面积广，而且沿线大多是发展中国家和新兴经济体，基础设施较为落后，固定资本形成不足，这些国家对基础设施、设备的需求势必会持续增长，包括铁路、核电、管线、机场、港口、卫星应用等，这为我国装备制造业提供了难得的海外发展机遇。相关统计数据显示，"一带一路"沿线国家总人口合计约 44 亿人，占全球人口的比重为 69%；基础设施建设的市场需求约 1.12 万亿美元，占全球市场份额的比重为 29%[1]。目前很多"一带一路"沿线国家的固定资本形成总额水平较低，占 GDP 的比重不足 30%，而且大部分中亚地区和东盟国家工业化程度有待提高，未来对装备及技术应用需求较大。面对"一带一路"基础设施建设的巨大市场需求和资金缺口，中国正在成为重要的建设推动者，因为中国拥有装备性价比高、技术成熟、资金充足等优势。

（二）对沿线国家的技术输出具有广阔空间

"一带一路"沿线国家之间经济发展水平存在较大差距，部分国家具有很大的发展潜力与空间。经过多年发展，我国在科技进步方面取得了发展中国家和新兴经济体难以达到的成就，拥有全球最完备的制造体系和产

品体系，以及一批竞争力强的装备制造新技术和新产品，部分装备制造技术已经从依靠引进转变为自主研发，并主动向国外输出，同时新兴经济体对"中国制造""中国智造"的技术需求旺盛，制造技术的海外溢出效应已经显现。现阶段，很多沿线国家在技术领域存在较大瓶颈，而我国在高铁、核电、卫星设备等方面的技术比较成熟，甚至处于领先水平，比较优势明显，这种多方的利益诉求契合和优势互补的现状，使我国向沿线国家输出优势产能和成熟技术更具现实意义。

（三）在沿线国家的产业投资与合作机会大大增多

"一带一路"整体工业化进程的推进，需要深化沿线各国经济社会的融合发展，加强与沿线国家的产业投资与合作，尤其是装备制造业的投资与合作，更具有重要意义。由于国际金融危机的冲击，发达国家对外投资能力显著减弱，而"一带一路"沿线国家的发展需要国外的资金、技术和管理等方面支持，沿线国家都有强烈的利用外资的意愿。这对我国相关产业来说，是一个难得的"走出去"投资与合作发展的历史机遇。"走出去"投资合作方式多样，既可以合作投资建设产业园区，完成产业转移，加强与当地的产能合作，也可以到科技水平较高的国家建立研发中心，充分利用东道国科技和人才资源，促进我国装备制造实力提升，同时增加当地就业和促进当地产业发展。

三、中国装备制造业沿"一带一路"走出去的对策

（一）推动产业优势资源整合，形成合力"走出去"

装备制造业对推动一个国家经济发展和国际经济地位提升具有战略性意义。目前，大部分重大核心技术和关键装备均被发达国家所掌控。由于装备技术具有复杂性，同时需要巨大的资金投入，因此仅凭借市场力量是很难有所突破的。我国有集中力量办大事的制度优势，应通过政府牵头，行业组织或中介机构发挥协调作用，将所拥有的制度优势与市场力量结合起来，推动装备制造企业实现资源整合与合作，形成强大合力，让企业抱团"走出去"①。比如，我国高铁、核电装备制造集中于少数几家国有企业，它们应联合起来"走出去"，增强与国外大企业抗衡的能力。具体做法主要有：一是以规模化、集约化发展为目标，组织装备制造骨干力量，建立装备产业联盟；二是大力推动优势企业强强联合与跨国跨地区并购重

---

① 念沛豪，谢振忠，马力扬. 高端装备制造崛起之路［J］. 装备制造，2016（6）：48-65.

组，加快培育形成一批具有国际竞争力的跨国大企业集团；三是引导和支持配套产品制造企业进行专业化协作，打造一批"专精特新"企业，从而提升装备制造业全产业链竞争优势。

（二）加强自主技术创新，打造"走出去"的竞争力

自主技术创新能力不足是制约我国装备制造业进一步发展的关键问题，突破关键技术、共性技术和掌握基础部件，进而形成核心竞争力，对于装备制造业发展至关重要。在世界制造强国掌控高端装备制造关键核心技术的情况下，靠技术引进或市场手段是不能拿到关键技术的，唯一的出路就是立足自主技术创新，实现对关键技术拥有自主权，比如我国高铁装备制造就是在技术引进、消化吸收的基础上，通过系统集成创新的积累和自主研发，实现了对关键核心技术的突破。加强自主技术研发创新，一是要加快建立完善由创新中心、公共服务平台、工程数据中心等构成的国家制造业创新体系；二是要通过高校、科研院所与企业共建科学研究实验室，产学研联合攻关，构建产学研用联盟的方式，实现多方资源有效整合与对接；三是要加快完善科技成果转化机制和强化知识产权创造与运用，为科技创新者提供应有的利益补偿，挖掘其创新潜力；四是要加强大数据、人工智能、物联网等新兴技术在装备制造领域的嵌入和融合，实现技术集成创新，促进产业攀升价值链高端和形成成本优势[1]。

（三）突出质量品牌建设，稳固"走出去"的生命力

改革开放以来的很长时间内，贴牌生产是我国制造业普遍采取的制造模式，导致众多国内企业缺乏自主品牌。同时，国内企业的生产制造业务主要集中于劳动密集型、附加值低和技术含量低的产品上，由此无形中在国际市场上就有了中国制造的商品价格低、质量次的认识[2]。无论是从改变国际市场对中国制造的认识考虑，还是从提高中国制造的国际竞争力考虑，加强质量品牌建设都到了不可回避的时候。加强质量品牌建设，一是要提高核心技术研发能力、产品质量与服务水平，推动企业由价格竞争向非价格竞争转变，提升企业形象；二是要建立完善的装备及其技术、关键系统、零部件的研发、试验验证及知识产权保护体系，提升品牌自主性；三是要鼓励企业采用国际质量、安全、环境标准和国外先进标准，提升装

---

① 尹响，杨继瑞. 我国高端装备制造产业国际化的路径与对策分析 [J]. 经济学家，2016 （4）：103-104.

② 张厚明. "一带一路" 助推装备制造业 "走出去" [N]. 中国经济时报，2015-10-29 （A05）.

备的实用性、可靠性和安全性；四是要促进国内品牌在海外注册商标、申请专利，开展跨国经营与国际化发展，提升品牌层次和品牌影响力。

（四）强化实施人才战略，夯实"走出去"的支撑力

技术瓶颈和人才短缺仍然是我国装备制造业进一步发展所面临的困境。实际上，为了实施装备制造业的国际化发展战略，近些年，我国大批次派出人才到美国、日本和欧洲国家深造，但据统计，我国每年流向或有意驻留国外的高端装备人才的比例达 60％左右，高端人才流失较为严重，在很大程度上削弱了智力支撑①。强化实施装备制造业人才战略，一要优先建设创新型科技人才、紧缺专业人才和高技能人才队伍，并统筹建设专业技术人才、技能人才和管理人才队伍；二要以重大项目建设和工程研究中心、工程实验室、博士后工作站等作为重要科研平台，加大从海外引才、引智的力度，加快装备制造业人才的国际化进程；三要充分利用科研院所、高校、企业与培训机构等人才培养平台，加强培养创新人才，提高人才培养质量；四要完善人才评价体系和激励机制，用好用活股权和分红激励政策，营造良好的个人发展环境，进一步激发人才创新创业活力，充分调动人才的积极性与创造性。

（五）完善财税金融扶持政策，增强"走出去"的支持力

从美国、德国、日本等制造强国的发展经验可以看出，财税金融方面的政策支持在装备制造业发展中发挥着重要作用，有利的财税金融扶持政策和制度安排能够促进企业成本竞争优势与融资能力提升。目前我国财税金融政策对装备制造业倾斜不够，未来应在扩大资金来源、技术创新、人才培养、市场开拓等方面实施更多的扶持和激励政策。一是要设立装备制造业发展专项基金，采取资助、贴息、扩大贷款等方式扶持符合条件的重点项目，支持产业技术研发、产业化及服务平台建设等；二是要切实减轻税收负担，研究完善企业研发费用计核方法，加大研发费用加计扣除力度，减少企业加大研发投入的实际成本；三是要鼓励和支持骨干企业通过改制上市、引进战略投资者、发行企业债券等方式融资，扩大直接融资规模，增强"走出去"的资金实力。

---

① 乔世政. "一带一路"背景下高端设备制造业的发展路径［J］. 宏观经济管理，2016（7）：68-71.

第十四章　以高端化引领制造业高质量发展

加快高端化进程是我国落实制造业高质量发展的一项重要任务。先进制造业是制造业中创新最活跃、成果最丰富的领域，也是价值链上高利润、高附加值的环节，先进制造业发展水平是整个制造业高端化的重要标志[①]。在制造强国建设进程中，必须围绕高质量发展这一主线，加快发展先进制造业，推动制造业高端化发展，以实现中国制造向中国创造转变、中国速度向中国质量转变、制造大国向制造强国转变。本章在阐明制造业高端化内涵与发展形势的基础上，剖析制造业高端化发展动力机制，梳理发达国家发展经验及其对中国的借鉴意义，并结合现实、理论与国际经验提出我国制造业高端化发展对策。

第一节　制造业高端化内涵与形势分析

一、制造业高端化的内涵及特征

（一）制造业高端化的内涵

目前学术界对高端制造业还没有统一的定义，也没有明确的统计分类标准。我们可以从产业和产业链两个角度来界定高端制造业。从产业角度看，高端制造业是指制造业中技术含量高、附加值高、竞争力强的新兴产业。从产业链的角度看，高端制造业处于产业链的高端环节。高端制造业与传统制造业的区别主要体现为：传统制造业技术水平不高，劳动效率不高，劳动强度大，其中大部分是劳动密集型和资本密集型产业，主要依靠

---

① 罗文. 紧扣高质量发展要求 加快发展先进制造业 [J]. 机械工业标准化与质量，2018 (6)：9-11，56.

传统技术与工艺；而高端制造业依靠高科技和高端装备支持，属于技术、资本密集型产业。传统制造业与高端制造业最大的差距体现在科技实力方面。使用先进技术对传统制造业进行改造提升，从而使其逐步实现高端化发展，是制造业发展的必然趋势。

制造业高端化是指制造业不断吸收电子信息、计算机、机械、材料和现代管理等领域的新技术成果，并应用于研发设计、生产制造、在线检测等过程，实现信息化、自动化、智能化和柔性化生产，进而形成新产业、新业态和新模式。可见，制造业高端化有两层含义：一方面，新技术成果产业化后形成基础性、先导性的新兴产业，如增量制造、生物制造、微纳制造等；另一方面，传统制造业吸收和整合先进制造技术和其他高新技术，实现由传统制造业向高端制造业转变，例如数控机床、海洋工程装备、航天装备、航空装备等。创新驱动传统制造业向高端化方向发展的机理框架如图 14-1 所示。未来几年，我国制造业高端化发展的重点方向和任务主要包括关键基础零部件和基础制造装备、重大智能制造装备、节能和新能源汽车、船舶及海洋工程装备、轨道交通装备、民用飞机及航天、节能环保装备、能源装备等。

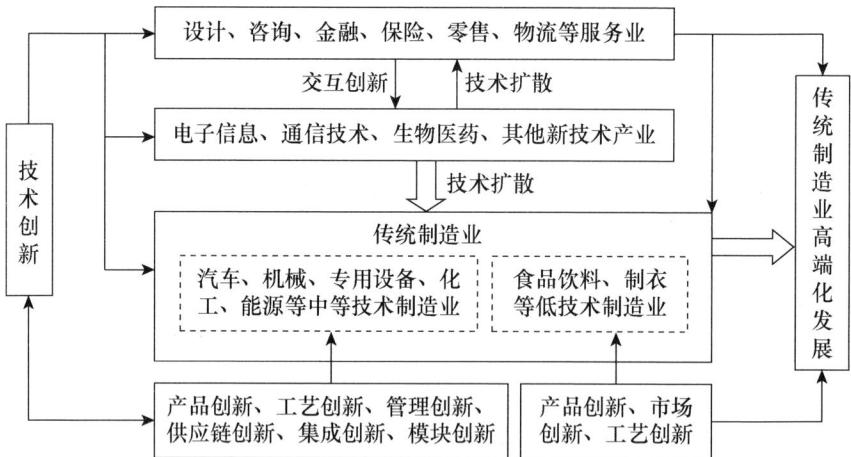

图 14-1 创新驱动传统制造业高端化发展的机理框架

资料来源：作者整理。

（二）制造业高端化的特征

一是先进制造技术广泛应用。信息技术与其他先进制造技术相结合，在生产过程中贯穿物质流、能源流和信息流，实现制造过程的系统化、集成化和信息化。先进制造技术体现在制造技术与高技术集成融合、数字化智能制造技术、极限工作条件下的制造技术、清洁可持续发展制造技术等方面①。二是采用先进制造模式。作为一种新的生产模式和生产组织形式，先进制造模式是指实现数字化设计、自动化制造、信息化和网络化管理的制造模式，能够有效提高产品质量、市场竞争力、生产规模和生产速度。三是产业先进。高端制造业处于全球产业体系的高端，具有较高的附加值和技术含量，通常指高科技产业或新兴产业。四是管理先进。制造业高端化发展要求企业采用先进的管理方法，借助新一代信息技术，优化配置各种生产要素，充分发挥人力资源的知识优势，实现管理的系统化、信息化、智能化与现代化。

二、制造业高端化对推动经济高质量发展的重要作用

面对全球产业变革趋势和日趋激烈的国际竞争，高端化发展是我国制造业实现可持续发展的必由之路，对我国经济、社会、国防等领域的建设与发展具有重要支撑和推动作用。制造业高端化有利于促进发展方式转变，有利于破解发展不平衡不充分问题，有利于建设现代化经济体系，从而有利于推动经济高质量发展。

（一）有利于促进发展方式转变

高端制造业属于先进技术密集、知识密集型产业，产业附加值高、成长性好、带动性强。有研究表明，在美国，以高端制造为代表的先进制造业年人均产出是非先进制造业的 2 倍，同时就业带动能力强，先进制造业每个就业岗位可带动整条供应链的 3.5 个就业岗位②。当前，我国经济发展进入新常态，劳动力成本优势已经消失，能源资源和环境约束趋紧，传统粗放型发展模式难以为继，经济发展必须依靠技术进步、人力资本改善和全要素生产率提高。加快发展高端制造业，增加高端制造产能，推动制造业向价值链中高端迈进，有利于发展方式向集约化、质量型方向转变。

（二）有利于破解发展不平衡不充分问题

中国制造业存在的问题主要表现为低端供给过剩和高端供给不足的结构性矛盾。一些行业产能严重过剩，而关键设备、核心技术和高端产品因供给不足而无法满足需求。制造业基本上处于产业价值链的中低端，供给

---

①　先进制造业是产业发展新方向［EB/OL］.（2017-10-31）［2019-04-25］. http://www.indunet.net.cn/staticpage/642/21294.html.

②　张辛欣. 握紧"先进制造"钥匙 加速迈向制造强国［EB/OL］.（2018-04-23）［2019-08-17］. http://www.cinic.org.cn/xw/cjxw/431446.html.

体系不能适应市场需求新的变化，导致近年来中国消费者热衷于购买海外制造的产品。实际上，这些产品可以在中国购买，关键原因是中国产品在质量和品牌上与国外产品存在差距。制造业高端化不仅体现在先进技术上，还体现在先进生产模式和管理模式上。推进制造业高端化发展，要加强创新驱动和引导，促进要素优化配置，扩大中高端产品的有效供给，提高供给体系质量，从而逐步解决发展不平衡不充分的问题，以满足人民日益增长的美好生活需要。

（三）有利于现代化经济体系建设

经济体系强是国家强的根基。建设现代化经济体系是我国转变经济发展方式、优化经济结构、转换经济增长动力的迫切需要，更是我国经济发展的重要战略目标。党的十九大报告指出，建设现代化经济体系，必须把发展经济的着力点放在实体经济上。实体经济是一国经济的根本，是财富创造的根本源泉，是国家强盛的重要支柱。加强实体经济建设，要深化供给侧结构性改革，加快发展先进制造业，推动大数据、人工智能等新一代信息技术与实体经济深度融合，推动我国制造业逐步从低端向中高端升级，这是支撑工业化和现代化的根本力量。加快发展高端制造业，有利于构建"实体经济、科技创新、现代金融、人力资源"四方面协调发展的现代化经济体系，从而赢得国际竞争的主动权，有力支撑中国经济发展、国际竞争和国防安全。

三、中国制造业高端化发展形势分析

中国经济正处在加快转变发展方式、优化经济结构、转换增长动力的关键时期，制造业高端化发展环境更趋复杂，需要科学分析和准确判断所面临的新形势，从而才能够更好地结合实际和把握发展机遇来推动制造业下一步发展。

（一）发展成就

党的十八大以来，我国制造业综合实力和国际竞争力稳步提升，高端制造业发展取得了积极进展，进一步巩固了世界第一制造业大国的地位。在新一轮全球科技革命和产业变革背景下，通过转变经济发展方式，我国高端制造业不断涌现出创新成果，在集成电路、大型飞机、新能源汽车、新材料、移动通信等领域产生了一批标志性成果，部分创新成果和技术水平处于世界领先位置。在传统制造业改造提升方面也取得了很大进展，产品技术、工艺装备、能效及环保水平得到了全面提高；通过深入实施增品种、提品质、创品牌"三品"战略，制造业质量品牌效益明显改善，产品附加值进一步提升。制造业生产模式发生了深刻变革，智能制造、服务型制造和绿色制造均获得了较快发展，新业态、新模式成长较快，基于新一代信息技术应用的创新型企业不断增加。2017 年我国高技术制造业增加值同比增长 13.4%；2018 年规模以上高技术制造业增加值同比增长 11.7%，明显快于全部规模以上工业增速；2019 年，制造业发展质量稳步提升，并启动先进制造业集群培育工作，全年高技术制造业增加值同比增长 8.8%。

（二）发展态势

制造业结构高级化水平通常采用高技术制造业占比来衡量。通过测算，我国制造业结构高级化水平及其变动情况如图 14-2 所示。从中可以看出，2005—2008 年制造业结构往低级化方向演进，2008—2012 年制造业结构高级化水平经历了短暂上升和下降两个过程，2012—2016 年虽然在我国大力实施创新发展战略推动高技术制造业发展的背景下，制造业结构高级化水平呈现逐年上升态势，但从总体上看，制造业结构高级化水平没有得到明显提高，整体处于波动状态，推动制造业高端化仍面临较大的挑战。

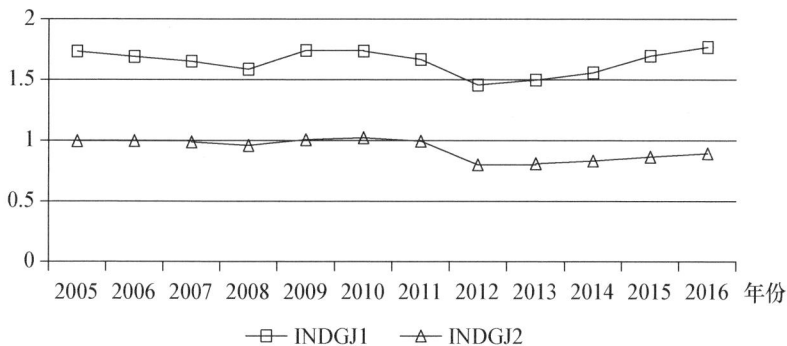

图 14-2 我国制造业结构高级化水平及其变动情况

资料来源：根据历年《中国统计年鉴》数据计算和整理得出。

注：INDGJ1 为高端技术制造业产值和中端技术制造业产值之比；INDGJ2 为高端技术制造业产值和中低端技术制造业产值之比。

（三）发展机遇

新一代信息技术、新材料技术、新能源技术正处于不断创新和升级中，正带动制造业实现群体性技术突破。新的商业组织形态和商业模式不断出现，企业发展活力不断增强，特别是新一代信息技术与先进制造技术正在深度融合，柔性制造、网络制造和智能制造已成为制造业的重要发展趋势。中国拥有完整的工业体系、坚实的制造基础和巨大的国内市场，并在新兴技术和新兴产业领域取得了一些突破，有能力把握这次全球科技革命和产业变革的发展机遇。为此，要加强战略规划和统筹协调，推动新一代信息技术和制造业深度融合，高位嵌入全球产业链和价值链，加快实现制造业高端化发展。近年来，我国先后出台了《中国制造2025》《国务院关于积极推进"互联网＋"行动的指导意见》《国务院关于深化制造业与互联网融合发展的指导意见》《智能制造发展规划（2016—2020年)》《国务院关于深化"互联网＋先进制造业"发展工业互联网的指导意见》等重要文件，为制造业高端化、智能化发展提供了有力的政策支撑。我国智能制造试点示范工作自2015年启动以来，一直备受各界关注，2016年遴选了超60个项目，2017年遴选了97个项目，2018年共有99个项目入选。随着制造业的智能化升级改造，我国智能制造产业实现较快的增长。2017年，中国智能制造产业产值规模近15 000亿元，2016年首次突破1万亿元，2019年首次突破2万亿元，2020年达到2.78万亿元。在智能制造加快发展的背景下，我国制造业高端化将迎来重要机遇。

（四）面临的挑战

应当看到，对比发达国家的发展水平，我国推动制造业高端化发展的任务相当艰巨，制造强国建设还有很长的路要走。第一，制造业创新体系不健全。工业基础不强，尚存在大量短板；企业研发投入低，创新能力不强；高端人才和高技能人才不足；金融对制造业发展的支持力度不够；企业全球化创新经营能力欠缺。第二，高端制造业的国际竞争日益激烈。国际金融危机后，主要发达国家先后实施"再工业化"，大力发展本国制造业。无论是美国突出创新优势的"先进制造"、德国突出智能制造的"工业4.0"，还是英国强调"制造业＋服务业"的"高价值制造"，抑或是日本以大数据为主的"下一代制造"，其战略核心都是大力发展高端制造业和高技术新兴产业，以抢占全球科技和产业变革中的制高点。国外跨国公司掌握了大量关键核心技术，从而控制着制造业价值链高端环节，中国制造业被"低端锁定"的局面亟待突破。第三，制造业高端化发展环境需要优化。其一，我国地方政府唯地区生产总值论的思想在短期内难以根除，各地依然是重视招商引资规模、新增项目和新建生产线，而忽视招商引资质量、技术创新和配套建设；其二，中国高技术制造业的行业标准、规范与国际相比还有很大差距，影响了与全球供应链上下游企业的对接；其三，军民资源、军民产业的共享和融合发展存在障碍，导致高科技应用受阻；其四，在人才建设方面，对人才发展环境建设重视不够，致使高端人才不断流失。

第二节　制造业高端化发展的动力机制

制造业高端化发展已成为世界制造业发展的必然趋势，我国必须抢抓新一轮科技革命和产业变革的重大机遇，大力发展战略性新兴产业和高端制造业，以加快实现中国制造由大变强的宏伟目标。推动制造业高端化发展，需要分析其动力机制，包括科技创新驱动、技术标准引领、要素集聚支撑、产业优化布局协同、资源环境及要素成本倒逼、国际竞争与合作推动等，并通过完善动力机制形成合力，促进制造业高端化、高质量与可持续发展。

一、科技创新驱动

我国制造业高端化的主要短板依然是科技创新能力不足，为此，要建立以原始创新和引进再创新为主、集成创新为辅的制造业高端化驱动机制，增强发展动力。首先，要加快完善自主创新体系[①]。加大高技术制造业企业研发机构建设和研发资金支持力度；建立政府引导、企业主导、高校和科研院所支撑、金融机构支持、科技中介机构服务的"政产学研融介"协同创新体系；凝聚和整合全球优势创新资源，加强国内外合作创新。其次，要大力建设高水平创新人才队伍。设计科学合理的创新绩效评价体系，完善创新人才激励约束机制，营造宽松和谐的自主创新环境，激发高技术制造业科技人才的积极性、主动性和创造性。最后，要努力营造促进自主创新的文化氛围。加大政府引导和主流媒体宣传力度，营造支持和鼓励创新的文化氛围，培育高端制造业创新发展的文化土壤。

二、技术标准引领

技术标准是从事生产、建设及商品流通所共同遵守的技术依据，涉及基础技术、产品、工艺、检测试验方法、安全、卫生、环保等诸多方面。

---

① 罗文. 从战略上推动我国先进制造业发展 [J]. 求是，2014 (10)：22-24.

技术标准作为科技创新成果之一，与科技创新相辅相成，不仅是对技术创新的保护，更是推广新技术的途径，可为科技创新成果的扩散和应用带来更大空间。科技创新成果通过一定的途径转化为技术标准，技术标准又通过运用促进科技成果转化为生产力。制造业科技创新的最高目标应该是将创新成果转化为技术标准，进而发展成为行业标准、国家标准乃至国际标准，以获取更大的科技创新效益①。强化技术标准引领作用，促进科技创新、专利技术和技术标准互动融合，能为推动制造业高端化发展提供强大动力。

三、要素集聚支撑

在市场经济条件下，生产要素往往从价格较低的国家或地区流向价格较高的国家或地区。因此，拥有高收益的高端制造业的地区，就会吸引国内外资本、技术、人才、信息等生产要素流入，成为制造业高端化发展的重要支撑。不同国家和地区的高端制造业市场规模内生决定要素流动及其集聚效应②，从而促进高端制造业集聚和加快发展。创优营商环境对于集聚要素具有重要作用，只有营造稳定、公平、透明、可预期的营商环境，形成良好的发展生态，才能加快集聚生产要素，尤其是高级要素，从而推动制造业高端化发展。创优营商生态环境，不仅要构建优质高效的政务环境，为企业提供"一站式"政务服务，还要建设规范、有序、公平的投资环境和开放包容的人文环境，让企业愿意来、留得住、能发展③。

四、产业优化布局协同

对于实现区域经济、社会与环境可持续发展的目标而言，产业优化布局是一个重要问题。如果只注重从经济资源和利益目标出发考虑产业布局，那么结果必然造成区域经济、社会、环境三大系统不能协调发展④。优化制造业布局要着眼于区域资源禀赋、产业基础、产业配套、区域特色等因素，同时要考虑资源环境约束，选择合适的主导产业，并及时推动区域产业布局动态调整和产业集群发展。明确不同地区高端制造业基地建设及其发展定位，深化区域分工合作，优化产业区域布局和互动，协同推动

---

① 舒辉. 基于标准形成机制的技术创新模式分析 [J]. 当代财经，2013（9）：72-79.

② 梁琦，黄利春. 要素集聚的产业地理效应 [J]. 广东社会科学，2014（4）：5-13.

③ 本报记者. 营造要素集聚"好生态"[N]. 安徽日报，2017-12-19（01）.

④ 曹颖. 区域产业布局优化及理论依据分析 [J]. 地理与地理信息科学，2005（5）：72-74.

制造业高端化发展。从更广的区域层面来看，随着中国"一带一路"建设的深入推进，加快制造业企业研发中心与制造业基地的全球布局，越来越成为高端制造业发展的重要导向。

五、资源环境及要素成本倒逼

我国制造业长期以来的粗放型发展方式，导致了资源能源消耗大、土壤污染后果日益凸显、流域性水污染严重、区域性灰霾污染程度加重等诸多资源环境问题，资源环境保护面临严峻挑战，迫切需要制造业企业加快转型升级，淘汰落后的技术与产能，构建科技含量高、资源消耗低、环境污染少的绿色制造体系，提高可持续发展能力。此外，制造业快速发展带来的要素需求增加，导致土地、原材料、劳动力等相关要素成本也在快速上升，传统制造业利润正在进一步下降。由此可见，资源环境承载力约束趋紧与劳动力等要素成本快速上升，已成为倒逼制造业高端化转型发展的重要因素。

六、国际竞争与合作推动

竞争与合作既彼此矛盾又相互依存和统一。在经济全球化背景下，在合作中竞争和在竞争中合作是企业的必然选择，开放共享是经济全球化的重要特征。开放共享与我国一直倡导的构建人类命运共同体，推动经济全球化朝着更加开放、包容、普惠、平衡、共赢的方向发展的理念是高度契合的[①]。全球各国竞相发展高端制造业成为新态势，这客观上要求各国深化合作，主动融入科技全球化和区域经济一体化进程，促进制造业国际合作与共同发展。因此，中国要积极运用多种多边和双边合作机制，加强高端制造的国际交流，在战略对接、标准制定、园区建设、高端装备创新等领域开展合作，加快我国产业向全球价值链中高端迈进，与世界高端产业链接轨，培育一批先进制造业集群，从而提升我国制造业的国际地位和整体竞争力。

综上分析，制造业高端化发展的动力机制体现在资源环境及要素成本倒逼、科技创新驱动、技术标准引领、要素集聚支撑、产业优化布局协同、国际竞争与合作推动等诸多方面，基本框架如图 14-3 所示。

---

① 苗圩：中国制造与世界各国一起发展 [EB/OL]．（2017-11-09）[2019-04-25]．www.cinn. cn/gongjing/cyjj/201805/t20180523_189096. html.

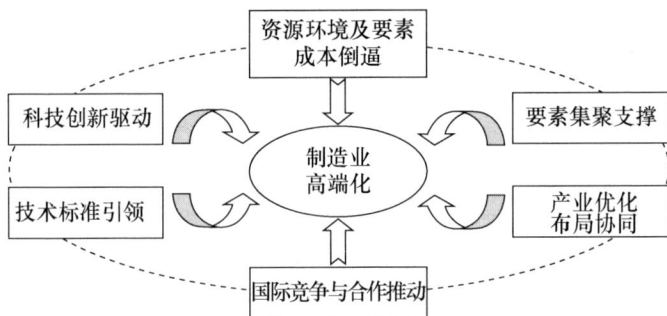

图 14 - 3　制造业高端化发展的动力机制框架

资料来源：作者整理。

第三节　制造业高端化发展的国际经验及借鉴

一、发达国家制造业高端化发展的经验

2008 年国际金融危机之后，很多发达国家相继实施了振兴制造业的国家战略，如美国的"先进制造业伙伴计划"、德国的"工业 4.0"计划、日本的"再兴战略"、法国的"新工业法国"等[①]，这些战略的重点都涉及制造业高端化发展问题。

（一）美国制造业高端化发展战略

2008 年国际金融危机以来，美国对未来的制造业发展进行了重新规划，重点发展智能制造以重新打造国际竞争优势。智能制造可在很大程度上缓解美国劳动力成本高的发展压力，从而吸引更多高端制造业回归国内。2009 年以来，美国相继发布了《重振美国制造业框架》《制造业促进法案》《先进制造业伙伴计划》等文件，明确要求推动传统制造业智能化改造，大力发展智能电网、航空和太空技术、新一代机器人、清洁能源、生物和纳米技术、先进材料等。高劳动力成本是美国发展制造业的最大障碍，而发展智能制造能够有效降低用工需求，合理控制劳动力成本支出，这样就能够使科技优势在美国本土转化为产业优势。《重振美国制造业框

---

① 吕铁，韩娜. 智能制造：全球趋势与中国战略 [J]. 人民论坛·学术前沿，2015（11）：6-17.

架》明确提出要大力发展先进机器人。美国 2011 年 6 月启动了国家机器人技术计划，2013 年制定了《从互联网到机器人——美国机器人路线图》，旨在加强美国在机器人技术方面的领先地位。2018 年 10 月，美国国家科学技术委员会下属的先进制造技术委员会发布了《先进制造业美国领导力战略》报告，提出了三大目标：一是开发和转化新的制造技术；二是教育、培训和集聚制造业劳动力；三是提升国内制造供应链能力。该报告显示，美国未来几年在优先开发和转化的技术中并非仅仅关注智能制造、人工智能、工业互联网、先进材料、连续制药（CM）、半导体等先进技术，还强调了普通药品、关键材料、食品及农产品等领域技术的重要性①。

（二）德国制造业高端化发展战略

德国虽然人口不到 9 000 万人，国土面积仅有约 36 万平方公里，但拥有 2 300 多种具有世界影响力的品牌②。德国是世界上高端装备制造业最发达的经济体之一，其长期坚持产业立国战略，一直处于全球工业经济和产业科技的最前沿，并且十分重视工业科技产品创新和工业过程管理。德国于 2010 年发布了《高技术战略 2020》，重点关注的是未来科技和全球竞争问题。德国 2011 年提出的"工业 4.0"战略的目的在于提高工业的竞争力，将"德国制造"升级为"德国智造"，以在新一轮工业化、自动化、数字化、智能化融合的大潮中抢占先机。2013 年，德国联邦教研部、经济技术部共同发布了《保障德国制造业的未来：关于实施"工业 4.0"战略的建议》，并将其上升为国家级战略。德国将构建嵌入式制造"智能生产"系统作为重要发展战略，旨在依托信息物理系统，实现"智能工厂—智能产品—智能数据"闭环运作，推动生产系统走向智能化。从更广的范围看，德国注重通过物联网和服务联网，将智能交通、智能物流、智能建筑、智能产品和智能电网等连接起来，以实现经济社会系统整体的智能化。

（三）英国制造业高端化发展战略

英国是世界上第一个开始工业革命的国家，其以航空航天产业、汽车

---

① 韩芳. 美国《先进制造业美国领导力战略》深度解读［EB/OL］.（2018－11－01）［2019－11－21］. http://www.sohu.com/a/272640752_465915.

② 张弛. 德国制造的国家品牌战略及启示：评《德国制造：国家品牌战略启示录》［EB/OL］.（2018－03－27）［2019－02－25］. http://news.china.com.cn/world/2018－03/27/content_50754484_2.htm.

工业、生命科学工业、信息通信产业为代表的高端制造业在国际上具有较强的竞争优势。2011 年 12 月，英国政府提出"先进制造业产业链倡议"，支持范围包括汽车、飞机等产业，以及可再生能源和低碳技术等领域，以打造先进制造业产业链。2012 年，英国技术战略委员会的"创新英国"（Innovate UK）项目发布题为《高价值制造战略 2012—2015》的报告，确定了高价值制造业创新的五大重点领域，即资源效率、制造业体系、新材料与制造业技术融合、制造业工艺和新型商业模式。"英国工业 2050 计划"研究于 2012 年 1 月启动，2013 年 10 月形成最终报告《制造业的未来：英国面临的机遇与挑战》。该报告指出，制造业并不是传统意义上的"制造之后进行销售"，而是"服务加再制造"，并提出在多个先进技术领域开展智能制造布局。2014 年，英国商业、创新和技能部发布了《工业战略：政府与工业之间的伙伴关系》，提出重点支持大数据、高能效计算，卫星以及航天商业化，机器人与自动化，先进制造业等多个重大前沿产业领域。2015 年 2 月，英国商业、创新和技能部发布了《加强英国制造业供应链政府和产业行动计划》，指出英国政府和整个行业将共同采取行动，从创新、技能、供应链融资渠道、供应链中小企业能力建设、供应链合作、供应链韧性等六个领域着手，加强对制造业供应链的扶持，提高制造业在国际市场上的竞争力。

（四）日本制造业高端化发展战略

在汤森路透评选出的"2015 年全球百强创新机构"榜单里，日本以 40 家企业高居榜首，力压美国（35 家）。联合国工业发展组织（UNIDO）发布的各国工业竞争力报告也证实，21 世纪以来，日本在全球制造业领域始终名列前茅，特别是在全球产业链上游的材料、零部件、装备制造等方面的核心技术，高附加价值产品制造等领域，日本仍无可争议地处在领先地位[①]。1990 年，日本提出智能制造研究十年计划，之后经过十年的大力投资，展开智能制造系统的研究和实验，并通过加大对核心技术的保护力度，其智能制造产品竞争力得以长期保持。在汽车制造领域，日本各大汽车制造商都注重促进智能技术与制造业融合发展。在机器人领域，日本是工业机器人装机数量最多的国家，机器人产业具有很强的竞争力。2015 年，日本政府发布的《机器人新战略》提出了三大核心目标，以适应产业变革需求和维持"机器人大国"的地位：一是成为世界机器人创新

---

① 凡夫俗子. 日本制造业兴衰启示录［J］. 商业观察，2018（6）：56—61.

基地；二是成为世界第一的机器人应用国家；三是迈向世界领先的机器人新时代。《日本制造业白皮书（2018）》指出，为了更进一步提高日本制造业的劳动生产率，不应该仅仅追求通过机器人、信息技术、物联网等技术的灵活应用和工作方式的变革达到提升业务效率和优化业务流程的目的，更重要的是通过灵活运用数字技术来获得新的附加价值。

二、美国制造业高端化发展呈现的特点

20世纪70年代，美国制造业企业大量倒闭，经济增长停滞，而日本、德国等国家制造业竞争力日益增强，美国的汽车、钢铁两大支柱产业遭到来自日本和西欧的强有力的竞争，同时美国一些高新技术产业部门的竞争优势也逐渐变小，包括半导体、自动化装置、生物工程技术、新材料等领域。美国为寻求在高端制造业方面取得突破，出台了一系列政策措施，这些政策措施显示了其自身发展特点。

（1）强调利用新一代信息技术改造升级传统制造业，形成"互联网＋制造业"系统。美国GE公司表示，工业互联网是先进技术、产品与平台的结合，也是数字与机器的深度融合，其实质就是工业化、信息化"两化"融合。美国倡导将人、数据和机器结合起来，构建开放的工业网络，由此突破制造过程以及制造业本身，覆盖产品全生命周期和整个价值链，并拓展至航空、能源、交通、医疗等更多工业领域。

（2）重视大数据分析，强调信息系统集成和制造服务。相比德国的"工业4.0"战略，美国的"工业互联网"战略更加重视软件、网络、大数据等对制造系统的颠覆性改造。德国强调的是"硬"制造，而美国最为擅长的是基于软件和互联网经济的"软"服务，可见美国一直把资源重点投在第四次工业革命的上游活动，企图对他国制造业形成拦截效应。

（3）强调"自上而下"的发展思路，重点从CPU、系统、软件、互联网等信息端发力重塑制造业竞争优势。美国的产业发展优势在于信息产业、互联网、大数据、云计算、智能硬件、石油石化、电子半导体、智能传感器和医疗器械等行业。美国结合自身优势规划和建设相应的"工业互联网"，以达到提升相关产业国际竞争力的目的。发展基于智能装备和互联网技术相结合的大数据、云计算服务是美国的优势，主要应用于航空、物流运输、医疗器械、石油能源等流程行业。

（4）强调提升企业前沿技术创新能力，打造先进制造业核心竞争力。美国拥有大量的全球顶尖的研究型大学、一体化的大企业和专业化的高技

术中小企业，其创新主体和技术载体都处于全球领先地位。美国先进制造业的核心竞争力在于拥有企业前沿技术创新能力，尤其是基于前沿技术和商业模式紧密结合的产品设计开发能力。美国出台的一系列的先进制造业发展计划都表明，发展先进制造业要从创新、政产学研结合、人才培养等重点方面加大投入，充分发挥创新的引领带动作用。

三、国际经验对中国的借鉴意义

（一）要注重国家整体创新能力的提升

发达国家都非常重视构建国家制造创新体系和国家创新生态系统，在促进制造业高端化发展的进程中，始终把创新摆在第一位，尤其强调关键核心技术的攻关突破，否则就会受制于人，在国际市场上失去话语权和竞争力。唯有创新才能为一个国家高端制造取得全球领先地位奠定牢固基础。为此，中国要增加对创新的投入，建立和完善有利于创新的体制机制，加强创新人才培养，提升国家整体创新能力，支撑制造业加快迈向中高端。

（二）要强调大企业的引领和示范作用

实现制造业高端化发展需要高水平的智能制造装备、智能工厂、信息集成技术以及一体化的智能制造生态系统作为基础保障。大部分中小企业很难在短时间达到实施智能制造的条件，因此要在自动化水平高、智能化基础好、技术创新能力强、资金实力雄厚的大企业中率先推进智能制造，进而发挥引领和示范作用。例如，美国的 GE 公司就率先提出构建工业互联网系统，且发起成立了工业互联网联盟，为其他中小企业开发和提供工业互联网应用和相关服务。

（三）要强调中小企业参与的重要作用

虽然在智能制造发展起步阶段，中小企业因条件限制尚不能发挥较大作用，但是大量的中小企业也是整个智能制造系统的重要组成部分，需要将中小企业融入智能制造网络，否则很难实现整个工业系统智能化。只有大量中小企业获得很好的发展，整个国家经济才能健康发展，所以发达国家在推进先进工业系统发展的进程中，非常重视扶持中小企业。因此，中国要制定和完善促进中小企业融入先进制造系统的有关政策，如加强对中小企业的投资、鼓励中小企业创新、为中小企业搭建平台等。

（四）要落实减税降费和降低融资成本相关政策

从发达国家高技术制造业的发展经验来看，很多举措都是以激发微观主体活力为出发点，旨在降低企业运营成本。我国要进一步落实企业减税降费与补贴政策，切实减轻企业税收负担；设立产业投资基金，鼓励对优质企业进行股权投资，引导社会资本投向高技术制造业；健全高技术制造业企业标准，对符合标准的企业降低直接融资门槛、扩大直接融资比重；支持股票融资、租赁资产证券化、发行公司债以及私募股权投资等创新型金融活动；探索知识产权质押贷款业务，支持保险行业开展针对制造业企业的保险业务①。

（五）要注重高端制造业人才职业化教育

以美国为例，美国高等教育实力很强，拥有很多全球顶尖大学，新产业创新领域的人才资源最为丰富。同时，美国近年来还非常重视对人才的职业化教育，尤其是对制造业人才的全程化教育和培训，旨在使自身在高技术制造业领域具备持续创新的能力，以适应加快制造业高端化发展的要求。我国虽然制造业人才培养规模庞大，但是制造业人才存在结构性过剩与短缺并存的问题，如基础制造、先进制造技术领域人才不足，领军人才和大国工匠紧缺，因此制造业人才培养要突出重点，真正做到产教融合，为高端制造业发展注入新的动能。

第四节 推动制造业高端化发展的对策

在中国建设制造强国的关键历史阶段，大力发展高端制造业是关乎国家经济命脉的重要战略举措。我国要将推动制造业高端化发展作为长期战略任务，围绕供给侧结构性改革这一发展主线，以《中国制造2025》为行动纲领，强化改革和创新，推动制造业质量变革、效率变革和动力变革，加快我国制造业迈向全球价值链中高端的步伐。

一、建立完善的制造业创新体系

创新是制造业高端化、高质量发展的主引擎，其中，建立完善的制造业创新体系是首要任务。建立完善的制造业创新体系要从创新中心、公共服务平台、工程数据中心等三个层面加以推进：一是要以制造领域重大共

---

① 任泽平，华炎雪. 中国发展先进制造业的国际借鉴：德国制造［EB/OL］.（2018-05-16）［2019-07-24］. http://finance.sina.com.cn/china/2018-05-16/doc-iharvfht9570278.shtml.

性技术需求为导向，以政府、企业、高校及科研院所等为主体，以创新型科技人才为引领，充分发挥已有科技资源作用，形成一批不同层次的制造业创新中心，加强关键共性技术攻关和应用示范；二是要通过建设一批公共服务平台与服务标准体系，有效提供有关技术价值评估、交易咨询、质量认证、人才培训等专业化服务，促进制造业协同创新及其成果转化；三是要加强重点制造领域的工程数据中心建设，加强重大科学研究实验设施建设，形成开放共享的科技创新基础资源。结合国际经验，我们认为，在推进制造业创新与高端化发展过程中，以下几点值得重视：政府加强早期市场培育，为新技术、新产品、新模式提供进入市场的机会；促进创新资源集聚，建设一批制造业创新中心，提供竞争前关键共性技术供给；建设一批技术创新联盟，统筹推进技术、产品、业态和模式创新；强化标准制定和专利布局，加强重点领域知识产权储备，引导和鼓励建立知识产权联盟。

二、推动制造业质量、效率与动力变革

推动制造业高端化发展需要加强质量、效率与动力变革。质量变革要从理念、目标、制度到具体领域工作细节进行全方位变革，增加有效和中高端供给，提升供给质量；效率变革要着力破除各种体制机制障碍，通过市场机制和政府政策制度相结合，激发企业活力，提高供给效率；动力变革要实现从传统要素驱动向创新驱动转变，推动制造业走内涵式发展道路，增强制造业发展的内生动力①。第一，质量变革。要着力提高要素投入、产品供给与产业发展的质量；优化高端制造业重大生产力布局，高质量建设"中国制造2025"国家级示范区，加快建设世界级先进制造业集群。第二，效率变革。要培育发展服务型制造、智能制造、绿色制造等新型制造模式，提高制造效率和质量；加快土地、资金、能源等要素的市场化体制机制创新，提高要素资源配置效率，强化数据、信息、知识等新要素支撑，降低制造业生产和运营成本。第三，动力变革。以科技创新引领产业发展，提升产业链、创新链和资金链的匹配度并优化布局，促进科技创新成果真正落实到产业发展上；加强绿色技术创新，探索产业高度聚集、地区行业特色鲜明的园区发展新模式，促进高端制造业实现绿色化、

---

① 刘育英．辛国斌详解制造业质量变革、效率变革、动力变革 ［EB/OL］．（2017-12-25）［2019-03-25］．http://www.jjckb.cn/2017-12/25/c_136849783.htm.

可持续发展[①]。

三、加快推进新兴产业升级发展

战略性新兴产业代表新一轮科技革命和产业变革的方向，是我国产业体系的新支柱、产业发展的新动能，对于建设现代化经济体系、实现高质量发展具有重要意义。为此，要加快推动新一代信息技术、高端装备、新材料、生物、新能源汽车、新能源、节能环保、数字创意等新兴产业升级发展。我国新兴产业发展面临的问题主要表现为：新技术、新业态、新模式得到快速发展，但制度建设、监管手段、支持政策相对滞后，公平竞争的市场环境尚不完善；基础研发投入不足，导致技术进步的基础不牢固，整体科技水平与发达国家有较大差距；产业领军人才和专业人才比较短缺，人才自由流动效率不高；新兴产业主要集中于东部地区和一些大城市，产业布局相对不均衡[②]。为此，第一，要深入实施创新驱动发展战略，突出企业的创新主体地位，营造创新要素互动融合的生态环境；聚焦突破核心关键技术，突出抓好大飞机、航空发动机和燃气轮机、集成电路、新材料、新能源汽车、5G 等重点领域创新突破。第二，要加快推进新产品、新服务的应用示范，将潜在需求转化为现实供给，以消费升级带动产业升级。第三，要加快打造新兴产业发展策源地，发展特色产业集群，形成一批新兴产业集群和龙头企业。第四，要加快推进人才发展政策和体制创新，保障以市场价值回报人才价值，激发人才创新创业动力和活力，弘扬工匠精神和企业家精神。第五，要注重利用全球创新资源，加快推进产业链、创新链和价值链的全球化配置，培育新兴产业竞争新优势。

四、利用高新技术改造提升传统产业

中国传统制造业总体上技术水平较低，"中国制造"大部分处于全球产业价值链的低附加值环节。这主要是由于中国技术改造和研发投入不足，导致大多数行业和企业没有自己的核心技术、知识产权和自主品牌[③]。可见，产业落后源于技术落后。对于传统产业，要在充分发挥好产

---

① 简晓彬，陈宏伟. 先进制造业的培育机制及路径［J］. 科技管理研究，2018，38（7）：148-156.

② 刘坤. 壮大战略性新兴产业 支撑高质量发展［N］. 光明日报，2018-12-04（14）.

③ 李群. 工信部：加快利用高新技术改造提升传统产业［EB/OL］.（2011-09-26）［2019-11-01］. http://www.cinic.org.cn/site951/bwdt/2011-09-26/502763.shtml.

业自身比较优势的同时，加大对技术改造的政策支持力度，不断改进生产工艺、提高产品性能和开发新产品，实现优质制造，打造传统产业竞争新优势。尤其要以深化制造业与互联网融合发展为重心，支持传统制造业企业加快数字化、网络化、智能化改造，发展个性化定制、网络化协同制造等新兴制造方式，提高新型供给能力。改造提升传统产业通常可以采用两种模式①：一是推动信息技术在传统产业的应用。通过推动制造业与先进信息技术融合促进形成聚合效应和倍增效应，通过培育新模式、新业态来促进传统产业实现新旧生产体系转换，从而实现产业转型升级。二是促进传统产业与新兴产业融合发展。通过传统产业与新兴产业优势互补，形成产业链耦合或产业关联，为传统产业或企业发展注入新动力、拓展新空间。

五、深化发展"互联网＋先进制造业"

当前我国工业互联网领域虽然涌现出了一批典型平台和企业，但总体发展水平不高，产业支撑、人才支撑和安全保障能力较为欠缺，龙头企业少，核心技术对外依存度高，关键平台综合能力不强，与制造强国建设的要求尚有较大差距。加快工业互联网建设，推动新一代信息技术与制造业深度融合，对于推动制造业高端化发展具有重要意义。深化发展"互联网＋先进制造业"，一要夯实网络基础，推动网络改造升级、提速降费，推进标识解析体系建设；二要打造多层次、系统化的平台体系，提升平台运营能力；三要加快建立统一、综合、开放的工业互联网标准体系，提升产品与解决方案供给能力；四要建设工业互联网创新中心，开展工业互联网产学研协同创新，构建企业协同发展机制；五要建立数据安全保护体系，推动安全技术手段建设，提升网络安全保障能力。

六、推动高端装备制造业加快"走出去"

加快高端装备制造业"走出去"，首先要做到我国制造业标准与国际先进水平对接，从而让更多国外用户选择"中国制造"。我国高端装备制造业"走出去"并非一帆风顺，因为尚未形成真正的品牌效应，面临着一些困难和挑战。一方面，许多国家设置了重重贸易壁垒，传统的贸易政策

---

① 杜雨萌."三新"改造提升传统产业两种模式可供选择［N］.证券日报，2018－03－07（A2）.

不能有效支撑"走出去"战略。国家相关部门应聚焦海外市场，出台有针对性的出口配套政策，支持高端装备制造业"走出去"。另一方面，部分海外目标市场经济相对落后，缺乏必要的基础设施建设资金，融资能力有限，更希望中国企业能"带资进入"①，因此我国需要出台有利于高端装备制造业"走出去"的融资担保政策，支持高端装备制造业顺利"走出去"。如设立高端装备制造业发展专项基金，采取资助、贴息、扩大贷款等方式扶持符合条件的重点项目，切实减轻企业税收负担，鼓励和支持骨干企业通过改制上市、引进战略投资者、发行企业债券等方式融资，从而增强"走出去"的资金实力②。总之，我们要牢牢把握产业变革带来的质量提升机遇，推动高端装备制造业增品种、提品质、创品牌，进而实现跨越式大发展，加快提升"中国制造"的价值内涵与国际声誉，推动我国高端装备制造业顺利"走出去"。

① 汤玉祥，李禾. 加快推动先进装备制造业走出去［N］. 科技日报，2019-03-10（4）.
② 江小国. 供给侧改革：方法论与实践逻辑［M］. 北京：中国人民大学出版社，2017.

第十五章 以品牌化促进制造业高质量发展

品牌是一个企业的灵魂，也是企业参与全球市场竞争的重要资源。2015 年国务院出台的《中国制造 2025》提出，中国要迈进世界制造业强国行列，需要实现三大转变，即从中国制造向中国创造转变、从中国速度向中国质量转变、从中国产品向中国品牌转变。这为打造中国制造业品牌、发展品牌经济指明了方向、任务和路径。知名品牌如同龙头一样对企业、产业和地区经济甚至国家经济发展都具有带动作用，打造优秀民族品牌、提升品牌价值是实现制造业转型升级与高质量发展的重要环节和途径。

第一节 中国制造业品牌发展现状与问题分析

一、品牌内涵界定

被誉为现代营销学之父的菲利普·科特勒将品牌定义为销售者向购买者长期提供的一组特定的特点、利益和服务。作为综合研究营销沟通与战略品牌管理的国际先驱之一，凯文·莱恩·凯勒构建并系统地阐述了基于消费者的品牌资产（customer-based brand equity，CBBE）模型，如图 15-1 所示。凯勒认为，品牌资产由品牌识别、品牌内涵、品牌反应和品牌关系等四个层次构成，这四个层次在逻辑和时间上具有先后顺序，先建立品牌识别，之后是创建品牌内涵，然后是引导品牌反应，最后是形成品牌关系。CBBE 模型的核心思想是，品牌影响力和竞争力存在于消费者对品牌的识别、感觉和体验中，也就是说，品牌影响力是指随着时间的推移存在于消费者心目中的所有体验的总和。

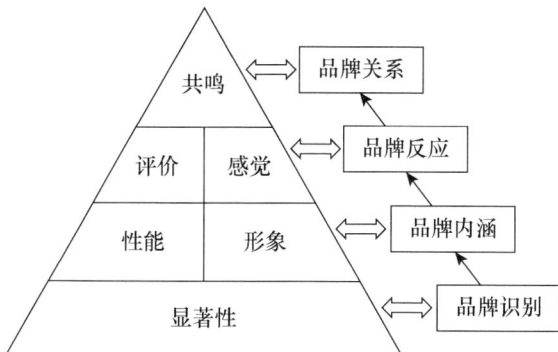

图 15-1　凯勒的 CBBE 金字塔模型

资料来源：凯文·莱恩·凯勒. 战略品牌管理（第四版）［M］. 吴水龙，何云，译. 北京：中国人民大学出版社，2014.

二、中国制造业品牌发展现状

在基于买方的市场竞争环境中，品牌日益成为影响企业市场竞争优势的关键因素，加快推进品牌建设已成业界共识。《中国制造 2025》提出，要把品牌建设作为重点战略任务来抓，鼓励企业从追求卓越品质做起，打造更多自主品牌，获取更多自主知识产权。之后，工信部通过制定发布品牌管理体系国家标准、组织开展质量标杆活动、完善品牌培育工作制度等举措，大力推进工业质量品牌建设①。在国家政策引导和支持下，各类企业加大投入，主动塑造品牌，各行业协会积极配合，推动了我国品牌发展的进程，品牌发展环境日益优化，品牌数量逐渐增加、质量稳步提高，越来越多的中国品牌正在走向世界。中国经济实力逐步提升、产业转型升级不断推进、贸易额巨大且全球领先等都是推动形成中国制造品牌的积极因素。但从总体来看，中国自主品牌尤其是高端自主品牌较少，自主品牌缺乏国际竞争力，品牌附加值低。例如，福布斯"2017 年全球品牌价值排行榜"显示，美国占有前 10 名中的 8 席，包括苹果、微软、谷歌、可口可乐等，而中国没有品牌上榜。再如，世界品牌实验室公布的 2018 年"世界品牌 500 强"排行榜显示，美国拥有 223 个上榜品牌，而中国只有 38 个，仅为美国的 17%②。由此可见，中国建设"品牌强国"任重而道

---

① 李慧，杨君. 从制造大国迈向制造强国：中国制造业品牌建设面临的机遇和挑战［N］. 光明日报，2015-12-14（03）.

② 辜胜阻. 强化品牌建设 推动制造业高质量发展［EB/OL］.（2018-12-25）［2019-09-11］. http://www.cndca.org.cn/mjzy/ldhdj/cwfzx10/gsz/ldjhylz98/1332806/index.html.

远，需要进一步加大投入和建设力度。

三、中国制造业品牌建设存在的主要问题

中国品牌发展历史短、基础弱，大部分制造业领域产品质量及创新水平不高，企业主体作用未得到充分发挥，品牌运营和管理经验不足，品牌保护机制不健全，对舆论影响缺乏有效应对手段，等等。为此，我们要针对上述问题及其原因，大力实施品牌建设工程，努力打造更多的世界知名品牌，以带动我国制造业高质量发展。

（1）国际知名品牌数量少。从每万亿美元制造业增加值世界品牌 500 强制造业企业数量来看，中国仅为 2.80，即 1 万亿美元制造业增加值对应 2.8 个中国全球 500 强制造业企业，而法国、英国、美国、日本的这一指标分别为 61.05、33.99、32.53、25.16（2015 年数据）①。中国企业更擅长于运用依赖要素投入和成本控制的大批量生产与批发式销售的商业模式，却不擅长精细化塑造产品、服务或自身形象。中国拥有的世界知名品牌数量不足以推动品牌建设实现从量变到质变，需要加快塑造国际知名品牌，增加知名品牌数量，为实现从量变到质变奠定基础。

（2）品牌价值较低。在国际市场上，"中国制造"虽然随处可见，但并没有成为优质产品的名片，更没有"日本制造""德国制造"所具有的品牌效应。从进入世界品牌 500 强的中国制造业企业平均品牌价值来看，与日本、德国、美国等差距很大，中国品牌塑造的道路还很长。从知名度看，中国制造业品牌在国际上认知度不高，缺乏足够的影响力与核心竞争力。多数中国自主品牌依赖价格优势获得竞争力，摆脱"低价低质"的印象进而塑造"高价高质"的品牌形象，通过增强品牌溢价能力让消费者感到"物有所值"，是中国制造业品牌发展的重要方向。

（3）品牌信誉不佳。纵观全球，经济强国几乎都是品牌强国。品牌强则企业强，企业强则国家强。品牌由企业与市场共同打造，反映了市场和消费者对企业的态度，品牌最终由市场决定②。打造品牌需要建立好企业与消费者的诚信关系。要想让消费者对品牌和企业有忠诚度，企业就必须首先对消费者和市场有诚信度。良好的企业信誉有助于提升消费者对企业

---

① 李敏珩，郭政，崔继峰. 中国制造业品牌现状、问题及成因 [J]. 上海质量，2016（6）：56-60.

② 毛一翔. 质量是品牌的根本信誉是品牌的命脉 [EB/OL].（2018-12-26）[2019-03-13]. http://industry.people.com.cn/n1/2018/1226/c413883-30489297.html.

及其品牌的忠诚度。只有信誉度高的品牌，才能抵御市场变化，稳定目标市场。但近几年来，我国食品安全、产品造假等问题时有发生，使得我国有关企业的信誉下降，品牌价值大幅度缩水，严重影响了相关企业和行业的发展。

第二节　品牌建设对制造业高质量发展的促进作用

品牌塑造对于增强制造业竞争力具有重要战略意义。打造优秀自主民族品牌、提升品牌价值是推进制造业转型升级和实现高质量发展的重要环节和重要手段。学界关于品牌塑造、品牌价值的理论研究较为丰富。李光斗认为，中国知名品牌少、品牌创建能力薄弱的重要原因之一是中小企业技术创新能力不强，并指出中国企业要学习借鉴德国制造业的经验，秉持工匠精神，不断创造优秀的品质、过硬的质量，以此提升品牌价值，打造具有世界影响力的中国品牌[1]。郭政等认为，缺乏知名品牌是中国制造业大而不强的主要原因之一，导致中国制造业很难打入全球中高端市场[2]。迟福林认为，实现"中国制造"向"中国智造"和"中国创造"转变，需要顺应和把握全球产业变革大势，加快打造一批中国制造业的全球知名品牌[3]。李金华认为，拥有一系列国际知名品牌是制造强国最为显著的标志，为此，中国要以关键技术为突破口培育先进制造业顶级品牌，以质量为核心创造先进制造业知名品牌，以诚信为核心理念建设制造业企业品牌文化[4]。

一、有利于提升企业形象，引领品质和质量升级

品牌是产品生命力的源泉，没有品牌或者是贴牌生产的企业是没有灵魂和生命力的，不可能获得长期发展。只有重视品牌建设，企业才能做大做强和提高质量效率。现代市场消费已经从产品导向转变为品牌导向，企

① 李光斗. 品牌立国：中国向德国制造学什么？[N]. 华夏时报，2011-07-18（31）.

② 郭政，林忠钦，等. 中国制造品牌发展的问题、原因与提升研究[J]. 中国工程科学，2015，17（7）：63-69.

③ 迟福林. 在转型升级中打造中国制造全球品牌[N]. 经济参考报，2015-07-16（8）.

④ 李金华. 中国先进制造业品牌的现实与提升路径[J]. 学术论坛，2017，40（3）：101-108.

业经营优势的获取离不开优秀品牌的支撑，企业需要品质、质量提升来支撑品牌建设，推动品牌知名度和美誉度不断提升。品牌，尤其是知名品牌，是企业声誉、信用、形象的集中体现，是企业立足于市场进而获得消费者认可的前提与保障。当前，产品的竞争已经发展到了品牌的竞争，知名品牌可以带来更高的销售额，可以使产品或服务更有竞争力。可见，品牌已经成为企业最有价值的资产。

二、有利于提升产品形象，不断扩大国际市场份额

基于技术自主创新的自主品牌有助于企业开发自己的核心产品，获得竞争对手难以模仿的竞争优势，从而提升产品的国际形象和增强产品的国际贸易竞争力。在信息发达的现代社会中，人们对产品的认知往往从品牌开始，通常会将产品质量与品牌联系在一起，例如人们购买手机时，通常会想到苹果、华为等国际知名品牌。发达国家往往利用优势品牌掌控国际贸易、主导国际市场，为其自身利益最大化服务。为此，中国要大力实施品牌"走出去"战略，尤其是在"一带一路"建设的背景下，要积极在沿线国家展开商标布局，采用"商标先行"战略带动企业加快"走出去"，抢占新兴国际市场，培育国际竞争新优势，同时要健全企业商标海外维权与协调机制，为中国品牌构建良好的国际营商环境①。

三、有利于提升国家形象，助力打造"中国制造"质量名片

国家形象是一个国家历史、现实、政治、经济、文化、生活方式、价值观的综合体现，它通常会在很大程度上与一个国家的整体实力和竞争力相匹配。随着经济全球化的深入推进，企业品牌形象、品质质量形象会对国家形象产生重要影响，它们之间的关系越来越紧密，顶级名牌、知名品牌已成为国家形象的重要载体，也是产品高质量的重要体现。例如，谈到美国，人们就会想到苹果、谷歌、微软等技术先进的美国品牌；谈到德国，人们就会想到奔驰、宝马、大众等性能优良的德国品牌。《中国国家形象调查报告 2012》显示，虽然联想、海尔、华为等中国品牌在美国、英国、澳大利亚、印度、南非等国家已经建立起了一定知名度，但物美价廉依然是中国产品的主要优势，海外对中国产品质量的认可度依然不高。

---

① 吴汉东. "中国制造 2025"需要企业走自创品牌之路［N］. 中国有色金属报，2017-08-12 (2).

另外，发展中国家消费者对中国品牌的熟悉度相对更高，而发达国家消费者对中国品牌的熟悉度相对较低①。

第三节　加强品牌建设促进制造业高质量发展的对策

加强品牌建设，让更多制造业企业脱离贴牌生产，创建自主品牌，生产具有自主知识产权的品牌产品，是我国制造业向全球价值链中高端攀升和实现高质量发展的必然要求和重要手段。一方面，要坚持市场主导，激发企业主体的积极性。企业要持续加大科技创新投入力度，努力解决产品质量和性能欠佳的问题，不断提升品牌内在价值和市场竞争力。另一方面，要加强政策引导，更好地发挥政府作用。政府要通过优化品牌发展环境、搭建公共服务平台、促进品牌企业资源集聚，以及加强自主知识产权保护，为品牌建设提供支持和保障。

一、提升产品质量品质，夯实品牌建设基础

品牌是灵魂，质量是生命，品牌、质量与企业三者互为依托，没有品牌和质量，企业就不可能获得持续发展。企业要切实增强品牌意识，将品牌建设作为企业总体发展战略的重要环节，推动品牌建设与各项业务协调发展。企业在创建品牌过程中，要以产品质量为生命线，坚持"质量为先"的经营理念，重视产品质量安全与可靠性。一方面，要围绕提质增效的目标，健全覆盖全价值链的质量管理体系，严格执行强制性国家标准和对接国际先进标准，通过规范化、标准化、精细化生产，增强产品质量可靠性、稳定性，为品牌价值提升奠定坚实基础。另一方面，要大力弘扬"工匠精神"，通过营造重视技能、尊重工匠的大环境，让员工更有热情与动力来打磨产品、提升质量；利用股权激励等机制留住更多高技能人才，强化质量品牌提升的人才支撑。此外，要充分运用新一代信息技术加强质量监管，确保只有质量达标的产品才能进入市场。

二、强化创新意识，努力打造品牌特色

创新是企业品牌建设的原动力，没有自主创新就难以打造自主品牌，

---

① 华明通略，全国品牌社团组织联席会. 中国国家形象与品牌形象［J］. 中国品牌，2013（3）：16–18.

品牌建设本身也是一种创新活动。要强化企业的创新意识，积极做到人无我有、人有我优，打造自身特色。为此，一要鼓励企业加大研发投入，优化创新管理机制，提高企业自主创新能力，扩大高质量产品供给；二要推动企业与科研机构、高等院校等创新主体合作，协同开展核心技术攻关，掌握更多的关键核心技术，支撑品牌强国建设；三要推动制造业与现代信息技术深度融合，以数字化、网络化与智能化为发展方向，打造新业态、新主体、新模式，开创发展新空间，差异化定位品牌，做出品牌特色，切实提升品牌吸引力；四要加强知识产权保护，构建法治保障制度，激发企业技术创新和品牌创建的积极性。

三、加强品牌文化建设，塑造品牌核心价值

从国内外知名品牌发展实践来看，构建优秀的企业文化对品牌建设至关重要。品牌核心价值体现在企业文化建设上，加强企业文化建设能够增加品牌文化附加值，进一步提升品牌价值，使品牌具有更强的生命力。国内之所以缺乏名牌企业，就是因为很多企业把企业文化建设与品牌建设脱离开来。事实上，消费者对品牌的认同既是对企业产品和服务的认可，更是对企业文化底蕴和精神内涵的认同。加强中国品牌文化建设，一方面，要将中国优秀传统文化和现代先进文化融入企业经营管理中，提升品牌文化内涵，增强消费者对中国品牌的文化认同，形成中国品牌核心价值体系；另一方面，要利用好主流媒体平台，讲好中国品牌故事，打造中国品牌优势，塑造中国品牌核心价值。

四、重视品牌传播，提升品牌公众认知度

品牌经济本质上是影响力经济，如果没有传播助力，那么再优秀的产品与品牌也可能不为人知。加强品牌传播，既能满足消费者对产品认知的需要，又能培养消费者忠诚度、提升品牌知名度和可信度。为此，要充分利用媒体传播中国品牌、展示中国品牌形象，提升公众对中国品牌的认知度。我国品牌建设与传播的理论和实践滞后于经济发展，互联网时代的到来和信息技术的广泛应用，给原有的品牌建设与传播带来了变化和冲击，也提供了前所未有的空间和机遇①。一方面，在移动互联网时代，消费者

---

① 李慧莲，赵海娟. 互联网已成品牌传播主渠道［N］. 中国经济时报，2018－09－20（A08）.

在选择品牌产品时，更愿意选择与个人特点相匹配且有影响力的产品，为此在品牌传播中要重视大数据的作用，对消费者需求进行精准定位，进行分众化传播、精准化传播，做好"内容营销"，提高品牌传播效果；另一方面，面向社会公众，要加强融合传播、全媒体传播、国际传播，特别是要利用好新媒体，挖掘品牌内涵和背后的故事，加强企业与消费者之间的沟通互动，深化公众对中国品牌的认知，提升中国品牌形象，增强中国品牌的影响力与吸引力。

五、加快优质品牌"走出去"，提升品牌国际竞争力

随着经济全球化深入推进和国际竞争升级，品牌竞争成为国际市场竞争的重要方面，打造国际知名品牌是制造业企业增强国际竞争力和进入国际市场的必然选择。首先，要引导和支持制造业企业制定实施品牌国际化战略，推动中国企业、中国品牌走出国门，提供优质产品与服务出口，不断提高中国品牌的国际认可度、知名度和影响力，增强中国在全球经济体系中的话语权①。例如，"一带一路"建设为中国品牌"走出去"带来了重要机遇，中国高铁、核电、卫星通信等项目借此成为了中国品牌的"金名片"②。其次，要鼓励优秀制造业企业参与国际合作，建立国际化的品牌创新联盟，整合品牌、技术、渠道与文化等国际资源，为中国品牌"走出去"提供便利。再次，要加强研究国外文化习俗、法律法规与市场需求特征，妥善化解中西方文化冲突，加强中西文化融合，让中国品牌更顺利地走出国门、走向世界。最后，要引导企业自觉遵守东道国法律法规、主动承担相应的社会责任，树立良好的企业形象，让中国品牌在国外"深入人心"。

六、完善政策制度，创优品牌发展环境

品牌化是一项系统工程，需要构建和完善整体战略框架，理顺体制机制，优化顶层设计，合理进行定位与设计路径，加强传播与保护，以优化品牌建设与发展环境。首先，要制定品牌发展专项规划，做好驰名商标品牌的培育工作，构建具有国际影响力的品牌评价机构，增强在品牌国际评

---

① 政武经. 以品牌建设助推制造业高质量发展［N］. 人民日报, 2019-02-21 (9).
② 辜胜阻. 强化品牌建设 推动制造业高质量发展［EB/OL］.（2018-12-25）［2019-09-11］. http://www.cndca.org.cn/mjzy/ldhdj/cwfzx10/gsz/ldjhylz98/1332806/index.html.

价中的话语权，推动形成一批具有区域影响力和国际影响力的知名品牌；其次，要加强知识产权保护，推动产权保护的法治化建设，严厉打击商标恶意抢注、假冒伪劣等侵犯知识产权行为，构建品牌维权机制，为企业创立培育品牌提供重要支撑和法律保障；最后，要构建企业品牌建设政策支持体系，包括财税、金融、科技创新等方面的促进政策，鼓励企业实施品牌战略，支持品牌战略与创新驱动战略深度融合，打造特色品牌，做好品牌差异化定位。

第四节　专项行动："中国制造"品牌形象再塑造

"中国制造"与全球消费者密不可分，但又被贴上了很多负面标签，如产品"劣质低廉"、"低经济发展水平国家"产品等。"中国制造"要改变在国际上根深蒂固的"刻板印象"和重塑新形象，既要加强品牌传播力度，在各类传播平台上发出声音，更要善用智慧，以新思维、新话语与新方式塑造"中国制造"品牌新形象。

一、将"中国制造"传播纳入国家战略

在国际市场上，人们对由中国生产的产品有一个统称，叫"中国制造"。"中国制造"给人的印象是使用廉价劳动力使得生产成本低，并通过低价格来扩大国际市场占有率，被贴有很多负面标签。要想扭转这一"刻板印象"，需要综合利用各种方式进行"中国制造"品牌传播。政府在鼓励企业做好自身品牌传播的同时，要制定"中国制造"品牌传播的国家战略，加强"中国制造"品牌传播顶层设计和统筹规划。"中国制造"作为国家整体品牌形象，代表的是国家品牌，对"中国制造"进行传播也是一种国家形象传播[①]，既要把"中国制造"品牌传播作为国家形象传播的重要内容，用"中国制造"表征国家实力、国家精神和对全球的贡献，更要用中国国家形象烘托"中国制造"形象，用制造强国建设展示"中国创造、中国质量、中国品牌"，用中国现代化建设展示"中国制造"的科技创新形象。充分利用中国电子通信设备、高铁、桥梁、家电等产品在国际

---

① 韩丛耀，陈璞. 国家形象传播的转型初试：对"中国制造"广告的传播学分析［J］. 中国出版，2010（4）：12-15.

市场上的竞争优势和影响力，精心策划实施"中国制造"品牌传播活动，赢得世界的信任和尊重。

二、构建"中国制造"传播话语体系

从"站起来""富起来"逐渐迈向"强起来"的中国，尚未构建起与其经济实力、政治地位、国际影响力相匹配的国际传播话语体系和国际传播能力，长期以来，中国国际话语权的权重小、话语体系的影响力弱[1]。中国必须掌握"中国制造"话语主导权，构建"中国制造"品牌传播话语体系，用中国话语与世界对话、与产品用户沟通。中国必须摆脱"中国议题"由西方媒体设计的被动局面，自己定义和诠释"中国制造"，设置"中国制造"新议题，向世界展示"中国制造"新成就，向世界讲述"中国制造"新故事，用中国话语主导权破解"中国制造"的西方话语框架，让世界理性评判"中国制造"。同时，要针对一些媒体的不实报道，及时有效地澄清事实、解疑释惑，最大限度地消除负面影响，维护"中国制造"品牌的国际形象。

三、积极举办"中国制造"世界巡回展

近些年来，中国政府逐步重视提高"中国制造"的国际形象，2015年启动了为期三年的维护"中国制造海外形象"的清风行动，同年中国国家形象宣传片进入英国伦敦繁华闹市区，但是由于不能给公众带来实际的产品体验，效果不是很明显。举办巡回展能使国外消费者直接认识和感受"中国制造"的品质，中国政府应更积极地在海外举办中国高品质产品巡回展，推介中国产品，提升"中国制造"国际品牌形象。举办世界巡回展，政府需要创新营销思维，实施产品形象和国家形象组合推广战略，将积极、正面的国家形象元素融入企业或品牌中，提升中国品质形象和品牌价值这一无形资产。如，在举办产品展销会时，同步展示中国高铁、核电、航天、无人机等国家优势元素，这样能增强海外消费者对中国高技术产品的信任感，有利于"中国制造"整体形象的再塑造。

四、鼓励政府高级官员推介"中国制造"

国家元首或高级官员推销本国产品能产生事半功倍的效果。2013年

---

① 罗先勇. 构建国际传播话语体系新内涵［EB/OL］.（2019-01-16）［2019-05-16］. http://media.people.com.cn/n1/2019/0116/c40606-30549752.html.

11 月，国务院总理李克强在出访欧亚多国时，推荐了来自中国的高铁、4G 技术、核电、水电、风电、光电等产品，并获得多笔大订单。政府推销"中国制造"最直接有效的方式是把"中国制造"优质产品列入国礼清单。日本电子产品在世界上具有较强品牌吸引力，除了质量优异外，首相"推销"也功不可没。例如，1962 年，池田勇人访问英国、法国、联邦德国、意大利、比利时与荷兰等欧洲国家时，把晶体管收音机、电视机、照相器材等电子产品列入国礼清单馈赠他国。再如，受 2015 年上半年的埃博拉病毒影响，韩国旅游业收入锐减，2015 年 8 月韩国首尔市市长带团访问中国，为韩国及首尔市旅游业充当"宣传大使"。我国也应该对自己的产品具有自信心，更多地将国家优质产品作为国礼"送"出去，从更高层次扩大中国产品的国际影响力。

五、引导社会公众人物消费"中国制造"

社会公众人物在一定范围内拥有较高的社会地位和较大的社会影响力，他们的一举一动都被社会所关注，为此可以利用公众人物率先消费"中国制造"而产生示范效应，带动更多人消费"中国制造"。"中国制造"要想得到国际认同，首先需要到国内公众认可，但是中国消费者对"中国制造"的认可度并不是很高。例如，中国消费者去日本旅游时通常会购买日本产品，如电饭煲，其实中国自主品牌电饭煲的产量居世界第一，并且质量也很优秀。又如，很多中国消费者前往境外购买奶粉或委托他人从国外代购，究其原因也是对国产品牌不信任。社会公众人物带头消费"中国制造"，会对整个社会消费国内产品起到很强的示范作用。另外，在符合相关要求的前提下，政府采购应优先考虑自主品牌产品，政治领导人物在国际活动中应尽量使用"中国制造"。

第十六章 以产业链现代化带动
制造业高质量发展

2019年8月26日，习近平总书记在中央财经委员会第五次会议上提出要打好产业基础高级化、产业链现代化的攻坚战；10月28日，党的十九届四中全会强调要提升产业基础能力和产业链现代化水平。这是中国破解制造业"大而不强"的关键战略，为中国产业发展和产业升级指明了努力方向，也为新形势下推动制造业高质量发展和制造强国建设提供了重要遵循和指导。推动制造业产业链现代化，关键是要夯实产业基础能力，提升产业链控制力，促进产业链协同和联动发展。

第一节 产业链现代化内涵及中国制造业产业链问题分析

一、产业链现代化内涵

面对新时代全球产业竞争新格局，提高产业基础能力和产业链现代化水平至关重要。中央提出的产业基础高级化、产业链现代化，既是产业持续升级和进化的过程，也是中国产业体系迈上新台阶、提升国际分工地位的过程。产业基础高级化、产业链现代化与供给侧结构性改革、经济高质量发展的本质、目标和要求高度一致。在未来一段时期，中国要将提升产业基础能力和产业链现代化水平作为产业发展的重要方针，加快提升中国产业的全球价值链地位，推动制造业实现由大到强的根本性转变。

关于产业链现代化，目前尚未有统一的定义。刘志彪认为，产业链现代化是当今全球产业竞争中的新现象，推进产业链现代化就是要推进基础产业高级化，强化企业间技术经济联系，提高产业链与创新链、资金链和人才链嵌入的紧密度，以此构建现代产业体系①。盛朝迅认为，产业链现代化具有的特征是强大的创新能力、高端的引领能力、坚实的基础能力、良好的协同能力、较强的全球产业链控制力和治理能力、较高的盈利能力、完善的要素支撑能力和可持续的绿色发展能力②。谢志成认为，产业链现代化是产业现代化内涵的延伸和细化，其实质是用当代科学技术和先进产业组织方式来武装、改造传统的产业链，使产业链具备高端链接能力、自主可控能力和领先于全球市场的竞争力③。罗仲伟认为，产业链现代化体现在产业链韧性、产业链协同和产业链网络化三个方面④。李晓华认为，产业链现代化是指在一个国家内部由产品和服务的生产和提供各环节所构成的链条，能够充分利用当代先进科技成果、生产组织模式和经营管理方法，整体发展水平处于世界领先行列⑤。

综上分析，产业链现代化内涵可从以下几点加以理解：一是在技术创新尤其是关键核心技术创新的引领下，产业链整体处于全球价值链中高端，价值创造能力强；二是各环节之间实现深度分工与合作，协同能力及配套能力强；三是能够对外部风险和不确定性做出灵敏反应和合理应对，具有很强的韧性；四是龙头企业能够在全球范围内优化配置价值链、企业链、供需链和空间链，对产业链的控制能力强。简而言之，产业链现代化是指产业链价值创造能力、协同能力、韧性、控制力等由弱变强的发展和演化过程。

二、制造业产业链结构

产业链是各个产业部门之间基于技术经济联系而形成的链条式关联状态。产业链内涵可从价值链、企业链、供需链和空间链等维度加以考察，涵盖产品生产或服务提供全过程，包括动力提供、原材料生产、技术研发、中间品制造、终端产品制造，以及流通和消费等环节，是产业组织、生产过程和价值实现的统一。互联网数据中心（IDC）发布的《中国制造业产业链及生态研究（2019）》将制造业产业链按技术层级划分为现场层、

---

①　刘志彪. 产业链现代化的产业经济学分析 [J]. 经济学家，2019 (12)：5—13.

②　盛朝迅. 推进我国产业链现代化的思路与方略 [J]. 改革，2019 (10)：45—56.

③　谢志成. 攻坚产业链现代化 提升制造业竞争力 [J]. 群众，2020 (5)：29—30.

④　罗仲伟. 如何理解产业基础高级化和产业链现代化 [N]. 光明日报，2020—02—04 (11).

⑤　李晓华. 推进产业链现代化要坚持独立自主和开放合作相促进 [N]. 经济日报，2020—04—10 (11).

边缘层、基础设施层、平台层以及应用和服务层；从产业链环节看，包括供应、研发、设计、原型制造、部件制造、系统集成以及售后服务。制造业产业链结构如图 16-1 所示。

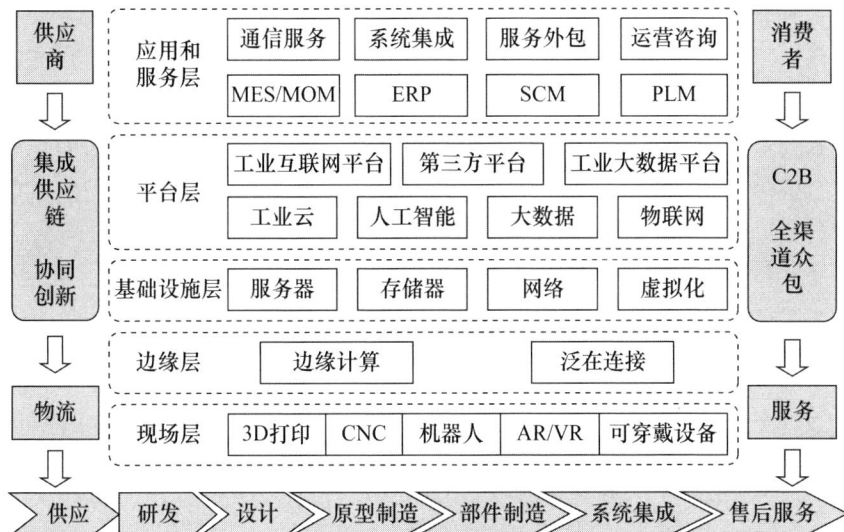

图 16-1　制造业产业链结构

三、中国制造业产业链问题分析

新中国成立以来，尤其是改革开放 40 多年来，中国传统工业部门逐步壮大，一些新兴的工业部门获得快速发展，部分高技术产业和先进制造业达到世界先进水平，同时也具备了全球最完整的制造业产业链。但是，中国制造业产业基础依然不够牢固；关键技术领域存在诸多"卡脖子"问题，产业链控制力不强；整体上处于全球价值链中低端，附加值较低；产业链协同水平不高。

（一）产业基础依然不够牢固

产业基础能力是产业持续发展的重要支撑和动力之源，直接影响着产业发展质量和产业链现代化水平。过去几十年，中国在承接劳动力密集型制造业的过程中，很快融入国际产业体系并实现工业化，这让中国在部分领域实现了关键设备和技术的国产化替代，由此也在很大程度上提高了产业基础能力。同时，随着新一代信息技术加速发展和应用，中国新技术新产业有了快速发展，目前中国在量子通信、5G 等领域具备世界领先水平，这为今后的产业化和占据世界产业链高端奠定了坚实的基础。尽管如此，与发达国家相比，中国制造业产业基础依然不够牢固，制造业领域的各种发展不平衡不充分问题集中体现在产业基础薄弱上。一方面，中国制造业领域很多核心基础零部件、关键基础材料对外依存度高，无法形成有特色、有竞争力的高端产品及系统设备，部分基础产品性能、质量难以满足整机用户需求，一些主机和成套设备、整机产品陷入"缺芯""少核""弱基"的困境。相关数据显示，中国核心基础零部件、关键基础材料、基础技术的对外依存度达 50% 以上。以集成电路为例，中国每年消费的集成电路价值约占全球出货量的 33%，但国内生产规模仅占全球总规模约 7%，高达 80% 依赖进口[①]。另一方面，中国产业基础还存在要素支撑不力的问题，难以满足制造业产业链现代化和高质量发展的要求。一是由于要素市场化体制机制不完善，要素流动不充分，导致要素配置效率不高；二是制造业领域整体创新投入不足，缺少推动传统制造业改造提升的专项引导资金，导致企业创新能力不强，产品缺乏核心竞争力；三是大量资本涌入虚拟经济，制造业融资渠道受限，企业融资能力不强；四是不少企业由于缺少配套的人才引进与人才培养机制，导致大量人才流失，人才队伍建设滞后，后续储备力量不足，严重影响企业成长。

（二）关键技术领域存在"卡脖子"问题，产业链控制力不强

中国具有全球最完整的制造业产业链条，且制造业规模居全球首位，拥有 41 个工业大类、207 个工业中类、666 个工业小类，是全世界唯一拥有联合国产业分类当中全部工业门类的国家。世界 500 余种主要工业品中，中国有 220 余种产量居世界第一，钢铁、汽车、手机等近十年来产业增加值稳居世界首位。但是，中国制造业技术水平与发达国家相比，总体上还有很大差距，部分产业核心关键技术严重缺乏、高端装备对外依存度高、基础共性技术供给不足等"卡脖子"隐患突出。中国工程院对中国制造业主要产业短板的分析显示，在当前和今后一段时期内，中国制造业产业链薄弱环节主要集中在核心零部件领域，部分领域核心关键技术受制于人。如，高端芯片和传感器、关键基础材料、基础检测检验设备和平台、基础工业软件等不能实现完全自主可控，相当一部分技术、设备、软件等需要依赖进口。

（三）整体上处于全球价值链中低端，附加值较低

中国制造业存在发展不平衡不充分的问题，落后产能过剩、排放高、

① 韩鑫. 产业基础高级化 发展迈向高质量［N］. 人民日报，2019-08-30（2）.

创新力不强，基础核心技术与创新设计能力较为薄弱，发展质量和效益总体不高。中国制造业融入全球价值链后，从事的大多是加工组装等环节，形成了"两端在外"的发展模式，使得关键技术严重依赖发达国家，最终消费品在很大程度上也依赖海外市场。中国制造业总体上处于全球制造业产业链、价值链的中低端，必须加强制造业发展质量、效率与动力变革，加快向中高端迈进的步伐。2019 年，中国工程院对 26 类有代表性的制造业行业进行了国际比较分析，结果显示，与世界差距较大的产业有十类，分别是飞机、航空机载设备及系统、高档数控机床与基础制造装备、机器人、高技术船舶与海洋工程装备、节能汽车、高性能医疗器械、新材料、生物医药、食品；与世界差距巨大的产业有五类，分别是集成电路及专用设备、操作系统与工业软件、智能制造核心信息设备、航空发动机、农业装备[①]。当然，中国也拥有一批世界领先产业和先进产业，如通信设备、先进轨道交通装备、输变电装备、航天装备、新能源汽车、发电装备等。

（四）产业链协同水平不高

从制造业与上下游生产性服务业"两业"协同来看，尽管中国生产性服务业与制造业之间具有互动融合的趋势，但由于生产性服务业还处于成长期，在总体上仍滞后于经济社会发展的要求，与农业、工业、贸易等的联动程度与协同水平不高，生产性服务业的拉动作用没有得到充分发挥。以交通运输与物流行业为例，多数市场主体"小散弱"，市场秩序也不够规范，公路货运存在过度竞争等问题，铁路运输则呈现出竞争不足等现象，国际快递、农产品物流、医药物流、航空物流、逆向物流等领域均存在薄弱环节[②]。另外，大部分生产性服务业是具有垄断性质的行业，如铁路运输、金融保险、邮电通信等行业，这些行业进入门槛较高，市场竞争不活跃，生产性服务业的竞争力受到削弱，由此导致制造业服务内部化，这将大大缩减生产性服务需求。究其原因，既有两种行业各自发展特点的因素，也有政府政策制度等方面的因素[③]。

从产业链协同创新来看，一方面，不少企业为了巩固市场地位，都想通过单打独斗、闭门造车的方式独自创新技术，但是却因为自身实力有

---

① 周济. 提升制造业产业链水平 加快建设现代产业体系 [J]. 中国工业和信息化，2019 (12)：38-41.

② 魏际刚. 生产性服务业发展呈现新趋势 [N]. 经济日报，2018-08-09 (15).

③ 何强，刘涛. 我国生产性服务业与制造业协同发展研究 [J]. 调研世界，2017 (10)：3-9.

限，造成创新进展缓慢，创新成果不足；另一方面，产业链上的各个企业对产品生产的投入各不相同，产业链协同存在"木桶效应"，虽然某些企业投入大量精力，但产品的技术水平有时可能取决于投入最少的企业，结果导致产品整体创新水平上升缓慢。因此，在技术创新过程中，产业链上各企业都要有所作为，共同展开技术研发，心往一处想，劲往一处使，通过协同创新的方式，推动技术进步和提高技术配套性，实现产业链协作和协同发展。

第二节　推动制造业产业基础高级化

产业基础能力是产业发展的重要支撑和动力之源，在很大程度上影响和决定产业发展质量、产业链控制力和竞争力。提升产业基础能力是产业链现代化的前提和基础，对推动中国制造业迈向中高端和实现高质量发展至关重要。中国产业链水平和发达国家差距很大，更多地集中在产业基础领域。核心基础零部件（元器件）、关键基础材料、先进基础工艺、产业技术基础即工业"四基"是制约中国制造业由大变强的最大瓶颈，核心技术的缺失意味着企业的命运被控制在别人手里。为此，中国要大力实施产业科技协同创新工程，强化工业"四基"突破和应用，加快工业互联网建设和实施产业基础再造工程，以推动产业基础高级化。

一、实施产业科技协同创新工程

要充分发挥产业链龙头企业的带动作用，加快构建协同创新体系，推动上下游企业协同攻关核心技术。第一，加强创新资源整合，推动创新链协同。要充分整合产业链上下游企业、科研机构、高校等创新资源，构建以市场为导向、产学研深度融合的创新体系；鼓励优势企业牵头组建创新联合体，组建一批制造业创新中心。第二，实施关键核心技术攻关工程。采取灵活的市场化方式，支持以企业为主体牵头开展攻关，突破一批关键核心技术，培育一批自主创新产品，集中力量攻克"卡脖子"技术瓶颈。第三，加强知识产权保护和运用。鼓励和支持企业掌握拥有自主知识产权的核心技术、积极参与行业国际标准及国家标准的制定，推动企业采用国际标准，贯彻和落实国家标准。第四，推进区域协同创新。紧扣在更高起点上推动区域高质量一体化发展的目标，加强区域合作和科技创新联合攻关，协同推进科技成果转移转化，形成互相促进、梯度有序的区域产业链协同创新体系。

二、强化工业"四基"突破和应用

围绕工业"四基"领域，聚焦、挖掘一批具有一定基础和比较优势的产业、企业、产品和技术，集中优势力量，加强重点突破，提升产业基础能力。第一，重点发展一批高性能、高可靠性、高强度、长寿命以及智能化的基础零部件（元器件），突破一批基础条件好、市场需求迫切、严重制约整机发展的关键技术，提升核心基础零部件（元器件）的保障能力。第二，发挥市场需求对新材料开发应用的引导作用，集中突破一批关键基础材料，加快新材料应用验证及推广，促进产业链上下游企业协作配套，加快应用示范。第三，重点发展有利于提高产品可靠性、性能一致性和稳定性的先进制造工艺，有利于资源能源高效开发利用、推动节能减排、保障质量安全、促进安全生产的绿色制造工艺，有利于提升自动化、信息化、成套化水平的智能制造工艺，全面提升基础工艺水平。第四，要不断提高可靠性试验验证、计量检测、标准制定修订、认证认可、产业信息、知识产权等方面的技术基础支撑能力，完善产业技术基础服务平台和服务体系。

三、加快推进工业互联网建设

重点是要通过构筑人机物互联的基础设施、打通全产业链数据通道、提供丰富的应用解决方案等，夯实制造业数字化、网络化、智能化转型的新型基础支撑。第一，要加快推进工业互联网内外网络改造升级，实施"5G＋工业互联网"工程，建设一批企业内外网标杆网络，加快国家标识解析体系建设和应用部署；第二，要面向行业、区域和企业需求，培育壮大多层次工业互联网平台体系；第三，要结合边缘计算、云计算和区块链等新技术的应用，提升工业数据的连接、互通、存储和计算能力；第四，要培育一批具备集聚、整合能力的领军企业，增强面向重点行业和重点领域的工业互联网解决方案的供给能力[①]。

四、实施产业基础再造工程

在新一代信息技术快速发展、智能制造蓬勃兴起和全球产业变革加快

---

① 肖荣美，霍鹏. 以工业互联网为关键抓手推动制造业产业链现代化［J］. 长沙大学学报，2020（1）：83-89.

推进的背景下，要加快实施产业基础再造工程，以夯实产业基础高级化、产业链现代化的根基。首先，要加大对基础零部件、关键材料、工业软件、检验检测平台和新型基础设施的投入力度，强化实施产业基础能力攻关工程和重大示范工程，注重多方协同、自主创新，加快解决产业基础短板问题；其次，要适应5G、人工智能、量子通信等新产业发展的需求，加快新型基础设施建设，支撑制造业数字化、网络化、智能化与绿色化发展；最后，在生产制造层面，要以工业"四基"领域为重点，建设一批现代化工厂，强化要素集成、流程优化、人才培育，再造、提升工业基础能力。

第三节　提升制造业产业链控制力

制造业产业链控制力体现在全产业链控制、关键环节控制、标准及核心技术控制等三个层面。其中，全产业链控制主要是产业链主导企业通过契约方式组建产业链合作联盟，以提升产业绩效，或通过核心能力培育来增强对产业链上下游其他产业的影响力；关键环节控制更多地植根于自身核心能力，利用自身成本控制能力和竞争优势掌握话语权；标准及核心技术控制则通过技术创新和产业发展之间的互动关系，实现市场控制和利润获取目标。由此可见，拥有产业生态主导企业、核心零部件供应企业是提升产业链控制力的关键。为此，要采取"两手抓"的措施，一手抓产业生态主导企业培育，一手抓"专精特新"创新型企业成长壮大，通过"补链""强链"培育世界领先产业，提升产业链控制力。

一、塑造创新环境和培养工匠精神

以企业和企业家为主体，通过营造良好环境和优化激励机制来激发企业活力和企业家创新精神，对于培育产业生态主导企业和壮大"专精特新"创新型企业进而提升产业链控制力至关重要。首先，要积极营造良好环境，调动企业家积极性，挖掘企业家创新创业创造精神和潜力，支持制造业企业做大做强；其次，要建立科学合理的重大技术攻关、产业链主导企业培育等考核评价体系，以形成有效的激励机制，从而激发企业、科研院所和研发机构的创新活力；最后，要弘扬优秀企业家的工业精神，表彰优秀企业家的突出贡献，把企业家注重创新、专注品质和追求卓越的这一无形资产转化为推动制造业发展的新动能。

二、培育产业生态主导企业

领军企业和品牌是产业的形象代表，也是构筑良好产业链生态的关键力量。在全球价值链上培育更多的、具有主导地位的"链主"，对于提升产业链控制力尤为重要。"链主"通常是跨国企业，其之所以能成为"链主"，主要是因为它具备两种优势——一是技术优势；二是市场优势①。为此，要大力支持龙头企业加快技术创新、新产品研制和标准赶超，加强跨界协同、聚焦多元化需求，培育能提供解决方案、进行研发生产、开展运营服务等的产业生态主导企业，以及世界一流的"链主"企业。与此同时，要支持有条件的龙头企业建设成以应用基础研究和前沿技术研发为主的研究机构，加强未来技术储备，形成持续的核心技术领先优势。

三、壮大"专精特新"创新型企业

在近年来的中美贸易摩擦中，美国利用在核心技术、关键部件和特殊材料等方面的优势，在关键时刻切断中国相关产业供应链的现象时有发生，对中国产业链安全造成了严重威胁。我们要清醒地认识到中国很多基础产业发展水平与发达国家的差距，以及在产业链上培育"隐形冠军"企业的重要性和紧迫性。培育产业链"隐形冠军"企业，关键要做好"专精特新"中小企业的培育。首先，要加大对中小企业的支持力度，鼓励中小企业参与产业关键共性技术研究开发，持续提升企业创新能力；其次，要引导和支持中小企业专注于细分领域，持续提升制造技术和工艺水平，做精做专做优产业链中关键环节零部件产品，打造独特的技术和产品竞争优势，成为"专精特新"小巨人企业；最后，要注重培育壮大创新型企业，打造数量多、质量优、潜力大、成长快的创新型企业集群，从而提升制造业产业链控制力。

四、"补链""强链"培育世界领先产业

一方面，要实施"补链工程"，加快突破"卡脖子"关键技术与"短板"基础技术。要发挥"集中力量办大事"的制度优势，优化创新政策和产业政策，集中力量攻坚克难，提高"卡脖子"技术突破速度和效率，强

---

① 刘志彪. 产业链现代化的产业经济学分析［J］. 经济学家，2019（12）：5-13.

化工业基础技术和关键装备供给。另一方面，要实施"强链工程"，做强做优新兴产业和优势产业。一要进一步巩固提升中国通信设备、轨道交通装备、电力装备的世界领先地位；二要着力提升航天装备、海洋工程装备及高技术船舶、新能源汽车产业，赶超世界先进水平；三要着力发展新一代信息技术产业、高档数控机床和机器人、航空装备、农业装备、新材料、生物医药及高性能医疗器械，努力达到国际先进水平；四要大力改造提升纺织、家电、钢铁、石化、建材等传统优势产业，将其培育成为世界领先产业①。

第四节　创新制造业产业链协同模式

制造业产业链环环相扣，一个环节阻滞，上下游企业都无法运转。产业链协同是指通过优化产业链不同环节间流程、价格、信息等一系列要素的设置，实现产业链的高效运转。优化产业链运行模式，实现产业链协同发展，是增强产业链整体竞争力的重要保证。促进全产业链联动发展，必须强化产业链上下游协同、内外协同、要素协同，以及制造业与服务业协同，打通上下游各个环节，创新联动协同模式，实现全产业链高质量一体化发展。

一、创新上下游协同模式

提高创新能力是制造业高质量发展的关键。面对竞争日趋激烈的国内外市场环境，企业仅仅依靠自身力量是很难实现创新发展的。这就愈加凸显了产业链中企业协同创新的重要性。为此，要加强产业链上下游企业联动发展与协同攻关，共同组建实验室、研发机构，共同打造自主可控的产业链。鼓励产业链主导企业或龙头企业牵头搭建制造业创新创业平台，打造开放共享、协同化、网络化的创新生态圈和融通发展模式，推动产业链上下游企业共同创新。另外，要加强中央地方上下联动，充分调动地方积极性，聚焦5G、人工智能、高端装备、汽车、家电、纺织服装等重点领

---

① 周济. 提升制造业产业链水平 加快建设现代产业体系［J］. 中国工业和信息化，2019(12)：38-41.

域，建设一批有影响力的世界级产业集群，打好产业链现代化攻坚战①。

二、创新内外协同模式

要坚持独立自主与开放合作相促进的原则，推动国内标准和国际标准相衔接，在开放合作中形成创新能力更强、附加值更高的中国制造业产业链。重点是要支持龙头企业"走出去"，聚焦核心技术、关键资源、知名品牌，积极开展国际化并购重组，在全球范围内整合资源、开展技术创新，参与国际标准制定。与此同时，要以"一带一路"建设为契机，深化创新合作，布局海外创新服务平台，与沿线国家共建创新共同体；以世界物联网博览会、世界智能制造大会等影响力大的国际化产业合作平台为依托，利用国际国内两个市场、两种资源，聚焦重点产业创新需求，促进创新资源汇聚和加强技术交流，提升中国制造业产业链的自主可控能力。

三、创新要素协同模式

要充分发挥市场机制配置资源的决定性作用，推动要素配置依据市场规则、市场价格、市场竞争实现效率效益最大化。同时，也要更好地发挥政府的作用，不断完善政府调节与监管机制，做到"放活"与"管好"有机结合，引导各类要素协同向先进生产力集聚，提高要素配置的灵活性、科学性与协同性。在推动制造业产业链现代化的过程中，要强化实体经济发展导向，以相关政策协同为保障，促进科技创新、现代金融、人力资源等要素资源自由流动与优化组合，加快构建以信息、技术、知识、人才等先进要素为支撑的竞争新优势，促进制造业价值链提升和高质量发展。

四、创新产业协同模式

首先，要大力推广个性化定制、项目集成总承包、业务整体解决方案、在线运维、融资租赁等服务制造新模式，加快开展服务型制造示范和推广，促进制造业与生产性服务业深度融合。其次，要在先进制造业重点领域实施工业设计专项计划和行动，推动龙头骨干企业建设高水平工业设计研究机构，引导企业增强创新设计意识，加强技术与产品创新，提升企业价值链控制力，推动制造业与生产性服务业协同发展。最后，要以产业

---

① 盛朝迅. 打好产业链现代化攻坚战 [N]. 经济日报，2019-09-10 (13).

化、市场化为导向，推动产业链、价值链、创新链"三链"融合，打造"政产学研资"紧密合作的创新生态，建立共性技术平台，促进成果转化应用，解决跨行业、跨领域的关键共性技术问题①。

第五节　专项行动：全球疫情期间中国制造业产业链安全维护

一、中国制造业产业链安全形势分析

（一）部分行业对外依赖度高，供应链存在被切断的风险

2019 年 10 月，"2019 国家制造强国建设专家论坛（宁波）"在浙江宁波举行，国家制造强国建设战略咨询委员会主任、中国工程院原院长周济指出，中国工程院对 26 类制造业产业开展了产业链安全性评估，结果显示，中国制造业产业链 60％安全可控，部分产业对国外依赖程度大。其中，6 类产业自主可控，占比 23.1％；10 类产业安全可控，占比 38.5％；2 类产业对外依赖度高，占比 7.7％；8 类产业对外依赖度极高，占比 30.8％②。对外依赖度高或极高的制造业产业存在重大产业链安全隐患。2018 年以来，全球经济增长放缓与贸易保护主义抬头使经济全球化进程出现了"开倒车"现象，甚至出现了"逆全球化"倾向。根据世界贸易组织数据，仅 2019 年 5 月至 10 月期间二十国集团经济体新设贸易壁垒就达到 28 项，涉及贸易总额约 4 604 亿美元③。多边自由贸易投资体系遭到破坏，全球供应链受到严重冲击，这给我国产业链安全带来了不可忽视的风险。

（二）标准制定和技术创新方面存在短板，产业链控制力较弱

从国际标准和技术层面看，中国存在明显的"短板"，缺乏产业链控制力。尤其是在国际贸易不确定因素增加的背景下，我国产业链安全存在的风险和挑战更大。在国际标准方面，由于科研投入与技术积累不足，我国在一些国际标准的制定中处于劣势地位。在能源及原材料方面，我国对石油、天然气等核心战略物资生产和运输的控制力有待加强。在关键核心

---

① 盛朝迅. 推进我国产业链现代化的思路与方略 [J]. 改革，2019（10）：45－56..
② 中国产业链安全评估：中国制造业产业链 60％安全可控 [EB/OL]. （2019－10－21）[2020－03－04]. http://www. cinic. org. cn/xw/cjxw/641727. html.
③ 李赐犁. 积极维护我国产业链安全和稳定 [N]. 学习时报，2020－03－25（3）.

技术方面，我国部分产业链存在严重的"卡脖子"短板，包括集成电路产业的光刻机、通信装备产业的高端芯片、轨道交通装备产业的轴承和运行控制系统、电力装备产业的燃气轮机核心热部件，以及飞机与汽车等行业的设计和仿真软件等，这些产业基础能力弱，部分领域核心关键技术受制于人，存在很大的产业链安全隐患。此外，我国软件供应链短板也很突出，在数据库及服务器软件领域尚未实现自主，操作系统还高度依赖国外的计算机核心操作系统及主流的手机操作系统。

（三）国际竞争日益加剧，产业链"外溢"现象不容忽视

从全球产业布局来看，最近几年，外资及中资制造业向东南亚、印度、墨西哥等国家和地区加速转移，产业链"外溢"现象日益凸显，对我国制造业产业链安全造成了不小的影响和挑战。产业链"外溢"现象的形成是客观经济规律、发达国家"制造业回归"战略、中美经贸摩擦等因素共同作用的结果。一方面，受成本、市场和技术获取等多种因素影响，产业链的重塑已经成为一个全球性趋势，我国制造业特别是中低端制造业向低成本国家转移是一种客观趋势；另一方面，制造业重新受到全球各国重视，日本及欧美发达国家都已制定了本国的"再工业化""制造业回归"战略，全球争夺制造业高端链条的竞争日趋激烈[①]。

二、全球疫情对中国制造业产业链安全造成的威胁

中国不仅是全球生产网络的重要一环，而且是诸多制造业全球供应链的中心。世界银行数据显示，2018年中国制造业增加值占全球的比重超过28％，货物进出口占全球的份额达11.8％，是120多个国家和地区的最大贸易伙伴，全球近200个经济体从中国进口商品。虽然我国在全球供应链中的地位短期内难以被撼动，但在发达国家推动制造业回流、贸易保护主义抬头、中美经贸摩擦短期难见缓和迹象等一系列因素冲击下，全球供应链呈现区域化、多元化、本地化的趋势，这些变化对我国产业链安全造成了不小影响。全球供应链都是相互镶嵌的，疫情对全球的制造业都造成了重大影响。如果疫情造成的供应链障碍不能在短期内迅速消除，就势必会导致"中国制造"在全球产业链上的重要性下降，具有合作关系的制造商就会迫切寻找潜在替代商，而具有竞争关系的制造商则会顺势取代中

---

① 张占斌. 守护"中国制造"产业链安全［EB/OL］.（2020-04-05）［2020-06-12］. https://baijiahao.baidu.com/s? id=1663061252610718990&wfr=spider&for=pc.

国的位置。这些链条一旦失去，就很难再补回来，因此疫情给中国制造业产业链安全带来的风险是持久的。

从长期来看，全球疫情对供应链、产业链的影响比较大，特别是对一些已经全面融入全球价值链的长链条行业（比如汽车、半导体、机电等）的影响更大。由于产品细分、产业链全球化，中国出口产品中的中间产品比重高，对全球产业链的影响大，中国这种地位短期内是其他发展中国家无法替代的，但是在全球疫情期间，我们要防止国际厂商将制造业关键环节从中国转移出去，从而威胁到中国制造业产业链安全。比如，湖北是汽车零配件生产大省，疫情期间受到的冲击非常大，影响了全球供应；又如，全世界最大的手机生产企业是富士康，郑州的富士康工业园区拥有20多万名员工，这种人员集中的生产线肯定会受到很大影响。可见，如果订单因疫情影响而大幅缩减，中国制造在全球产业链中的分工就面临着重构的风险。当然，从总体上看，疫情对供应链、产业链的影响是阶段性的，中国在全球供应链、产业链中的重要地位不会因为疫情影响而发生根本改变。

三、全球疫情期间维护中国制造业产业链安全的措施

全球供应链都是相互镶嵌的，疫情会对全球制造业产业链造成重大影响。我们要适应全球产业链发展形势的变化，高度重视疫情对中国产业链安全造成的威胁，大力释放消费及投资需求，畅通国内产业链循环，通过加强国际贸易、沟通与合作来打通海外供应链痛点堵点，构建产业链"涉外"安全防控体系，从而维护中国制造业产业链安全和稳定。

（一）多措并举释放消费及投资需求，拉动产业链加速运转

在国内大范围复工复产之后，企业接下来面临的是市场需求问题。一方面，要创造条件把被抑制、被冻结的消费释放出来，可通过发展网络营销、云服务等方式大力发展线上消费、线上教育、远程医疗等新型消费，还可以通过发放消费券、增加消费信贷等方式扩大旅游、文化、培训等服务消费；另一方面，要加大公共卫生服务、应急物资保障等领域补短板投资，同时要抓住疫情催生的数字经济发展机遇，加快5G网络、人工智能、数据中心等新型基础设施投资和建设，加快推动产业数字化和数字产业化。

（二）进一步加强国际沟通与合作，打通海外供应链痛点堵点

在经济全球化的今天，维护全球供应链安全已不是一两个国家的事。

全球经济在供应链、产业链、价值链上已实现深度融合，各国都从全球化的资源配置和产业分工体系中得到了实实在在的好处。由于全球疫情的严重影响，接下来可能会出现海外供应链中断从而影响中国产业链运转的现象，后果不容小觑。因此，我们要努力做好稳外贸、稳外资工作，开拓多元化国际市场；加强国际合作与产能供需信息沟通，保持与主要贸易国的沟通交流，争取国家之间更多的相互支持，协商解决供应链运行面临的痛点堵点，共同维护全球供应链稳定，保障国内产业链安全。

（三）全面强化"涉外"监管，构建产业链安全防控体系

第一，要建立健全外商投资和并购审查机制，规范外商投资和并购行为，避免疫情期间外商恶意并购或者试图控制中国产业链核心环节。第二，要加强对产业链核心环节、敏感技术和高端装备"走出去"的管控，降低产业关键环节被外资主导的风险和国内产业"空心化"的风险。第三，要密切关注国外针对中国设置的贸易壁垒情况，完善产业链安全数据库，落实产业链安全预警机制，并建立产业链安全防范基金，加强对重点行业、重要环节的保护和救援。第四，要加快制定产业安全法和配套法规及制度，最大限度地避免可能影响国家安全的对外投资及建设项目、关键技术转移、特定产品及服务输出等对中国产业链安全产生的不利影响。

第五篇

政府层面
——"双重规制"构建倒逼机制

在推动制造业高质量发展进程中，市场机制是配置资源的有效手段，但同时也会产生"无序竞争""负外部性"等问题，导致"整体低效率"，为此需要加强政府规制，弥补市场机制的不足和缺陷。环境规制、产品质量规制是倒逼制造业高质量发展的重要手段。关于环境规制，要做到因地制宜、区域联动、正式规制和非正式规制协同、规制与技术创新互动，加强规制政策与财税、金融与创新政策协调配合。关于产品质量规制，需要政府、企业、公众三方协力，结合市场机制，创新产品质量规制模式和措施。

第十七章　加强环境规制倒逼
制造业高质量发展

　　我国制造业正面临国际竞争加剧和国内资源环境约束趋紧的双重挑战，迫切需要主动求变和创新转型。技术创新是动力源泉，绿色发展是必然要求。绿色发展在短期内会对企业盈利产生一定的影响，因此单靠市场机制难以推动制造业绿色发展，需要政府、企业、公众三方协力并结合市场化机制实施环境规制，倒逼制造业企业注重技术创新和节能减排，从而促进制造业实现高质量发展。

第一节　环境规制倒逼制造业高质量发展的理论分析

一、环境规制的理论基础

　　制造业企业生产通常会造成环境污染等负外部性问题，庇古税理论和科斯定理为实施环境规制和解决负外部性问题提供了理论依据。

（一）外部性理论

　　外部性理论产生于19世纪末，外部性概念源于马歇尔在1890年发表的《经济学原理》中提出的外部经济概念。马歇尔认为，任何一种货物因生产规模扩大而发生的经济可分为两类：第一类是有赖于该产业的一般发展所形成的经济，可称之为"外部经济"；第二类是有赖于某产业的具体企业自身资源、组织和经营效率的经济，可称之为"内部经济"。之后，庇古以"企业或居民对其他企业或居民的影响效果"来界定外部性概念。外部性是指某一经济主体在进行生产或消费活动时，对其他经济主体的活动所产生的影响。按照对其他经济主体所产生的不同影响，外部性分为正外部性和负外部性。正外部性是指一个经济主体在进行生产或消费活动时，会给社会上其他人带来收益且无法向他人收取相应回报的现象；负外部性是指一个经济主体在进行生产或消费活动时，会使社会上其他人的利益受损且不必对其进行赔偿的现象。

（二）庇古税理论

20 世纪 20 年代，英国福利经济学家庇古在其著作《福利经济学》中系统阐述了负外部性。庇古认为，在企业生产过程中，由于市场运行失灵导致资源不能得到合理配置，使得社会生产成本与私人成本之间往往存在偏差，而这种差异就导致了外部性效应。庇古提出，消除企业生产的负外部性效应应当发挥政府干预调节的作用，通过制定法律等强制性措施对企业排污行为进行征税，并根据污染排放危害程度大小划定税收等级，将私人生产的负外部性成本计入企业总生产成本中，从而使得私人成本与社会成本达到平衡状态。这种排污征税制度就是庇古税理论。

庇古认为，如果每一种生产要素投入生产的私人边际净产值等于社会边际净产值，并且该生产要素在各种可能的生产用途中的社会边际净产值都相等，那么该资源就达到了最优配置状态。当然，在私人边际净产值与社会边际净产值不相等的情况下，市场化的自由竞争不可能使社会福利达到最大，此时政府需要适当征税或提供适当的补贴，以消除这种差异（见图 17-1）。对于私人边际净产值大于社会边际净产值的部门，政府应采取的政策手段是向该部门征税，使其利润下降，进而迫使其减少产量；对于私人边际净产值小于社会边际净产值的部门，政府应给予财政

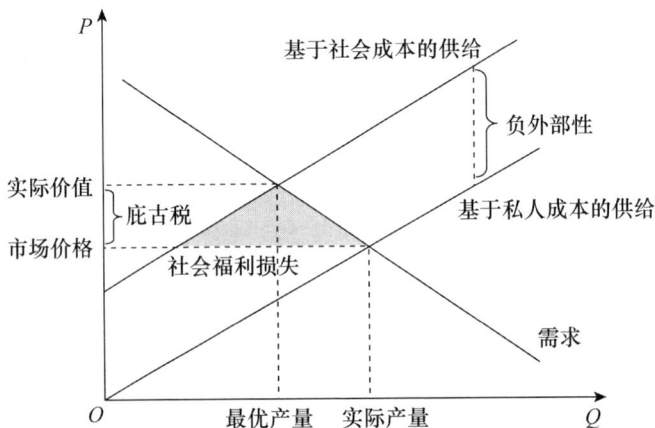

图 17-1 外部性与庇古税

资料来源：庇古. 福利经济学 [M]. 金镝，译. 北京：华夏出版社，2007.

补贴，增加其收益，进而达到鼓励该部门增加产量之目的。总之，政府的征税、补贴等经济政策是通过调整厂商的生产成本，使厂商的私人成本等于社会成本，进而有效消除厂商的负外部性的。

（三）科斯定理

征税、补贴等经济政策虽然对消除厂商的外部性有直接的效果且操作简便，但是确定相应的准确税率或补贴率进而使社会生产达到最优水平，并不容易。如果设置的税率过高或过低，那么就不仅不能有效解决外部性问题，而且可能使市场价格的形成受到扭曲，从而对经济社会产生不良的影响。美国经济学家科斯（Coase）于 1960 年发表《社会成本问题》提出，不能仅仅将企业生产的负外部性归咎于市场资源配置机制的失灵，外部性并非仅仅意味着一方给另一方带来单向影响，二者是相互影响的，究其根本原因在于产权界定不明确。科斯认为，外部性是由于产权没有清晰界定而导致的结果，而并不是市场机制本身产生的结果。在清晰界定产权的条件下，市场主体可以通过相互交易，使经济活动的私人边际净产值和社会边际净产值相等，从而达到消除外部性的目的。所以要解决外部性问题，首先要界定和保护产权，运用经济手段进行调节，如实施排污权交易制度，而不是依靠政府管制命令，以实现经济资源配置的帕累托最优。

二、环境规制与制造业结构升级

在新古典经济学理论背景下，早期的一些经济学家认为，环境规制会增加企业生产成本，使企业利润水平下降，由此影响整个行业和宏观经济的发展。而波特假说认为虽然环境规制在短期内会导致企业成本增加，但长期来看，企业为了减轻环境规制带来的不利影响，必然会加大技术投资和管理创新的力度，从而促进企业竞争力提高，结果有利于促进产业结构优化升级[1]。近年来的研究文献大多也是支持环境规制促进产业结构优化的观点。环境规制是促进产业结构升级的新兴动力，就我国现阶段经济发展状况而言，正式环境规制在促进产业结构升级过程中所发挥的倒逼作用更加显著[2]，而非正式环境规制虽然对推动产业结构升级的作用越来越明

---

[1]　Porter M E, Linde V D. Toward a new conception of the environment competitiveness relationship [J]. Journal of Economic Perspectives，1995，9（4）：97-118.

[2]　童健，刘伟，薛景. 环境规制、要素投入结构与工业行业转型升级 [J]. 经济研究，2016，51（7）：43-57.

显，但因尚未建立健全机制，所以作用有限①。原毅军和谢荣辉认为，只有使正式环境规制与非正式环境规制两方面共同发挥作用，才能有效形成推动产业结构升级的倒逼机制②。环境规制通过微观作用机制促进制造业结构升级的机理，可以从以下几点加以解释，第一，环境规制会使企业认清技术改进方向和未来投资方向；第二，环境规制可以提高企业环保意识和促进资源节约；第三，环境规制可以给企业带来创新压力；第四，环境规制可以改变企业竞争环境和推动开展质量竞争。

三、环境规制与技术创新

波特等研究认为，合理的环境规制对企业技术创新起到了显著的激励作用，从而极大地增强了企业核心竞争力③，这一结论也被称为波特假说。随后学者们又进一步将波特假说按照环境规制的强度分为强波特假说、中波特假说、弱波特假说，并认为只有强波特假说中的环境规制能倒逼企业从生产源头加大技术投入，同时革新其设计、管理、销售方式，所获得的收益不仅可补偿企业多负担的排污成本④，还有助于企业长远发展和实现利润最大化⑤。环境规制通过提高企业排污成本来倒逼企业减少排污量，会使企业生产成本骤然增加，从而造成企业技术研发投入资金受到挤压，抑制企业技术创新行为，削弱企业竞争力，而这种抵消效应在污染密集型行业中更为显著⑥。而蒋伏心等认为，环境规制虽然会在短期内使得企业生产成本上升，但一味地增加排污支出不符合利润最大化原则，所以企业会采取相对应的措施来控制污染排放，而技术创新正是最好的解决方式⑦。企业通过技术创新改进生产技术，提高生产效率，由此所带来的

---

① 张江雪，等. 环境规制对中国工业绿色增长指数的影响 [J]. 中国人口·资源与环境，2015，25（1）：24-31.

② 原毅军，谢荣辉. 环境规制的产业结构调整效应研究：基于中国省际面板数据的实证检验 [J]. 中国工业经济，2014（8）：57-69.

③ Porter M E, Linde V D. Toward a new conception of the environment competitiveness relationship [J]. Journal of Economic Perspectives, 1995, 9 (4): 97-118.

④ Jaffe A B, Palmer K. Environment regulation and innovation: a panel data study [J]. The Review of Economics and Statistics, 1997, 79 (4): 610-619.

⑤ Ramanathan, R, et al. Environmental regulations, innovation and firm performance: a revisit of the Porter hypothesis [J]. Journal of Cleaner Production, 2016, 155 (PT. 2): 79-92.

⑥ 余东华，胡亚男. 环境规制趋紧阻碍中国制造业创新能力提升吗？：基于"波特假说"的再检验 [J]. 产业经济研究，2016（2）：11-20.

⑦ 蒋伏心，王竹君，白俊红. 环境规制对技术创新影响的双重效应：基于江苏制造业动态面板数据的实证研究 [J]. 中国工业经济，2013（7）：44-55.

利润可以补偿增加的污染治理费用，最大化地获取利润①。技术创新始终是推动产业结构优化的根本动力，企业通过技术创新能改进生产技术和提高生产效率，并能优化资源配置和投入要素结构，推动产业结构从要素驱动向创新驱动演进②，有利于产业迈向全球价值链中高端。总之，无论是政府的正式环境规制，还是基于公众环保意识的非正式环境规制，在短期内都会在一定程度上增加企业生产成本，所以企业为了实现利润最大化，要么通过大力开发新产品或改造升级原有设备来提高生产效率，要么通过采用绿色生产技术来减少污染排放，这都需要加大对技术创新的投资力度。从总体上看，合理的环境规制能够刺激企业进行技术创新，并由此促进资源优化配置和质量效率提高。

我国不同省份由于制造业发展情况不同，环境污染特征也不尽相同，那么针对各区域经济发展水平、资源禀赋条件与技术创新水平，制定不同的环境规制政策就很有必要。一般来说，不同的环境规制强度对区域技术创新能力的影响是有差异的③。在经济发展水平高、区域创新能力强的地区，实施较严格的环境规制，有助于推动技术创新；而在经济欠发达、创新能力薄弱的地区，实施较严格的环境规制可能会抑制区域创新能力提高④，所以有必要根据各区域发展特征，研究环境规制对技术创新的影响。总之，环境规制会因各区域经济发展水平和创新能力等方面的差异，对技术创新和产业结构升级产生差异化影响，为此需要区别对待，以提高环境规制的技术创新效应。

四、环境规制与制造业国际竞争力提升

环境规制能够引导企业强化清洁生产、推行绿色制造，而清洁生产、绿色制造正是当前中国实施制造强国战略的主要着力点，是兼顾社会消费需求、环境承载能力、资源利用效率和企业盈利状况等因素的现代化制造模式，也是最符合制造业可持续发展理念的生产模式。环境规制趋紧对制

---

① 臧传琴，张菡. 环境规制技术创新效应的空间差异：基于2000—2013年中国面板数据的实证分析 [J]. 宏观经济研究，2015（11）：72—83，141.

② 陶长琪，周璇. 要素集聚下技术创新与产业结构优化升级的非线性和溢出效应研究 [J]. 当代财经，2016（1）：83—94.

③ 聂国卿，郭晓东. 环境规制对中国制造业创新转型发展的影响 [J]. 经济地理，2018，38（7）：110—116.

④ 谢荣辉. 环境规制、引致创新与中国工业绿色生产率提升 [J]. 产业经济研究，2017（2）：38—48.

造业国际竞争力的直接效应表现为正反两方面的影响：

一方面，传统经济理论认为环境规制打破了企业成本最小化的约束条件，环境成本内部化程度越高，企业负担的成本就越重，尤其是当竞争对手面临相对宽松的环境规制时，受严格环境规制约束的产业的国际竞争力将受到冲击。

另一方面，环境规制对制造业国际竞争力产生正向影响。一是环境规制趋紧将促使企业引进污染处理设备、更新生产线与改进工艺水平，使得制造业出口产品能够符合发达国家环保标准认证，突破进口国的"绿色壁垒"，从而提高本国制造业产品的国际市场占有率，增强产品国际竞争力；二是环境规制趋紧迫使企业更加注重生产流程本身的整合优化和创新，以求提高产品本身的技术附加值与议价能力，这不但有助于摆脱低端产品日趋激烈的价格竞争，而且还能够部分缓解治污成本压力；三是在环境约束趋紧的情况下，必然有部分高污染、高排放企业无力承担新增污染处理设备、更新生产线的高昂成本而被淘汰，生产资源重新分配至生存下来的优势企业，从而提升行业的整体竞争力。同时，环境规制趋紧将推动企业进行生产技术迭代更新，产生高技能劳动需求，提升技能溢价；技能溢价引导非技能劳动向技能劳动转化，增加技能劳动供给，促进人力资本提升，为增强制造业国际竞争力提供支撑。综上分析，环境规制促进制造业国际竞争力提升的基本逻辑如图 17－2 所示。

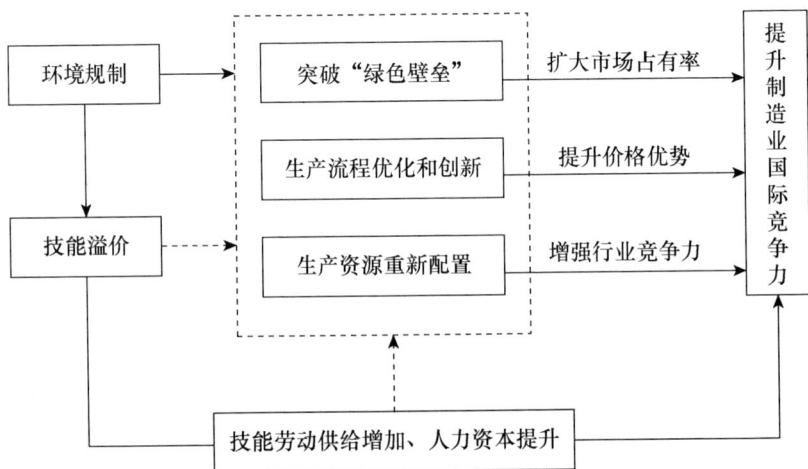

图 17－2　环境规制促进制造业国际竞争力提升的逻辑机理

资料来源：作者整理。

第二节 中国工业污染与环境规制现状分析

一、工业污染形势分析

近几年，我国工业总产值占 GDP 的比重虽然总体上有一定的下降趋势，但仍然维持在 33％以上（见表 17 - 1），显著高于欧美发达国家。2018 年，我国工业总产值占 GDP 的比重为 33.90％，远高于美国（20％左右）。工业在我国经济结构中的比重至关重要，而恰恰是工业由于环保设施缺乏、技术相对落后、排放标准不严、配套监管缺失等原因，成为了最大的污染源，工业环保任重而道远。从发达国家环保产业发展经验来看，当环境污染治理投资占 GDP 的比重达到 1％～1.5％时，可以控制环境恶化的趋势；上述比重高达到 3％时才能使环境质量得到明显改善。中国的环境污染治理投资占比最高在 2010 年，达到了 1.84％，仍然未超过2％，截至 2016 年，占比下降到 1.24％①。可见，我国环境污染治理投资尚有很大的提升空间。

表 17 - 1 工业总产值及其占 GDP 的比重情况

指标	2014 年	2015 年	2016 年	2017 年	2018 年
工业总产值（亿元）	233 856	236 506	247 878	278 328	305 160
GDP（亿元）	641 281	685 993	740 061	820 754	900 309
工业总产值占 GDP 的比重（％）	36.47	34.48	33.49	33.91	33.90

二、工业"三废"排放和工业污染治理投资情况

由于环境规制的直接测度指标较难获取，因此我们采用环境治理投入与污染排放两方面的指标来分析我国环境规制现状，结果如图 17 - 3 所示。从图中可以看出，2005—2016 年我国工业污染治理投资呈现波动上升的趋势，2008 年达到 542.64 亿元的峰值，2009 年和 2010 年两年出现明显的下降，但在 2010 年之后增速明显提高，在 2014 年达到

① 2018 年中国工业污染治理行业发展趋势及市场前景预测［EB/OL］.（2018 - 01 - 05）［2019 - 08 - 17］. http://www.chyxx.com/industry/201801/600564.html.

996.66 亿元历史最高水平，之后又经历了短暂波动。这说明我国在发展经济的同时，不断加大对环境治理的投入，环境治理力度不断加大。工业"三废"污染排放总量发展趋势在考察期呈现出两个明显不同的阶段，2011 年以前的"三废"排放总量在 260 亿吨上下浮动，2011 年之后，呈直线下降趋势，且降幅较大，在 2016 年降低到 226.52 亿吨，在考察期内达到历史最低点。总的来说，我国工业污染排放总量在考察期内大大减少，这对各产业转变发展方式、修复生态环境起到了极大的推动作用。

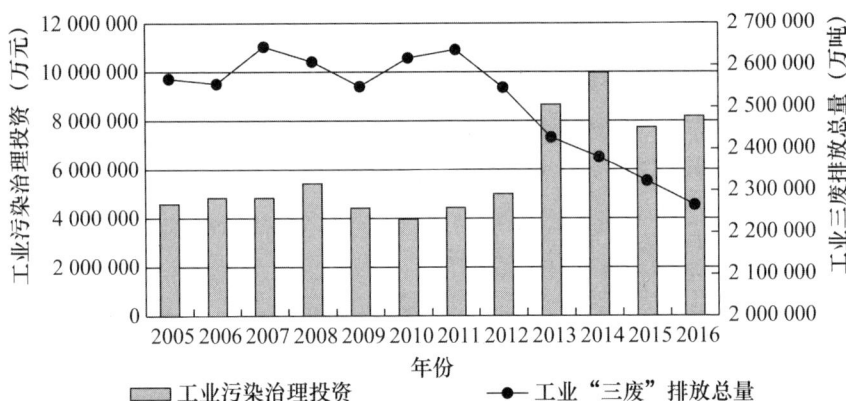

图 17-3　2005—2016 年我国工业污染治理投资和工业"三废"排放总量变化趋势

资料来源：根据历年《中国统计年鉴》《中国环境统计年鉴》和国研网等相关数据计算整理得出。

三、工业污染治理强度

综合污染排放及治理投入两方面来看，我国 2005—2016 年规模以上工业企业单位污染物治理投资额变化趋势如图 17-4 所示。从图中的变化趋势可以看出，2005—2010 年，单位污染物治理投资额相对较低且提升缓慢，基本处于 1.5~2.0 元/吨的区间内，变化较小，说明环境治理进度较慢、力度较弱。2010 年之后，单位污染物治理投资额迅速提高，在 2014 年达到峰值 4.19 元/吨，说明近些年随着我国环境治理力度不断加大，对工业企业污染排放起到了较明显的抑制作用，污染物排放量大大减少也从侧面说明我国工业企业生产方式有了极大改进，环境治理取得显著成效。这也体现出我国始终坚持走"绿水青山就是金山银山"的生态优先可持续发展之路。

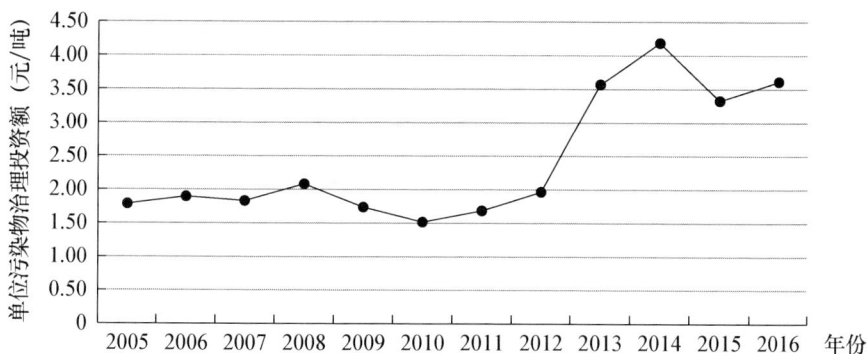

图 17 - 4　2005—2016 年规模以上工业企业单位污染物治理投资额

资料来源：根据历年《中国统计年鉴》、《中国环境统计年鉴》和国研网相关数据计算整理得出。

第三节　环境规制倒逼制造业高质量发展的实证分析

制造业结构升级是制造业高质量发展的必然要求和重要体现。制造业结构升级的核心是社会生产技术基础更新所引发的产业结构的改进，即由于新技术的开发、引进、应用、扩散，引起高新技术产业发展和传统产业更替和改造，从而推动制造业高质量发展。为此，本书采用制造业结构升级作为制造业高质量发展水平的代理指标，就环境规制对制造业高质量发展的影响进行实证分析，将全国、区域间与区域内三个层面同时纳入考虑范围，采用空间计量和门槛回归的方法，揭示环境规制、技术创新对制造业结构升级的直接影响、空间溢出效应及门槛效应，力图为科学制定实施环境规制、技术创新政策进而推动制造业结构升级和高质量发展提供更有效的参考。

一、指标选取与模型构建

技术创新是制造业结构升级的重要动力，为此我们选择环境规制、技术创新和制造业结构升级作为主要研究变量。环境规制、技术创新对本区域制造业结构升级具有直接影响，同时，不同区域的制造业结构升级可能存在空间依赖性即空间溢出效应。为此，采用空间计量方法，着重考察环境规制、技术创新对制造业结构升级的空间效应。在此基础上，为进一步揭示其中的影响特征，构建面板门槛回归模型，考察环境规制通过技术创新路径对制造业结构升级影响的门槛效应。

(一) 指标选取

（1）被解释变量。以制造业结构升级（IND）作为被解释变量。制造业结构升级是指制造业结构由低级向中高级演化的过程，体现为产业总体上向高附加值方向升级，产业内各行业在生产效率和核心技术价值上由低级向高级演化。我们采用制造业结构高级化指数即高端技术制造业产值占全部制造业产值的比重来衡量制造业结构升级水平。

（2）核心解释变量。1）环境规制强度（ER）。从现有研究文献来看，关于环境规制强度的直接测度指标比较难获取，绝大多数学者采用不同的替代指标进行测度。考虑到数据的可获取性和连续性，我们通过测算各省（区、市）单位产值的污染排放强度作为环境规制强度的替代指标。主要通过综合考虑区域制造业各行业的废水、废气以及固体废弃物等污染物排放总量和工业产值，进行加权平均以及线性标准化计算整理，最后得出各省（区、市）的环境规制强度。2）技术创新（INNO）。技术创新是推动制造业结构由低级向高级演化的内生动力。从要素投入视角出发，R&D资源投入是推动产业技术进步、培育自主创新能力的主要因素，为此采用各地区每千元生产总值R&D经费支出占比来衡量区域技术创新水平。

（3）控制变量。考虑到地区经济发展的共性和特性，选取以下五个指标作为控制变量。1）贸易开放程度（TRADE）。根据国家统计局公布的当年人民币兑美元的平均汇率，采用各地区的进出口总额占地区生产总值的比重衡量；2）外资参与度（FDI）。根据国家统计局公布的当年人民币兑美元的平均汇率，采用实际利用外商投资额占地区生产总值的比重衡量。3）市场化程度（MARKET）。采用地区非国有工业总产值占比衡量。4）人力资本水平（HUM）。采用地区高等学校在校人数占年末常住人口数的比重衡量。5）城镇化水平（URBAN）。采用地区城镇常住人口占年末总常住人口的比重衡量。

(二) 计量模型构建

（1）空间相关性检验。为检验数据是否适用于空间计量模型分析，需要对核心变量是否存在空间自相关性进行检验。如果核心变量存在空间相关性的特征，则可使用空间计量方法。空间自相关可以理解为位置相近的区域具有相似的变量取值，在度量空间自相关的众多方法中，莫兰指数 I（Moran's I）是最为常用的方法，其计算方法如式（17-1）所示：

$$I = \frac{\sum_{i=1}^{n} \sum_{j=1}^{n} W_{ij} (Y_i - \overline{Y})(Y_j - \overline{Y})}{S^2 \sum_{i=1}^{n} \sum_{j=1}^{n} W_{ij}} \tag{17-1}$$

式（17-1）中，$S^2 = \dfrac{\sum_{i=1}^{n} Y_i - \overline{Y}}{n}$ 为样本方差，W_{ij} 为空间权重矩阵，Y_i 和 Y_j 分别为地区 i 和地区 j 的观测值。莫兰指数 I 的取值一般介于 -1 到 1 之间，若 I 值大于 0，则为正空间自相关；若 I 值小于 0，则为负空间自相关；若 I 值等于 0，则表明变量的空间分布是随机的，不存在空间自相关。

（2）空间计量模型设定。由于空间面板杜宾模型（SDM）同时考虑了因变量和自变量的空间滞后项，相比空间面板误差模型（SEM）和空间面板滞后模型（SLM）能够更全面地反映一些复杂的空间关系，也能够更有效地分析核心变量的空间外部效应和溢出效应，因此我们采用空间面板杜宾模型对变量进行回归分析。同时，考虑到制造业结构变化存在时间惯性效应，前期的结构调整会对后期结构发展产生一定影响，所以在模型中加入被解释变量的一阶滞后项，构建动态空间面板杜宾模型，如式（17-2）所示：

$$\begin{aligned}
IND_{it} = {} & \alpha_0 + \tau IND_{i,t-1} + \rho \sum_{j=1}^{n} W_{ij} IND_{jt} + \alpha_1 ER_{it} + \alpha_2 INNO_{it} \\
& + \beta_1 TRADE_{it} + \beta_2 FDI_{it} + \beta_3 MARKET_{it} + \beta_4 HUM_{it} \\
& + \beta_5 URBAN_{it} + \delta_1 \sum_{j=1}^{n} W_{ij} ER_{jt} + \delta_2 \sum_{j=1}^{n} W_{ij} INNO_{jt} \\
& + \mu_i + \lambda_t + \varepsilon_{it}
\end{aligned} \tag{17-2}$$

式（17-2）中，i 表示不同区域，t 表示不同年份，W_{ij} 表示空间权重矩阵，α_0 为常数项，μ_i 为地区效应，λ_t 为时间效应，ε_{it} 为随机扰动项。

（3）空间权重矩阵设定。为了全面考察环境规制、技术创新对制造业结构升级影响的空间效应，同时考虑到检验结果的稳健性，选取地理距离、经济距离两种权重矩阵，并分别对两种权重矩阵进行矩阵行标准化处理。

1）地理距离权重矩阵 $W^g = \dfrac{1/D_{ij}}{\sum_{j=1}^{n}(1/D_{ij})}$，其中 i 和 j 代表不同的区域，D_{ij} 表示省份 i 和 j 各自省会通过经纬度坐标计算的地理距离。

2）经济距离权重矩阵 $W^e = \dfrac{1}{D_{ij}} \cdot \dfrac{\overline{Y_i}}{1/n(\sum_{i=1}^{n} \overline{Y_i})}$ ，即运用区域省会间

地理距离的倒数与地区人均 GDP 占所有地区人均 GDP 的均值的比重的乘积来表示，其中 $\overline{Y_i}$ 表示第 i 个省份在 2005—2016 年间人均 GDP 的均值。

（4）面板门槛回归模型设定。为了进一步考察检验环境规制通过技术创新路径对制造业结构升级影响的非线性关系和门槛效应，我们基于 Hansen 提出的面板门槛回归模型[①]进行回归分析，具体模型如式（17-3）所示：

$$
\begin{aligned}
IND_{it} = {} & \alpha_0 + \alpha_1 ER_{it} + \alpha_{21} INNO_{it} \cdot I(q_{it} \leqslant \lambda_1) \\
& + \alpha_{22} INNO_{it} \cdot I(\lambda_1 < q_{it} \leqslant \lambda_2) + \alpha_{23} INNO_{it} \cdot I(q_{it} > \lambda_2) \\
& + \beta_1 TRADE_{it} + \beta_2 FDI_{it} + \beta_3 MARKET_{it} \\
& + \beta_4 HUM_{it} + \beta_5 URBAN_{it} + \varepsilon_{it}
\end{aligned} \tag{17-3}
$$

式（17-3）中，q_{it} 为门槛变量，$I(\cdot)$ 为示性函数，λ_1 和 λ_2 为门槛变量的门槛值。

二、实证分析

选取的数据样本的时间跨度为 2005—2016 年（往后年份的数据难以获取全面），基于数据统计口径的一致性、连续性及可获取性，选择中国 30 个省份（包括西藏、香港、澳门和台湾地区）作为考察对象。数据主要来源于历年《中国统计年鉴》《中国工业统计年鉴》《中国环境统计年鉴》，以及国家统计局、国研网、搜数网等统计数据库。各省份所选取的制造业均为规模以上工业企业。由于国民经济行业分类标准在 2012 年之后有较大变动，因此为保持制造业行业数据的有效性，将制造业一些细分行业进行必要的拆分和合并，最终形成 29 个制造业细分行业[②]。运用

---

① Hansen，Bruce E. Threshold effects in non-dynamic panel：estimation，testing and inference [J]. Journal of econometrics，1999，93（2）：345-368.

② （1）高端技术制造业：通用设备制造业，专用设备制造业，交通运输设备制造业，电气机械及器材制造业，通信设备、计算机及其他电子设备制造业，仪器仪表制造业，医药制造业，化学原料及化学制品制造，化学纤维制造业；（2）中端技术制造业：石油加工、炼焦及核燃料加工业，橡胶和塑料制品业，非金属矿物制品业，黑色金属冶炼和压延加工业，有色金属冶炼和压延加工业，金属制品业；（3）低端技术制造业：农副食品加工业，食品制造业，饮料制造业，烟草制品业，纺织业，纺织服装、服饰业，皮革、毛皮、羽毛（绒）及其制品业，木材加工及木、竹、藤、棕、草制品业，家具制造业，造纸及纸制品业，印刷和记录媒介复制业，文教、工美、体育和娱乐用品制造业，废弃资源综合利用业，金属制品、机械和设备修理业及其他制造业。

Stata15.0 软件进行研究，首先，对核心变量进行空间相关性检验；其次，运用动态空间面板杜宾模型从全国和区域两个层面分析环境规制、技术创新对制造业结构升级的直接影响和空间溢出效应；最后，利用面板门槛回归模型检验环境规制通过技术创新路径对制造业结构升级的影响效应。

（一）空间相关性检验

对 2005—2016 年间被解释变量（制造业结构升级）与核心解释变量（环境规制、技术创新）的空间相关性检验结果如表 17-2 所示。在地理距离权重矩阵 W^g 和经济距离权重矩阵 W^e 两种不同的空间权重矩阵度量下，制造业结构升级、环境规制、技术创新的全局莫兰指数基本上所有年份均显著为正值，说明这三个变量在考察期内存在显著的空间自相关，此时运用普通面板计量方法得出的结果会存在较大偏差，所以需要运用空间计量方法分析和揭示环境规制、技术创新对制造业结构升级的影响效应。

表 17-2　2005—2016 年环境规制、技术创新及制造业结构升级的全局莫兰指数

年份	地理距离权重矩阵 W^g			经济距离权重矩阵 W^e		
	制造业结构升级	环境规制	技术创新	制造业结构升级	环境规制	技术创新
2005	0.061 0**	0.045 0**	0.093 0***	0.060 0***	0.050 0**	0.095 0***
2006	0.055 0**	0.024 0*	0.101 0***	0.057 0**	0.027 0*	0.102 0***
2007	0.055 0**	0.026 0*	0.100 0***	0.057 0**	0.029 0*	0.100 0***
2008	0.052 0**	0.036 0*	0.107 0***	0.055 0**	0.038 0*	0.109 0***
2009	0.051 0**	0.034 0*	0.111 0***	0.054 0**	0.034 0*	0.112 0***
2010	0.062 0***	0.030 0*	0.110 0***	0.066 0**	0.030 0*	0.111 0***
2011	0.060 0**	0.034 0*	0.106 0***	0.063 0**	0.034 0*	0.108***
2012	0.044 0**	0.033 0*	0.114 0***	0.047 0**	0.032 0*	0.116 0***
2013	0.037 0**	0.041 0**	0.114 0***	0.041 0**	0.038 0*	0.115 0***
2014	0.032 0*	0.050 0***	0.121 0***	0.035 0*	0.045 0**	0.121 0***
2015	0.034 0*	0.048 0***	0.122 0***	0.037 0*	0.044 0**	0.121 0***
2016	0.023 0	0.032 0**	0.116 0***	0.025 0*	0.029 0**	0.116 0***

注：*、**、*** 分别表示在 10%、5% 和 1% 的显著性水平下显著；下同。

（二）全国层面的影响效应分析

由于模型中包含被解释变量的一阶滞后项，若采用普通最小二乘法（OLS）进行回归则得到的估计结果是有偏的，因此采用极大似然法（MLE）进行回归估计。在进行空间面板杜宾模型（SDM）回归估计之前，需要通过 Hausman 检验来确定随机效应和固定效应的选择，检验结

果显示模型均在一定的显著性水平上拒绝随机效应的原假设，说明应选用固定效应进行空间计量分析。为保证估计结果的有效性，需要对参数估计结果进行 Wald 检验，来判定空间面板杜宾模型（SDM）是否可以简化为空间面板误差模型（SEM）或空间面板滞后模型（SLM）。从检验结果看，各模型中 Wald 检验值均显著拒绝原假设，从而验证了空间面板杜宾模型设定的合理性。为进一步检验估计结果的稳健性，同时运用地理距离权重矩阵 W^g 和经济距离权重矩阵 W^e 分别进行回归估计，估计结果如表 17 - 3 所示。

表 17 - 3　环境规制、技术创新对全国制造业结构升级的空间效应估计结果

变量	地理距离权重矩阵 W^g		经济距离权重矩阵 W^e	
	（1）	（2）	（3）	（4）
L. IND	1.225 0***	1.203 0***	0.958 0***	1.059 0***
	(0.032 8)	(0.033 8)	(0.033 0)	(0.033 9)
ER	0.001 8	0.000 9	0.003 7***	0.002 6*
	(0.001 4)	(0.001 4)	(0.001 4)	(0.001 4)
$W \times ER$	−0.019 1***	−0.033 5***	−0.009 66	−0.022 7***
	(0.006 2)	(0.006 5)	(0.007 0)	(0.007 4)
INNO	—	0.002 5**	—	0.001 4
	—	(0.001 0)	—	(0.001 0)
$W \times INNO$	—	0.020 6***	—	0.014 3***
	—	(0.002 2)	—	(0.002 1)
TRADE	−0.009 2***	−0.005 5***	−0.003 4***	−0.003 4***
	(0.001 0)	(0.001 0)	(0.001 0)	(0.001 0)
FDI	0.331 0**	0.082 3	0.178 0	0.255 0
	(0.162 0)	(0.168 0)	(0.162 0)	(0.168 0)
MARKET	−0.030 9	−0.009 5	−0.023 6	−0.027 2
	(0.025 7)	(0.026 3)	(0.025 8)	(0.026 3)
HUM	13.190 0***	14.530 0***	11.410 0***	13.010 0***
	(1.060 0)	(1.082 0)	(1.064 0)	(1.085 0)
URBAN	−0.086 9	−0.709 0***	−0.194***	−0.570 0***
	(0.065 5)	(0.086 7)	(0.066 6)	(0.087 0)
Spatial rho	2.611 0***	2.325 0***	1.196 0***	1.589 0***
	(0.075 1)	(0.078 5)	(0.074 6)	(0.078 1)
Sigma2 _ e	0.000 3***	0.000 3***	0.000 4***	0.000 4***
	(0.000 1)	(0.000 1)	(0.000 1)	(0.000 1)

续表

变量	地理距离权重矩阵 W^g		经济距离权重矩阵 W^e	
	(1)	(2)	(3)	(4)
Wald 空间滞后检验值	9.5100**	107.5600***	7.2100**	51.4200***
Wald 空间误差检验值	4.3200**	85.5500***	5.6300**	47.0000***
N	330	330	330	330
R^2	0.4390	0.5580	0.7730	0.7350
Log-L	840.6349	841.2829	839.7393	840.5095

注：括号中数值为稳健标准误；下同。

以模型（3）和模型（4）的回归估计结果为准，同时以模型（1）和模型（2）作为估计结果稳健性的参照，具体结果分析如下。

1. 环境规制对全国制造业结构升级的直接影响与空间溢出效应

（1）直接影响。在模型（3）中，环境规制在未加入技术创新变量的条件下，在1%的显著性水平上对制造业结构升级具有正向影响；在模型（4）中，环境规制在加入技术创新变量的条件下，在10%的显著性水平上对制造业结构升级具有正向影响。这说明实施环境规制政策有利于制造业结构升级：在宏观上，环境规制能够倒逼制造业从生产源头进行技术革新、转变发展方式进而推动制造业结构升级，这也验证了波特假说的合理性；在微观上，环境规制措施本身对污染企业的约束和控制，也会直接降低污染排放，促使高污染、高排放企业数量减少，低技术水平制造企业规模缩减，从而推动制造业结构向高级化发展。

（2）空间溢出效应。在模型（4）中，环境规制的空间滞后项在1%的显著性水平上对制造业结构升级具有负向影响，即存在负向空间溢出效应。这表明地理位置相邻或经济发展水平相近的区域提高环境规制强度对目标区域的制造业结构升级具有抑制作用。地理位置相邻或经济发展水平相近的区域加强环境规制，一方面，会迫使一些不愿意转变发展方式的高污染制造业企业就近搬迁到目标区域，导致目标区域环境污染增加，阻碍其制造业结构升级进程；另一方面，区域内愿意革新生产技术和工艺的制造业企业会吸引目标区域的技术人才，使得目标区域核心技术和人才资本流失，结果也会使其制造业结构升级受到抑制。

2. 技术创新对全国制造业结构升级的直接影响与空间溢出效应

（1）直接影响。在模型（4）中，技术创新对制造业结构升级具有正向推动作用，但效果不显著。在模型（2）中，技术创新在5%的显著性水平上对制造业结构升级具有正向影响。可见，从总体上看，作为驱动经济发展和生产率提升的引擎，技术创新能加速资源要素在各制造业行业间更合理、更高效率的流动和配置，有利于实现高精尖技术的突破，提升中高技术制造业的产品附加值，实现我国制造业在全球价值链中由低端向中高端的攀升，推动制造业结构由低级向高级演化。

（2）空间溢出效应。在模型（4）中，技术创新的空间滞后项在1%的显著性水平上对制造业结构升级具有正向影响，即存在正向空间溢出效应。这表明地理位置相邻或经济发展水平相近的区域增加技术创新投入，对目标区域的制造业结构升级具有显著促进作用。地理位置相邻或经济发展水平相近的区域增加技术创新投入，一方面会促使本区域中高端技术制造业迅速成长，另一方面通过对外交流、学习和借鉴能够相互获得区域经济红利外溢效应，推动制造业结构升级。

（三）区域层面的影响效应分析

由于我国各区域地理位置、人文环境以及资源禀赋的差异导致区域间经济发展具有明显的不平衡性，各区域制造业发展状况也存在较大差异。因此，为进一步考察、比较各区域环境规制、技术创新对制造业结构升级影响的空间效应是否存在差异性，我们将30个省份分为东部、中部和西部地区，分别进行实证检验，回归结果如表17-4所示。

以模型（8）—（10）的回归结果为准进行分析，同时以模型（5）—（7）作为估计结果稳健性的参照，具体结果分析如下。

1. 环境规制对各区域制造业结构升级的直接影响与空间溢出效应

（1）直接影响。环境规制对东部、中部和西部地区制造业结构升级均具有正向影响，但只有东部地区通过了5%的显著性检验，说明东部地区实施环境规制可以更有效地倒逼制造业结构升级，而中部和西部环境规制对制造业结构升级的推动作用有限。主要原因在于，东部经济发展水平高，实施环境规制可以倒逼厂商从生产源头加大对排污设施改造升级和技术创新的投入，且东部地区中高端技术制造业具有更强的聚集效应，企业所取得的规模效益和技术改进后的超额利润可以弥补所增加的排污成本和技术改进成本，这就是环境规制的创新补偿效应所带来的正外部性；而中部和西部地区技术创新能力相对较弱，创新补偿效应较为不足，使得区域环境规制对制造业结构升级的倒逼作用比较有限。

表 17 - 4　环境规制、技术创新对区域制造业结构升级的空间效应估计结果

变量	地理距离权重矩阵 W^g			经济距离权重矩阵 W^r		
	(5)东部	(6)中部	(7)西部	(8)东部	(9)中部	(10)西部
L. IND	0.723 0***	0.674 0***	0.644 0***	0.708 0***	0.679 0***	0.644 0***
	(0.052 6)	(0.082 8)	(0.061 9)	(0.052 2)	(0.082 3)	(0.061 9)
ER	0.058 2**	0.006 4	0.001 8	0.058 0**	0.006 1	0.001 8
	(0.026 8)	(0.005 67)	(0.002 3)	(0.026 7)	(0.005 6)	(0.002 3)
W×ER	0.130 0***	0.025 3**	−0.006 6	0.116 0*	0.027 2**	−0.006 6
	(0.064 8)	(0.012 7)	(0.010 8)	(0.061 1)	(0.013 3)	(0.010 8)
INNO	0.003 8**	0.000 6	0.003 8*	0.003 8*	0.000 5	0.003 8*
	(0.001 7)	(0.002 8)	(0.002 3)	(0.001 7)	(0.002 8)	(0.002 3)
W×INNO	0.003 8	−0.003 0	−0.000 5	0.003 7	−0.002 5	−0.000 5
	(0.002 7)	(0.004 6)	(0.005 5)	(0.002 7)	(0.004 5)	(0.005 5)
TRADE	0.000 9	0.026 1***	0.002 4	0.000 7	0.025 8***	0.002 4
	(0.001 1)	(0.009 3)	(0.005 7)	(0.001 2)	(0.009 3)	(0.005 7)
FDI	−0.161 0	0.068 9	0.239 0	−0.138 0	0.077 1	0.239 0
	(0.255 0)	(0.646 0)	(0.319 0)	(0.256 0)	(0.644 0)	(0.319 0)
MARKET	0.032 0	−0.077 1	0.078 9*	0.031 8	−0.081 7	0.078 9*
	(0.076 9)	(0.075 0)	(0.042 5)	(0.076 7)	(0.074 5)	(0.042 5)
HUM	0.472 0	−0.565 0	0.943 0	0.140 0	−0.460 0	0.943 0
	(2.411 0)	(2.581 0)	(2.590 0)	(2.404 0)	(2.577 0)	(2.590 0)

续表

变量	地理距离权重矩阵 W^g			经济距离权重矩阵 W^e		
	(5)东部	(6)中部	(7)西部	(8)东部	(9)中部	(10)西部
URBAN	-0.145 0 (0.152 0)	0.262 0 (0.171 0)	-0.146 0 (0.198 0)	-0.124 0 (0.151 0)	0.258 0 (0.171 0)	-0.146 0 (0.198 0)
Spatial rho	0.325 0*** (0.106 0)	0.126 0* (0.116 0)	0.494 0*** (0.104 0)	0.290 0*** (0.106 0)	0.144 0* (0.122 0)	0.494 0*** (0.104 0)
Sigma2_e	0.000 4*** (0.000 1)	0.000 4*** (0.000 1)	0.000 2*** (0.000 1)	0.000 4*** (0.000 1)	0.000 4*** (0.000 1)	0.000 2*** (0.000 1)
Wald空间滞后检验值	5.670 0*	4.910 0*	4.520 0*	4.920 0*	4.850 0*	5.150 0*
Wald空间误差检验值	6.380 0**	5.530 0**	5.130 0**	5.540 0*	5.430 0*	5.830 0**
N	121	88	121	121	88	121
R^2	0.824 0	0.879 0	0.973 0	0.825 0	0.877 0	0.973 0
Log-L	301.516 0	227.055 8	337.457 3	301.132 2	227.257 7	337.457 3

（2）空间溢出效应。环境规制的空间滞后项对东部和中部地区制造业结构升级具有显著的正向影响，即存在正向空间溢出效应；而在西部地区则存在负向空间溢出效应，但不显著。主要原因在于，东部、中部地区制造业发展存在集聚效应，地方政府更加注重经济和环境的可持续发展，环境规制会对周边区域产生空间正外部性；而西部地区由于本身经济发展水平较低，在环境规制方面存在"逐底竞争"现象，各区域纷纷通过弱化本地环境规制措施来吸引周边区域制造业向本区域转移，以实现经济快速增长。

2. 技术创新对各区域制造业结构升级的直接影响与空间溢出效应

（1）直接影响。技术创新对东部、中部和西部地区制造业结构升级均具有正向影响，且东部和西部地区通过了显著性检验，这也说明了技术创新是推动各区域制造业结构由低级向高级演化的重要动力。东部地区高技术人才和科研资源云集，为区域自主创新提供了源源不断的动力支持，有效推动了制造业结构升级。西部地区虽然技术创新水平较低，但进步空间大，技术创新可以显著推动制造业结构升级。而中部地区由于过多承接东部地区产业转移，技术创新动力较为不足，使得技术创新对制造业结构升级的推动作用较为有限。

（2）空间溢出效应。技术创新的空间滞后项对东部地区制造业结构升级具有正向影响但不显著，即存在一定的正向空间溢出效应；而在中部和西部地区则存在一定的负向空间溢出效应。这表明在东部区域内的某一地区加大技术创新投入所带来的效应会辐射到周边地区，主要是由于东部地区制造业整体发展水平较高，各地区对技术创新成果的转化、吸收、应用能力强，使得各地区技术创新能够相互形成正外部性。而中部和西部地区技术创新水平普遍较弱，区域内的某一地区增加技术创新投入，会导致临近的目标地区技术人才和资金流出，使得目标地区技术创新能力下降，从而抑制制造业结构升级。

（四）门槛效应分析

环境规制倒逼制造业结构升级是以技术创新作为传导路径的，而技术创新又同时存在抵消效应和补偿效应，这说明环境规制所发挥的作用可能存在门槛效应。为此，有必要探讨和揭示这种影响效应及其特征，从而为有针对性地制定实施环境规制政策提供参考。为了更全面地揭示环境规制对技术创新进而对制造业结构升级影响的门槛效应，采用高端技术制造业产值和中端技术制造业产值之比（IND1）、高端技术制造业产值和中低端技术制造业产值之比（$IND2$）两个指标来衡量被解释变量即制造业结构升级；门槛变量设两个备选变量，一个是模型中的解释变量即环境规制强度（ER），用单位产值的污染排放强度进行测度，另一个是其他独立变量即单位工业污染物的治理投资额（$ER1$）。对以上两个备选门槛变量分别进行门槛效应检验，检验结果如表 17-5 所示。由表 17-5 可知，以 $IND2$ 为被解释变量，$ER1$ 为门槛变量，双重门槛模型在 5% 的显著性水平上拒绝原假设，因此选择双门槛模型分析环境规制通过技术创新路径对制造业结构升级的影响。面板门槛回归结果见表 17-6，表中仅列出了需要着重分析的核心解释变量的回归结果。

表 17-5　门槛效应检验结果

被解释变量	门槛变量	单一门槛		双重门槛		三重门槛	
		F 统计量	P 值	F 统计量	P 值	F 统计量	P 值
$IND1$	ER	62.160 0**	0.023 3	13.350 0	0.306 7	8.650 0	0.676 7
	$ER1$	11.650 0	0.193 3	5.150 0	0.480 0	3.130 0	0.823 3
$IND2$	ER	33.250 0*	0.083 3	22.990 0	0.096 7	8.840 0	0.683 3
	$ER1$	7.900 0	0.446 7	16.150 0**	0.050 0	14.580 0	0.310 0

表 17-6　门槛效应回归估计结果

解释变量	门槛变量 $ER1$
	(11)
$INNO$（$ER1 \leqslant 0.000\ 2$）	−0.031 0***
	(0.005 8)
$INNO$（$0.000\ 2 < ER1 \leqslant 0.008\ 1$）	−0.023 8***
	(0.008 8)
$INNO$（$ER1 > 0.008\ 1$）	0.000 2
	(0.009 4)
N	360
R^2	0.426 0
F 统计量	112.430 0

以上门槛回归结果表明，环境规制通过技术创新路径对制造业结构升级的影响并不是简单的线性关系，存在双重门槛效应，即随着环境规制强度由低到高，其会对技术创新产生"较强抑制—较弱抑制—交互促进"的影响（见图 17-5），进而对制造业结构升级也会产生先抑制、后促进的影响效果。

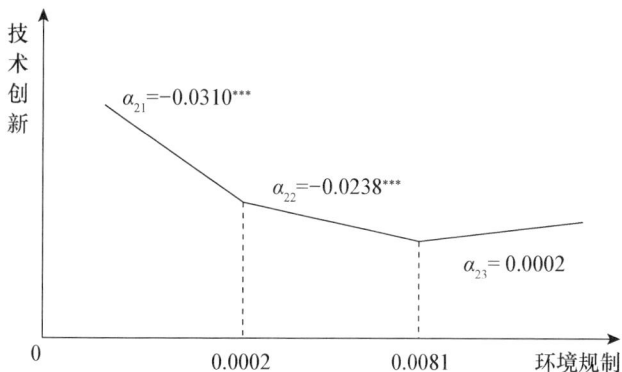

图 17 - 5　环境规制倒逼技术创新的双重门槛效应

当环境规制强度小于门槛值 0.000 2 时，由于环境规制给制造业企业带来的排污成本增量相对较小，企业可以通过压缩其他环节的成本和提高生产效率来弥补排污成本，因此不足以倒逼企业加大技术创新力度，反而会因增加了一定的排污成本而抑制技术创新投入，此时企业将不会改进生产技术，而是继续保持原有生产模式，从而抑制制造业结构升级。当环境规制强度大于门槛值 0.000 2 而小于门槛值 0.008 1 时，环境规制对技术创新和制造业结构升级依然是抑制作用，但抑制程度有所下降。当环境规制强度大于门槛值 0.008 1 时，环境规制对技术创新具有正向作用但不显著，表明二者存在交互促进作用。主要是因为，此时环境规制给制造业企业带来的排污成本增量较大，企业将会通过技术创新来提高生产效率和盈利能力，以弥补排污成本。也就是说，此时环境规制的技术创新的补偿效应大于抵消效应，制造业企业将会积极革新生产技术和工艺，以获得技术创新所带来的超额收益，最终从整体上推动制造业结构升级。

三、结论分析

（一）环境规制对制造业结构升级的直接影响和空间溢出效应

（1）直接影响。在全国层面上，环境规制对制造业结构升级具有正向影响；在区域层面上，东部地区环境规制显著地倒逼制造业结构升级，而中部和西部地区环境规制对制造业结构升级的推动作用有限。（2）空间溢出效应。在全国层面上，环境规制对制造业结构升级具有负向空间溢出效应；在区域层面上，环境规制对东部和中部地区制造业结构升级具有正向空间溢出效应，而对西部地区具有负向空间溢出效应。

（二）技术创新对制造业结构升级的直接影响和空间溢出效应

（1）直接影响。在全国层面上，技术创新对制造业结构升级具有正向作用；在区域层面上，技术创新对东部、中部和西部地区制造业结构升级均具有正向影响，但影响效应存在区域差异，东部和西部大体相当，中部较小。（2）空间溢出效应。在全国层面上，技术创新对制造业结构升级具有正向空间溢出效应；在区域层面上，技术创新对东部地区制造业结构升级具有正向空间溢出效应，而对中部和西部地区具有负向空间溢出效应。

（三）环境规制通过技术创新路径对制造业结构升级影响的门槛效应

环境规制能够通过倒逼企业进行技术创新，进而推动制造业结构升级，但这种倒逼机制不是简单的线性关系，其中存在着双重门槛效应，即随着环境规制强度由小到大，环境规制会对技术创新进而对制造业结构升级产生"较强抑制—较弱抑制—交互促进"的影响作用。

第四节　加强环境规制倒逼制造业高质量发展的对策

新中国成立以来，我国环境规制政策体系经历了从无到有再到全面提升的发展历程。从改革开放前的"初探工业污染防治"、改革开放初期的"预防为主、防治结合"，到20世纪90年代的"污染防治和生态保护并重"及21世纪的"在发展中保护、在保护中发展"，再到党的十八大以来的"坚持生态优先"，环境规制政策体系实现了战略上的重大转型①。从规制方式来看，改革开放以来，经历了从政府干预到市场激励，再到公众参与和全社会共同监督的发展变化。面向新时代制造业高质量发展的要求，应进一步加快环境保护法律制度创新，加大环境监管执法力度，优化环境规制举措，加强环境规制政策与财税、金融、创新政策的协调配合，以促进制造业企业节能减排和提高发展质量。

一、创新环境保护法律制度和加大执法力度

习近平总书记在2018年5月召开的全国生态环境保护大会上强调要"用最严格制度最严密法治保护生态环境，加快制度创新，强化制度执行，

---

① 张小筠，刘戒骄. 新中国70年环境规制政策变迁与取向观察 [J]. 改革，2019（10）：16-25.

让制度成为刚性的约束和不可触碰的高压线"。随着经济发展中资源环境压力的不断加大，我国需要实施更为严格的环境规制政策，加快创新有关环境保护的法律与制度，加大环境监管执法力度。一要尽快制定环境保护空白领域的法律法规，完善环境保护法规体系，为行政执法提供充分的立法条件；二要针对环境保护，创新考核评价制度，配套出台严格的考核办法、奖励机制，严格落实绿色发展目标责任制，激发企业实施环境保护的主动性与积极性；三要健全执法监管机制，加强对监管执法行为的考核评估，建立责任追究机制，从根本上解决粗放随意执法和执法不公不严的问题，促使相关部门监管责任真正落到实处。

二、"因地制宜"实施环境规制政策措施

东部和中部地区环境规制具有正向空间溢出效应，鉴于这些地区尤其是东部地区经济发展水平、技术创新能力、中高端技术制造业集聚程度等相对较高，因此应进一步规范环境规制措施，创新环境规制手段，更多地依靠市场型环境规制政策，充分激发市场活力，推动制造业结构升级。西部地区环境规制具有负向空间溢出效应，由于西部地区经济欠发达，技术创新能力弱，中低端技术制造业占大部分，因此要适当放松环境规制，充分发挥政府在保护环境、减少污染方面的作用，同时增加对制造业企业的节能减排和技术改造等方面的补贴，以扭转区域"逐底竞争"的现象，从而促进制造业结构逐步升级。

三、完善环境规制的区域间联动机制

面对环境污染的治理问题，各地区不能各自为政、独立行动，联防联治和协同减排是地区间环境协同治理的关键。首先，地方政府应全面考量本地及邻近地区的环境规制水平和方向，建立区域协同治理体系，提高环境规制的协同性和有效性。其次，针对不同产业生产污染属性，以及区域间环境规制引致污染就近转移的作用范围，制定差异化规制政策和完善协同监管机制，以降低污染产业跨区域就近转移的强度。最后，鼓励清洁行业技术研发人员、研发资本以及清洁产品跨区域流动，强化地区间的绿色技术交流与优势互补，共同推动制造业绿色化转型升级。

四、构建环境规制与技术创新互动机制

各地政府要加强规范环境规制措施，鼓励制造业企业通过革新生产工

艺和技术、优化生产条件，提高生产效率，获得更大规模的收益，使环境
规制对技术创新的补偿效应超过抵消效应。同时，由于环境规制促进技术
创新的作用存在门槛效应，为此各地区要根据本地发展状况，确定符合自
身发展阶段的最优环境规制强度，最大限度地发挥环境规制对技术创新的
促进作用。如果不顾本地发展情况，一味地加强环境规制，那么反而会对
企业技术创新能力产生抑制作用，所以地方政府需要在准确评估区域发展
实际的前提下，打好环境规制和技术创新的组合拳，促进环境规制和技术
创新之间形成互动机制，优化协调环境技术效率、经济发展、资源环境三
者之间的关系，有效控制环境规制成本，以形成低规制成本、高环境技术
效率的最优环境规制模式（见图 17-6），只有这样才能有利于实现经济
发展与资源环境保护的双重目标。

图 17-6　环境规制模式分析框架

资料来源：杨骞，刘华军. 环境技术效率、规制成本与环境规制模式 [J]. 当代财经，2013 (10)：16-25.

五、协同推进正式环境规制和非正式环境规制

政府环境规制通过一系列政策性排污限制措施能有效约束大型工业企
业的污染行为，但对于中小型工业企业却缺乏具有针对性的控制措施，这
时就需要强调基于公众参与的非正式环境规制，鼓励公众环保参与行为和
非政府环保组织发挥作用，通过对污染厂商的严格监督和对污染事件的持
续曝光等来限制工业企业的污染行为。为此，需要推动政府（正式）环境规
制与公众（非正式）环境规制相协调，在提高正式环境规制强度的同时，建
立健全的公众环保参与机制，只有正式、非正式两种环境规制互为补充，发
挥互补效应，才能更有效地促进制造业创新转型和高质量发展。

六、加强环境规制政策与财税、金融及创新政策协调配合

政府环境规制政策需要与财税、金融、创新政策等协调配合，形成良好的激励和约束机制，以更有效地解决制造业企业的环境外部性问题。第一，财税政策方面，落实企业所得税环保优惠政策，增加环境治理和生态保护的资金投入，通过补贴、税收优惠、税费返还等引导企业注重环境保护，支持企业采用绿色技术和生产绿色产品。第二，金融政策方面，加大国有资本对绿色产业和生态环境保护的支持力度，并鼓励和吸引更多社会资本参与，通过绿色信贷等方式为发展绿色制造提供资金支持。第三，创新政策方面，以市场为导向，进一步完善产学研用深度融合的企业协同技术创新体系；在绿色技术创新及基础性研究、节能环保、清洁能源、生态修复等领域，加大资金投入和核心技术攻关力度；通过一系列优惠政策，降低企业绿色技术创新成本，提高绿色技术创新积极性。

第十八章 加强产品质量规制倒逼制造业高质量发展

产品质量是制造之本、强企之基、转型之要。随着我国经济发展进入新常态，产品质量安全出现了一些新问题和新挑战。在供需错配、产能过剩、成本上升、市场竞争日趋激烈的环境下，不少企业铤而走险，出现了低价低质竞争、以假充真、以次充好等质量违法现象，严重影响了我国制造业高质量发展进程，为此需要加大产品质量规制力度，倒逼制造业企业更加注重产品质量，加快实现制造业高质量发展。

第一节 产品质量规制理论概述及现实问题分析

一、产品质量规制内涵及意义

（一）产品质量规制内涵

产品质量规制是政府规制行为的一种类型，指特定行政主体实施的，直接影响产品质量主体及其行为的，包括设定规则、制定政策、采取干预措施等的行政活动和相关制度的总称。产品质量规制是政府对微观产品质量进行宏观管理的行政行为，能够为经济健康稳定发展提供制度性保障。产品质量规制是质量管理的重要内容，是引导经济良性发展和推动国家经济稳步发展的重要手段。

（二）产品质量规制的重要意义

政府科学合理地设计产品质量规制制度，是希望通过对产品质量的规制，为经济发展营造良好的法治环境和市场秩序，保护市场主体和消费者的合法权益，也为守法者、创新者提供发展动力，促进更多高质量的产品在市场中涌现，以推动经济高质量发展。通过有效的产品质量规制手段，能为优质产品的生产和销售创造良好的环境，促进企业开展良性市场竞争，保证企业采用以质量求发展的战略思维，避免做出以次充好、以假乱真的行为，为消费者提供质量过关的产品，保护消费者利益，也有利于促进产业结构优化升级，为经济增长质量的提升奠定良好的基础。

二、产品质量规制中政府、企业和消费者三方职责关系

政府、企业和消费者是产品质量规制的重要主体，三方的职责关系如图 18-1 所示。政府是产品质量监管部门，产品质量规制的目的是提高产品质量水平、保护消费者的合法权益、促进社会整体利益最大化。在产品质量规制中，政府承担的主要任务包括加强检查监督、制定技术标准、完善法律法规、建立质量认证体系等。企业是产品质量责任的承担主体，接受政府监管和消费者监督，为此要加强内部质量管控，包括应用产品质量管理工具、执行产品质量认证体系、实施产品出厂检测等，以不断提高产品质量水平。但在现实中，少数企业为了牟取更大的利润，违规生产假冒伪劣产品，由此对正常市场竞争带来了不良影响。这也需要注重产品质量管控的企业通过合理的方式应对这种环境。消费者是产品质量的利益相关者，也是政府产品质量规制的受益者。消费者通过维护自身权益和实施购买行为来影响企业产品质量提升行为和政府质量规制行为，对企业和政府的相关策略起着重要的影响作用。

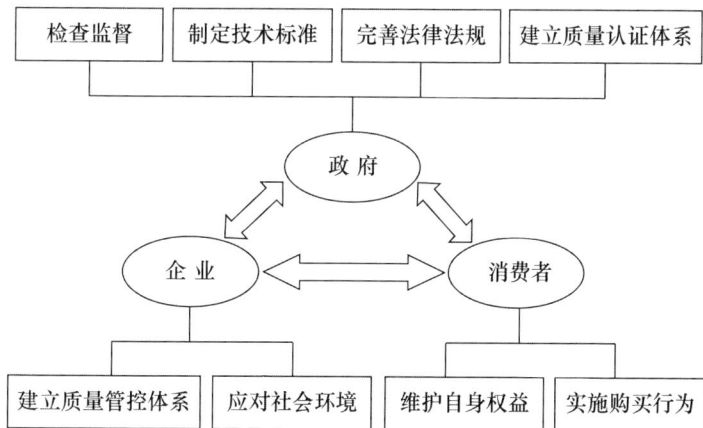

图 18-1　产品质量规制中政府、企业、消费者三方职责关系

资料来源：刘长玉，于涛，马英红. 基于产品质量监管视角的政府、企业与消费者博弈策略研究 [J]. 中国管理科学，2019，27（4）：127-135.

三、产品质量规制影响经济增长质量的机理

就宏观上的社会整体环境而言，产品质量规制作为一种制度资源，主要在整个社会质量资源的分配与整体质量秩序维持方面发挥作用。在这一层面，主要体现为资源配置功能与秩序供给功能。就微观上的社会个体而言，主要通过对市场经济的预测，让质量主体能够预见自身行为的效果，并且通过利益协调功能对不公平待遇进行矫正。这一层面的制度功能主要包括行为激励功能与利益协调功能。

基于微观产品质量的经济增长质量理论认为，从微观产品质量角度考察经济增长质量包括五个维度：经济总量、经济结构、投入产出效率、社会福利和产品标准能力。产品质量规制的资源配置功能可以通过经济总量增长和经济结构两个维度来影响经济增长质量，而秩序供给功能、行为激励功能和利益协调功能则分别从产品标准能力、投入产出效率和社会福利三个维度来影响经济增长质量①。产品质量规制影响经济增长质量的机理框架如图 18-2 所示。

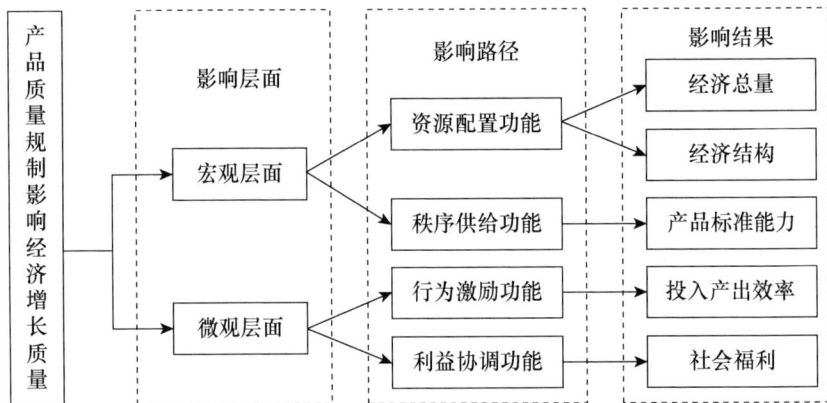

图 18-2　产品质量规制影响经济增长质量的机理框架

资料来源：罗英. 产品质量规制如何影响经济增长质量：原理与案例的双重诠释 [J]. 武汉大学学报（哲学社会科学版），2014，67（5）：32-38.

四、我国产品质量现状

国家市场监督管理总局组织开展了 2019 年童车等 60 种产品质量国家

----

① 罗英. 产品质量规制如何影响经济增长质量：原理与案例的双重诠释 [J]. 武汉大学学报（哲学社会科学版），2014，67（5）：32-38.

监督抽查。此次抽查产品为童车，西服、大衣，针织内衣，围巾披肩，羽毛球，羽毛球拍，玩具，学生文具，旅行箱包，冲锋衣，眼镜镜片，衣料用液体洗涤剂，洗手液，纸巾纸，棕纤维弹性床垫，儿童家具，家用燃气灶，自行车，电动自行车，家用清洁剂，家用不锈钢水槽，卫生陶瓷（洗面器），卫浴家具，热轧带肋钢筋，冷轧带肋钢筋，岩棉板，卫生洁具软管，绝热用挤塑聚苯乙烯泡沫塑料（XPS），硬聚氯乙烯（PVC-U）管材及管件，智能坐便器，淋浴用花洒，聚乙烯（PE）管材，人民币鉴别仪，消防水带，锁具，危险化学品包装物，安全网，保护足趾安全（防护）鞋，摩托车轮胎，摩托车乘员头盔，电冰箱，电烤箱及烘烤器具，室内加热器，储水式电热水器，电饼铛，微型计算机，打印机，织物蒸汽机，电源适配器，电炖锅，电风扇，投影机，空气净化器，液晶显示器，皮肤及毛发护理器具，彩色电视机，延长线插座（带电源适配器），电动工具，电力变压器，电线电缆等 60 种产品。

此次共抽查 5 468 家企业生产的 5 594 批次产品（不涉及出口产品）。其中，19 批次产品涉嫌无证生产，2 批次产品 CCC 证书失效，2 批次产品涉嫌冒用他人厂名、厂址。对 5 447 家企业生产的 5 573 批次产品进行了检验，检出 687 批次产品不合格，不合格发现率为 12.3%。质量问题尤为严重的包括冷轧带肋钢筋、电动自行车、空气净化器、硬聚氯乙烯（PVC-U）管材及管件、电源适配器、电冰箱、电风扇等。抽查了 9 个省（市）60 家企业生产的 60 批次冷轧带肋钢筋产品，其中 40 批次产品不合格，不合格发现率为 66.7%。抽查了 8 个省（市）80 家企业生产的 80 批次电动自行车产品，其中 23 批次产品不合格，不合格发现率为 28.8%。抽查了 7 个省（市）40 家企业生产的 40 批次空气净化器产品，其中 11 批次产品不合格，不合格发现率为 27.5%。抽查了 19 个省（区、市）200 家企业生产的 201 批次硬聚氯乙烯（PVC-U）管材及管件产品，经检验，46 批次产品不合格，不合格发现率为 22.9%，其中有 1 批次产品涉嫌假冒（移送企业所在地市场监管部门处理）。抽查了 6 个省 80 家企业生产的 81 批次电源适配器产品，其中 1 批次产品涉嫌无证生产（移送企业所在地市场监管部门处理），检验的 80 批次产品中，16 批次产品不合格，不合格发现率为 20.0%。抽查了 8 个省（市）56 家企业生产的 60 批次电冰箱产品，其中 12 批次产品不合格，不合格发现率为 20.0%。抽查了 8 个省（市）73 家企业生产的 74 批次电风扇产品，其中 14 批次产品不合格，不合格发现率为 18.9%①。由此可见，我国制造业产品尚存在较大的质量问题，政府对产品质量的规制力度需要进一步加大，以更好地保护消费者权益和促进制造业高质量发展。

五、我国产品质量规制中存在的问题

随着相关法制逐步完善，产品质量规制范围不断扩大，力度进一步加大，在相关部门和人员通力合作下，我国的产品质量规制取得了一定的成绩，消费者的合法权益得到了较好的保护。但依然存在不少问题，体现在规制环境、规制标准、规制行为等多个方面。

（1）产品质量规制环境需要进一步优化。我国现阶段市场经济体制、经济发展模式、经济体系现代化等方面尚存在一定的不足之处，部分不法企业正是利用了这些缺陷和漏洞，以假充真、以次充好，扰乱了市场秩序和经济发展的稳定性，阻碍了经济高质量发展进程，也对消费者造成了利益损害。这种产品质量水平参差不齐的市场环境，加大了我国产品质量规制工作的难度，并导致了质量规制不到位现象。

（2）产品质量规制标准有待完善和统一。我国产品质量规制存在明显的地方特征，各地产品质量规制的标准、内容、体系都不相同，正是这种不统一的质量监管体系，使得全国各地产品质量没有一个统一的标准，同一产品在不同地区的质量标准不同，导致产品质量规制缺乏有效性和可行性②。产品质量监管体系的不完善、不规范、不统一，无疑会导致不合格产品混迹于合格产品之中，甚至出现"劣币驱逐良币"的现象，对我国经济高质量发展和人民生活水平造成不利影响。

（3）产品质量规制行为存在不合理性。我国有设计良好的产品质量制度，但并没有出现令人满意的结果，我们经常看到产品质量规制给经济增长带来负面作用。究其原因在于：一方面，没有做到"最好的政府最少的管理"的高效管理。在我国产品质量规制领域，政府对产品质量的规制可谓是全过程、全方位的立体式规制，贯穿于市场行为的事前、事中和事后，尤其是事前的把关式规制名目繁多；另一方面，职能的"缺位"与

---

① 市场监管总局办公厅关于 2019 年童车等 60 种产品质量国家监督抽查情况的通报 [EB/OL]. (2019－12－11) [2020－03－08]. http://www.samr.gov.cn/zljds/zlgg/bsgg/201912/t20191211_309163.html.

② 韩颖，贺小红. 产品质量监管中的问题及对策 [J]. 计量与测试技术，2016，43 (11)：124-125.

"越位"在产品质量规制过程中同时存在。由于对 GDP 和短期利益的盲目追求，经济增长往往凌驾于产品质量规制之上，最终对经济长期发展产生不良影响。例如，为了扩大招商引资的规模，一些地方政府可能会降低对产品质量的监管力度，甚至忽视必要的产品质量监管，从而影响产品质量整体水平，不利于经济高质量发展。

第二节　美国产品质量规制实践、经验及对中国的启示

美国作为全球最大的经济体，产品数量庞大、种类繁多，产品质量整体上优于众多其他国家。同时，美国拥有众多享誉世界的知名品牌，在福布斯评选发布的 2018 全球最具价值品牌榜中，美国品牌占据其中 8 个席位，中国仅华为一家公司上榜。美国拥有众多全球知名的品牌表明美国产品质量得到世界广泛的认可，这当然离不开美国对产品质量的大力监管。美国拥有众多的监管机构，它们各司其职，保证了产品的质量。其中最重要的监管部门有消费品安全委员会（CPSC）、食品药品监督管理局（FDA）、美国农业部（USDA）和美国环保署（EPA）。此外，财政部、运输部、房屋建设和城市发展部也负责相关产品质量管理的责任。另外，美国的监管法律体系极其健全，覆盖整个市场和产品的方方面面，同时法律条文细致而严密。美国产品质量监管最重要的法律有《联邦食品、药品和化妆品法案》和《消费品安全改进法案》①。

一、注重垂直管理

任何产品的监管都是以优先制定该类产品的技术规程和标准为前提的。在美国，由美国国会按照国家宪法的规定制定相关监管法规。美国国会和各州议会作为立法机构，主要负责制定并颁布相关的法令，并委托美国政府机构相关执法部门执行法令。执法部门在国会授权下为法令制定实施细则，并对现行法规进行修改和补充。美国的司法部门负责监督工作和公平的审判。美国产品监管不依赖各州政府。美国食品药品监督管理局、消费品安全委员会在全国设立或授权多个工作站和检验中心或实验室，并向全国各地派驻调查员，以保证联邦政府的产品质量监督工作不受地方经

---

① 聂婕，陈琼，等. 美国产品质量监管机制［J］. 中国标准化，2018（21）：149-153.

济利益的干扰。监管部门不具有促进经济发展和贸易的职能，这样能够保证其不受联邦政府和相关部门经济利益的影响和干扰。我国在对产品质量进行规制的过程中，要加大垂直权力的运用力度，消除质量规制中所存在的地方保护主义现象，真正做到通过政府规制来倒逼制造业企业提高产品质量。

二、注重清单管理

美国拥有众多的产品监管机构，这些监管机构的分工较为明确。美国实行清单管理，政府职责极为明确。在消费品安全委员会的管理清单中可以看到消费品包含玩具、婴儿床、电动工具、打火机和家用化学品等；在食品药品监督管理局的管理清单中，可以看到食品包含膳食补充剂、瓶装水、食品添加剂、婴儿配方奶粉、其他食品，药物包含处方药、非处方药，生物制品包含疫苗、血液和血液制品、细胞和基因治疗产品，等等。这种清单管理制度详细而明确地规定了政府管理的范围和职责，分工合理，权责明确，使得政府的监管效率得到很大提高。我国在产品质量规制中，应该做好分类清单管理，一方面能够提高规制效率，另一方面能够避免"一刀切"带来的不利影响。

三、注重奖惩管理

美国在产品质量方面制定了严格的奖惩制度。美国通过实施质量奖励计划，大大激发了企业改进产品质量和发展生产力的积极性，通过树立标杆企业和进行经验分享，整体提升了美国产品质量。美国在奖励卓越质量的同时严格落实产品责任，对产品侵权行为实施惩罚性的赔偿。产品存在缺陷造成消费者人身伤害和其他财产损失的属于民事侵权行为，消费者可以依照产品质量责任法规，对造成损害的生产者、销售者提起民事诉讼和索赔。如果消费者因产品缺陷遭受人身或财产损失，那么，不管经销商有没有责任，都应承担赔偿义务。我国也有相应的奖惩制度，但不够完善，尤其是对生产和销售缺陷产品的厂家或商家的惩罚力度不够，不足以产生震慑作用，这些厂家或商家往往在受惩罚之后卷土重来，继续生产或销售伪劣产品。为此，我国要借鉴美国的做法，实施更加严格的产品质量奖惩制度，以激励企业严把产品质量关，促进制造业发展质量整体提升。

四、注重召回管理

美国是世界上最早实行产品召回制度的国家。美国通过大量的立法和相关技术标准对产品生产和销售行为加以规范，建立起了一套较为成熟的以保证产品质量和维护消费者权益为中心的产品召回制度。1972 年美国颁布《消费品安全法案》，授权美国消费品安全委员会对有缺陷的产品实施召回，标志着缺陷产品召回制度的正式确立。此后，美国陆续在多项产品安全和公众健康的立法中引入了缺陷产品召回制度，召回范围也扩展到包括几乎所有可能对消费者造成伤害的产品。美国消费者强烈的自我保护意识、生产商较强的质量意识和召回机制互相促进，使得该机制能够高效运行。我国要进一步完善缺陷产品召回制度体系，重点推进消费品召回法律规范体系建设，逐步将涉及人身、财产安全的消费品全部纳入召回范围，并规范消费品召回的程序，增强消费品召回执法的有效性。

五、注重协同管理

美国政府监管体制变迁始终伴随着市场和社会组织不同程度的参与，强调政府、市场主体和社会组织对质量进行协同管理。20 世纪 80 年代，美国政府质量监管进行市场化改革，采取市场和社会多元主体共同管理质量的模式。政府、企业和社会组织均参与相关标准的制定和应用。政府机构在制定法规时直接引用社会组织制定的自愿性标准，并赋予这些标准法律效力，使之成为强制性标准。民间检测认证机构是社会组织参与质量监管的重要形式。在美国的监管体系中，社会组织作为一支重要力量，矫正政府监管的失灵，与政府共同监督管理着产品质量，保障消费者的安全和权益。我国需要充分调动、借助市场和社会各方面的智慧与力量，构建"大市场、大监管、大服务"的格局，最大化有限的监管资源的效用，促进市场监管机构职能优化协同高效，切实维护好优良有序的市场环境、消费环境，满足人民群众日益增长的美好生活需要。

第三节　加强产品质量规制倒逼制造业高质量发展的对策

当前我国发展进入了新时代，社会主要矛盾已经转化为人民日益增长的美好生活需要和不平衡不充分的发展之间的矛盾。近些年，随着人们的消费需求不断升级、维权意识不断增强，人们对产品质量有了更高的要求，需要购买更高质量、更个性化的消费品，因此加强产品质量规制显得更为迫切。

一、增强企业的产品质量意识

企业是产品质量控制的源头，质量意识至关重要。企业需要上下一心，全员参与，才能在产品生产的各个环节进行质量把关，将质量控制做到精细化、全面化和深入化。只有生产力不断进步，技术不断创新，工作能力不断提高，道德品质不断提升，才能保证产品质量控制在企业文化中落到实处，从而避免人为因素的干扰，保证产品质量达标且均衡一致[1]。

二、建立健全产品质量明示制度

产品质量监管部门在查处质量问题和追究质量责任的过程中，经常会遇到相关责任方各执一词的情况，难以厘清质量责任。要建立和实施产品质量明示制度，对产品质量标准和产品质量责任进行统一规定，企业要公开说明产品性能、原料成分、使用寿命、使用及保存方法、潜在风险等信息，消费者可以根据生产企业提供的相关信息来选择需要的商品。如果商品属性与公开的信息不符，或产品存在缺陷而生产企业没有明示，则相应的责任由生产者承担。当然，如果购买者或使用者没有根据产品说明信息进行操作或使用，则相关责任应当由购买者或使用者承担。

三、加大产品质量问题的违法成本

关于产品生产、销售、贮存、经营、服务等的法律法规是产品质量监管工作的依据，从而使相关法律法规与经济发展和产品质量监管形势相适应就显得尤为重要。目前，我国需要加大有关产品质量问题的违法成本和惩罚力度。社会普遍的观点是之所以违法生产销售行为屡禁不止，主要是因为违法成本远低于违法所获得的经济价值。只有违法成本达到生产经营者无法承受的水平，才能起到相应的震慑和警示作用，才能尽可能减少甚至杜绝违法生产经营和制假售假等行为的发生。

四、合理设置专门行政职能部门

政府要建立全方位的质量监管体系，完善产品质量方面的各项立法，

---

① 韩颖，贺小红. 产品质量监管中的问题及对策 [J]. 计量与测试技术，2016，43（11）：124-125.

尽快探索建立长效监管机制。这不仅是稳定消费增长的需要，而且是推动制造业高质量发展的需要。尤其是需要合理设置行政职能部门，避免出现多个部门对质量监管负责的"九龙治水"的情况。与此同时，要加大产品质量监管的垂直权力的运用力度，加强全程式、垂直式监管，消除质量监管中所存在的地方保护主义现象。

五、坚持"放管服"结合的规制模式

在进一步简化程序、提高效率的同时，要严格行政审批管理，严格执行国家规定的许可条件，严格审批环节要求，严格遵循法定程序。对保留行政审批的产品，强化全过程监管；对下放审批权限的产品，强化审批监管承接；对非行政审批的产品，强化事中事后监管；对监管资源不足的问题，强化改革创新。在产品质量监管过程中，坚持严字当头，形成全链条监管体系。

六、提高产品质量规制的协同性

产品质量规制需要多方协同、共同治理。一要推进内外协同监管。统一国内产品和进出口产品质量监管规划，提高内销外销产品质量安全标准的一致性。二要推进上下协同监管。加强上下联动，做到目标同向、工作同步，形成强大的监管合力。三要推进部门协同监管。推动建立地方政府领导下的部门质量监管协同机制，实现一个部门发现、其他部门共同跟进处理的联动机制。四要推进区域协同监管。针对产品生产区域化和流通全域化的特点，加强跨区域监管协作，积极开展区域联动监管。

七、加强消费者对产品质量的监督

刘长玉等研究认为，企业生产合格产品的行为与政府监管成本、企业受到政府惩罚的力度、生产不合格产品给政府造成的直接经济损失及间接经济损失等因素有关。政府监管企业概率越大，企业生产合格产品的概率越大；消费者维权概率变大时，企业生产合格产品的概率也变大，而此时政府监管生产企业的概率变小[①]。为此，我们要充分发挥消费者对产品质量的重要监督作用，以促进生产企业更加重视产品质量战略，同时弥补政府对产品质量规制的不足，提高产品质量规制效率和效果。

---

① 刘长玉，于涛，马英红. 基于产品质量监管视角的政府、企业与消费者博弈策略研究[J]. 中国管理科学，2019，27（4）：127-135.

参考文献

［1］Acemoglu D，Gancia G，Zihbotti F. Competing engines of growth：innovation and standardization［J］. Journal of Economics Theory，2012，147（3）：570-601.

［2］Aghion P，Howitt P. A model of growth through creative destruction［J］. Econometrica，1992（60）：323-351.

［3］Aghion P，Howitt P，Prantl S. Patent rights，product market reforms and innovation［J］. Journal of Economic Growth，2015，20（3）：223-262.

［4］Ahmed W，Najami A，Zailani S，et al. Enhancing performance through total quality management in pharmaceutical manufacturing industry of Pakistan［J］. International Journal of Productivity and Quality Management，2020，1（1）：1.

［5］Ahi P，Searcy C. A comparative literature analysis of definitions for green and sustainable supply chain management［J］. Journal of Cleaner Production，2013，52（4）：329-341.

［6］Allyn A. Young. Increasing returns and economics progress［J］. The Economic Journal，1928（38）：527-542.

［7］Andersen A L，Brunoe T D，Nielsen K，et al. Towards a generic design method for reconfigurable manufacturing systems：Analysis and synthesis of current design methods and evaluation of supportive tools［J］. Journal of Manufacturing Systems，2017（42）：179-195.

［8］Arrow，Kenneth J. The economic implications of learning by doing［J］. Review of Economic Studies，1962（29）：155-173.

［9］Baines T，Lightfoot H. Made to serve：how manufacturers can compete through servitization and product service systems［M］. New

York: John Wiley & Sons, Ltd, 2013.

[10] Baomin D, Jiong G. FDI and environmental regulation: pollution haven or a race to the top? [J]. Journal of Regulatory Economics, 2012, 41 (2): 216-237.

[11] Beatriz Jimenez-Parra, Daniel Alonso-Martinez, Jose-Luis Godos-Diez. The influence of corporate social responsibility on air pollution: analysis of environmental regulation and eco-innovation effects [J]. Corporate Social Responsibility and Environmental Management. 2018, 25 (6): 1363-1375.

[12] Beaudry C, Breschi S. Are firms in clusters really more innovative? [J]. Research Policy, 2003, 12 (4): 325-342.

[13] Belal H M, Shirahada K, Kosakam M. Knowledge space concept and its application for servitizing manufacturing industry [J]. Journal of Service Science and Management, 2012 (5): 187-195.

[14] Berchicci L. Towards an open R&D system: internal R&D investment, external knowledge acquisition and innovative performance [J]. Research Policy, 2013, 42: 117-127.

[15] Bhatia M S, Kumar S. Critical success factors of industry 4.0 in automotive manufacturing industry [J]. IEEE Transactions on Engineering Management, 2022, 69 (5): 2439-2453.

[16] Chaudhary S, Kumar P, Johri P. Maximizing performance of apparel manufacturing industry through CAD adoption [J]. International Journal of Engineering Business Management, 2020, 12 (4).

[17] Feenstra R, Li Z, Yu M, et al. Exports and credit constraints under incomplete information: theory and evidence from China [J]. Journal of Finance & Economics, 2017, 96 (4): 729-744.

[18] Foster, John. Evolutionary macroeconomics: a research agenda [J]. Journal of Evolutionary Economics, 2011 (21): 5-28.

[19] Fujita M, et al. The spatial economy: cities, regions and international trade [M]. Cambridge, MA: MIT Press, 1999.

[20] Gereffi G, Lee J. Economic and social upgrading in global value chains and industrial clusters: why governance matters [J]. Journal of Business Ethics, 2016, 133 (1): 25-38.

[21] Gunter Lay. The relevance of service in european manufacturing [J]. Industries Journal of Service Management, 2010, 21 (5): 715-726.

[22] Hansen, Bruce E. Threshold effects in non-dynamic panel: estimation, testing and inference [J]. Journal of Econometrics, 1999, 93 (2): 345-368.

[23] Hausmann, Ricardo, Jason H, et al. What you export matters [J]. Journal of Economic Growth [J]. 2007, 12 (1): 1-25.

[24] He Z, Kelly B, Manela A. Intermediary asset pricing: new evidence from many asset classes [J]. Journal of Financial Economics, 2017 (126): 1-35.

[25] Jaffe A B, Palmer K. Environment regulation and innovation: a panel data study [J]. The Review of Economics and Statistics, 1997, 79 (4): 610-619.

[26] Jovanovic B, Yatsenko Y. Investment in vintage capital [J]. Journal of Economic Theory, 2012, 147 (2): 548-566.

[27] Kaur M, Singh K, Singh D. Assessing the synergy status of TQM and SCM initiatives in terms of business performance of the medium and large scale Indian manufacturing industry [J]. International Journal of Quality & Reliability Management, 2020, 37 (2): 243-278.

[28] Kastalli I V, Looy B V. Servitization: Disentangling the impact of service business model innovation on manufacturing firm performance [J]. Journal of Operations Management, 2013, 31 (4): 169-180.

[29] Kitamura H, Miyaoka A, Sato M. Free entry, market diffusion, and social inefficiency with endogenously growing demand [J]. Journal of the Japanese & International Economies, 2013, 29 (4): 98-116.

[30] Koren Y, Hu S J, Gu P, et al. Open-architecture products [J]. CIRP Annals: Manufacturing Technology, 2013, 62 (2): 719-729.

[31] Lai H, Shi H, Zhou Y. Regional technology gap and innovation efficiency trap in Chinese pharmaceutical manufacturing industry [J]. PLOS ONE, 2020, 15.

[32] Levitt T. Production-line approach to service [J]. Harvard Business Review, 1972, 50 (5): 41-52.

[33] Liu Y, Zhao Y, Li K, et al. Design and application research of a digitized intelligent factory in a discrete manufacturing industry [J]. Intelligent Automation and Soft Computing, 2020, 26 (5): 1081-1096.

[34] Liu W H, Kaliappan K, Alwi S R W, et al. Power pinch analysis supply side management: strategy on purchasing and selling of electricity [J]. Clean Techn Environ Policy, 2016, 8 (8): 2401-2418.

[35] Lucas R. E. On the Mechanics of economic development [J]. Journal of Monetary Economics, 1988 (22): 3-42.

[36] Maria Thompson. Social capital, innovation and economic growth [J]. Journal of Behavioral and Experimental Economics, 2018 (73): 46-52.

[37] Marit E. Klemetsen, Brita Bye, et al. Can direct regulations spur innovations in environmental technologies? a study on firm-level patenting [J]. The Scandinavian Journal of Economics, 2018 (120): 338-371.

[38] Martin Falka, Fei Peng. The increasing service intensity of european manufacturing [J]. The Service Industries Journal, 2012 (7): 1-21.

[39] Musbah A A, Bahjat A A, Ton V. The impact of soft TQM on financial performance: the mediating roles of non-financial balanced scorecard perspectives [J]. International Journal of Quality & Reliability Management, 2018 (35): 1360-1379.

[40] Nadia Doytch, Seema Narayan. Does FDI influence renewable energy consumption? an analysis of sectoral FDI impact on renewable and non-renewable industrial energy consumption [J]. Energy Economic, 2016 (54): 291-301.

[41] Pan Y H. Heading toward artificial intelligence 2.0 [J]. Engineering, 2016 (4): 409-413.

[42] Porter M E, Linde V D. Toward a new conception of the environment competitiveness relationship [J]. Journal of Economic Perspectives, 1995, 9 (4): 97-118.

[43] Qayoom Khachoo, Ruchi Sharma, Madan Dhanora. Does proximity to the frontier facilitate FDI: spawned spillovers on innovation

and productivity？［J］. Journal of Economics and Business，2018（97）：39－49.

［44］ Ramanathan R，et al. Environmental regulations，innovation and firm performance：a revisit of the Porter hypothesis［J］. Journal of Cleaner Production，2016，155（PT. 2）：79－92.

［45］ Reim W，Parida V，Örtqvist D. Product-Service Systems（PSS）business models and tactics：a systematic literature review［J］. Journal of Cleaner Production，2015（97）：61－75.

［46］ Romer P M. Endogenous technological change［J］. NBER Working Papers，1989（98）：71－102.

［47］ Romer P M. Increasing returns and long-run growth［J］. Journal of Political Economy，1986，94（5）：1002－1037.

［48］ Saad M，Siddiqui D A. The impact of green supply chain management on firm performance：a case of manufacturing industry of Karachi［J］. Journal of Management and Strategy，2019，10（5）.

［49］ Seok H，Nof S Y. Intelligent information sharing among manufacturers in supply networks：supplier selection case［J］. Journal of Intelligent Manufacturing，2018，29（5）：1097－1113.

［50］ Solow R M. A contribution to the theory of economic growth［J］. Quarterly Journal of Economics，1956（70）：65－94.

［51］ Swan T W. Economic growth and capital accumulation［J］. Economic Record，1956（32）：334－361.

［52］ Tan A R，Matzen D，Mcaloone T C. Strategies for designing and developing services for manufacturing firms［J］. CIRP Journal of Manufacturing Science and Technology，2010，4（3）：285－292.

［53］ Unglert J，Hoekstra S，Jauregui-Becker J，et al. Towards decision-support for reconfigurable manufacturing systems based on computational design synthesis［J］. Procedia Cirp，2016（41）：153－158.

［54］ Uzawa，Hirofumi. Optimal technical change in an aggregative model of economic growth［J］. International Economic Review，1965（6）：18－31.

［55］ Vandermerwe S，Rada J. Servitization of business：adding value by adding service［J］. European Management Journal，1988，6

（4）：314－324.

［56］Veronica Martinez. Challenges in transforming manufacturing organizations into product－service providers ［J］. Journal of Manufacturing Technology Management，2010，21（4）：449－469.

［57］Visnjic. Servitization：when is service oriented business model innovation effective ［J］. Service Science Management and Engineering，2012（6）：30－32.

［58］Wang J Q，Fan G Q，Yan F Y，et al. Research on initiative scheduling mode for a physical internet：based manufacturing system ［J］. International Journal of Advanced Manufacturing Technology，2016（84）：47－58.

［59］Wu C H. Collaboration and sharing mechanisms in improving corporate social responsibility ［J］. Central European Journal of Operations Research，2016，24（3）：681－707.

［60］Xiaokai Y，Borland J. A microeconomie mechanism for economic growth ［J］. Journal of Political Economy，1991，99（3）：460－482.

［61］Yazdanfar D，Peter Öhman. Debt financing and firm performance：an empirical study based on Swedish data ［J］. Journal of Risk Finance，2015，16（1）：102－118.

［62］Y He，H Sun，K K Lai，et al. Organizational empowerment and service strategy in manufacturing ［J］. Service Business，2015（9）：445－462.

［63］Zhou J，Li P G，Zhou Y H，et al. Toward new-generation intelligent manufacturing ［J］. Engineering，2018（1）：11－20.

［64］布朗温・H. 霍尔，内森・罗森伯格. 创新经济学手册 ［M］. 上海市科学学研究所，译. 上海：上海交通大学出版社，2017.

［65］钱纳里. 工业化和经济增长的比较研究 ［M］. 吴奇，王松宝，译. 上海：上海三联出版社，1989.

［66］凯文・莱恩・凯勒. 战略品牌管理（第四版）［M］. 吴水龙，何云，译. 北京：中国人民大学出版社，2014.

［67］迈克尔・波特. 国家竞争优势 ［M］. 李明轩，邱如美，译. 北京：华夏出版社，2002.

［68］苏伦・埃尔克曼. 工业生态学 ［M］. 徐兴源，译. 北京：经济

日报出版社，1999.

[69] 彼得·斯旺. 创新经济学 [M]. 韦倩，译. 上海：格致出版社，2013.

[70] 米香. 经济增长的代价 [M]. 任保平，梁炜，译. 北京：机械工业出版社，2011.

[71] 亚当·斯密. 国民财富的性质和原因的研究 [M]. 郭大力，王亚南，译. 北京：商务印书馆，1972.

[72] 2018 年中国工业污染治理行业发展趋势及市场前景预测 [EB/OL]. (2018-01-05) [2019-08-17]. http://www.chyxx.com/industry/201801/600564.html.

[73] 2016 年中国互联网金融行业发展概况及规模分析 [EB/OL]. (2016-12-22) [2019-07-25]. http://www.chyxx.com/industry/201612/480431.html.

[74] IBM 深入解读中国制造 2025 [EB/OL]. (2018-07-26) [2019-11-12]. https://tech.ifeng.com/c/7epdDQ85yV5.

[75] 白会平，张磊. 谈经济增长理论的演化 [J]. 经济研究导刊，2010，(14)：1-2.

[76] 本报评论员. 创新资源配置要靠市场和政府"两只手" [N]. 经济日报，2018-10-30 (1).

[77] 本报记者. 营造要素集聚"好生态" [N]. 安徽日报. 2017-12-19 (1).

[78] 华明通略，全国品牌社团组织联席会. 中国国家形象与品牌形象 [J]. 中国品牌，2013 (3)：16-18.

[79] 蔡恩泽. 中国制造业的历史变迁 [J]. 产权导刊，2012 (12)：16-18.

[80] 蔡之兵. 区域协调发展战略的六大功能定位 [N]. 中国经济时报，2018-07-16 (A05).

[81] 曹柬，吴晓波，等. 制造企业绿色运营模式演化及政府作用分析 [J]. 科研管理，2013 (1)：108-115.

[82] 曹颖. 区域产业布局优化及理论依据分析 [J]. 地理与地理信息科学，2005 (5)：72-74.

[83] 常修泽. 激发和保护企业家精神 [N]. 人民日报，2017-07-03 (7).

［84］钞小静，薛志欣. 新时代中国经济高质量发展的理论逻辑与实践机制［J］. 西北大学学报（哲学社会科学版），2018，48（6）：12-22.

［85］陈爱丽，杨炳群. 中国外商直接投资的资本效应分析［J］. 时代金融，2011（14）：10-11.

［86］陈川. 以质量变革激发高质量发展新动力［EB/OL］.（2018-04-20）［2020-01-24］. http://finance. ce. cn/rolling/201804/20/t20180420_28897345. shtml.

［87］陈汉林，朱行. 美国"再工业化"对中国制造业发展的挑战及对策［J］. 经济学家，2016（12）：37-44.

［88］陈丽娴，沈鸿. 制造业服务化如何影响企业绩效和要素结构：基于上市公司数据的 PSM-DID 实证分析［J］. 经济学动态，2017（5）：64-77.

［89］陈启清. 促进金融资源"脱虚向实"［N］. 学习时报，2014-10-06（1）.

［90］陈荣. 我国制造业信息化问题研究［D］. 福州：福建师范大学，2015.

［91］陈卫东. 中国经济金融展望报告［R］. 北京：中国银行国际金融研究所，2016.

［92］陈耀. 高质量发展把对人才的要求推向新高度［EB/OL］.（2018-06-13）［2019-12-25］. http://theory. people. com. cn/n1/2018/0613/c83851-30055446. html.

［93］陈昭，刘映曼. 政府补贴、企业创新与制造业企业高质量发展［J］. 改革，2019（8）：140-151.

［94］成金华，李悦，陈军. 中国生态文明发展水平的空间差异与趋同性［J］. 中国人口·资源与环境，2015，25（5）：1-9.

［95］成鹏飞. 抓好培育世界级制造业集群的工作重点［N］. 经济日报，2018-03-01（14）.

［96］程承坪. 高质量发展的根本要求如何落实［J］. 国家治理，2018（5）：27-33.

［97］程中华. 产业集聚有利于制造业"新型化"发展吗［J］. 山西财经大学学报，2015，37（12）：61-71.

［98］迟福林. 在转型升级中打造中国制造全球品牌［N］. 经济参考报，2015-07-16（8）.

［99］崔巍. 加快推动科技创新平台发展［N］. 河北日报，2018-02-23（7）.

［100］戴翔. 中国制造业国际竞争力：基于贸易附加值的测算［J］. 中国工业经济，2015（1）：78-88.

［101］单俊辉，张玉凯. 外商直接投资对我国产业结构的影响及对策［J］. 现代管理科学，2016（3）：52-54.

［102］董奋义. 中国企业债券融资发展理论研究［M］. 北京：中国农业出版社，2008.

［103］董直庆，王辉. 环境规制的"本地—邻地"绿色技术进步效应［J］. 中国工业经济，2019（1）：100-118.

［104］杜传忠. 经济新常态下推进我国区域协调发展的路径及对策［J］. 理论学习，2017（6）：27-30.

［105］杜延珍. 坚持生态文明理念 建设循环绿色园区［J］. 柴达木开发研究，2016（3）：12-14.

［106］杜宇玮. 培育世界级先进制造业集群的中国方案［J］. 国家治理，2018（25）：10-19.

［107］杜雨萌. "三新"改造提升传统产业两种模式可供选择［N］. 证券日报，2018-03-07（A2）.

［108］杜运苏，彭冬冬. 制造业服务化与全球增加值贸易网络地位提升：基于2000—2014年世界投入产出表［J］. 财贸经济，2018，39（2）：102-117.

［109］杜运苏，王丽丽. 中国出口贸易持续时间及其影响因素研究［J］. 科研管理，2015，36（7）：130-136.

［110］段一群，李东，李廉水. 中国装备制造业的金融支持效应分析［J］. 科学学研究，2009，27（3）：388-392.

［111］范承泽，胡一帆，郑红亮. FDI对国内企业技术创新影响的理论与实证研究［J］. 经济研究，2008（1）：89-102.

［112］凡夫俗子. 日本制造业兴衰启示录［J］. 商业观察，2018（6）：56-61.

［113］樊士德，沈坤荣，朱克朋. 中国制造业劳动力转移刚性与产业区际转移：基于核心—边缘模型拓展的数值模拟和经验研究［J］. 中国工业经济，2015（11）：94-108.

［114］付保宗. 突破"技术升级陷阱"是我国迈向高等收入国家的关

键 [J]. 中国经贸导刊，2014 (9)：24-26.

[115] 付保宗. 我国推行绿色制造面临的形势与对策 [J]. 宏观经济管理，2015 (11)：34-36.

[116] 傅凌群. 产业集群促进产业升级对地方经济发展的启示 [J]. 合作经济与科技，2018 (10)：38-39.

[117] 傅强，黎秀秀. 贸易开放度、产业结构升级与经济增长 [J]. 工业技术经济，2014 (3)：115-120.

[118] 傅元海，叶祥松，等. 制造业结构优化的技术进步路径选择 [J]. 中国工业经济，2014 (9)：78-90.

[119] 高丽娜，宋慧勇. 创新驱动、人口结构变动与制造业高质量发展 [J]. 经济经纬，2020，37 (4)：81-88.

[120] 葛继平，林莉，黄明. 信息化提升中国装备制造业国际竞争力的机理与路径研究 [J]. 工业技术经济，2010，29 (6)：43-46.

[121] 智慧城市研究社.《国家智能制造标准体系建设指南 (2018 年版)》印发 [EB/OL]. (2018-10-16) [2019-05-27]. http://www.sohu.com/a/259906756_465947.

[122] 龚勤林，张衔. 马克思社会资本再生产理论的产业链解读 [J]. 社会科学战线，2015 (11)：55-62.

[123] 辜胜阻，吴华君，等. 创新驱动与核心技术突破是高质量发展的基石 [J]. 中国软科学，2018 (10)：9-18.

[124] 辜胜阻. 强化品牌建设 推动制造业高质量发展 [EB/OL]. (2018-12-25) [2019-09-11]. http://www.cndca.org.cn/mjzy/ldhdj/cwfzx10/gsz/ldjhylz98/1332806/index.html.

[125] 顾雪芹. 中国生产性服务业开放与制造业价值链升级 [J]. 世界经济研究，2020 (3)：121-134，137.

[126] 桂昭明. 有序竞争推动人才合理流动 [J]. 中国党政干部论坛，2018 (6)：22-26.

[127] 郭梅. 产业集聚的技术溢出效应研究 [D]. 西安：西安理工大学，2012.

[128] 郭然，原毅军. 服务型制造对制造业效率的影响机制研究 [J]. 科学学研究，2020，38 (3)：448-456.

[129] 郭瑞东. 着力推进产学研用一体化 [N]. 河北日报，2018-08-22 (7).

[130] 郭豫媚, 陈彦斌. 收入差距代际固化的破解: 透视几种手段 [J]. 改革, 2015 (9): 41-52.

[131] 郭政, 林忠钦, 等. 中国制造品牌发展的问题、原因与提升研究 [J]. 中国工程科学, 2015, 17 (7): 63-69.

[132] 国家统计局. 2017 年农民工监测调查报告 [EB/OL]. (2018-04-27) [2020-05-07]. http://www.stats.gov.cn/tjsj/zxfb/201804/t20180427_1596389.html.

[133] 韩丛耀, 陈璞. 国家形象传播的转型初试: 对"中国制造"广告的传播学分析 [J]. 中国出版, 2010 (4): 12-15.

[134] 韩芳. 美国《先进制造业美国领导力战略》深度解读 [EB/OL]. (2018-11-01) [2019-11-21]. http://www.sohu.com/a/272640752_465915.

[135] 韩鑫. 产业基础高级化 发展迈向高质量 [N]. 人民日报, 2019-08-30 (02).

[136] 韩颖, 贺小红. 产品质量监管中的问题及对策 [J]. 计量与测试技术, 2016, 43 (11): 124-125.

[137] 何立峰. 深入贯彻新发展理念 推动中国经济迈向高质量发展 [J]. 宏观经济管理, 2018 (4): 4-5, 14.

[138] 何强, 刘涛. 我国生产性服务业与制造业协同发展研究 [J]. 调研世界, 2017 (10): 3-9.

[139] 何哲, 孙林岩. 服务与制造的历次大讨论剖析和服务型制造的提出 [J]. 管理学报, 2012, 9 (10): 1515-1523.

[140] 贺俊, 陈小宁. 集成企业与组件企业间的知识分工: 一个文献综述 [J]. 首都经济贸易大学学报, 2018, 20 (1): 97-104.

[141] 洪功翔, 洪阳. 新时代推动高质量发展的理论思考 [J]. 上海经济研究, 2018 (11): 34-41.

[142] 胡立彪. 从"绿色制造"到"绿色质造" [N]. 中国质量报, 2017-08-15 (1).

[143] 胡立升, 刘勇, 等. 智能制造税收问题研究 [J]. 税务研究, 2018 (2): 86-91.

[144] 胡昭玲, 夏秋, 孙广宇. 制造业服务化、技术创新与产业结构转型升级: 基于 WIOD 跨国面板数据的实证研究 [J]. 国际经贸探索, 2017, 33 (12): 4-21.

[145] 黄汉权. 突破难点 系统推进制造业高质量发展 [N]. 经济日报, 2019-03-14 (16).

[146] 黄汉权, 盛朝迅. 积极维护全球供应链安全和稳定 [N]. 人民日报, 2020-03-19 (9).

[147] 黄剑文. 经济增长理论的演进与启示 [J]. 中共山西省委党校学报, 2008 (4): 94-96.

[148] 黄军英. 依靠科技创新促进未来经济增长 [N]. 科技日报, 2015-11-13 (8).

[149] 黄群慧, 贺俊. 中国制造业的核心能力、功能定位与发展战略 [J]. 中国工业经济, 2015 (6): 5-17.

[150] 黄群慧, 霍景东. 产业融合与制造业服务化 [J]. 财贸经济, 2015 (2): 136-147.

[151] 黄群慧, 杨丹辉. 构建绿色制造体系的着力点 [N]. 经济日报, 2015-12-10 (14).

[152] 黄群慧. 中国制造业如何向服务化转型 [EB/OL]. (2017-06-16) [2019-07-25]. http://theory.people.com.cn/n1/2017/0616/c40531-29343260.html.

[153] 黄鑫. 加快推动制造业高质量发展 [N]. 经济日报, 2019-01-15 (9).

[154] 纪丰伟. 智能制造体系重构创新研发模式 [J]. 智能制造, 2017 (9): 4-17.

[155] 纪玉俊, 张彦彦. 互联网＋背景下的制造业升级: 机理及测度 [J]. 中国科技论坛, 2017 (3): 50-57.

[156] 季皓. 从代理问题角度探讨国有资本使用效率的提高路径 [J]. 财会月刊, 2011 (9): 7-10.

[157] 贾玉巧. 生产性服务业与制造业如何融合发展 [J]. 人民论坛, 2017 (31): 126-127.

[158] 简晓彬, 陈宏伟. 先进制造业的培育机制及路径 [J]. 科技管理研究, 2018, 38 (7): 148-156.

[159] 简兆权, 伍卓深. 制造业服务化的路径选择研究 [J]. 科学学与科学技术管理, 2011, 32 (12): 137-143.

[160] 江小国, 何建波, 方蕾. 制造业高质量发展水平测度、区域差异与提升路径 [J]. 上海经济研究, 2019 (7): 70-78.

［161］江小国. 供给侧改革：方法论与实践逻辑［M］. 北京：中国人民大学出版社，2017.

［162］江小国. 经济低碳化政策的理论依据与体系构成［J］. 现代经济探讨，2013（11）：78-82.

［163］江小国，洪功翔. 解析"中国制造2025"：形势、目标与路径［J］. 当代经济管理，2016，38（5）：1-6.

［164］江小国，张婷婷. 环境规制对中国制造业结构优化的影响：技术创新的中介效应［J］. 科技进步与对策，2019（7）：68-77.

［165］江小国，张婷婷. 推动金融助力"中国制造2025"建设：形势、路径与保障［J］. 改革与战略，2018（11）：54-59.

［166］江小国，周海炜，贾兴梅. 皖江城市带和长三角地区产业联动性研究：基于空间引力模型［J］. 经济与管理评论，2017（1）：148-153.

［167］蒋伏心，王竹君，白俊红. 环境规制对技术创新影响的双重效应：基于江苏制造业动态面板数据的实证研究［J］. 中国工业经济，2013（7）：44-55.

［168］揭筱纹，罗莹. 我国新型制造业的特征及其构建路径研究［J］. 理论与改革，2016（4）：184-188.

［169］金碚. 关于"高质量发展"的经济学研究［J］. 中国工业经济，2018（4）：5-18.

［170］金碚. 总需求调控与供给侧改革的理论逻辑和有效实施［J］. 经济管理，2016，38（5）：1-9.

［171］金青，张忠，丁兆国. 服务型制造广域价值链的构建和价值创新能力研究［J］. 制造业自动化，2013，35（9）：100-103.

［172］靳卫东. 人力资本与产业结构转化的动态匹配效应：就业、增长和收入分配问题的评述［J］. 经济评论，2010（6）：137-142.

［173］京津城际列车全程运行30分创394.3公里/时纪录［EB/OL］.（2008-07-30）［2019-09-23］. http://www.china.com.cn/news/2008-07/30/content_16102233.htm.

［174］康文峰. 金融资本与实体经济："脱实向虚"引发的思考［J］. 当代经济管理，2013（1）：84-88.

［175］黎文娟，李杨，等. 如何培育先进制造业集群［N］. 佛山日报，2019-02-15（F02）.

［176］黎文娟，邵立国. 我国制造业高质量发展如何过"技术关"

[N]．学习时报，2018-08-29（6）．

　　[177] 李博洋，顾成奎．中国区域绿色制造评价体系研究 [J]．工业经济论坛，2015（2）：23-30．

　　[178] 李春梅．中国制造业发展质量的评价及其影响因素分析：来自制造业行业面板数据的实证 [J]．经济问题，2019（8）：44-53．

　　[179] 李赐犁．积极维护我国产业链安全和稳定 [N]．学习时报，2020-03-25（3）．

　　[180] 李光斗．品牌立国：中国向德国制造学什么？[N]．华夏时报，2011-07-18（31）．

　　[181] 李慧，杨君．从制造大国迈向制造强国：中国制造业品牌建设面临的机遇和挑战 [N]．光明日报，2015-12-14（3）．

　　[182] 李慧莲，赵海娟．互联网已成品牌传播主渠道 [N]．中国经济时报，2018-09-20（A08）．

　　[183] 李金昌，史龙梅，徐蔼婷．高质量发展评价指标体系探讨 [J]．统计研究，2019（1）：4-14．

　　[184] 李金华．中国先进制造业品牌的现实与提升路径 [J]．学术论坛，2017，40（3）：101-108．

　　[185] 李金华．中国现代制造业体系的构建 [J]．财经问题研究，2010（4）：3-12．

　　[186] 李廉水，鲍怡发，刘军．智能化对中国制造业全要素生产率的影响研究 [J]．科学学研究，2020，38（4）：609-618，722．

　　[187] 李廉水，程中华，等．中国制造业"新型化"及其评价研究 [J]．中国工业经济，2015（2）：63-75．

　　[188] 李廉水，杜占元．"新型制造业"的概念、内涵和意义 [J]．科学学研究，2005（4）：184-187．

　　[189] 李廉水，周彩红，刘军．中国制造业发展研究报告（2013）[M]．北京：科学出版社，2014．

　　[190] 李美云．服务业的产业融合与发展 [M]．北京：经济科学出版社，2007．

　　[191] 李梦洁，杜威剑．环境规制与就业的双重红利适用于中国现阶段吗?：基于省际面板数据的经验分析 [J]．经济科学，2014（4）：14-26．

　　[192] 李敏珩，郭政，崔继峰．中国制造业品牌现状、问题及成因

[J]. 上海质量，2016（6）：56－60.

[193] 李强. 知识产权保护与企业高质量发展：基于制造业微观数据的分析 [J]. 统计与决策，2020，36（10）：181－184.

[194] 李群. 工信部：加快利用高新技术改造提升传统产业 [EB/OL]. （2011－09－26）[2019－11－01]. http://www.cinic.org.cn/site951/bwdt/2011－09－26/502763.shtml.

[195] 李沙沙，尤文龙. 产业集聚能否促进制造业企业创新？[J]. 财经问题研究，2018（4）：30－38.

[196] 李万，常静，等. 创新 3.0 与创新生态系统 [J]. 科学学研究，2014，32（12）：1761－1770.

[197] 李伟. 推动中国经济稳步迈向高质量发展 [J]. 智慧中国，2018（1）：14－17.

[198] 李晓华. 服务型制造：制造业的新动能 [N]. 大众日报，2018－04－04（14）.

[199] 李晓华. 服务型制造与中国制造业转型升级 [J]. 当代经济管理，2017（12）：30－38.

[200] 李晓华. 推进产业链现代化要坚持独立自主和开放合作相促进 [N]. 经济日报，2020－04－10（11）.

[201] 李晓华. 破立结合，推动制造业高质量发展 [EB/OL]. （2019－02－21）[2019－03－11]. http://theory.gmw.cn/2019－02/21/content_32540022.htm.

[202] 李新宁. 生产性服务业与制造业融合：动态体系与治理模式 [J]. 上海经济，2018（2）：21－32.

[203] 李胤. 国有企业创新发展中存在的问题应予关注 [N]. 中国信息报，2018－09－12（1）.

[204] 李毅中. 大力推进制造业服务化 [N]. 人民日报，2014－06－24（10）.

[205] 李政，庄西真. 进城务工群体人力资本提升的策略探究：基于人本发展经济学的视角 [J]. 教育理论与实践. 2014，34（19）：34－37.

[206] 李佐军. 供给侧改革理论渊源与实践依据 [N]. 上海证券报，2016－03－19（6）.

[207] 梁婧. 生产性服务业与制造业融合发展的中美对比 [N]. 中国经济时报，2017－06－30（A05）.

[208] 梁琦，黄利春. 要素集聚的产业地理效应 [J]. 广东社会科学，2014 (4)：5-13.

[209] 林汉川，汤临佳. 新一轮产业革命的全局战略分析：各国智能制造发展动向概览 [J]. 人民论坛·学术前沿，2015 (11)：62-75.

[210] 刘长玉，于涛，马英红. 基于产品质量监管视角的政府、企业与消费者博弈策略研究 [J]. 中国管理科学，2019，27 (4)：127-135.

[211] 刘殿敏. 智能制造是制造业高质量发展的关键 [N]. 河南日报，2018-10-20 (5).

[212] 刘凤，张明瑶，康凯宁，等. 高校职务科技成果混合所有制分析：基于产权理论视角 [J]. 中国高校科技，2017 (9)：16-20.

[213] 刘光复，刘志峰，王淑旺. 基于产品生命周期的绿色制造理论研究和工程实施框架研究 [J]. 数字制造科学，2003，1 (1-4)：123-136.

[214] 刘国新，王静，江露薇. 我国制造业高质量发展的理论机制及评价分析 [J]. 管理现代化，2020 (3)：20-24.

[215] 刘红玉，彭福扬. 马克思技术创新思想再解读 [J]. 湖南大学学报（社会科学版），2012，26 (5)：127-131.

[216] 刘慧. 以开放姿态推动中国制造业高质量发展 [N]. 中国经济时报，2018-03-27 (A01).

[217] 刘建国. 制造业服务化转型模式与路径研究 [J]. 技术经济与管理研究，2012 (7)：121-124.

[218] 刘剑. 内生增长理论：综合分析与简要评价 [J]. 审计与经济研究，2005，20 (2)：67-72.

[219] 刘坤. 壮大战略性新兴产业 支撑高质量发展 [N]. 光明日报，2018-12-04 (14).

[220] 刘敏. 当前我国人力资本发展现状和主要问题 [EB/OL]. (2016-01-15) [2019-11-23]. http://www.sic.gov.cn/News/455/5823.htm.

[221] 刘明，王霞. 中国制造业空间转移趋势及其影响因素：2007—2017 [J]. 数量经济技术经济研究，2020，37 (3)：26-46.

[222] 刘任远. 中国制造业发展呈现新模式 [EB/OL]. (2018-01-28) [2020-05-16]. http://chuangxin.chinadaily.com.cn/a/201801/28/WS5b88a936a310030f813e6132.html.

[223] 刘诗白. 改变中国命运的伟大战略决策（下）：论中国构建社

会主义市场经济的改革 [J]. 经济学家，2008 (5)：5-11.

[224] 刘世锦. 推动经济发展质量变革、效率变革、动力变革 [J]. 中国发展观察，2017 (21)：5-6，9.

[225] 刘徐方. 现代服务业融合发展的动因分析 [J]. 经济与管理研究，2010 (1)：40-44.

[226] 刘迎秋. 以制度和技术创新驱动高质量发展 [N]. 人民日报，2018-10-25 (7).

[227] 刘育英. 辛国斌详解制造业质量变革、效率变革、动力变革 [EB/OL]. (2017-12-25) [2019-03-25]. http://www.jjckb.cn/2017-12/25/c_136849783.htm.

[228] 刘志彪. 理解高质量发展：基本特征、支撑要素与当前重点问题 [J]. 学术月刊，2018，50 (7)：39-45，59.

[229] 刘志彪. 去产能、去杠杆、重构价值链与振兴实体经济 [J]. 东南学术，2017 (5)：110-117.

[230] 刘志彪. 产业链现代化的产业经济学分析 [J]. 经济学家，2019 (12)：5-13.

[231] 刘志铭，郭惠武. 创造性破坏、经济增长与经济结构：新古典熊彼特主义增长理论的发展 [J]. 经济评论，2007 (2)：57-63.

[232] 柳卸林，何郁冰. 基础研究是中国产业核心技术创新的源泉 [J]. 中国软科学，2011 (4)：104-117.

[233] 路世昌，关娜. 基于 DEA-Tobit 的装备制造业上市公司经营绩效研究：来自 2005-2010 年装备制造业的经验数据分析 [J]. 工业技术经济，2012，31 (2)：108-115.

[234] 路甬祥. 推动制造业高质量发展 加快建设制造强国 [J]. 中国科技产业，2018 (8)：10-11.

[235] 罗润东，李超. 2016 年中国经济学研究热点分析 [J]. 经济学动态，2017 (3)：107-122.

[236] 罗文. 从战略上推动我国先进制造业发展 [J]. 求是，2014 (10)：22-24.

[237] 罗文. 紧扣高质量发展要求 加快发展先进制造业 [J]. 机械工业标准化与质量，2018 (6)：9-11，56.

[238] 罗仲伟. 如何理解产业基础高级化和产业链现代化 [N]. 光明日报，2020-02-04 (11).

［239］罗先勇. 构建国际传播话语体系新内涵［EB/OL］.（2019-01-16）［2019-05-16］. http://media. people. com. cn/n1/2019/0116/c40606-30549752. html.

［240］罗英. 产品质量规制如何影响经济增长质量：原理与案例的双重诠释［J］. 武汉大学学报（哲学社会科学版），2014，67（5）：32-38.

［241］吕守军，沈星迟，张晓敏. 中国 PM2.5 治理困局及对策研究：基于环境规制理论视角的分析［J］. 上海交通大学学报（哲学社会科学版），2015，23（6）：50-59.

［242］吕铁，韩娜. 智能制造：全球趋势与中国战略［J］. 人民论坛·学术前沿，2015（11）：6-17.

［243］吕铁，刘丹. 制造业高质量发展：差距、问题与举措［J］. 学习与探索，2019（1）：111-117.

［244］吕铁，朱利. 制造业高质量发展的关键［EB/OL］.（2018-09-17）［2019-11-13］. http://gjs. cssn. cn/ztzl/ztzl_views/201809/t20180917_4561657. shtml.

［245］吕薇. 探索体现高质量发展的评价指标体系［J］. 中国人大，2018（11）：23-24.

［246］吕越，李小萌，吕云龙. 全球价值链中的制造业服务化与企业全要素生产率［J］. 南开经济研究，2017（3）：88-110.

［247］马永伟. 工匠精神与中国制造业高质量发展［J］. 东南学术，2019（6）：147-154.

［248］马占魁. 准确理解和把握共享发展理念的深刻内涵［N］. 光明日报，2016-06-19（6）.

［249］吕政，刘勇，王钦. 中国生产性服务业发展的战略选择：基于产业互动的研究视角［J］. 中国工业经济，2006（8）：5-12.

［250］毛一翔. 质量是品牌的根本信誉是品牌的命脉［EB/OL］.（2018-12-26）［2019-03-13］. http://industry. people. com. cn/n1/2018/1226/c413883-30489297. html.

［251］孟祥兰，邢茂源. 供给侧改革背景下湖北高质量发展综合评价研究：基于加权因子分析法的实证研究［J］. 数理统计与管理，2019，38（4）：675-687.

［252］苗圩. 把握趋势 抓住机遇 促进我国制造业由大变强［J］. 中国工业评论，2015（7）：8-20.

［253］苗圩. 大力推动制造业高质量发展［EB/OL］.（2019－03－18）［2019－07－24］. http://theory. people. com. cn/n1/2019/0318/c40531－30980692. html.

［254］苗圩. 加快制造业高质量发展的六大任务［J］. 商用汽车新闻，2018（13）：2.

［255］苗圩. 加强核心技术攻关 推动制造业高质量发展［J］. 机械工业标准化与质量，2018（9）：7－9.

［256］苗圩. 通过市场和开放推动制造业高质量发展［N］. 中国经济时报，2019－03－26（A03）.

［257］苗圩：中国制造与世界各国一起发展［EB/OL］.（2017－11－09）［2019－04－25］. www. cinn. cn/gongjing/cyjj/201805/t20180523_189096. html.

［258］倪光南. 我国新一代信息技术领域与发达国家比较，有技术理论方面的差距［EB/OL］.（2018－10－19）［2019－05－26］. http://m. elecfans. com/article/800465. html.

［259］念沛豪，谢振忠，马力扬. 高端装备制造崛起之路［J］. 装备制造，2016（6）：48－65.

［260］聂飞. 制造业服务化抑或空心化：产业政策的去工业化效应研究［J］. 经济学家，2020（5）：46－57.

［261］聂国卿，郭晓东. 环境规制对中国制造业创新转型发展的影响［J］. 经济地理，2018，38（7）：110－116.

［262］聂婕，陈琼，等. 美国产品质量监管机制［J］. 中国标准化，2018（21）：149－153.

［263］潘建成. 推动高质量发展［EB/OL］.（2017－12－26）［2019－08－21］. http://www. jjckb. cn/2017－12/26/c_136849643. htm.

［264］潘士远，史晋川. 内生经济增长理论：一个文献综述［J］. 经济学（季刊），2002，（4）：753－786.

［265］品牌中国：海尔创建"互联工厂"实现转型升级［EB/OL］.（2015－03－31）［2019－07－11］. http://news. cnr. cn/native/city/20150331/t20150331_518185643. shtml.

［266］綦良群，李庆雪. 装备制造业与生产性服务业互动融合动力研究［J］. 湘潭大学学报（哲学社会科学版），2017，41（1）：80－84.

［267］綦良群，赵龙双. 基于产品价值链的生产性服务业与装备制造

业的融合研究［J］. 工业技术经济，2013，33（12）：118-124.

［268］乔宝华. 推动我国制造业高质量发展要过"五关"［N］. 经济日报，2018-07-26（16）.

［269］乔红康. 解"科技成果转化难"症结 科技部"三部曲"踢绊脚石［EB/OL］.（2016-05-19）［2019-11-15］. http：//tech. china. com. cn//news/20160519/230174. shtml.

［270］乔世政."一带一路"背景下高端设备制造业的发展路径［J］. 宏观经济管理，2016（7）：68-71.

［271］邱创钧. 美国智能制造生态系统的发展与启示［EB/OL］.（2018-07-24）［2019-02-21］. https：//www. sohu. com/a/243003698_99905556.

［272］邱静，马苏德·劳曼尼. 开放式创新：借助"外脑"提高创新效率［J］. 中国工业评论，2015（8）：22-28.

［273］任保平，钞小静，魏婕. 中国经济增长质量发展报告（2014）［M］. 北京：中国经济出版社，2014.

［274］任保平，李禹墨. 新时代我国高质量发展评判体系的构建及其转型路径［J］. 陕西师范大学学报（哲学社会科学版），2018，47（3）：105-113.

［275］任保平，文丰安. 新时代中国高质量发展的判断标准、决定因素与实现途径［J］. 改革，2018（4）：5-16.

［276］任保平. 经济增长质量的逻辑［M］. 北京：人民出版社，2015.

［277］任保平. 经济增长质量的内涵、特征及其度量［J］. 黑龙江社会科学，2012（3）：56-59.

［278］任保平. 新时代高质量发展的政治经济学理论逻辑及其现实性［J］. 人文杂志，2018（2）：26-34.

［279］任时鸣. 试论信息技术对企业组织模式的影响［J］. 信息系统工程，2012（5）：113-114.

［280］任泽平，华炎雪. 中国发展先进制造业的国际借鉴：德国制造［EB/OL］.（2018-05-16）［2019-07-24］. http：//finance. sina. com. cn/china/2018-05-16/doc-iharvfht9570278. shtml.

［281］赛迪智库. 打造世界级先进制造业集群应避免四个误区［EB/OL］.（2018-08-23）［2019-05-15］. http：//www. sohu. com/a/

249625331_378413.

[282] 尚会永，白怡珺. 中国制造业高质量发展战略研究 [J]. 中州学刊，2019（1）：23-27.

[283] 邵彦敏. 新发展理念：高质量发展的战略引领 [J]. 国家治理，2018（1）：11-17.

[284] 申佳奇. 东北装备制造业上市公司融资结构对企业绩效影响的研究 [D]. 沈阳：沈阳大学，2018.

[285] 申长雨. 中国依法严格保护知识产权 [EB/OL].（2018-10-15）[2019-12-11]. http://www.qstheory.cn/dukan/qs/2018-10/15/c_1123554579.htm.

[286] 什么是信息化？[EB/OL].（2014-08-28）[2019-03-11]. http://xxzx.mca.gov.cn/article/xgzs/201410/20141000715973.shtml.

[287] 沈坤荣，李震. 供给侧结构性改革背景下制造业转型升级研究 [J]. 中国高校社会科学，2017（1）：64-74.

[288] 沈坤荣，赵亮. 重构高效率金融市场推动经济高质量发展 [J]. 中国特色社会主义研究，2018（6）：35-41.

[289] 盛朝迅. 推进我国产业链现代化的思路与方略 [J]. 改革，2019（10）：45-56.

[290] 市场监管总局办公厅关于 2019 年童车等 60 种产品质量国家监督抽查情况的通报 [EB/OL].（2019-12-11）[2020-03-08]. http://www.samr.gov.cn/zljds/zlgg/bsgg/201912/t20191211_309163.html.

[291] 师博，任保平. 产业集聚会改进能源效率么？[J]. 中国经济问题，2019（1）：27-39.

[292] 师博，沈坤荣. 政府干预、经济集聚与能源效率 [J]. 管理世界，2013（10）：6-18.

[293] 师博，任保平. 中国省际高质量发展的测度与分析 [J]. 经济问题，2018（4）：1-6.

[294] 时乐乐，赵军. 环境规制、技术创新与产业结构升级 [J]. 科研管理，2018，39（1）：119-125.

[295] 舒辉. 基于标准形成机制的技术创新模式分析 [J]. 当代财经，2013（9）：72-79.

[296] 宋晓娜，张峰. 中国制造业"新型化"转型绩效解析 [J]. 科学与管理，2019，39（2）：69-77.

［297］孙洛平，孙海琳. 产业集聚的交易费用理论［M］. 北京：中国社会科学出版社，2006.

［298］孙岩林，杨才君，张颖. 中国制造企业服务转型攻略［M］. 北京：清华大学出版社，2011.

［299］孙玉琴，郭惠君. 金融发展与我国制造业出口贸易技术结构升级［J］. 国际商务，2018（3）：27-37.

［300］谭崇台. 发展经济学的新发展［M］. 武汉：武汉大学出版社，1999.

［301］谭建荣，刘达新，刘振宇，等. 从数字制造到智能制造的关键技术途径研究［J］. 中国工程科学，2017，19（3）：39-44.

［302］谭清美，陈静. 信息化对制造业升级的影响机制研究［J］. 科技进步与对策，2016，33（20）：55-62.

［303］谭清美，房银海，王斌. 智能生产与服务网络条件下产业创新平台存在形式研究［J］. 科技进步与对策，2015（23）：62-66.

［304］汤玉祥，李禾. 加快推动先进装备制造业走出去［N］. 科技日报，2019-03-10（4）.

［305］唐德森. 新工业革命背景下长三角产业体系转型升级研究［M］. 北京：经济管理出版社，2018.

［306］唐红祥，张祥祯，等. 中国制造业发展质量与国际竞争力提升研究［J］. 中国软科学，2019（2）：128-142.

［307］唐婷. 破解融资难 为"双创"企业订制一只专属债券［N］. 科技日报，2017-03-01（8）.

［308］唐晓华，刘相锋. 能源强度与中国制造业产业结构优化实证［J］. 中国人口·资源与环境，2016，26（10）：78-85.

［309］唐晓华，孙元君. 环境规制对中国制造业高质量发展影响的传导机制研究：基于创新效应和能源效应的双重视角［J］. 经济问题探索，2020（7）：92-101.

［310］陶爱萍，张丹丹，刘志迎. 链合创新：概念模型、模式和效率分析［J］. 科技进步与对策，2013（10）：51-55.

［311］陶永，李秋实，等. 面向产品全生命周期的绿色制造策略［J］. 中国科技论坛，2016（9）：58-64.

［312］陶长琪，周璇. 要素集聚下技术创新与产业结构优化升级的非线性和溢出效应研究［J］. 当代财经，2016（1）：83-94.

［313］田丰. 新知新觉：提高制造业服务化水平［N］. 人民日报，2018-11-07（7）.

［314］田俊荣，刘诗瑶，等. 用好人才评价激励的"指挥棒"［N］. 人民日报，2018-07-16（20）.

［315］田秋生. 高质量发展的理论内涵和实践要求［J］. 山东大学学报（哲学社会科学版），2018（6）：1-8.

［316］童健，刘伟，薛景. 环境规制、要素投入结构与工业行业转型升级［J］. 经济研究，2016，51（7）：43-57.

［317］童有好. "互联网＋制造业服务化"融合发展研究［J］. 经济纵横，2015（10）：62-67.

［318］汪波，杨尊森，刘凌云. 绿色产品开发的组织管理［J］. 管理工程学报，2001（3）：56-59.

［319］汪同三. 深入理解我国经济转向高质量发展［N］. 人民日报，2018-06-07（7）.

［320］汪小亚，李建强，王琰. 金融支持制造业振兴［J］. 中国金融，2016（20）：27-29.

［321］王超恩，张瑞君，谢露. 产融结合、金融发展与企业创新：来自制造业上市公司持股金融机构的经验证据［J］. 研究与发展管理，2016，28（5）：71-81.

［322］王成东，綦良群. 中国装备制造业与生产性服务业融合研究［J］. 学术交流，2015（3）：132-136.

［323］王聪. 贸易强国之路：以优胜劣汰助力产业升级［J］. 当代经济管理，2016，38（12）：46-51.

［324］王海宁，陈媛媛. 产业集聚效应与工业能源效率研究［J］. 财经研究，2010，36（9）：69-79.

［325］王家庭，李艳旭，等. 中国制造业劳动生产率增长动能转换：资本驱动还是技术驱动［J］. 中国工业经济，2019（5）：99-117.

［326］王健，王立鹏. 关于新旧动能转换的若干思考［J］. 国家治理，2018（21）：23-30.

［327］王江平. 要充分利用现代信息技术推进服务型制造［EB/OL］.（2018-10-18）［2019-11-30］. http://www.sohu.com/a/260217315_286727.

［328］王俊豪. 产业经济学［M］. 北京：高等教育出版社，2008.

［329］王岚，李宏艳．中国制造业融入全球价值链路径研究［J］．中国工业经济，2015（2）：76-88．

［330］王丽，张岩．对外直接投资与母国产业结构升级之间的关系研究：基于1990—2014年OECD国家的样本数据考察［J］．世界经济研究，2016（11）：60-69，136．

［331］王丽娟．新时代下企业家精神将是企业发展的动力［N］．中国经济时报，2018-05-24（A02）．

［332］王廷惠．以新发展理念全面推动高质量发展［N］．中国社会科学报，2018-04-11（4）．

［333］王薇，任保平．数量型经济增长与质量型经济增长的比较及转型路径［J］．人文杂志，2014（4）：24-30．

［334］王泽填，孙辉煌．经济增长中的制度因素研究［M］．北京：中国经济出版社，2010．

［335］王志军．贯彻中央经济工作会议精神 推动制造业高质量发展［J］．宏观经济管理，2020（2）：13-14，17．

［336］王中印，刘静波，张献和．促进装备制造业发展的金融支持研究：以中国工商银行沈阳分行为例［J］．金融论坛，2013（6）：72-79．

［337］王竹君．中国技术创新对经济增长质量的影响分析［J］．生产力研究，2014（6）：1-6，35．

［338］魏后凯，刘长全．中国利用外资的负面效应及战略调整思路［J］．河南社会科学，2006（5）：21-25．

［339］魏际刚．生产性服务业发展呈现新趋势［N］．经济日报，2018-08-09（15）．

［340］文东伟，冼国明．中国制造业的空间集聚与出口：基于企业层面的研究［J］．管理世界，2014（10）：57-74．

［341］吴澄，李伯虎．从计算机集成制造到现代集成制造：兼谈中国CIMS系统论的特点［J］．计算机集成制造系统，1998（5）：1-6．

［342］吴汉东．"中国制造2025"需要企业走自创品牌之路［N］．中国有色金属报，2017-08-12（2）．

［343］吴昊．"推动形成全面开放新格局"笔谈［J］．东北亚论坛，2018（3）：3-23．

［344］吴金明．"二维五元"价值分析模型：关于支撑我国高质量发展的基本理论研究［J］．湖南社会科学，2018（3）：113-129．

［345］吴力波．中国经济低碳化的政策体系与产业路径研究［M］．上海：复旦大学出版社，2010.

［346］武锋，郭莉军．信息化对经济全球化的影响［J］．北京邮电大学学报（社会科学版），2009，11（4）：34-37.

［347］夏先良．如何构建开放型科技创新体制体系［J］．人民论坛·学术前沿，2017（6）：62-76.

［348］先进制造业是产业发展新方向［EB/OL］．（2017-10-31）［2019-04-25］．http://www.indunet.net.cn/staticpage/642/21294.html.

［349］向世聪．产业集聚理论研究综述［J］．湖南社会科学，2006（1）：92-98.

［350］肖荣美，霍鹏．以工业互联网为关键抓手推动制造业产业链现代化［J］．长沙大学学报，2020，34（1）：83-89.

［351］肖伟．推动制造业高质量发展 要在四个关键环节下足功夫［N］．经济日报，2019-03-21（12）.

［352］谢家智，王文涛，江源．制造业金融化、政府控制与技术创新［J］．经济学动态，2014（11）：78-88.

［353］谢荣辉．环境规制、引致创新与中国工业绿色生产率提升［J］．产业经济研究，2017（2）：38-48.

［354］谢志成．攻坚产业链现代化 提升制造业竞争力［J］．群众，2020（5）：29-30.

［355］辛国斌．以制造业高质量发展引领建设制造强国［J］．中国科技产业，2018（8）：12-13.

［356］"新一代人工智能引领下的智能制造研究"课题组．中国智能制造发展战略研究［J］．中国工程科学，2018，20（4）：1-8.

［357］修国义，许童童．中国装备制造业发展的金融支持测度研究［J］．工业技术经济，2016，35（3）：73-77.

［358］徐建国．加快振兴装备制造业与上海电气人才战略［J］．中国高等教育评估，2007（4）：45-47.

［359］徐忠．经济高质量发展阶段的中国货币调控方式转型［J］．金融研究，2018（4）：1-19.

［360］许卫华．国家粮食主产区制造业高质量发展指标体系的构建［J］．中国物价，2019（2）：44-46.

［361］许召元. 制造业高质量发展的核心标准和关键环节［N］. 中国经济时报，2019-01-01（5）.

［362］颜廷标. 深刻理解高质量发展的丰富内涵［N］. 河北日报，2018-01-05（7）.

［363］杨春学，姚宇，等. 增长方式转变的理论基础和国际经验［M］. 北京：社会科学文献出版社，2012.

［364］杨丹萍，杨丽华. 对外贸易、技术进步与产业结构升级：经验、机理与实证［J］. 管理世界，2016（11）：172-173.

［365］杨良敏. 劳动力"双减"背后［J］. 中国发展观察，2016（3）：1.

［366］杨秋影，张入通，等. 制造业信息化服务平台的体系架构研究［J］. 制造业自动化，2014，36（17）：149-151.

［367］杨仁发，刘纯彬. 生产性服务业与制造业融合背景的产业升级［J］. 改革，2011（1）：40-46.

［368］杨汝岱. 中国制造业企业全要素生产率研究［J］. 经济研究，2015（2）：61-74.

［369］杨爽，范秀荣. 产业结构升级中的人力资本适配性分析［J］. 生产力研究，2010（4）：205-207.

［370］杨伟民. 贯彻中央经济工作会议精神 推动高质量发展［J］. 宏观经济管理，2018（2）：13-17.

［371］杨小凯，黄有光. 专业化与经济组织：一种新兴古典微观经济学框架［M］. 北京：经济科学出版社，1999.

［372］杨元庆. "效率红利"将成为中国经济增长的新动能［EB/OL］.（2019-03-05）［2020-02-25］. http://m. ce. cn/bwzg/201903/05/t20190305_31612269. shtml.

［373］杨媛媛，王卫红. 工业4.0时代企业品牌传播路径创新研究［J］. 企业经济，2017，36（3）：29-33.

［374］杨志波. 我国智能制造发展趋势及政策支持体系研究［J］. 中州学刊，2017（5）：31-36.

［375］殷宝庆，肖文，刘洋. 绿色研发投入与"中国制造"在全球价值链的攀升［J］. 科学学研究，2018，36（8）：1395-1403，1504.

［376］殷醒民. 高质量发展指标体系的五个维度［N］. 文汇报，2018-02-06（12）.

[377] 尹响，杨继瑞. 我国高端装备制造产业国际化的路径与对策分析 [J]. 经济学家，2016（4）：103-104.

[378] 游建民，张伟. 国家生态文明试验区绿色制造绩效评价及影响因素研究：以贵州为例 [J]. 贵州社会科学，2018（12）：120-128.

[379] 尤政. 中小企业智能化改造有了"路线图"[EB/OL].（2016-12-09）[2019-08-29]. http://finance.china.com.cn/roll/20161209/4017328.shtml.

[380] 于明远，范爱军. 全球价值链、生产性服务与中国制造业国际竞争力的提升 [J]. 财经论丛，2016（6）：11-18.

[381] 于文超. FDI、环境管制与产业结构升级：基于城市面板数据的实证研究 [J]. 产业经济评论，2015（1）：39-47.

[382] 余东华，胡亚男. 环境规制趋紧阻碍中国制造业创新能力提升吗？：基于"波特假说"的再检验 [J]. 产业经济研究，2016（2）：11-20.

[383] 余东华，孙婷. 环境规制、技能溢价与制造业国际竞争力 [J]. 中国工业经济，2017（5）：35-53.

[384] 余逸霖. 我国消费增长特征与趋势 [N]. 中国经济时报，2019-02-14（A03）.

[385] 原毅军，谢荣辉. 环境规制的产业结构调整效应研究：基于中国省际面板数据的实证检验 [J]. 中国工业经济，2014（8）：57-69.

[386] 臧传琴，张菡. 环境规制技术创新效应的空间差异：基于2000—2013年中国面板数据的实证分析 [J]. 宏观经济研究，2015（11）：72-83，141.

[387] 张弛. 德国制造的国家品牌战略及启示：评《德国制造：国家品牌战略启示录》[EB/OL].（2018-03-27）[2019-02-25]. http://news.china.com.cn/world/2018—03/27/content_50754484_2.htm.

[388] 张凤，何传启. 国家创新系统：第二次现代化的发动机 [M]. 北京：高等教育出版社，1999.

[389] 张国强，温军，汤向俊. 中国人力资本、人力资本结构与产业结构升级 [J]. 中国人口·资源与环境，2011（10）：138-146.

[390] 张航燕，黄群慧. 转向高质量发展的中国工业经济：2017年运行特征与未来政策建议 [J]. 理论探索，2018（3）：23-32.

[391] 张厚明. "一带一路"助推装备制造业"走出去"[N]. 中国

经济时报，2015-10-29（A05）.

　　[392] 张佳悦. 如何完善制造业创新体系 [J]. 人民论坛，2018 （16）：122-123.

　　[393] 张江雪，等. 环境规制对中国工业绿色增长指数的影响 [J]. 中国人口·资源与环境，2015，25（1）：24-31.

　　[394] 张杰. 构建支撑制造业高质量发展的中国现代金融体系发展路径与突破方向 [J]. 安徽大学学报（哲学社会科学版），2020，44（1）：136-147.

　　[395] 张洁梅. 现代制造业与生产性服务业互动融合发展研究 [J]. 中州学刊，2013（6）：26-30.

　　[396] 张明喜. 我国金融支持技术创新研究 [J]. 南方金融，2014 （3）：4-9.

　　[397] 张明志，姚鹏. 产业政策与制造业高质量发展 [J]. 科学学研究，2020，38（8）：1381-1389.

　　[398] 张茉楠. 为什么中国资本配置效率低 [EB/OL]. （2013-08-27）[2020-05-23]. http://finance. sina. com. cn/zl/china/20130827/142816577491. shtml.

　　[399] 张文会，乔宝华. 构建我国制造业高质量发展指标体系的几点思考 [J]. 工业经济论坛，2018（4）：27-32.

　　[400] 张晓涛，李芳芳. 论生产性服务业与制造业的融合互动发展 [J]. 广东社会科学，2013（5）：39-47.

　　[401] 张晓燕，冉光和，季健. 金融集聚、城镇化与产业结构升级：基于省级空间面板数据的实证分析 [J]. 工业技术经济，2015，34（9）：123-130.

　　[402] 张小筠，刘戒骄. 新中国 70 年环境规制政策变迁与取向观察 [J]. 改革，2019（10）：16-25.

　　[403] 张辛欣. 握紧"先进制造"钥匙 加速迈向制造强国 [EB/OL]. （2018-04-23）[2019-08-17]. http://www. cinic. org. cn/xw/cjxw/431446. html.

　　[404] 张银银. 创新驱动长三角地区产业结构升级研究 [M]. 北京：中国社会科学出版社，2016.

　　[405] 张宇燕，徐秀军. 坚持对外开放 推动经济高质量发展 [N]. 光明日报，2019-01-29（11）.

[406] 张占斌. 守护"中国制造"产业链安全 [EB/OL]. (2020-04-05) [2020-06-12]. https://baijiahao. baidu. com/s? id=166306125261071 8990&wfr=spider&for=pc.

[407] 张志元. 我国制造业高质量发展的基本逻辑与现实路径 [J]. 理论探索, 2020 (2): 87-92.

[408] 赵玉林. 主导性高技术产业成长机制论 [M]. 北京: 科学出版社, 2012.

[409] 张忠, 金青. 服务型制造企业内部价值链优化研究 [J]. 现代制造工程, 2016 (9): 151-156.

[410] 章潇萌, 杨宇菲. 对外开放与我国产业结构转型的新路径 [J]. 管理世界, 2016 (3): 25-35.

[411] 赵昌文, 朱鸿鸣. 如何建立一个创新导向型的经济结构? [J]. 财经问题研究, 2017 (3): 3-10.

[412] 赵程程, 杨萌. 国际智能制造演化路径及热点领域研究 [J]. 现代情报, 2015, 35 (11): 101-105, 113.

[413] 赵光辉, 冯帆. 中国智能制造发展的国际背景与政策研究 [J]. 中国市场, 2017 (31): 12-19.

[414] 赵卿, 曾海舰. 产业政策推动制造业高质量发展了吗? [J]. 经济体制改革, 2020 (4): 180-186.

[415] 赵欣欣. 中国制造业发展的历史阶段概述 [J]. 西部皮革, 2016, 38 (10): 273, 284.

[416] 赵勇, 魏后凯. 政府干预、城市群空间功能分工与地区差距: 兼论中国区域政策的有效性 [J]. 管理世界, 2015 (8): 14-29, 187.

[417] 郑渝川. 金融支持技术创新的他国经验 [N]. 黑龙江日报, 2018-08-09 (10).

[418] 政武经. 以创新驱动核心技术能力提升 [N]. 人民日报, 2018-10-16 (7).

[419] 政武经. 以品牌建设助推制造业高质量发展 [N]. 人民日报, 2019-02-21 (9).

[420] 中国制造浮现"新版图" [EB/OL]. (2017-03-12) [2019-06-11]. http://www. xinhuanet. com/politics/2017lh/2017-03/12/c_1120613784. htm.

[421] 中制智库新望: 疫情是中国制造业高质量发展的新起点 [EB/

OL]. (2020－03－16) [2020－05－03]. https://finance. huanqiu. com/article/3xROjf9d8sg.

[422] 中国以智能制造为"主攻方向"积极推动制造业高质量发展 [EB/OL]. (2018－12－11) [2019－07－16]. http://news. cri. cn/20181211/7f323cdf－714b－71df－1136－c50a59e3f145. html.

[423] 中国智能制造亟需突破关键共性技术 [EB/OL]. (2017－03－06) [2019－04－25]. https://www. gkzhan. com/news/detail/97652. ht-ml.

[424] 中央经济工作会议在北京举行 [EB/OL]. (2018－12－22) [2019－07－12]. http://politics. people. com. cn/n1/2018/1222/c1024－30481785. html.

[435] 中国产业链安全评估：中国制造业产业链 60%安全可控 [EB/OL]. (2019－10－21) [2020－03－04]. http://www. cinic. org. cn/xw/cjxw/641727. html.

[426] 钟茂初. "过剩经济"背景下的若干发展难题与因应路径 [J]. 学习与实践，2017 (1)：13－22.

[427] 钟荣丙. "互联网＋制造 2025"的协同创新生态体系研究 [J]. 技术与创新管理，2018，39 (1)：10－18.

[428] 周彩红，樊丽君. 基于熵权的制造业新型化程度国际比较与预测 [J]. 中国科技论坛，2016 (11)：141－147，154.

[429] 周宏仁. 互联网＋与制造业融合的发展趋势 [J]. 行政管理改革，2017 (1)：25－31.

[430] 周宏仁. 通俗易懂讲清楚制造业"数字化起步，网络化崛起，智能化发展"[EB/OL]. (2018－03－26) [2019－02－05]. http://www. bhuiii. com/a/news/2018/0326/1015. html.

[431] 周济. 智能制造："中国制造 2025"的主攻方向 [J]. 中国机械工程，2015，26 (17)：2273－2284.

[432] 周济. 提升制造业产业链水平 加快建设现代产业体系 [J]. 中国工业和信息化，2019 (12)：38－41.

[433] 周黎安. 中国地方官员的晋升锦标赛模式研究 [J]. 经济研究，2007，(7)：36－50.

[434] 周亮. 服务型制造，促进"互联网＋"制造业，推动我国早日成为制造强国 [EB/OL]. (2018－06－16) [2019－09－27]. http://

www. elecfans. com/article/89/2018/20180611692470. html.

［435］周留征. 华为创新［M］. 北京：机械工业出版社，2018.

［436］周锐. 一文读懂中美贸易摩擦白皮书［EB/OL］.（2018-10-06）［2019-03-21］. http://www. sohu. com/a/257911443_705269.

［437］周晓红. 以转型升级助推中国制造业高质量发展［J］. 江苏行政学院学报，2020（2）：56-61.

［438］周艳春. 制造企业服务化：概念界定及特征分析［J］. 西安财经学院学报，2010，23（2）：81-83.

［439］朱承亮. 中国地区经济差距的演变轨迹与来源分解［J］. 数量经济技术经济研究，2014，31（6）：36-54.

［440］朱高峰，唐守廉，等. 制造业服务化发展战略研究［J］. 中国工程科学，2017，19（3）：89-94.

［441］朱洪萍. 提高外资引进质量水平，推动我国经济高质量发展［EB/OL］.（2018-07-19）［2019-06-21］. http://www. sohu. com/a/242252684_740456.

［442］朱启贵. 建立推动高质量发展的指标体系［N］. 文汇报，2018-02-06（12）.

［443］祝树金，汤超. 企业上市对出口产品质量升级的影响：基于中国制造业企业的实证研究［J］. 中国工业经济，2020（2）：117-135.

［444］朱英明，佘之祥，方创琳. 借鉴发达国家经验建设江苏智能制造生态体系［J］. 群众，2019（2）：39-40.

［445］朱勇. 新增长理论［M］. 北京：商务印书馆，1999.

［446］庄惠惠. 马克思生产力理论的现实意义［J］. 人民论坛，2017（26）：112-113.

图书在版编目（CIP）数据

多层面构建制造业高质量发展路径研究 / 江小国著.
—北京：中国人民大学出版社，2022.12
国家社科基金后期资助项目
ISBN 978-7-300-31303-0

Ⅰ. ①多… Ⅱ. ①江… Ⅲ. ①制造工业-产业发展-
研究-中国 Ⅳ. ①F426.4

中国版本图书馆 CIP 数据核字（2022）第 245049 号

国家社科基金后期资助项目
多层面构建制造业高质量发展路径研究
江小国　著
Duocengmian Goujian Zhizaoye Gaozhiliang Fazhan Lujing Yanjiu

出版发行	中国人民大学出版社				
社　址	北京中关村大街 31 号		**邮政编码**	100080	
电　话	010 - 62511242（总编室）		010 - 62511770（质管部）		
	010 - 82501766（邮购部）		010 - 62514148（门市部）		
	010 - 62515195（发行公司）		010 - 62515275（盗版举报）		
网　址	http://www.crup.com.cn				
经　销	新华书店				
印　刷	唐山玺诚印务有限公司				
开　本	720 mm×1000 mm　1/16		**版　次**	2022 年 12 月第 1 版	
印　张	22.5 插页 2		**印　次**	2022 年 12 月第 1 次印刷	
字　数	352 000		**定　价**	76.00 元	